Photoshop
para la Web

55,40.–
Aual.

CW00459193

DISEÑO Y CREATIVIDAD

TÍTULO DE LA OBRA ORIGINAL:
Photoshop CS2 for the Web

RESPONSABLE EDITORIAL:
Eugenio Tuya Feijoó

TRADUCCIÓN:
Jesús García Corredera

DISEÑO DE CUBIERTA:
Blanca López-Solórzano Fernández

Photoshop CS2 para la Web

Tanya Staples

Todos los nombres propios de programas, sistemas operativos, equipos hardware, etc., que aparecen en este libro son marcas registradas de sus respectivas compañías u organizaciones.

Reservados todos los derechos. El contenido de esta obra está protegido por la ley, que establece penas de prisión y/o multas, además de las correspondientes indemnizaciones por daños y perjuicios, para quienes reprodujeren, plagiaren, distribuyeren o comunicasen públicamente, en todo o en parte, una obra literaria, artística o científica, o su transformación, interpretación o ejecución artística fijada en cualquier tipo de soporte o comunicada a través de cualquier medio, sin la preceptiva autorización.

Authorized translation from English Language
edition published by Pearson Education, Inc, publishing as Peachpit Press
Copyright © 2005 by lynda.com
All rights reserved.

Edición española:

© EDICIONES ANAYA MULTIMEDIA (GRUPO ANAYA, S.A.), 2006
  Juan Ignacio Luca de Tena, 15. 28027 Madrid
  Depósito legal: M.2.702-2006
  ISBN: 84-415-1965-X
  Printed in Spain
  Imprime: Gráficas Muriel, S.A.

AGRADECIMIENTOS

Este libro no se habría realizado sin el apoyo de muchas personas entregadas, entusiastas y talentosas.

Mi más sincero agradecimiento y aprecio a:

Usted, el lector. Espero que disfrute tanto de este libro como yo he disfrutado creándolo para usted.

Lynda Weinman, mi mentora y amiga, por la gran oportunidad que me has dado. Eres una inspiración increíble y muy agradecida por todo lo que has hecho por mí.

Garo Green, por mantenerme en el buen camino. Ha sido maravilloso trabajar para ti.

Domenique Sillett, por crear las increíbles imágenes de este libro. Eres una diseñadora fantástica y una gran amiga.

Los probadores y el editor de reproducción, Adam Fischer, Matthew Hately y Darren Meiss, por vuestro duro trabajo, dedicación y cuidado de los detalles.

Michael Ninness, por tus fantásticos consejos y sugerencias. ¡Ha sido un placer trabajar para ti!

¡Los chicos de Adobe, por crear otra fantástica versión de Photoshop y de ImageReady!

Mis padres, Barry y Pat Staples, por ocuparse tanto de Erik mientras trabajaba en este libro.

Patricia, Ifoma y Myles Smart, por sus constantes ánimos y apoyo, por nuestras reuniones para comer de los lunes y por pasar tanto tiempo con Erik mientras trabajaba en este libro. Sois unos amigos fantásticos. Me encanta teneros en nuestras vidas y tener la oportunidad de criar juntos a nuestros hijos.

Mi hijo, Erik, por ser un niño tan increíble ¡y por comprender que mamá tiene que terminar un trabajo! ¡Eres un cielo!

Mi marido, Matthew por tu paciencia, amor y apoyo. Gracias por ocuparte de la vida mientras yo me sumergía en otro libro.

SOBRE LA AUTORA

Tanya Staples es escritora autónoma y profesora de Arte tradicional y digital. Tiene una licenciatura en Arte, en Historia del Arte y en Magisterio. Tanya es la autora de "Photoshop CS and ImageReady CD for the Web Hands-On Training", y de numerosos títulos formativos mediante vídeos, para la lynda.com Online Training Library, que tratan de Adobe Photoshop, Corel Painter, Jasc Paint Shop Pro y Keynote.

Como anterior directora de programas para la línea de productos Corel Painter, Tanya diseñó, enseñó y escribió sobre los programas de gráficos. Tanya vive en Ottawa, Canadá, con su marido Matt y su hijo Erik.

Tanya y Lynda se toman un descanso para posar ante la cámara.

Índice de contenidos

CAPÍTULO 6. CREAR TEXTO 117

CAPÍTULO 7. OPTIMIZAR IMÁGENES 133

CAPÍTULO 11. CREAR GIF ANIMADOS 243

CAPÍTULO 12. SECTORES 263

Introducción

Introducción

UNAS PALABRAS DE LYNDA

En mi opinión, la mayoría de las personas compran libros de informática para aprender aunque, sorprendentemente, muy pocos de estos libros están escritos por profesores con experiencia. Tanya Staples y yo nos enorgullecemos de que este libro esté escrito por profesores con experiencia, familiarizados con la formación de estudiantes de este contenido. En este libro encontraremos lecciones y ejercicios cuidadosamente diseñados para ayudarnos a aprender Photoshop CS2 e ImageReady CS2 (dos de las aplicaciones gráficas más apreciadas del mundo).

Este libro está destinado a los diseñadores Web principiantes o con nivel intermedio y a los diseñadores Web que buscan excelentes herramientas para crear gráficos y contenidos Web. La premisa del método de ejercicios prácticos es conseguir hacer que se familiarice rápidamente con Photoshop CS2 e ImageReady CS2, mientras participamos activamente en las lecciones del libro. Una cosa es leer sobre un producto y otra completamente distinta es probar el producto y obtener resultados apreciables. Nuestro lema es "Lea el libro, siga los ejercicios y conocerá el producto". He recibido incontables testimonios de este hecho y nuestro objetivo es asegurarnos de que siga cumpliéndose en todos nuestros libros de formación práctica.

Muchos libros de ejercicios usan un método de enseñanza en el que nos indican todos los pasos a realizar. Aunque este método funciona, a menudo es difícil saber cómo aplicar estas lecciones a una situación del mundo real, o comprender por qué o cuándo deberemos usar esta técnica de nuevo. Lo que diferencia a este libro es que las lecciones incluyen mucha información secundaria y explicaciones sobre cada tema, lo que nos ayudará a comprender el proceso, además del ejercicio.

En ocasiones, una imagen vale más que mil palabras. Cuando es necesario, también hemos incluido pequeñas películas QuickTime que muestran los procesos que son difícil explicar con palabras. Estos archivos se encuentran en el CD-ROM adjunto, en una carpeta llamada movies. Es nuestra forma de intentar enseñar desde diferentes ángulos, porque sabemos que algunas personas aprenden mediante la vista, a otras les gusta leer y a otras les gusta arriesgarse y probar cosas. Este libro combina muchas técnicas de enseñanza para que podamos usar Photoshop CS2 e ImageReady CS2 para crear gráficos Web todo lo detallados que queramos.

Este libro no pretende estudiar todos los aspectos de Photoshop CS2 o ImageReady CS2. ¡El manual, y muchos otros libros de referencia son estupendos para eso! Lo que echamos en falta en las estanterías es un tutorial para los procesos, que enseñe a los lectores los principios, técnicas y trucos fundamentales, mediante una formación práctica. Llevamos haciendo gráficos Web desde 1995, y entonces era mucho más complicado que hoy en día. Photoshop CS2 e ImageReady CS2 están diseñados para hacer gráficos Web que se descarguen más rápido y se creen más fácilmente. Además, ImageReady CS2 incluso escribe código JavaScript y HTML, algo que los programas de imagen tradicionales apenas se han planteado.

Me encantará recibir sus comentarios en pscs2webhot@lynda.com. Por favor, visiten nuestra página Web, en inglés, en http://www.lynda.com. La URL de ayuda para este libro es http://www.lynda.com/info/books/pscs2web/.

Esperamos que este libro mejore su conocimiento del diseño Web y la imagen digital. ¡Si es así, habremos conseguido lo que nos proponíamos!

Lynda Weinman

FUNCIONAMIENTO DEL LIBRO

Este libro tiene varios componentes, incluyendo ejercicios paso a paso, comentarios, notas, trucos, advertencias y películas. Los ejercicios paso a paso están numerados y los nombres de botones y teclas aparecen en negrita para que resalten.

• Al principio de cada ejercicio veremos la notación [PS] si el ejercicio se realiza con Photoshop CS2, [IR] si el ejercicio se realiza con ImageReady CS2, o [BRIDGE] si el ejercicio se realiza con Bridge.

• Cada vez que se nos pida ir a un menú o a varios elementos de un menú, aparecerá de esta forma: Archivo>Abrir.

• El código aparecerá en un tipo de letra monoespacial: <HTML></HTML>.

• Capturas de pantalla: Las capturas de pantalla del libro se realizaron en un ordenador con Windows, aunque realizo casi todos mis diseños y escribo en un Mac. También tengo y uso un ordenador con Windows y he notado que hay importantes diferencias.

REQUISITOS DEL EQUIPO PARA PHOTOSHOP CS2 E IMAGEREADY CS2

Este libro necesita que usemos un Macintosh (con Mac OS X v10.2.8 o posterior) o Windows 2000/XP. También necesitaremos un monitor en color que pueda mostrar una resolución de 1024 x 768 y una unidad de CD-ROM. Éstos son los requisitos mínimos necesarios para ejecutar Photoshop CS2 e ImageReady CS2.

Macintosh:

• Procesador PowerPC G3, G4 o G5.

• Mac OS X v10.2.8 hasta v10.3.8 (recomendamos desde 10.3.4 hasta 10.3.8).

• 320 MB RAM (recomendamos 384 MB).

• 750 MB disponibles en el disco duro.

• Monitor que admita una resolución de 1024x 768 y tarjeta de vídeo de 16 bits.

• Unidad de CD-ROM.

• Internet o conexión telefónica, necesaria para activar el producto.

Windows:

• Procesador Intel Xeon, Xeon Dual, Intel Centrino o Pentium III o 4.

• Microsoft Windows 2000, con Service Pack 4 o Windows XP con Service Pack 1 ó 2.

• 320 MB RAM (recomendamos 384 MB).

• 650 MB disponibles en el disco duro.

• Monitor que admita una resolución de 1024x 768 y tarjeta de vídeo de 16 bits.

• Unidad de CD-ROM.

• Internet o conexión telefónica, necesaria para activar el producto.

OBTENER VERSIONES DE PRUEBA

Si quiere probar los programas usados en este libro, puede descargar versiones de prueba de:

• Adobe Photoshop CS2, Adobe ImageReady CS2, Adobe GoLive CS2 y Adobe Illustrator CS2: www.adobe.es.

• Macromedia Flash MX 2004 y Macromedia Dreamweaver MX 2004: http://www.macromedia.com/es/

Capítulo 1

flavor of the month

DRAGONWELL

Comenzar

Comenzar

ste capítulo ofrece una visión global de las funciones Web de Photoshop CS2 e ImageReady CS2. Aquí encontraremos ideas para el tipo de gráficos Web que podemos crear con estos programas, consejos sobre cuándo usar cada programa y una introducción a las nuevas funciones Web de Photoshop CS2 e ImageReady CS2. La información de este capítulo constituye la base para lo que aprenderemos en los ejercicios prácticos de los siguientes capítulos.

CREAR GRÁFICOS WEB EN PHOTOSHOP CS2 E IMAGEREADY CS2

Podemos usar Photoshop CS2 e ImageReady CS2 para crear una gran variedad de imágenes para Internet. Esta sección enumera algunos ejemplos de los tipos de gráficos y contenido Web que podemos crear. Podremos explorar proyectos como los siguientes en los próximos capítulos.

Organizar activos: Usaremos Adobe Bridge para ver, organizar, marcar, calificar y dar nombres clave a nuestras imágenes.

Crear texto: Crearemos y editaremos tipos de letra basados en vectores. El texto creado con Photoshop CS2 o ImageReady CS2 es estupendo para los botones Web o para los anuncios, que necesitan tipos de letra bonitos o efectos especiales en el texto.

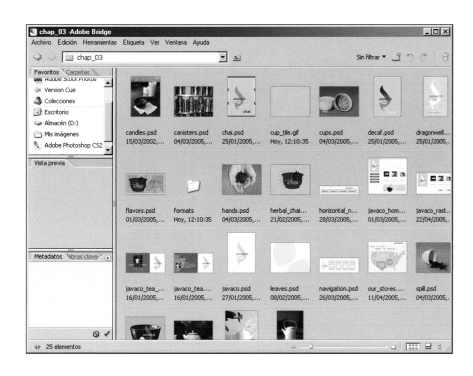

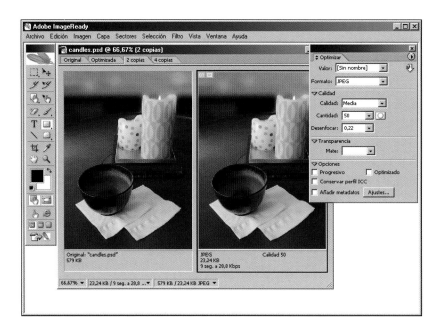

Optimizar imágenes para Internet: Aprenderemos técnicas para optimizar fotografías, logotipos e imágenes gráficas.

Crear fondos Web: Crearemos imágenes de fondo simétricas y asimétricas, definiremos imágenes como imágenes de fondo y guardaremos el código HTML necesario para que las imágenes de fondo funcionen en un navegador Web.

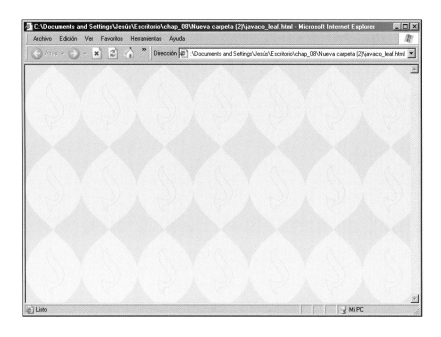

Comenzar

Diseñar una navegación efectiva: Aprenderemos a crear botones Web únicos, barras de navegación, navegación por pestañas y por iconos con las herramientas de forma y los estilos de capa.

Crear GIF animados: Crearemos y guardaremos GIF animados usando las nuevas funciones de animación de Photoshop CS2.

Sectores: Dividiremos imágenes, editaremos y optimizaremos las divisiones y guardaremos el código HTML necesario para hacer que las imágenes divididas funciones en un navegador Web.

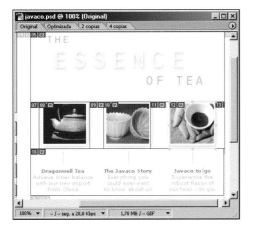

Crear imágenes de sustitución: Crearemos sencillos botones Web con imágenes de sustitución, imágenes de sustitución remotas y estados seleccionados y guardaremos el código Java Script y HTML necesario para que las imágenes de sustitución funcionen en un navegador Web.

Crear mapas de imagen: Crearemos varios puntos sensibles en una imagen y guardaremos el código HTML necesario para hacer que los mapas de imagen funciones en un navegador Web.

Crear galerías fotográficas Web: Crearemos galerías fotográficas Web para mostrar imágenes. Photoshop CS2 crea automáticamente todos los elementos de la página Web, optimiza las imágenes, escribe el código HTML y diseña los botones de navegación.

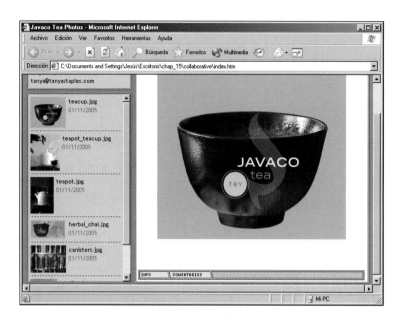

CUÁNDO USAR PHOTOSHOP CS2 Y CUÁNDO USAR IMAGEREADY CS2

Cuando estamos creando gráficos Web, ¿cuándo debemos usar Photoshop CS2 y cuándo debemos usar ImageReady CS2? Aunque Photoshop CS2 e ImageReady CS2 tienen muchas funciones en común, hay muchas funciones exclusivas de cada programa. A continuación indicamos algunas recomendaciones:

• **Crear sencillos gráficos Web:** Podemos usar Photoshop CS2 o ImageReady CS2 para crear sencillos gráficos Web, como botones Web e imágenes de fondo.

• **Realizar tareas de edición de imagen complejas:** Usaremos Photoshop CS2 para realizar complejas tareas de edición de imagen, como retocar una fotografía o hacer un *collage*. La razón es sencilla: Photoshop CS2 tiene herramientas de edición de imagen más sofisticadas que las de ImageReady CS2.

• **Diseñar esquemas de página Web completos:** Usaremos Photoshop CS2 para crear esquemas de

página Web completos. Photoshop CS2 tiene herramientas de edición y creación de imagen más avanzadas. Cuando hayamos terminado de diseñar el esquema, siempre podemos pasar a ImageReady CS2 para crear imágenes de sustitución o animaciones y guardar el código JavaScript o HTML necesario para que funcione la página Web.

• **Organizar activos:** Usaremos Adobe Bridge cuando queramos organizar, ordenar o asignar palabras clave a imágenes.

• **Optimizar imágenes:** Usaremos el programa que tengamos abierto en ese momento. El cuadro de diálogo Guardar para Web de Photoshop CS2 es similar a la paleta Optimizar de ImageReady CS2; sin embargo, ImageReady CS2 proporciona mejor acceso a la imagen original si queremos realizar cambios durante el proceso de optimización.

• **Dividir imágenes:** Usaremos ImageReady CS2 cuando queramos dividir una imagen. Aunque Photoshop CS2 nos permite acceder a las herramientas de sector, no tenemos acceso a las paletas Sector, Tabla o Contenido de Web, necesarias para realizar tareas complejas de división y para crear imágenes de sustitución.

Comenzar

• **Crear imágenes de sustitución:** Usaremos ImageReady CS2 para crear imágenes de sustitución. ImageReady CS2 nos proporciona acceso a la paleta **Contenido de Web** y a todos los controles que necesitamos para crear imágenes de sustitución. También escribe el código JavaScript y HTML necesario para que las imágenes de sustitución funcionen en un navega-dor Web. Aunque Photoshop CS2 no tiene las funciones para crear imágenes de sustitución, podemos diseñar el gráfico en Photoshop CS2 y usar ImageReady CS2 para crear y guardar las imágenes de sustitución.

• **Crear mapas de imágenes:** Usaremos ImageReady CS2 si queremos crear mapas de imagen. ImageReady CS2 nos proporciona acceso a herramientas de creación de mapas de imagen y nos permite guardar el código HTML necesario para que los mapas de imagen funcionen en un navegador Web.

• **Crear GIF animados:** Usaremos Photoshop CS2 o ImageReady CS2 si queremos crear y guardar animaciones como GIF animados. Las funciones de animación (una novedad en Photoshop CS2) son idénticas a las que aparecen en ImageReady CS2.

• **Crear galerías fotográficas Web:** Usaremos Photoshop CS2 o Adobe Bridge si queremos crear una galería fotográfica Web a partir de una serie de imágenes. No debemos preocuparnos si todavía no estamos seguros de qué programa usar para cada cosa. Obtendremos experiencia práctica realizando todas estas tareas, con el programa adecuado, a medida que leemos el libro. Además, siempre podremos mirar la siguiente tabla de referencia.

Ahora que hemos podido ver en qué consisten Photoshop CS2 e ImageReady CS2, es el momento de comenzar con los ejercicios prácticos. En los siguientes capítulos, aprenderemos prácticas técnicas para usar Photoshop CS2 e ImageReady CS2 para diseñar gráficos y conteni-do Web. ¡Disfrute! ;-)

Cuándo usar Photoshop CS2 y cuándo usar Use ImageReady CS2

Tarea	Programa
Crear gráficos Web sencillos, como botones o fondos	Photoshop CS2 o ImageReady CS2
Realizar tareas de edición de imagen complejas, como retocar y manipular fotografías o crear *collages*	Photoshop CS2
Diseñar esquemas de página Web completos	Photoshop CS2
Organizar imágenes	Adobe Bridge
Optimizar imágenes	Photoshop CS2 o ImageReady CS2
Dividir imágenes sencillas	Photoshop CS2 o ImageReady CS2
Recortar imágenes complejas, editar recortes o usar recortes para imágenes de sustitución	ImageReady CS2
Crear imágenes de sustitución	ImageReady CS2
Crear mapas de imágenes	ImageReady CS2
Crear GIF animados	Photoshop CS2 o ImageReady CS2
Crear galerías fotográficas Web	Adobe Bridge

Capítulo 2

Javaco Tea
Introducing Javaco Teas:
Achieve inner balance with
teas imported from China,
India, and France

La interfaz

La interfaz

dobe siempre ha sido famoso por las interfaces sólidas y fáciles de usar de todos sus productos, plataformas y versiones. Photoshop CS2 e ImageReady CS2 no son una excepción.

En este capítulo examinaremos los componentes básicos de la interfaz de Photoshop CS2 e ImageReady CS2 y aprenderemos a personalizar nuestro espacio de trabajo, para que se adecue a nuestras preferencias y ritmo de trabajo.

Este capítulo comienza con una visión global de los principales componentes de la interfaz: la pantalla de bienvenida, el cuadro de herramientas y las paletas. También aprenderemos a personalizar la interfaz acoplando y desacoplando paletas, guardando espacios de trabajo personalizados, creando combinaciones de teclas personalizadas y personalizando las opciones de menú.

Quizás estemos ansiosos por comenzar con los ejercicios paso a paso de los siguientes capítulos, pero deberíamos leer antes este capítulo para comprender los elementos claves de las interfaces de Photoshop CS2 e ImageReady CS2.

LA PANTALLA DE BIENVENIDA

Cuando abramos Photoshop CS2 o ImageReady CS2 por primera vez, veremos la pantalla de bienvenida, que está diseñada para ofrecernos un acceso rápido a tutoriales, consejos y trucos, administración del color e información sobre las nuevas funciones.

Para ver la información de la pantalla de bienvenida, hacemos clic en un vínculo de texto (en azul) y seguir las instrucciones de la pantalla. Parte del contenido se encuentra en Internet y necesitaremos una conexión a Internet funcional para ver esa información.

Si cerramos la pantalla de bienvenida, podremos volver a abrirla seleccionando **Ayuda>Pantalla de bienvenida**.

Si no queremos que la pantalla de bienvenida aparezca cada vez que iniciamos Photoshop CS2 o ImageReady CS2, podemos quitar la marca de **Mostrar este cuadro de diálogo al inicio**, situado en la esquina inferior izquierda de la pantalla de bienvenida.

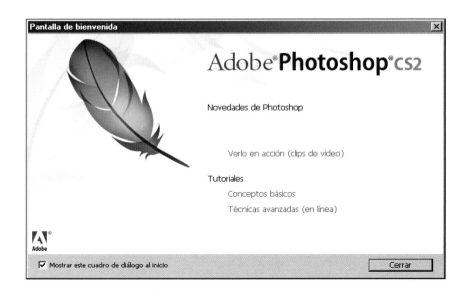

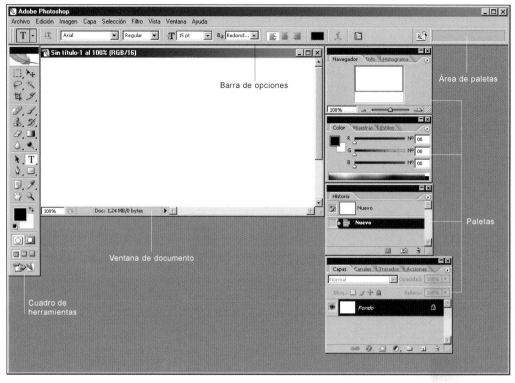

Interfaz de Photoshop CS2.

VISIÓN GENERAL DE LA INTERFAZ

Photoshop CS2 e ImageReady CS2 son aplicaciones diferentes que se comercializan conjuntamente. Por suerte, desde el punto de vista de la interfaz, la curva de aprendizaje no es muy complicada porque Photoshop CS2 e ImageReady CS2 comparten cuadros de herramientas, paletas y elementos de menú similares, organizados de la misma forma lógica.

Cuando abrimos Photoshop CS2 o ImageReady CS2 por primera vez, por defecto, aparecen el cuadro de herramientas, la barra de opciones y las paletas más importantes. Aunque en Photoshop CS2 e ImageReady CS2 se activan paletas diferentes, a primera vista podemos apreciar que estos programas tienen interfaces similares. Si ya conocemos Photoshop CS2,

tendremos una gran ventaja cuando estudiemos ImageReady CS2.

TRUCO: EN PHOTOSHOP CS2 O EN IMAGEREADY CS2, LA TECLA **TAB** HACE QUE LAS PALETAS APAREZCAN Y DESAPAREZCAN.

EL CUADRO DE HERRAMIENTAS

Los cuadros de herramientas de Photoshop CS2 y de ImageReady CS2 son verticales y, por defecto, están acoplados a la esquina superior izquierda de la pantalla. En ambos programas, podemos mover el cuadro de herramientas a cualquier parte de la pantalla.

La interfaz

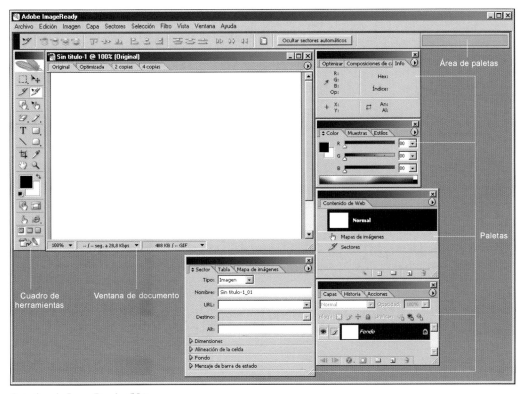

Interfaz de ImageReady CS2.

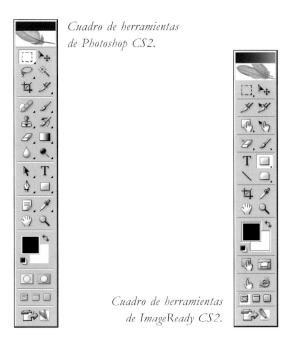

Cuadro de herramientas de Photoshop CS2.

Cuadro de herramientas de ImageReady CS2.

Muchas de las herramientas tienen asociada una combinación de teclas, que aparece entre paréntesis en la ayuda de la herramienta. Podemos acceder a las ayudas de la herramienta manteniendo el puntero sobre una herramienta, sin hacer clic.

MENÚS DESPLEGABLES DEL CUADRO DE HERRAMIENTAS

Cuando veamos una pequeña flecha en la esquina inferior derecha de una herramienta del cuadro de herramientas, en Photoshop CS2 o ImageReady CS2, indica que hay herramientas ocultas en menús desplegables. Para mostrar las herramientas ocultas, hacemos clic en la flecha y aparecerán las opciones de herramienta adicionales a la izquierda o a la derecha del cuadro de herramientas.

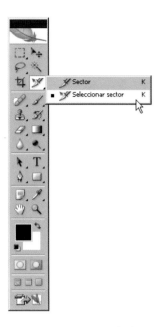

Aquí tenemos dos ejemplos que muestran la barra de opciones. En el primer ejemplo, está seleccionada la herramienta Mover en Photoshop CS2. En el segundo ejemplo, está seleccionada la herramienta Sector en Photoshop CS2. Observemos que la barra de opciones es diferente para cada herramienta.

Aquí tenemos un ejemplo de un menú desplegable en Photoshop CS2. La pequeña flecha de la esquina inferior derecha de la herramienta indica que hay herramientas ocultas en el menú desplegable asociado. Para acceder al menú desplegable, hacemos clic en la herramienta y mantenemos pulsado el botón del ratón hasta que aparezca el menú desplegable. Sin soltar el botón del ratón, movemos el cursor sobre el menú desplegable para seleccionar la herramienta que queremos. La letra a la derecha del menú desplegable es el método abreviado de teclado para esa herramienta.

LA BARRA DE OPCIONES

La barra de opciones contiene la configuración de cada herramienta del cuadro de herramientas. La barra de opciones detecta el contexto y cambia dependiendo de la herramienta que esté seleccionada en el cuadro de herramientas. Por defecto, la barra de opciones está acoplada a la parte superior de la pantalla, debajo del menú de aplicaciones. La barra de opciones funciona de la misma forma en Photoshop CS2 y en ImageReady CS2.

LAS PALETAS

Photoshop CS2 e ImageReady CS2 nos permiten gestionar la interfaz mediante una serie de paletas. Cada paleta está identificada por una pestaña en la esquina superior izquierda. Por defecto, las paletas están agrupadas. Para que una paleta aparezca por delante de las otras en un grupo, hacemos clic en la pestaña de la paleta.

Para ayudarnos a personalizar el espacio de trabajo, de forma que sólo se vean las paletas que necesitamos, Photoshop CS2 e ImageReady CS2 nos permiten mostrar cada paleta individualmente o como parte de un grupo, en cualquier combinación que queramos.

Aprenderemos a organizar las paletas en grupos posteriormente, en este capítulo.

La interfaz

Algunas de las paletas de ImageReady CS2 (no de Photoshop CS2), como la que mostramos en la anterior ilustración, contienen paneles desplegables para que podamos ocultar y mostrar zonas de la paleta. Esto nos ayudará a reducir el espacio que ocupan las paletas en la pantalla.

Podemos ampliar o contraer estos paneles haciendo clic en la pequeña flecha que hay a la izquierda del nombre de la paleta. Para ampliar o contraer todos los paneles desplegables a la vez, mantenemos pulsado **Comando** (Mac) o **Control** (Windows) y hacemos clic en cualquiera de las flechas del grupo de paletas.

ALTERNAR ENTRE PHOTOSHOP CS2 E IMAGEREADY CS2

Cuando estamos diseñando gráficos Web, a menudo tenemos que alternar rápidamente entre Photoshop CS2 e ImageReady CS2. El botón **Editar en**, situado en la parte inferior del cuadro de herramientas de Photoshop CS2 y de ImageReady CS2, nos permite pasar rápidamente de un programa a otro.

El botón Editar en ImageReady CS2 de Photoshop CS2.

El botón Editar en Photoshop CS2 de ImageReady CS2.

Cuando tenemos una imagen abierta y hacemos clic en el botón **Editar en**, se abrirá la misma imagen en el otro programa.

CD-ROM: PARA OBTENER MÁS INFORMACIÓN SOBRE LA INTERFAZ DE PHOTOSHOP CS2 O LA DE IMAGE READY CS2, TENEMOS LA POSIBILIDAD DE VER INTERFACE_TOUR.MOV, QUE SE ENCUENTRA EN LA CARPETA MOVIES DEL CD-ROM.

I. [PS/IR] PERSONALIZAR LAS POSICIONES DE LAS PALETAS

Photoshop CS2 e ImageReady CS2 nos permiten reorganizar el espacio de trabajo acoplando y desacoplando paletas individualmente, verticalmente y en grupos de paletas personalizados. Descubriremos que esta técnica es útil si estamos trabajando con una determinada combinación de paletas y no queremos saturar nuestro espacio de trabajo con paletas que no usamos.

1. En Photoshop CS2 o en ImageReady CS2, nos aseguramos de que la paleta de información esté visible. Si no lo está, seleccionamos **Ventana>Información**. Arrastramos la pestaña de la paleta **Info** hasta el centro de la pantalla, de modo que aparezca de forma independiente. Observemos que, mientras movemos la paleta, aparecerá una línea de puntos alrededor de sus bordes.

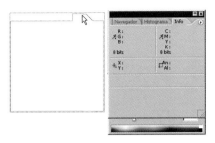

2. Debemos asegurarnos de que se vea la paleta **Muestras**. Si no lo está, seleccionamos **Ventana> Muestras**. Hacemos clic en la paleta **Muestras** y la arrastramos hacia la parte inferior de la paleta **Info**, hasta que veamos que aparece una línea negra en la parte inferior de la paleta **Info**. La paleta **Info** y la paleta **Muestras** deberían estar acopladas verticalmente. Descubriremos que acoplar las paletas verticalmente es útil si estamos usando pocas paletas a la vez o si queremos ver todo el contenido de las paletas que tenemos abiertas. A continuación, aprenderemos a agrupar las paletas en grupos de paletas.

3. Nos aseguramos de que se vean la paleta **Capas** y la paleta **Comp. de capas**. Si no se ven, seleccionamos **Ventana>Capas** y **Ventana>Composiciones de capas**. En Photoshop CS2, por defecto, la paleta **Comp. de capas** está acoplada en el interior del área de paletas. En ImageReady CS2, por defecto, la paleta **Comp. de capas** está acoplada junto a la paleta **Optimizar**.

4. Arrastramos la pestaña de la paleta **Capas** hasta el centro de la pantalla, de modo que aparezca de forma independiente.

5. Hacemos clic en la paleta **Comp. de capas** y la arrastramos hacia la parte inferior de la paleta **Capas**, hasta que veamos que aparece una línea negra alrededor de la paleta **Capas**.

La paleta **Capas** y la paleta **Comp. de capas** ahora deberían estar agrupadas en un grupo de paletas. Descubriremos que crear grupos de paletas es útil cuando solo estemos usando algunas funciones y no queramos saturar el espacio de trabajo con muchas paletas separadas.

6. Dejemos las paletas tal y como están para pasar al siguiente ejercicio.

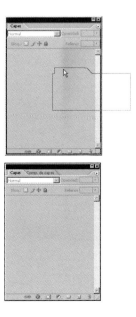

La interfaz

2. [PS/IR] PERSONALIZAR LAS POSICIONES DE LAS PALETAS

Tras personalizar la posición de las paletas, quizás queramos guardar la configuración de la paleta personalizada, para poder usarla en otra ocasión. Photoshop CS2 nos permite guardar todas las paletas abiertas, incluyendo aquellas del área de paletas, exactamente en el lugar en el que las hayamos dejado.

1. Si seguimos el último ejercicio, deberíamos tener las paletas Info y Muestras acopladas verticalmente y las paletas Capas y Comp. de capas acopladas en un grupo de paletas. Si no es así, podemos volver atrás y completar el ejercicio 1.

2. Movamos las paletas Info y Muestras y las paletas Capas y Comp. de capas para que aparezcan como en la ilustración superior. Cerremos cualquier otra paleta que haya abierta haciendo clic en el botón de cerrar, que se encuentra en la esquina superior izquierda de la paleta (Mac) o en la esquina superior derecha de la paleta (Windows).

3. Seleccionamos Ventana>Espacio de trabajo>Guardar espacio de trabajo.

4. En el cuadro de diálogo Guardar espacio de trabajo, escribimos **Espacio de trabajo personalizado**, en el campo Nombre. Marcamos la casilla Ubicaciones de la paleta, pero dejamos sin marcar las casillas Métodos abreviados de teclado y Menús (aprenderemos a personalizar los métodos abreviados de teclado y los menús posteriormente, en este capítulo). Hacemos clic en **Guardar**.

5. Podemos modificarlo todo hasta dejarlo a nuestro gusto (abrir paletas, cambiarlas de posición, acoplarlas a otros grupos de paletas, etc).

6. Seleccionamos Ventana>Espacio de trabajo>Espacio de trabajo personal. El espacio de trabajo volverá inmediatamente a la configuración que habíamos guardado. ¡Qué bueno!

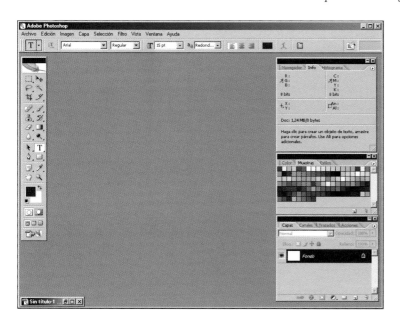

**Devolver las paletas
a su configuración predeterminada**

A MENUDO, TRAS CAMBIAR LA ORGANIZACIÓN DE LAS PALETAS, QUERREMOS QUE VUELVAN A TENER EL MISMO ORDEN QUE TENÍAN CUANDO ABRIMOS POR PRIMERA VEZ PHOTOSHOP CS2 O IMAGEREADY CS2. EN PHOTOSHOP CS2, SELECCIONAMOS Venta-na>Espacio de trabajo>Espacio de trabajo por defecto. EN IMAGEREADY CS2, SELECCIONAMOS Ventana> Espacio de trabajo>Ubicaciones de paleta por defecto.

MÉTODOS ABREVIADOS DE TECLADO

Photoshop CS2 e ImageReady CS2 tienen métodos abreviados del teclado asignados a muchos de los comandos más comunes.

Las siguientes dos tablas contienen los métodos abreviados de teclado para las herramientas más usadas a la hora de diseñar gráficos Web en Photoshop CS2 y en ImageReady CS2.

**Métodos abreviados del teclado
para Photoshop CS2**

Comando	Método abreviado del teclado
Cuentagotas	I
Mano	H
Mover	V
Sector y Seleccionar sector	K
Conmutar colores frontal y de fondo	X
Texto	T
Zoom	Z

**Métodos abreviados del teclado
para ImageReady CS2**

Herramienta/ Comando	Método abreviado del teclado
Sector	K
Seleccionar sector	O
Conmuta la visibilidad de sectores	Q
Herramientas mapa de imágenes de rectángulo, de círculo y de polígono	P
Herramienta Seleccionar mapa de imágenes	J
Conmuta la visibilidad de los mapas de imágenes	A
Previsualizar imagen optimizada	Y
Vista previa en el navegador	**Comando-Opción-P** (Mac), **Control-Alt-P** (Windows)

3. [PS] PERSONALIZAR LOS MÉTODOS ABREVIADOS DEL TECLADO

Photoshop CS2 nos permite modificar los métodos abreviados del teclado predeterminados o crear nuestro propio conjunto de métodos del teclado abreviados personalizados. Podemos crear métodos abreviados del teclado para elementos del menú, herramientas y comandos de paleta. Podemos guardar e imprimir una lista completa de los métodos abreviados del teclado creados.

1. Seleccionamos **Edición>Métodos abreviados de teclado**. Observamos que el conjunto de método abreviado del teclado actual es **Valores por defecto de Photoshop**.

La interfaz

Para no sobrescribir el conjunto predeterminado, crearemos nuestro propio conjunto, basándonos en los métodos abreviados del teclado actuales, antes de realizar cambios.

2. Hacemos clic en el botón de crear nuevo conjunto. En el cuadro de diálogo Guardar, llamamos a nuestro conjunto de métodos abreviados del teclado web_workflow.kys y usamos la ubicación predeterminada para guardar. Hacemos clic en **Guardar**.

Observamos que el conjunto actual ahora es web_workflow. Ya podemos empezar a hacer cambios sin miedo a sobrescribir los métodos abreviados del teclado predeterminados.

3. En el menú emergente Métodos abreviados para, seleccionamos Menús de aplicación. En la lista Comando de menú de aplicación, hacemos clic en la flecha que hay junto a Archivo para ampliar el contenido del menú Archivo. Nos desplazamos hacia abajo hasta ver Guardar para Web. Uno de los comandos que vamos a usar a menudo es Archivo>Guardar para Web. Por defecto, este comando está asignado a **Opción-Mayús-Comando-S** (Mac) o **Alt-Mayús-Control-S** (Windows), que es un método abreviado difícil de usar y de recordar. Vamos a cambiarlo por algo más sencillo.

4. En la lista Comando de menú de aplicación, hacemos clic en Guardar para Web para seleccionarlo. Ya podemos editar el método abreviado del teclado para este comando.

5. Pulsamos la tecla **F5**. Aparecerá un mensaje de advertencia en la parte inferior del cuadro de diálogo Métodos abreviados de teclado y menús, indicando que la tecla **F5** está asignada actualmente a Ventana>Pinceles. Como la mayoría de los métodos abreviados del teclado disponibles ya están siendo usados por otros comandos de Photoshop CS2, tendremos que decidir qué métodos abreviados del teclado queremos mantener y de cuáles podemos prescindir.

En este caso, **F5** inicia la paleta Pinceles. Como no vamos a usar demasiado esta paleta, podemos asignar el método abreviado del teclado **F5** al comando Guardar para Web. Hay que tener en cuenta que este cambio solo afectará a los métodos abreviados del teclado del conjunto web_workflow. Si queremos deshacer los cambios realizados, siempre podremos volver a los métodos abreviados del teclado predeterminados.

6. Hacemos clic en **Aceptar** para asignar **F5** al comando Archivo>Guardar para Web.

7. Hacemos clic en el botón **Guardar** que hay junto al menú emergente Definir para guardar los cambios del método abreviado del teclado web_workflow y hacemos clic en **OK** para cerrar el cuadro de diálogo Métodos abreviados de teclado y menús.

8. Para probar el nuevo método abreviado del teclado para Guardar para Web, abrimos javaco_tea.psd, que se encuentra en la carpeta chap_02 que copiamos en el escritorio.

Pulsamos **F5**. Usando el método abreviado del teclado que hemos creado, aparecerá el cuadro de diálogo Guardar para Web.

9. Hacemos clic en **Cancelar** para cerrar el cuadro de diálogo Guardar para Web. Aprenderemos a usar la función Guardar para Web en un capítulo posterior.

Guardar e imprimir conjuntos de métodos abreviados del teclado

TRAS PERSONALIZAR LOS MÉTODOS ABREVIADOS DEL TECLADO PARA MENÚS, MENÚS DE PALETAS Y HERRAMIENTAS, QUIZÁS QUERAMOS GUARDAR E IMPRIMIR UNA LISTA RESUMIDA DE LOS MISMOS PARA ENCONTRARLOS FÁCILMENTE. PHOTOSHOP CS2 RESUME LOS DATOS DE LOS CONJUNTOS DE MÉTODOS ABREVIADOS DEL TECLADO EN UN ARCHIVO HTML QUE PODEMOS GUARDAR E IMPRIMIR.

PARA GUARDAR E IMPRIMIR UN CONJUNTO DE MÉTODO ABREVIADO DEL TECLADO, SELECCIONAMOS Edición>Métodos abreviados del teclado. EN EL CUADRO DE DIÁLOGO Métodos abreviados de teclado y menús, SELECCIONAMOS EN EL MENÚ EMERGENTE Definir EL CONJUNTO DE MÉTODOS ABREVIADOS DEL TECLADO QUE QUEREMOS GUARDAR O IMPRIMIR. HACEMOS CLIC EN **RESUMIR**. ESCRIBIMOS EL NOMBRE DEL ARCHIVO Y ESPECIFICAMOS LA UBICACIÓN EN LA QUE QUEREMOS GUARDARLO. HACEMOS CLIC EN **GUARDAR**.

PHOTOSHOP CS2 INICIARÁ AUTOMÁTICAMENTE EL NAVEGADOR WEB PREDETERMINADO Y MOSTRARÁ UNA LISTA COMPLETA CON LOS MÉTODOS ABREVIADOS DEL TECLADO. PODEMOS IMPRIMIR ESTA LISTA DE MÉTODOS ABREVIADOS DEL TECLADO SELECCIONANDO Archivo>Imprimir EN EL NAVEGADOR WEB.

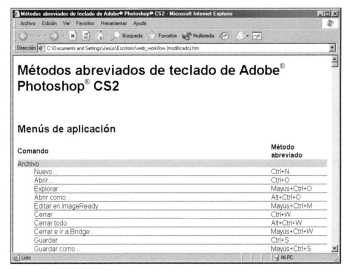

La interfaz

4. [PS] PERSONALIZAR LOS MENÚS

Photoshop CS2 lleva más allá la personalización de la interfaz y nos permite personalizar el contenido de los menús de la aplicación y los menús de paleta. No solo podemos ocultar los comandos que no usamos, sino que también podemos añadir color a un comando de menú, para hacer que resalte y sea más fácil acceder a él.

1. Antes de empezar, revisemos el contenido del menú **Filtro** y del menú **Vista**. En este ejercicio vamos a personalizar el contenido de estos menús. Cuando terminemos, seleccionamos **Edición>Menús** para abrir el cuadro de diálogo **Métodos abreviados de teclado y menús**.

Como con los métodos abreviados del teclado, el conjunto de menús actual es **Valores por defecto de Photoshop**. Para no sobrescribir el conjunto predeterminado, crearemos nuestro propio conjunto, basándonos en los menús actuales, antes de realizar cambios.

2. Hacemos clic en el botón de crear nuevo conjunto.

En el cuadro de diálogo **Guardar**, llamamos a nuestro conjunto de menús web_workflow.mnu y usamos la ubicación predeterminada para guardar. Hacemos clic en **Guardar**. Observamos que el conjunto actual ahora es web_workflow. Ya podemos empezar a hacer cambios sin miedo a sobrescribir los menús predeterminados.

3. En el menú emergente **Menú para**, seleccionamos **Menús de aplicación**. Nos desplazamos hacia abajo hasta ver **Filtro**. Hacemos clic en la flecha que hay junto al menú **Filtro** para ver los contenidos de ese menú. Hacemos clic en el

icono con forma de ojo para hacer desaparecer el elemento de menú **Artístico**.

Observaremos que también desaparecerán los comandos incluidos en **Artístico**. Como estos elementos son menús desplegables, cuando hacemos desaparecer el elemento de menú principal, también hacemos desaparecer las opciones del menú desplegable.

4. Nos desplazamos hacia abajo hasta ver **Trazos de pincel**. Hagamos desaparecer los siguientes filtros, que se encuentran en el menú desplegable **Trazos de pincel**: Bordes acentuados, Sombreados, Contornos con tinta y Salpicaduras.

5. Nos desplazamos hacia abajo hasta ver el menú **Vista**. Hacemos clic en la flecha que hay junto al menú **Vista** para ver los contenidos de ese menú. Nos desplazamos hacia abajo hasta ver los menús **Guías inteligentes** y **Sectores** en el menú **Vista>Mostrar**.

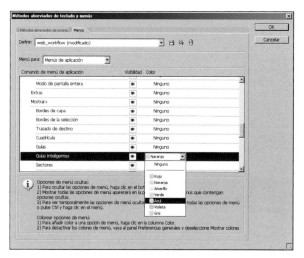

6. Hacemos clic en la palabra **Ninguno** de la columna **Color** de la fila **Guías inteligentes**. Seleccionamos **Naranja** en el menú emergente **Color**. Hacemos clic en la palabra **Ninguno** de la columna **Color** de la fila **Sectores** y seleccionamos **Azul** en el menú emergente **Color**.

7. Hacemos clic en **Guardar** para guardar los cambios realizados en el conjunto de menús web_workflow y hacemos clic en **OK** para cerrar el cuadro de diálogo.

8. Para probar los cambios realizados en los menús **Filtro** y **Vista**, abrimos javaco_tea.psd, que se encuentra en la carpeta chap_02 que copiamos en el escritorio. Seleccionamos **Filtro**.

Observamos que el elemento de menú **Artístico** y el contenido de su menú desplegable ya no aparecen en el menú **Filtro**.

9. Seleccionamos **Filtro>Trazos de pincel**.

Observamos que los elementos de menú **Bordes acentuados, Sombreados, Contornos con tinta** y **Salpicaduras** ya no aparecen en el menú desplegable.

10. Seleccionamos **Vista>Mostrar**.

Observamos que el comando de menú **Guías inteligentes** está destacado en naranja y el menú **Sectores** está destacado en azul.

Personalizar y destacar los comandos de menú hace que sea más rápido y fácil acceder a los comando de menú que usemos más cuando trabajamos con Photoshop CS2.

5. [PS] GUARDAR ESPACIOS DE TRABAJO PERSONALIZADOS

En el ejercicio 2, aprendimos a guardar configuraciones de paleta personalizadas. Ahora en Photoshop CS2, podemos guardar espacios de trabajo completos, incluyendo ubicaciones de paletas, métodos abreviados del teclado y comandos de menú, ¡todo en un solo paso!

La interfaz

1. Personalicemos la configuración de la paleta para que concuerde con la anterior ilustración. Si no estamos seguros de cómo se personalizan las paletas, podemos examinar el ejercicio 1.

2. Seleccionamos Edición>Métodos abreviados del teclado. En el menú emergente Definir, seleccionamos web_workflow. Si en nuestra lista no aparece web_workflow, tendremos que volver atrás y realizar el ejercicio 3.

3. En el cuadro de diálogo Métodos abreviados de teclado y menús, hacemos clic en la pestaña Menús. Seleccionamos web_workflow en el menú emergente Definir. Si en nuestra lista no aparece web_workflow, tendremos que volver atrás y realizar el ejercicio 4.

4. Seleccionamos Ventana>Espacio de trabajo>Guardar espacio de trabajo. En el cuadro de diálogo Guardar espacio de trabajo, escribimos Web workflow, en el campo Nombre.

Marcamos las casillas de verificación Ubicaciones de la paleta, Métodos abreviados de teclado y Menús. Hacemos clic en **Guardar**.

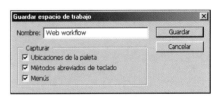

5. Cambiemos la ubicación de la paleta, activemos nuevas paletas, añadamos o quitemos paletas del área de paletas y coloquemos algunas paletas en nuevos grupos de paletas.

6. Seleccionamos Edición>Métodos abreviados del teclado. Seleccionamos Valores predeterminados de Photoshop en el menú emergente Definir.

En el cuadro de diálogo Métodos abreviados de teclado y menús, hacemos clic en la pestaña Menús. Seleccionamos Valores predeterminados de Photoshop en el menú emergente Definir. Hacemos clic en **OK**.

Observamos que los comandos de menú ya no muestran los cambios realizados en los ejercicios 3 y 4.

7. Seleccionamos Ventana>Espacio de trabajo>Flujo de trabajo Web.

Observamos que las paletas han vuelto a la configuración que habíamos guardado. Revisemos el contenido de los menús **Archivo**, **Filtro** y **Vista** y comprobamos que muestran los cambios que realizamos en el conjunto de métodos abreviados del teclado web_workflow y el conjunto de menú web_workflow. ¡Como podemos ver por este ejercicio, guardar ubicaciones de paletas, métodos abreviados del teclado y menús, con un solo paso, hace que

guardar espacios de trabajo personalizados sea rápido y sencillo!

 CD-ROM: PARA APRENDER TÉCNICAS MÁS AVANZADAS PARA PERSONALIZAR PALETAS, MÉTODOS ABREVIADOS DEL TECLADO Y MENÚS, PODEMOS VER CUSTOM_WORKSPACES.MOV, QUE ESTÁ EN EL CD-ROM ADJUNTO.

¡Enhorabuena! Acabamos de terminar el primer capítulo y ya conocemos los elementos de la interfaz principal de Photoshop CS2 y de ImageReady CS2. En el siguiente capítulo aprenderemos a organizar nuestros elementos usando Adobe Bridge, ¡un nuevo complemento para Photoshop CS2 y Adobe Creative Suite 2!

Capítulo 3

Organizar activos

chap_0
3 drivers

Organizar activos

antener organizadas nuestras imágenes es una parte importante del proceso de diseñar una página Web. En anteriores versiones de Photoshop, usábamos el navegador de archivos para organizar nuestros activos. Una novedad de las versiones independientes de Photoshop CS2 y de Adobe Creative Suite 2 es Adobe Bridge, que proporciona excelentes herramientas que nos ayudarán a saber dónde están todos nuestros archivos. La ventaja de tener Bridge como una aplicación separada (a diferencia del navegador de archivos), es que podemos organizar las imágenes creadas con Photoshop CS2, o los dibujos creados con cualquier otra aplicación de Adobe Creative Suite 2, incluyendo Illustrator CS2, GoLive CS2 o InDesign CS2.

En este capítulo aprenderemos el funcionamiento básico de Bridge, incluyendo cómo ver, organizar, marcar y calificar activos; cómo asignar palabras clave; cómo buscar imágenes; y cómo adquirir fotografías del inventario de Adobe desde la interfaz de Bridge. Aunque estas tareas no parezcan estar directamente relacionadas con el proceso de diseñar una página Web, pronto descubriremos las ventajas de organizar nuestros activos en un entorno tan detallado y visual.

VISIÓN GENERAL DE LA INTERFAZ

Si hemos usado versiones modernas de Photoshop, notaremos que la interfaz de Bridge se parece al navegador de archivos. Si nunca hemos usado el navegador de archivos, veremos que es fácil usar la detallada e intuitiva interfaz de Bridge, ya que está organizada de forma lógica. A continuación mostramos una vista general de la interfaz de Bridge:

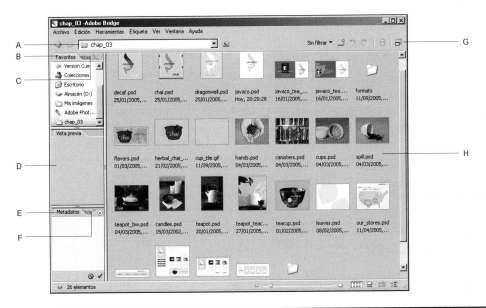

Componente	Descripción
A Menú Buscar en	Muestra las carpetas de nuestro ordenador de forma jerárquica. También muestra las carpetas de favoritos y los archivos recientes.
B Panel Favoritos	Proporciona acceso rápido a las carpetas y archivos con los que solemos trabajar.

Componente	Descripción
C **Panel** Carpetas	Nos permite desplazarnos por las carpetas de nuestro disco duro para localizar las carpetas que necesitemos.
D **Panel** Vista previa	Nos permite realizar una vista previa de la imagen que hayamos seleccionado en la zona de contenidos. Si la imagen es un documento de varias páginas, aparecerán botones de navegación, que nos permitirán desplazarnos por esas páginas.
E **Panel** Metadatos	Muestra datos adicionales sobre el archivo seleccionado en la zona de contenidos.
F **Panel Palabras clave**	Nos permite crear palabras clave y asignarlas a imágenes. También nos muestra las palabras clave que hayamos aplicado a la imagen seleccionada.
G **Botones de método abreviado**	Nos permite realizar tareas habituales, como filtrar, rotar o borrar imágenes.
H **Área de contenidos**	Nos permite ver el contenido de una carpeta mediante una interfaz visual. Podemos personalizar el área de contenidos aumentando o reduciendo el tamaño de las vistas en miniatura y seleccionando la vista como miniaturas, como tira de diapositivas, como detalles o como versiones y alternativas.

I. [BRIDGE] VER Y ORGANIZAR ACTIVOS

En este ejercicio, veremos algunas de las funciones básicas de Bridge, como localizar archivos y carpetas, añadir carpetas a la lista de favoritos, cambiar el tamaño y aspecto de las vistas en miniatura, ver diferentes formatos de archivo y reordenar, cambiar el nombre y mover activos.

1. En Photoshop CS2, seleccionamos Archivo>Explorar para abrir Bridge.

2. Hacemos clic en la pestaña del panel Favoritos. Hacemos clic en Escritorio.

En la zona de contenidos, veremos una carpeta llamada chap_03 (además de los demás archivos

y carpetas que tengamos en el escritorio). Como en este capítulo vamos a usar a menudo la carpeta chap_03, vamos a añadirla a nuestra lista de favoritos, en el panel **Favoritos**, para que siempre podamos acceder a ella fácilmente.

3. Arrastramos chap_03 al panel **Favoritos**. Cuando veamos el signo +, soltamos el botón del ratón y chap_03 aparecerá automáticamente en el panel **Favoritos**.

NOTA: SI QUEREMOS CAMBIAR LA POSICIÓN DE UNA CARPETA EN EL PANEL Favoritos, BASTA CON ARRASTRARLA HACIA ARRIBA, HACIA ABAJO O ENTRE LAS ENTRADAS DEL PANEL. CUANDO SOLTEMOS EL BOTÓN DEL RATÓN, SE RECOLOCARÁ AUTOMÁTICAMENTE.

Organizar activos

4. En el panel **Favoritos**, hacemos clic en chap_03. Observemos que el contenido del área de contenidos se actualiza automáticamente para mostrarnos el contenido de la carpeta chap_03.

5. En el panel **Favoritos**, hacemos clic en **Escritorio**. En el área de contenido, hacemos doble clic en la carpeta chap_03.

Hacer doble clic en una carpeta del área de contenidos es otra forma de ver el contenido de esa carpeta. A continuación, aprenderemos a cambiar el tamaño y formato de las vistas en miniatura del área de contenidos.

6. En la parte inferior del área de contenidos, movemos el control deslizante del tamaño de miniaturas hacia la derecha, para aumentar el tamaño de la vista de miniaturas. Movemos el control deslizante del tamaño de miniaturas hacia la izquierda para reducir el tamaño de la vista en miniaturas. Como podemos ver, las vistas en miniatura pueden tener casi cualquier tamaño. Esto resulta muy útil porque algunas carpetas tendrán muchas imágenes y otras sólo tendrán algunas imágenes. Poder cambiar el tamaño de las vistas en miniatura, con un control tan sencillo, hace que sea fácil ver todo el

contenido de una carpeta o poder ver los pequeños detalles de un archivo.

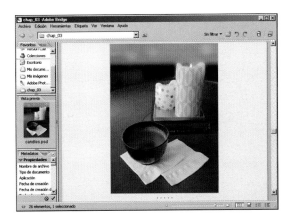

7. Para devolver a las vistas en miniatura su tamaño predeterminado, seleccionamos **Ventana>Espacio de trabajo>Restaurar al espacio de trabajo predeterminado**.

A continuación, probaremos diferentes formas de ver las vistas en miniatura del área de contenidos.

Podemos usar cualquier de los siguientes métodos para aumentar o reducir el tamaño de las vistas en miniatura.

8. En la esquina inferior derecha de la ventana Bridge, hacemos clic en el botón Vista Tira de diapositivas. En la vista Tira de diapositivas, podremos ver una versión aumentada del archivo actualmente seleccionado (en este caso, candles.psd).

Podemos usar la barra de desplazamiento para examinar las otras imágenes de la carpeta. Vista Tira de diapositivas.

9. En la esquina inferior derecha de la ventana Bridge, hacemos clic en el botón Vista Detalles. Cuando hayamos terminado, hacemos clic en el botón Vista Miniaturas. La vista Detalles nos permite acceder a una vista previa de las imágenes de la carpeta y proporciona información sobre el archivo, como el nombre del archivo, el espacio de color, la fecha en la que fue creado, la fecha en la que fue modificado por última vez, su tamaño, su formato, la configuración de la cámara (en el caso de fotografías), el tamaño de la imagen y su resolución.

Como podemos ver, Bridge proporciona una interfaz visual única para realizar vistas previas de nuestros activos. Descubriremos lo útil que resulta cuando comencemos a acumular decenas, cientos y miles de archivos. Como habremos observado, el contenido de la carpeta chap_03 consiste principalmente en archivos de Photoshop (con la excepción de un pequeño archivo GIF).

¿Y qué ocurre si trabajamos con otros formatos de archivo? ¡Sigamos los próximos pasos y descubramos la potencia de Bridge!

Vista Tira de diapositivas

Organizar activos

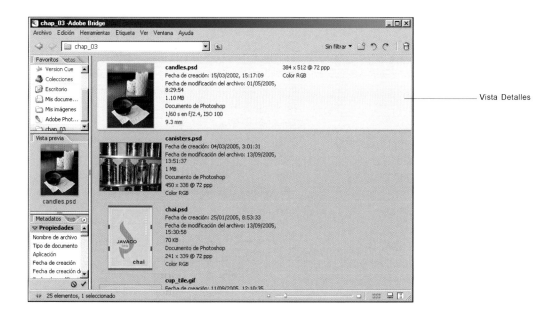

Vista Detalles

10. Con chap_03 todavía seleccionado en el panel **Favoritos**, en el área de contenido, hacemos doble clic en la carpeta formats. Hacemos doble clic en la carpeta Illustrator. Hacemos clic en chai.ai para seleccionarlo.

Como podemos ver, la carpeta Illustrator contiene dos archivos: chai.ai y dragonwell.ai. Cuando hagamos clic en un archivo de Illustrator, podremos ver una vista previa en el área de contenido, tengamos instalado Illustrator CS2 o no. Bridge nos permite realizar vistas previas de las imágenes creadas en cualquier programa de Adobe Creative Suite 2, aunque no hayamos instalado el programa asociado. Qué chulo, ¿verdad?

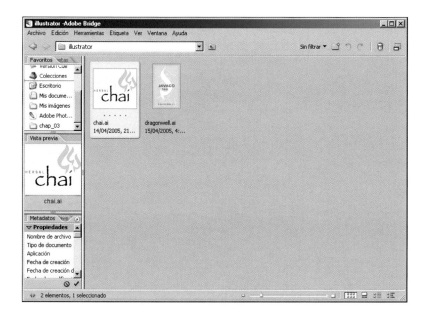

11. Continuemos examinando el contenido de las otras carpetas de la carpeta formats (acrobat, indesigny demás) para ver los otros formatos que admite Bridge Cuando hayamos terminado, hacemos doble clic en la carpeta acrobat para abrirla en el área de contenidos.

12. En la carpeta acrobat, hacemos clic en teacup.pdf para seleccionarlo. Examinemos el área de contenidos. Es una página PDF. Hacemos clic en javaco_multi.pdf.

Examinemos el área de contenidos. Como podemos ver, el archivo javaco_multi.pdf contiene más de una página. Bridge no sólo nos indica el número de páginas del documento (en este caso, cinco), sino que también incluye unos botones para avanzar y retroceder de página. ¿Acaso no es útil?

13. En el panel **Favoritos**, hacemos clic en chap_03 para regresar a la carpeta original que señalamos usando la función de **Favoritos**.

A continuación, veremos diferentes formas de organizar las imágenes, incluyendo cambiar su orden, su nombre y moverlas a otras ubicaciones. Por defecto, las imágenes aparecen en orden alfabético en el área de contenidos. Podemos decidir organizarlas de forma diferente. Por ejemplo, quizás queramos que todas las fotografías estén juntas, o que lo estén las imágenes parecidas. Aprenderemos a cambiar el orden de las imágenes de Bridge con los siguientes pasos.

14. Hacemos clic en chai.ai para seleccionarlo. Lo arrastramos hacia la izquierda hasta que veamos una línea azul oscuro en el lado izquierdo del archivo candles.psd. Cuando soltemos el botón del ratón, chai.psd se colocará a la izquierda de candles.psd. Puede ser útil para reordenar las imágenes de Bridge de una forma lógica visualmente. A nivel del sistema operativo y en muchos programas, estamos limitados a organizar por nombre de archivo, fecha, nombre (alfabéticamente) o tipo de archivo. En Bridge, podemos organizar los archivos según un orden personalizado, ¡lo que puede ser muy liberador y práctico!

Organizar activos

15. Hacemos clic en decaf.psd para seleccionarlo. Lo arrastramos hacia la izquierda hasta que veamos una línea azul oscuro entre chai.psd y y candles.psd. Cuando soltemos el botón del ratón, decaf.psd se colocará entre chai.psd y candles.psd.

16. Usando las técnicas aprendidas en los pasos 14 y 15, recoloquemos las imágenes de la carpeta chap_03 para que concuerden con la ilustración que mostramos.

Lo bueno de reorganizar las imágenes de esta forma es que permanecerán en este orden hasta que decidamos volver a reorganizarlas. Por tanto, no tenemos que volver a organizarlas cada vez que abramos la carpeta.

Además de mover las imágenes en el interior de la misma carpeta, podemos mover o copiar imágenes a diferentes carpetas. Además, podemos crear carpetas directamente en Bridge. Aprenderemos a hacerlo en los siguientes pasos.

 NOTA: PARA PODER VER TODAS LAS VISTAS EN MINIATURA, HE AUMENTADO EL TAMAÑO DE LA VENTANA DE BRIDGE ARRASTRANDO EL CONTROLADOR DE TAMAÑO QUE HAY EN LA ESQUINA INFERIOR DERECHA DE LA VENTANA.

 TRUCO: SI QUEREMOS CAMBIAR EL NOMBRE DE UNA CARPETA, HACEMOS CLIC UNA VEZ EN LA CARPETA. CUANDO APAREZCA EL CUADRO CON EL NOMBRE SELECCIONADO, ESCRIBIMOS EL NOMBRE DE LA CARPETA Y PULSAMOS **RETORNO** (MAC) O **INTRO** (WINDOWS). PODEMOS USAR LA MISMA TÉCNICA SI QUEREMOS CAMBIAR EL NOMBRE DE ARCHIVOS EN BRIDGE.

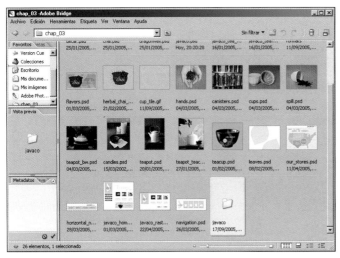

17. Con chap_03 todavía seleccionado en el panel **Favoritos**, seleccionamos **Archivo> Nueva carpeta**. Cuando creemos la nueva carpeta, aparecerá automáticamente como el último elemento del área de contenido, con un cuadro seleccionado para introducir el nombre de la carpeta. Escribimos **javaco** y pulsamos **Retorno** (Mac) o **Intro** (Windows).

A continuación, aprenderemos a mover archivos a la carpeta que acabamos de crear.

18. Hacemos clic en el archivo javaco.psd para seleccionarlo.

Lo arrastramos hasta la carpeta javaco que creamos en el paso anterior. Cuando veamos que aparece una línea en el contorno de la carpeta, soltamos el botón del ratón. javaco.psd se enviará automáticamente a la carpeta javaco.

19. Hacemos clic en el archivo chai.psd para seleccionarlo. Mantenemos pulsada la tecla **Comando** (Mac) o **Control** (Windows) y hacemos clic en dragonwell.psd, flavors.psd y teacup.psd. Las teclas **Comando** (Mac) o **Control** (Windows) nos permiten seleccionar varias imágenes separadas.

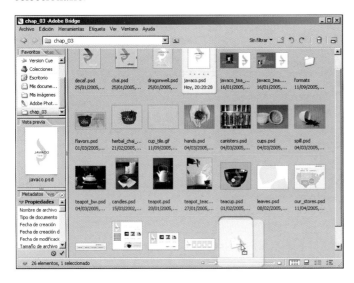

Organizar activos

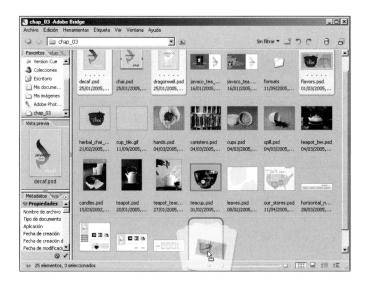

Con las cuatro imágenes seleccionadas, las arrastramos a la carpeta javaco. Cuando veamos que aparece una línea en el contorno de la carpeta, soltamos el botón del ratón.

Las imágenes se enviarán automática-mente a la carpeta javaco. Como vemos, podemos enviar una o varias imágenes a otra carpeta.

20. Hacemos doble clic en la carpeta javaco para abrirla.

Como vemos, los archivos que movimos en los pasos 19 y 20 ahora se encuentran en la carpeta javaco.

¿Y si queremos copiar los archivos en lugar de trasladarlos? Aprenderemos a hacerlo en los siguientes pasos.

21. Hacemos clic en chai.psd para seleccionarlo. Mantenemos pulsada la tecla **Opción** (Mac) o **Control** (Windows) y arrastramos chai.psd a la carpeta chap_03, en el panel **Favoritos**. ¿Que por qué no podemos ver todavía chai.psd en la carpeta javaco?

Esta vez hemos copiado el archivo, usando la tecla **Opción** (Mac) o **Control** (Windows), en lugar de moverlo. Ahora tenemos una copia de chai.psd en las carpetas javaco y chap_03.

22. Hacemos clic en el archivo dragonwell.psd para seleccionarlo. Mantenemos pulsada la tecla **Mayús** y hacemos clic en el archivo teacup.psd para seleccionar todas las imágenes que haya entre los dos archivos. Usando la tecla **Mayús**, podemos seleccionar varias imágenes que estén juntas.

Mantenemos pulsada la tecla **Opción** (Mac) o **Control** (Windows) y arrastramos los archivos a la carpeta chap_03, en el panel **Favoritos**.

23. Hacemos clic en la carpeta chap_03, en el panel **Favoritos**.

Como vemos, los archivos que copiamos en los pasos 21 y 22 ahora se encuentran en las carpetas chap_03 y javaco. A continuación, aprenderemos a borrar activos de Bridge.

24. Hacemos clic en la carpeta javaco para seleccionarla.

En la esquina superior derecha de la ventana Bridge, hacemos clic en el botón **Eliminar elemento**. Aparecerá un mensaje de advertencia, preguntándonos si queremos mover la carpeta javaco a la papelera (Mac) o a la papelera de reciclaje (Windows). Hacemos clic en **Aceptar**. ¡La carpeta javaco desaparecerá automáticamente!

25. Dejemos abierto Bridge para el siguiente ejercicio, con chap_03 seleccionado en el panel **Favoritos**.

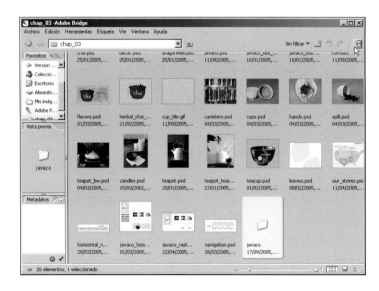

Organizar activos

Rotar imágenes

CUANDO IMPORTAMOS IMÁGENES DESDE ESCÁNERES O CÁMARAS DIGITALES, QUIZÁS ESTÉN GIRADAS INCORRECTAMENTE. EN BRIDGE, PODEMOS SOLUCIONAR FÁCILMENTE LA ROTACIÓN DE UNA IMAGEN SIN TENER QUE EDITARLA EN PHOTOSHOP CS2.

HACEMOS CLIC EN LA IMAGEN QUE QUEREMOS ROTAR. EN LA ESQUINA SUPERIOR DERECHA DE LA VENTANA BRIDGE, HACEMOS CLIC EN EL BOTÓN GIRAR 90° HACIA LA DERECHA O EN EL BOTÓN GIRAR 90° HACIA LA IZQUIERDA. COMO ALTERNATIVA, PODEMOS SELECCIONAR UNA DE LAS SIGUIENTES OPCIONES DEL MENÚ: Rotar 180°, Rotar 90° hacia la derecha, Rotar 90° hacia la izquierda.

2. [BRIDGE] CALIFICAR Y CLASIFICAR ACTIVOS

En el último ejercicio, aprendimos a organizar las imágenes en Bridge, cambiando el orden, moviendo y copiando elementos. Otra forma de organizar nuestros activos es calificando y clasificando imágenes, como vamos a ver en este capítulo. Calificar y clasificar imágenes aporta dos beneficios: proporciona una pista visual, para que podamos identificar rápidamente los archivos; y nos permite filtrar o ver imágenes según su calificación y clasificación.

1. Si realizamos el último ejercicio, chap_03 debería estar seleccionado en el panel **Favoritos**. Si no es así, en el panel **Favoritos**, hacemos clic en

chap_03 (si no lo hemos añadido al panel **Favoritos**, volvamos atrás y completemos el paso 3 del ejercicio 1). Debemos asegurarnos de que el orden de las imágenes concuerde con la ilustración superior. Si no es así, podemos usar las técnicas aprendidas en el ejercicio 1 para reordenar las imágenes. Si hemos usado versiones anteriores de Photoshop, estaremos familiarizados con la función Marcar archivos del navegador de archivos.

Para sustituir al marcado de archivos, Bridge ofrece el etiquetado, que proporciona más funciones que la función de marcado. En primer lugar, aprenderemos a calificar las imágenes, lo que nos permite asignar una calificación de 1, 2, 3, 4 ó 5 estrellas a nuestras imágenes.

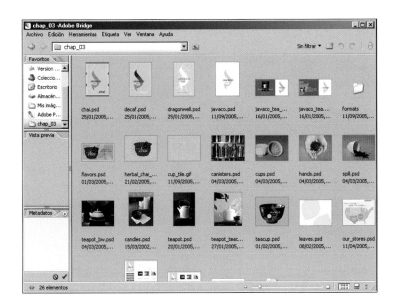

Esto resulta útil porque podemos calificar nuestras imágenes y filtrarlas basándonos en la calificación que aplicamos. Como resultado, podemos ver todas las mejores (¡o las peores!) imágenes de un vistazo. A menudo uso esta función con las fotografías digitales, porque me ayuda a identificar las fotografías buenas y los "fiascos". De la misma forma, cuando diseño gráficos Web, puedo identificar fácilmente los diseños más atractivos y dejar fuera los menos afortunados.

2. Hacemos clic en chai.psd para seleccionarlo. Seleccionamos Etiqueta>*. Aparecerá un mensaje de advertencia, indicando que las etiquetas y calificaciones se almacenan en metadatos XMP. Hacemos clic en **Aceptar** para indicar que hemos leído la advertencia. Observamos que ahora chai.psd tiene una estrella bajo la vista en miniatura, mostrando la calificación de 1 estrella que hemos aplicado.

3. Hacemos clic en canisters.psd para seleccionarlo. Mantenemos pulsada la tecla **Mayús** y hacemos clic en spill.psd para seleccionar todas las imágenes que haya entre los dos archivos. Seleccionamos Etiqueta>***. Hacemos clic en **Aceptar** para indicar que hemos leído la advertencia.

Observamos que las cuatro imágenes que hemos seleccionado tienen todas tres estrellas, mostrando la calificación de 3 estrellas que hemos aplicado.

4. Hacemos clic en candles.psd para seleccionarlo. Mantenemos pulsada la tecla **Mayús** y hacemos clic en teacup.psd para seleccionar todas las imágenes que haya entre los dos archivos. Seleccionamos Etiqueta>****. Hacemos clic en **Aceptar** para indicar que hemos leído la advertencia. Observamos que las cuatro imágenes que hemos seleccionado tienen todas cuatro estrellas, mostrando la calificación de 4 estrellas que hemos aplicado.

5. Hacemos clic en horizontal.nav.psd para seleccionarlo. Mantenemos pulsada la tecla **Mayús** y hacemos clic en navigation.psd para seleccionar todas las imágenes que haya entre los dos archivos. Seleccionamos Etiqueta>*****. Hacemos clic en **Aceptar** para indicar que hemos leído la advertencia. Observamos que las cuatro imágenes que hemos seleccionado tienen todas cinco estrellas, mostrando la calificación de 5 estrellas que hemos aplicado.

6. Hacemos clic en decaf.psd para seleccionarlo. Mantenemos pulsada la tecla **Comando** (Mac) o **Control** (Windows) y hacemos clic en cada una de las siguientes imágenes: javaco.psd, javaco_tea_coupon.psd, javaco_tea.psd, flavors.psd, herbal_chai_tiled_background.psd, cup_tile.gif, leaves.psd y our_stores.psd. Seleccionamos Etiqueta>**. Hacemos clic en **Aceptar** para indicar que hemos leído la advertencia.

Observamos que las imágenes que hemos seleccionado tienen todas dos estrellas, mostrando la calificación de 2 estrellas que hemos aplicado.

Organizar activos

7. Seleccionamos **Mostrar 5 estrellas** en el menú emergente **Filtrado**. Observamos que en el área de contenidos sólo aparecen las cuatro imágenes que calificamos con 5 estrellas.

8. Probemos con las otras opciones del menú emergente **Filtrado**. Cuando terminemos, seleccionamos **Mostrar todos los elementos**.

Observamos que todas las imágenes están organizadas según su calificación, desde la más baja a la más alta.

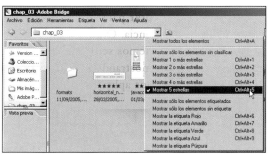

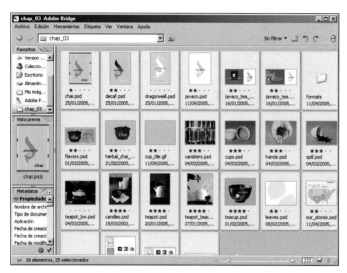

9. Hacemos clic en chai.psd para seleccionarlo. Mantenemos pulsada la tecla **Mayús** y hacemos clic en navigation.psd para seleccionar todas las imágenes que haya entre los dos archivos.

Seleccionamos Etiqueta>Sin clasificación. Hacemos clic en **Aceptar** para indicar que hemos leído la advertencia.

Observamos que las imágenes ya no tienen estrellas, lo que indica que ya no tienen una calificación. A continuación, aprenderemos a clasificar nuestras imágenes.

10. Hacemos clic en flavors.psd para seleccionarlo. Mantenemos pulsada la tecla **Mayús** y hacemos clic en cup_tile.gif para seleccionarlo. Seleccionamos Etiqueta>Rojo. Hacemos clic en **Aceptar** para indicar que hemos leído la advertencia.

Observamos que las tres imágenes tienen una etiqueta roja, con las esquinas redondeadas, debajo de las vistas en miniatura. Clasificar las

imágenes es otra forma de identificar y filtrar fácilmente nuestras imágenes.

11. Hacemos clic en hands.psd para seleccionarlo. Mantenemos pulsada la tecla **Mayús** y hacemos clic en teapot_bw.psd para seleccionar todas las imágenes que haya entre los dos archivos. Seleccionamos Etiqueta>Verde. Hacemos clic en **Aceptar** para indicar que hemos leído la advertencia.

Observamos que las cinco imágenes tienen una etiqueta verde, con las esquinas redondeadas, debajo de las vistas en miniatura.

12. Hacemos clic en chai.psd para seleccionarlo. Mantenemos pulsada la tecla **Comando** (Mac) o **Control** (Windows) y hacemos clic en cada una de las siguientes imágenes para seleccionarlas: decaf.psd, javaco.psd, javaco_tea.psd y our_stores.psd.

Organizar activos

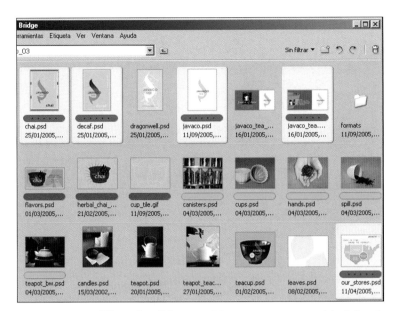

Seleccionamos **Etiqueta>Púrpura**. Hacemos clic en **Aceptar** para indicar que hemos leído la advertencia.

Observamos que las imágenes tienen una etiqueta morada, con las esquinas redondeadas, debajo de las vistas en miniatura. A continuación, aprenderemos a filtrar las imágenes usando las etiquetas.

13. Seleccionamos **Mostrar la etiqueta Roja** en el menú emergente **Filtrado**.

Observamos que en el área de contenidos sólo aparecen las tres imágenes a las que asignamos una etiqueta roja.

14. Seleccionamos **Mostrar la etiqueta Púrpura** en el menú emergente **Filtrado**.

Apreciaremos que podemos ver las imágenes que tienen la etiqueta morada y las imágenes que tienen la etiqueta roja. ¿Nos preguntamos por qué? Abramos el menú emergente **Filtrado** y lo entenderemos. Como podemos ver, **Mostrar la etiqueta Roja** y **Mostrar la etiqueta Púrpura** están marcadas. Si queremos ver solamente las imágenes que tengan la etiqueta morada, debemos seleccionar **Mostrar la etiqueta Roja** para desactivarlo La interfaz es algo confusa en este apartado, pero si conseguimos acordarnos de mirar las marcas de verificación, ¡lo tendremos dominado!

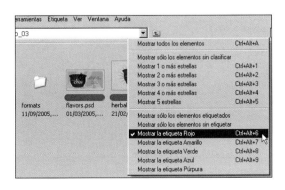

15. Seleccionamos **Mostrar todos los elementos** en el menú emergente **Filtrado**. Hacemos clic en chai.psd para seleccionarlo. Mantenemos pulsada la tecla **Mayús** y hacemos clic en navigation.psd para seleccionar todas las imágenes que haya entre los dos archivos. Seleccionamos **Etiqueta>Sin etiqueta** para quitar las etiquetas rojas, verdes y moradas. Hacemos clic en **Aceptar** para indicar que hemos leído la advertencia.

Como podemos ver, las funciones de calificación y clasificación de Bridge son otra forma de ayudarnos a mantener organizados nuestros archivos.

16. Dejemos abierto Bridge para el siguiente ejercicio, con chap_03 seleccionado en el panel **Favoritos**.

3. [BRIDGE] PALABRAS CLAVE Y BÚSQUEDAS

Otra forma de mantener organizados nuestros activos es asignándoles palabras clave.

Las palabras clave son frases de búsqueda que definimos para describir las imágenes. Podemos usar estas palabras clave para buscar y localizar nuestras imágenes. A continuación tenemos un ejercicio que nos enseñará a hacerlo.

1. Si realizamos el último ejercicio, chap_03 debería estar seleccionado en el panel **Favoritos**. Si no es así, hacemos clic en chap_03, en el panel **Favoritos** (si no lo hemos añadido al panel **Favoritos**, volvamos atrás y completemos el paso 3 del ejercicio 1). Debemos asegurarnos de que el orden de las imágenes concuerde con la ilustración superior. Si no es así, podemos usar las técnicas aprendidas en el ejercicio 1 para reordenar las imágenes.

2. Hacemos clic en la pestaña del panel **Palabras clave**.

Organizar activos

Veremos la lista de conjuntos de palabras clave y las series de palabras clave que hay dentro de los conjuntos. Si cualquiera de los conjuntos de palabras clave está expandido, podemos contraerlo haciendo clic en la flecha que hay a la izquierda del nombre del conjunto de palabras clave.

3. En la parte inferior del panel **Palabras clave**, hacemos clic en el botón **Nueva palabra clave**. Llamamos al conjunto de palabras clave **javaco** y pulsamos **Retorno** (Mac) o **Intro** (Windows).

4. Hacemos clic en la palabra clave javaco para seleccionarla y, en la parte inferior del panel **Palabras clave**, hacemos clic en el botón **Nueva palabra clave**. Llamamos al conjunto de palabras clave **teapot** y pulsamos **Retorno** (Mac) o **Intro** (Windows).

5. Hacemos clic en la palabra clave javaco para seleccionarla. Hacemos clic en el botón **Nueva palabra clave**, llamamos a la palabra clave **cup** y pulsamos **Retorno** (Mac) o **Intro** (Windows).

6. Hacemos clic en la palabra clave javaco para seleccionarla. Hacemos clic en el botón **Nueva palabra clave**, llamamos a la palabra clave **chai** y pulsamos **Retorno** (Mac) o **Intro** (Windows).

Ahora deberíamos tener tres palabras clave, ordenadas alfabéticamente, en el conjunto de palabras clave: **chai**, **cup** y **teapot**. A continuación, asignaremos palabras clave a imágenes.

7. Hacemos clic en chai.psd para seleccionarlo. Activamos la palabra clave **chai**.

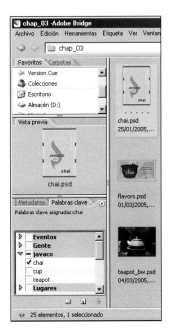

8. Hacemos clic en flavors.psd para seleccionarlo. Mantenemos pulsada la tecla **Mayús** y hacemos clic en herbal_chai_tiled_background.psd para seleccionarlo. Activamos las palabras clave **chai** y **cup**. Cuando activemos cada palabra clave, aparecerá un mensaje de advertencia, indicando que hemos seleccionado varios archivos y que se verán afectados todos los archivos seleccionados. Hacemos clic en **Sí**.

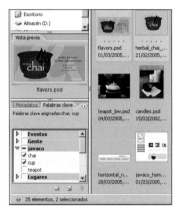

9. Hacemos clic en teapot_bw.psd para seleccionarlo. Mantenemos pulsada la tecla **Comando** (Mac) o **Control** (Windows) y hacemos clic en cada una de las siguientes imágenes: teapot.psd, teapot_teacup.psd, javaco_tea_coupon.psd y javaco_tea.psd.

Activamos la palabra clave teapot. Hacemos clic en **Sí** para indicar que hemos leído la advertencia.

10. Hacemos clic en el archivo cup_tile.gif para seleccionarlo. Mantenemos pulsada la tecla **Comando** (Mac) o **Control** (Windows) y hacemos clic en cada una de las siguientes imágenes: cups.psd, spill.psd, candles.psd, teapot_teacup.psd, and teacup.psd.

Activamos la palabra clave cup. Hacemos clic en **Sí** para indicar que hemos leído la advertencia. Aparecerá un segundo mensaje de advertencia, indicando que no se han podido cambiar los metadatos de algunas de las imágenes seleccionadas. Hacemos clic en **Sí** para continuar.

Como indicaba el segundo mensaje de advertencia, la palabra clave cup no se ha podido aplicar a una o más imágenes.

En los siguientes pasos descubriremos a cuál y por qué.

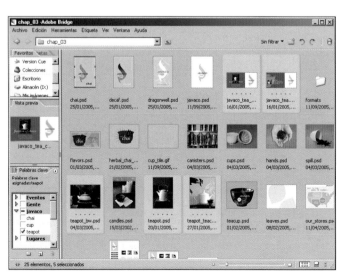

Organizar activos

11. Hacemos clic en teacup.psd para seleccionarlo. Examinamos el panel **Palabras clave**.

Como podemos ver, la palabra clave cup está activada. Obviamente, ésa no es la imagen que produjo el mensaje de error del último paso.

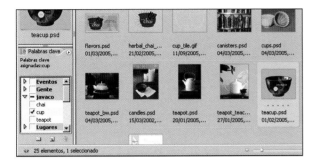

12 Hacemos clic en los archivos teapot_teacup.psd, candles.psd, spill.psd y cups.psd para seleccionarlos, fijándonos en el panel **Palabras clave**, cada vez que hagamos una selección. Como podemos apreciar, estas imágenes no produjeron el mensaje de error que aparecía en el paso 10.

13. Hacemos clic en cup_tile.gif para seleccionarlo. Examinemos el panel **Palabras clave**.

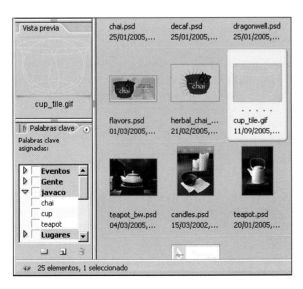

Observamos que cup_tile.gif no tienen palabras clave asociadas. El formato de archivo GIF es uno de los formatos producidos por Photoshop CS2 que no puede almacenar metadatos, que es lo que usa Bridge para almacenar palabras clave. Sin embargo, podemos aplicar palabras clave a muchos formatos de archivo, incluyendo archivos de Photoshop, de Illustrator, de InDesign, de GoLive, PDF, JPEG, TIFF y EPS. Una vez aplicadas las palabras clave a las imágenes, es el momento de buscar usando palabras clave.

14. En el panel **Favoritos**, hacemos clic en **Escritorio**. Seleccionamos **Edición>Buscar**.

15. En el cuadro de diálogo **Buscar**, seleccionamos **Escritorio** en el menú emergente **Buscar en**. Marcamos la opción **Incluir todas las subcarpetas**. En el apartado **Criterios**, usemos los que aparecen en la ilustración superior. Activamos la opción **Mostrar resultados de la búsqueda en una nueva ventana de navegador**. Hacemos clic en **Buscar**.

Observaremos que se abre una nueva ventana de Bridge, que contiene todas las imágenes que tengan la palabra clave cup.

16. Seleccionamos **Edición>Buscar**. La configuración debería ser la misma que la especificada en el paso 15.

Sustituimos la palabra cup por la palabra chai y hacemos clic en **Buscar**.

Observaremos que se abre una nueva ventana de Bridge, que contiene todas las imágenes que tengan la palabra clave chai.

17. Seleccionamos **Edición>Buscar**. La configuración debería ser la misma que la especificada en el paso 16. Hacemos clic en el botón Añadir (+) para añadir un nuevo apartado a **Criterios**. Usemos los criterios que aparecen en esta ilustración.

Observaremos que se abre una nueva ventana de Bridge, que contiene todas las imágenes que tengan las palabras clave chai y teapot.

Como podemos apreciar en este ejercicio, asignar palabras clave y buscar usando palabras clave como criterio, pueden ser unas funciones muy potentes. Cuanto más diseñemos, más crecerá el número de archivos en nuestro ordenador. Si nos tomamos nuestro tiempo para mantenerlos organizados, nuestra vida será mucho más fácil.

18. Cerremos Bridge y volvamos a Photoshop CS2 para el siguiente capítulo.

CD-ROM: STOCK_PHOTOS.MOV

CUANDO DISEÑEMOS GRÁFICOS WEB, A MENUDO QUERREMOS USAR FOTOGRAFÍAS PARA ILUSTRAR UN MENSAJE O EVOCAR UN SENTIMIENTO SOBRE NUESTRA PÁGINA WEB. SI NO TENEMOS EL TIEMPO O LA TECNOLOGÍA PARA REALIZAR NUESTRAS PROPIAS FOTOGRAFÍAS, A MENUDO TENDREMOS QUE CONFIAR EN LOS ALMACENES DE FOTOGRAFÍAS. BRIDGE OFRECE UNA FORMA SENCILLA DE BUSCAR Y COMPRAR ENTRE MÁS DE 230.000 IMÁGENES SIN DERECHOS DE AUTOR, DE ALGUNAS DE LAS PRINCIPALES AGENCIAS DE ALMACENAMIENTO DE FOTOGRAFÍAS, COMO PHOTODISC, COMSTOCK IMAGES, DIGITAL VISION, IMAGESHOP Y AMANA. PARA APRENDER A USAR LA FUNCIÓN ADOBE STOCK PHOTOS DE BRIDGE, PODEMOS VER STOCK_PHOTOS.MOV, QUE SE ENCUENTRA EN LA CARPETA MOVIES DEL CD-ROM.

¡Hemos terminado otro capítulo! A continuación, aprenderemos a escoger y a usar el color para crear gráficos Web.

Capítulo 4

Trabajar con el color

Trabajar con el color

P hotoshop CS2 e ImageReady CS2 ofrecen herramientas estupendas para trabajar con el color. En este capítulo, conoceremos trucos para escoger, editar y cambiar colores. Examinaremos el cuadro de diálogo **Selector de color**, la paleta **Colores** y la paleta **Muestras**, después cambiaremos el color de las imágenes con los colores que escojamos.

En este capítulo, encontraremos menos énfasis en el color seguro para Web de lo que podríamos esperar en unos de los libros de lynda.com. Hoy en día, hay menos motivos para usar una paleta de color segura para la Web, ya que los dispositivos de pantalla que sólo pueden mostrar 8-bits (256 colores) prácticamente han desaparecido. En este capítulo, hablaremos del declive del color seguro para la Web, pero también aprenderemos a acceder a los colores seguros para la Web cuando los necesitemos. Mientras tanto, aprenderemos a hacer que en el cuadro de diálogo **Selector de color** sólo aparezcan colores seguros para la Web, cargaremos una muestra especial de colores seguros para la Web de lynda.com, crearemos nuestras propias muestras de color y copiaremos valores de color como HTML.

ADMINISTRACIÓN DEL COLOR E INTERNET

¿Alguna vez hemos mirado la misma imagen en dos ordenadores distintos y hemos apreciado que los colores parecen diferentes? Este problema, muy común, se produce porque no hay un estándar de calibración para los monitores.

En el mundo de las imprentas, los diseñadores usan perfiles del ICC (Consorcio Internacional del Color) para asegurarse de que los colores de la pantalla tendrán el mismo aspecto cuando los

impriman. Los perfiles ICC se insertan en el formato del archivo de imagen y proporcionan información adicional sobre las características del color de la imagen. Esta información del color permanece junto al archivo, para que cualquier dispositivo pueda mostrarla o imprimirla con precisión.

Por desgracia, los perfiles ICC no sirven cuando se trata de diseñar gráficos Web. En primer lugar, insertar perfiles ICC aumentaría el tamaño de la imagen, lo que afectaría negativamente a la velocidad de carga de los gráficos. En algunos casos, un perfil de color puede llegar a los 750 Kb; mayor que un gráfico optimizado para Web. En segundo lugar, la mayoría de los navegadores Web no pueden leer perfiles de color. Como resultado, todos los esfuerzos que hagamos para que los colores sean consistentes, usando perfiles ICC, se perderán en cuanto los gráficos lleguen a Internet.

CONSIDERACIONES SOBRE LA ADMINISTRACIÓN DEL COLOR PARA USUARIOS DE WINDOWS

En un intento de estandarizar la apariencia de los colores en pantalla, Microsoft y Hewlett-Packard desarrollaron un espacio de color llamado sRGB. El objetivo de sRGB era crear un método fiable y reproducible para describir el color, que pudiera ser detectado por los monitores y que seleccionara una calibración basándose en el monitor medio.

Photoshop CS2 ofrece una configuración preestablecida en el cuadro de diálogo **Ajustes de color**, que usa sRGB como espacio de trabajo predeterminado y que convertirá cualquier imagen RGB que tengamos abierta para que use sRGB. Por tanto, podremos estar seguros de que veremos todos los gráficos que creemos para Internet usando sRGB. A continuación mostraremos cómo acceder a la configuración preestablecida.

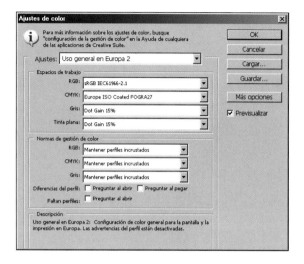

Seleccionamos **Edición>Ajustes de color**. En el cuadro de diálogo **Ajustes de color**, seleccionamos **Web/Internet en Europa**. Observaremos que **Espacio de trabajo RGB** está configurado para sRGB y que las **Normas de gestión de color** están configuradas para **Convertir a RGB de trabajo**.

Antes de empezar a diseñar gráficos Web, hay otra cosas que tenemos que configurar; los colores de prueba. Por defecto, los colores de prueba están activados y configurados como espacio de trabajo CMYK, lo que pueda afectar negativamente a la apariencia de los colores en la pantalla.

Para cambiar la configuración predeterminada de los colores de prueba, debemos asegurarnos de que no tenemos abierto ningún documento en Photoshop CS2. Seleccionamos **Vista>Ajuste de prueba>RGB para Windows** para especificar que queremos RGB para Windows como configuración predeterminada para los colores de prueba. Para asegurarnos de que los colores de prueba están activados, abrimos un archivo en

Photoshop CS2 y examinamos el contenido del menú **Vista**. Sabremos que los colores de prueba están activamos porque veremos una marca junto a ellos en el menú **Vista**. Si no lo está, seleccionamos **Vista>Colores de prueba**.

La configuración que describimos aquí sirve para un equipo con Windows. Por desgracia, si estamos usando un Mac, o si creemos que las personas que van a ver nuestra página Web van a usar un Mac, tendremos que tener en cuenta algunos factores más. Por el momento, sRGB es un espacio de color que Windows admite por defecto, y Mac sólo lo admite mediante algunas aplicaciones, como Photoshop CS2.

CONFIGURACIÓN DE GAMMA DE WINDOWS Y CONFIGURACIÓN DE GAMMA DE MAC

SRGB necesita una configuración estándar de gamma de 2.2. ¿Qué es gamma?, se preguntará. Gamma afecta a la apariencia en la pantalla del ordenador, definiendo un punto medio de gris. Gamma afecta a los grises, o valores entre el blanco y el negro. Los ordenadores con Windows usan una configuración gamma de 2.2; los Mac usan una configuración gamma de 1.8. Como resultado, los colores parecen más oscuros en Windows que en Mac. En Photoshop CS2 y en ImageReady CS2, hay formas de hacer una vista preliminar del aspecto que tendrá una imagen en cada plataforma. Aquí mostramos cómo:

Si estamos usando Photoshop CS2 e ImageReady CS2 en Windows, abrimos la imagen en Photoshop CS2 o en ImageReady CS2. En Photoshop CS2, para hacer una vista previa del aspecto de la imagen en Mac, seleccionamos **Vista>Ajuste de prueba** y seleccionamos **RGB para Macintosh**. En Image Ready CS2, seleccionamos Vista>Previsualizar>Color Macintosh estándar. Para asegurarnos de que los colores de prueba están activados, examinamos el contenido del menú Vista. Si hay una marca junto a Colores de prueba, están activados. Si no lo está, seleccionamos Vista> Colores de prueba.

Si estamos usando Photoshop CS2 e ImageReady CS2 en un Mac, abrimos una imagen en Photoshop CS2 o en ImageReady CS2. En Photoshop CS2, para hacer una vista previa del aspecto de la imagen en Windows, seleccionamos Vista>Ajuste de prueba y seleccionamos RGB para Windows. En Image Ready CS2, seleccionamos Vista>Previsualizar>Color Windows estándar.

CONSIDERACIONES SOBRE LA ADMINISTRACIÓN DEL COLOR PARA USUARIOS DE MAC

Si estamos usando un Mac, tendremos que tener en cuenta algunas cosas sobre la configuración del color antes de empezar a diseñar gráficos Web. Si estamos usando la configuración Web/Internet en Europa del cuadro de diálogo Ajustes de color, Photoshop CS2 usará el espacio de trabajo sRGB, que tiene un gamma de 2.2. En un Mac, esto puede ser un problema porque los colores tendrán una apariencia en Photoshop CS2 diferente de las otras aplicaciones para Mac que no admitan sRGB, incluyendo ImageReady CS2, Macromedia Dreamweaver y la mayoría de los navegadores Web.

Ajustar la configuración gamma en un Mac

SI CREEMOS QUE NUESTRA PÁGINA WEB PODRÍA TENER MÁS VISITANTES DE WINDOWS, QUIZÁS QUERAMOS CAMBIAR LA CONFIGURACIÓN DE GAMMA DE NUESTRO MAC OS X, DE FORMA QUE PODAMOS VER CON PRECISIÓN, EN TODAS LAS APLICACIONES, EL ASPECTO QUE TENDRÁ EN WINDOWS. ESTE CAMBIO PUEDE EVITARNOS TENER QUE REALIZAR REVISIONES INESPERADAS PARA ILUMINAR LOS GRÁFICOS. HAY QUE TENER EN CUENTA QUE CAMBIAR LA CONFIGURACIÓN GAMMA AFECTARÁ A TODAS LAS APLICACIONES, NO SÓLO A PHOTOSHOP CS2.

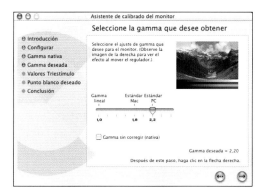

PARA CAMBIAR LA CONFIGURACIÓN DE GAMMA, USAMOS LAS UTILIDADES DE CALIBRACIÓN DE MAC OS X. ABRIMOS EL CUADRO DE DIÁLOGO Preferencias del sistema Y SELECCIONAMOS Pantallas. HACEMOS CLIC EN LA PESTAÑA COLOR Y LUEGO EN EL BOTÓN CALIBRAR. HACEMOS CLIC EN LA FLECHA DE LA DERECHA PARA LLEGAR HASTA LA PANTALLA Gamma deseada. SELECCIONAMOS Estándar PC. HACEMOS CLIC EN LA FLECHA DE LA DERECHA HASTA QUE LLEGUEMOS A LA PANTALLA EN LA QUE DAMOS UN NOMBRE AL PERFIL. ESCRIBIMOS EL NOMBRE QUE QUEREMOS DARLE AL PERFIL. HACEMOS CLIC EN CREAR.

DEBEMOS RECORDAR QUE CAMBIAR EL GAMMA PARA QUE SE PAREZCA AL DE WINDOWS AFECTARÁ A TODAS LAS APLICACIONES, INCLUYENDO PHOTOSHOP CS2, IMAGEREADY CS2, OTRAS APLICACIONES GRÁFICAS, EDITORES DE HTML Y NAVEGADORES DE INTERNET.

Esto puede resultar frustrante cuando estemos diseñando gráficos Web en un Mac, ya que los colores constantemente parecerán diferentes, dependiendo de la aplicación empleada.

Aún así, si utilizamos Mac, deberíamos usar la configuración predeterminada **Web/Internet en Europa**, del cuadro de diálogo **Ajustes de color**, pero con colores de prueba (Photoshop CS2) o previsualizar (ImageReady CS2), si queremos simular el aspecto de nuestras imágenes en los otros programas y navegadores Web de Mac.

Sin documentos abiertos en Photoshop CS2, seleccionamos **Vista>Ajuste de prueba> Monitor RGB** para hacer que sea la configuración de colores de prueba predeterminada. Para asegurarnos de que los colores de prueba están activados, examinamos el contenido del menú **Vista**. Si hay una marca junto a **Colores de prueba**, están activados. Si no lo está, seleccionamos **Vista>Colores de prueba**.

Sin documentos abiertos en ImageReady CS2, seleccionamos **Vista>Previsualizar>Color sin compensación** para hacer que sea la configuración de previsualización predeterminada.

 TRUCO: COMO PODEMOS VER, ¡LA ADMINISTRACIÓN DEL COLOR ES UN TEMA MUY COMPLEJO! PHOTOSHOP CS2 INCLUYE DOCUMENTACIÓN ADICIONAL SOBRE LA ADMINISTRACIÓN DEL COLOR. PARA OBTENER MÁS INFORMACIÓN, PODEMOS EXAMINAR EL TEMA GESTIÓN DEL COLOR DE LA AYUDA DE PHOTOSHOP CS2.

EL DECLIVE DEL COLOR SEGURO PARA LA WEB

El concepto de color seguro para la Web apareció cuando Internet comenzó a ganar popularidad a mediados de los años 90. En esa época, la mayoría de los ordenadores eran muy inferiores a los actuales. Esos viejos ordenadores tenían tarjetas de vídeo de 8 bits, que sólo podían mostrar 256

colores. La mayoría de los profesionales gráficos tenían ordenadores con tarjetas de vídeo de 24 bits, que podían mostrar millones de colores, pero costaban mucho más que las tarjetas medias de 8 bits. Por eso, los diseñadores de páginas, con tarjetas de vídeo de 24 bits, producían colores que no podían mostrarse correctamente en los ordenadores comunes, con tarjetas de vídeo de 8 bits. Como resultado, apareció una paleta segura para la Web. Fue creada y descrita por primera vez en el libro de Lynda Weinman, Designing Web Graphics (1996).

La paleta segura para la red sólo tiene 216 colores. Sin embargo, los 216 colores son especiales ya que son los colores que pueden mostrarse con fidelidad en las tarjetas de vídeo de 8 bits. El término "color seguro para la Web" se refiere al uso de estos 216 colores especiales. Otros términos, como paleta de la Web, paleta segura para el navegador, paleta de 216 colores, paleta de Netscape o cubo de colores de 6x6x6, todos hacen referencia a los mismos 216 colores.

Si creemos que nuestra página puede ser vista en ordenadores que tienen tarjetas de vídeo de 8 bits, deberíamos limitar los colores que escojamos a la paleta de colores seguros para la Web. Hace sólo unos años, casi todos los ordenadores tenían tarjetas de vídeo de 8 bits. Cuando el diseño Web emergió como un medio de diseño, los diseñadores tenían que conocer el color seguro para la Web y tenían que saber crear gráficos Web con esta limitada paleta de colores. Esto no era sencillo ya que la paleta segura para el navegador no es muy atractiva visualmente; principalmente, contiene colores muy saturados de valor medio y no tiene muchos colores claros u oscuros, ni muchos tonos apagados o coloristas.

¡Buenas noticias! En la mayoría de los casos, hoy en día es seguro diseñar gráficos Web sin la paleta segura para la Web. Ahora, muy pocos usuarios tienen ordenadores con tarjetas de vídeo de 8 bits

Trabajar con el color

y la mayoría de los usuarios pueden ver cualquier color que usemos para diseñar.

Si no estamos seguros de cuándo usar la paleta segura para la Web, la respuesta depende de nuestra audiencia o nuestro cliente. Si estamos diseñado páginas Web para dispositivos alternativos online, como teléfonos móviles, PDA o electrodomésticos con Internet, tendremos que usar una paleta segura para la Web. La mayoría de estos dispositivos actualmente sólo muestra colores de 8 bits y algunos muestran sólo colores de 1 bit (blanco y negro).

Algunas compañías todavía creen que trabajar con colores seguros para la Web es un distintivo del buen diseño, por lo que quizás queramos aprender a usarlos. Hay que tener en cuenta que no hay nada malo en usar la paleta segura para la Web; simplemente limita nuestras opciones a 216 colores. Usar colores seguros para la Web no es malo ni bueno, siempre que podamos combinarlos de forma agradable y efectiva. Como aprenderemos en este capítulo, la paleta segura para la Web está integrada en las herramientas de selección de color de Photoshop CS2 y de ImageReady CS2, de modo que es fácil crear o colorear un gráfico con colores seguros para la Web.

¿QUÉ OCURRE CON LOS SISTEMAS DE 8 BITS SI NO USAMOS COLORES SEGUROS PARA LA WEB?

Si no usamos colores seguros para la Web y nuestra página Web se va a ver en ordenadores con tarjetas de vídeo de 8 bits, será conveniente saber el aspecto que tendrán los gráficos Web. Pueden aparecer dos problemas.

En primer lugar, los colores que establezcamos en el código HTML, como los colores del fondo de página, del texto y de los vínculos, cambiarán en el navegador Web del receptor, si sólo dispone de colores de 8 bits. Los cambios de

color impredecibles pueden hacer que el texto o los vínculos no se puedan leer si el fondo tiene un color parecido.

Gráfico visto en color de 24 bits.

El mismo gráfico visto en color de 8 bits.

Primer plano en color de 24 bits.

Primer plano en color de 8 bits.

El segundo problema tiene que ver con el color. Si creamos dibujos, como ilustraciones o dibujos animados, con colores que no son seguros para la Web, estos colores aparecerán granulados cuando la imagen se vea en un ordenador que disponga de una tarjeta de vídeo de 8 bits. El molesto granulado se produce porque la tarjeta de 8 bits del receptor intenta emular los colores que no puede mostrar. Las anteriores ilustraciones muestran el aspecto del granulado, con lo que nos indican por qué querremos usar colores seguros para la Web en nuestros dibujos Web, si creemos que podemos tener espectadores que sólo dispongan de tarjetas de vídeo de 8 bits. Sin embargo, con el contenido fotográfico, ocurre todo lo contrario. Si estamos preparando fotografías para la Web, nunca debemos usar colores seguros para la Web. Cuando un navegador de 8 bits muestra fotografías, las convierte a 8 bits al vuelo y lo hace mejor que si las convertimos nosotros mismos. En los siguientes ejercicios, aprenderemos a usar las herra-mientas de selección de color que nos ofrecen Photoshop CS2 e ImageReady CS2 y a seleccionar colores seguros para la Web cuando los necesitemos. También aprenderemos a combinarlo todo, con modos rápidos y sencillos de cambiar el color de las imágenes con capas.

ESCOGER EL COLOR EN PHOTOSHOP CS2 Y EN IMAGEREADY CS2

Hay tres herramientas para escoger el color en Photoshop CS2 y en ImageReady CS2: el cuadro de diálogo Selector de color, la paleta Color y la paleta Muestras. A continuación mostramos una vista general de las tres:

Herramientas de color de Photoshop CS2 e ImageReady CS2

Opción	Descripción
Cuadro de diálogo Selector de color 	El cuadro de diálogo Selector de color es la herramienta más visual y global para escoger colores. Podemos acceder a ella haciendo clic en los colores frontal o de fondo de la barra de herramientas, o haciendo clic en cualquier muestra de color del cuadro de diálogo o de la barra de opciones. Aprenderemos a usar el cuadro de diálogo Selector de color en el ejercicio 1.
Paleta Color 	La paleta Color es una forma sencilla de seleccionar el color, si conocemos los valores exactos RGB, HSB, CMYK o Lab que queremos usar, ya que tiene una interfaz muy útil para escribir los valores del color y para hacer una vista previa. Podemos acceder a la paleta Color seleccionando Ventana>Color. En el cuadro adjunto que hay al final del ejercicio 1 aprenderemos a usar la paleta Color.
Paleta Muestras 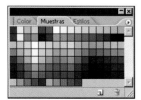	La paleta Muestras es una forma excelente de guardar los colores que queremos usar en más de una imagen. En lugar de recordar los valores de color, o de volver a seleccionar los colores desde cero, podemos guardar muestras personalizadas para usarlas en futuros proyectos. Podemos acceder a la paleta Muestras seleccionando Ventana>Muestras. Aprenderemos a usar la paleta Muestras en el ejercicio 3.

Trabajar con el color

Opción	Descripción
Herramienta Cuentagotas 	La herramienta Cuentagotas nos permite tomar una muestra del color de una imagen existente. Si tenemos una imagen que usa colores que nos gustan, podemos usar la herramienta Cuentagotas para tomar una muestra del color, para poder usarlo en nuestros proyectos. Podemos acceder a la herramienta Cuentagotas seleccionándola en el cuadro de herramientas, o pulsando **I**, que es el método abreviado del teclado. Aprenderemos a usar la paleta Cuentagotas en el ejercicio 3.

I. [PS/IR] SELECCIONAR COLORES CON EL SELECTOR DE COLOR

En este ejercicio aprenderemos a seleccionar el color, incluyendo colores seguros para la Web, usando el cuadro de diálogo **Selector de color**.

1. Hacemos clic en configurar color frontal, en el cuadro de herramientas, para abrir el cuadro de diálogo **Selector de color**.

2. Ajustamos el control deslizante del color y usamos el círculo del cuadro de valor de saturación para configurar el color seleccionado.

Examinemos la lectura hexadecimal que aparece en la parte inferior del cuadro de diálogo **Selector de color**.

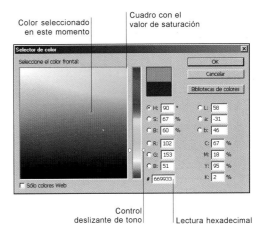

Si movemos las flechas hacia arriba en el control deslizante del color, veremos que cambian los números de esta lectura y los colores de la pantalla.

3. Hacemos clic en los botones se selección **H**, **S**, **B** (Tono, Saturación, Brillo); **R**, **G**, **B** (rojo, verde, azul); o **L** (iluminación), **a** (eje a: del verde al magenta), **b** (eje b: del azul al amarillo), continuamos configurando el control deslizante de tono y vemos como cambia el cuadro con el valor de saturación.

H, S y B indican tono, saturación y brillo. En la anterior captura de pantalla, el cuadro de diálogo **Selector de color** está configurado para ver el tono. Los diferentes botones de opción ofrecen diferentes formas de ver y seleccionar colores. Descubriremos que estas opciones nos ayudan a encontrar colores que combinan bien.

4. Marcamos la opción **Sólo colores Web**.

Observamos que el cuadro con el valor de saturación cambia y que sólo podremos escoger algunos colores. Al activar **Sólo colores Web**, nos estamos limitando a la paleta de colores seguros para la Web, descrita anteriormente en este capítulo. Usar esta opción nos asegura que siempre seleccionaremos un color seguro para la Web.

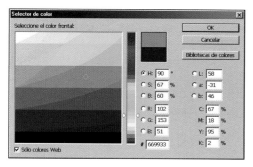

5. Desactivemos la opción **Sólo colores Web**. Movamos el círculo dentro del cuadro de valor de saturación, hasta que aparezca un pequeño cubo con un cuadro de muestra a la derecha de la vista previa del color.

Hacemos clic en la muestra que hay bajo el cubo para seleccionar el color seguro para la Web más parecido.

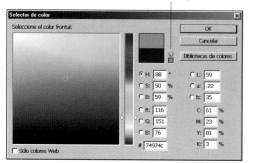

El cubo nos avisa de que hemos seleccionado un color que no es seguro para la Web. Hacemos clic en la pequeña muestra que hay debajo del cubo.

La selección pasará al color más cercano seguro para la Web y el cubo desaparecerá.

6. En el cuadro de diálogo **Selector de color**, hacemos clic en **OK**.

Observamos que el color escogido ahora aparece como color frontal en el cuadro de herramientas.

NOTA: IMAGEREADY CS2 TIENE UN CUADRO DE DIÁLOGO Selector de color CASI IDÉNTICO AL DE PHOTOSHOP CS2. EL CUADRO DE DIÁLOGO Selector de color DE IMAGEREADY CS2 NO DISPONE DE ALGUNAS FUNCIONES DESTINADAS A LA IMPRESIÓN, COMO LA INFORMACIÓN DE COLOR LAB, EL COLOR CMYK Y AVISOS SOBRE LOS COLORES FUERA DE LA GAMA DE IMPRESIÓN. PHOTOSHOP CS2 PUEDE USARSE PARA DISEÑAR GRÁFICOS PARA IMPRIMIR O WEB; IMAGEREADY CS2 ESTÁ DISEÑADO ESPECÍFICAMENTE PARA CREAR GRÁFICOS WEB.

Trabajar con el color

Seleccionar colores con la paleta Color

ADEMÁS DE SELECCIONAR COLORES CON EL CUADRO DE DIÁLOGO Selector de color, PODEMOS SELECCIONAR COLORES ME-
DIANTE LA PALETA Color DE COLOR PHOTOSHOP CS2 E IMAGEREADY CS2. VEREMOS QUE ES MÁS SENCILLO SELECCIONAR
COLORES MEDIANTE LA PALETA Color PORQUE PODEMOS DEJARLA SIEMPRE VISIBLE, EN LUGAR DE ABRIR Y CERRAR EL CUA-
DRO DE DIÁLOGO Selector de color. PARA SELECCIONAR COLORES MEDIANTE LA PALETA Color, PRIMERO NOS ASEGURAMOS DE QUE LA
PALETA ESTÉ ABIERTA. SI NO LO ESTÁ, SELECCIONAMOS Ventana>Color.

AJUSTAMOS LOS CONTROLES DESLIZANTES O ESCRIBIMOS UN VALOR EN LA PALETA
Color. PODEMOS TENER VARIOS CONTROLES DESLIZANTES DIFERENTES EN LA PALE-
TA Color, INCLUYENDO CONTROLES DE RGB, CONTROLES DE HSB, CONTROLES DE
CMYK, CONTROLES LAB Y CONTROLES DE COLORES WEB, SELECCIONANDO EL CON-
TROL DESLIZANTE ADECUADO EN EL MENÚ DE LA PALETA Color.

SELECCIONAMOS Reguladores de color Web EN EL MENÚ
DE LA PALETA Color.

CUANDO USEMOS LOS CONTROLES DESLIZANTES DE COLOR WEB, LOS COLORES DE LAS MARCAS PASARÁN AUTOMÁTICAMENTE A COLO-
RES SEGUROS PARA LA WEB. SI QUEREMOS OMITIR LOS CONTROLES DESLIZANTES DE COLOR WEB, PODEMOS MANTENER PULSADA LA
TECLA **OPCIÓN** (MAC) O **ALT** (WINDOWS). SI SELECCIONES UN COLOR QUE NO SE ENCUENTRE DENTRO DEL RANGO DE COLORES SEGURO
PARA LA WEB, APARECERÁ EL CUBO DE ADVERTENCIA A LA DERECHA DE LOS CONTROLES DESLIZANTES. PODEMOS SELECCIONAR EL
COLOR SEGURO PARA LA WEB MÁS CERCANO HACIENDO CLIC EN LA MUESTRA QUE HAY DEBAJO DEL CUBO, TAL Y COMO HICIMOS EN EL
CUADRO DE DIÁLOGO Selector de color.

EN PHOTOSHOP CS2, DEBEMOS SELECCIONAR Reguladores de color Web PARA QUE APAREZCA EL CUBO DE ADVERTENCIA. COMO IMAGEREADY
CS2 ESTÁ DISEÑADO ESPECÍFICAMENTE PARA LA CREACIÓN DE GRÁFICOS WEB, EL CUBO DE ADVERTENCIA ESTÁ DISPONIBLE PARA TODOS
LOS CONTROLES DESLIZANTES.

2. [PS/IR] SELECCIONAR COLOR CON LA PALETA MUESTRAS

Otra forma de seleccionar color en Photoshop CS2
y en ImageReady CS2 es con la paleta **Muestras**.
Photoshop CS2 e ImageReady CS2 incluyen varias
muestras ya creadas, incluyendo muestras basadas
en colores seguros para la Web. Además, podemos
cargar muestras creadas y guardadas por otros
usuarios de Photoshop CS2 o ImageReady CS2.

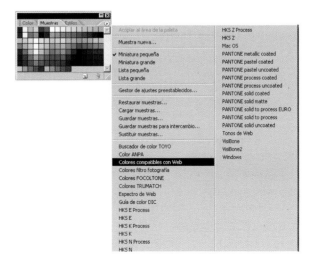

1. Debemos asegurarnos de que se vea la paleta
Muestras. Si no lo está, seleccionamos **Venta-
na>Muestras**.

2. Abrimos el menú de la paleta **Muestras**.

Observaremos que hay tres muestras para Web: **Tonos de Web, Colores compatibles con Web** y **Espectro de Web**. Las tres muestras contienen los 216 colores seguros para la Web. La única diferencia es la organización de las muestras.

3. Seleccionamos **Colores compatibles con Web** en el menú de la paleta **Muestras**.

4. Hacemos clic en **OK** para sustituir las muestras actuales de la paleta **Muestras** por el contenido de las muestras de colores seguros para la Web.

 NOTA: SI HACEMOS CLIC EN **AÑADIR**, EN LUGAR DE EN **OK**, EL CONTENIDO DE LA MUESTRA DE COLORES SEGUROS PARA LA WEB, SE AÑADIRÁ AUTOMÁTICAMENTE A LOS MOTIVOS QUE HAYA EN ESE MOMENTO EN LA PALETA Muestras.

La paleta **Muestras** se actualizará automáticamente con las muestras de colores seguros para la Web. Aumentaremos el tamaño de la paleta **Muestras** para que muestre todos los colores, arrastrando el controlador de tamaño que hay en la esquina inferior derecha de la paleta. Podemos seleccionar cualquier color de la paleta **Muestras** haciendo clic en él. Cuando hacemos clic en un color de la paleta **Muestras**, el color frontal del cuadro de herramientas cambia automáticamente para mostrar nuestra selección.

A continuación, aprenderemos a cargar las muestras de lynda.com desde el CD-ROM PSCS2Web HOT.

Lynda Weinman y Bruce Heavin escribieron en 1997 un libro llamado "Coloring Web Graphics", que ya está agotado. Bruce creó para ese libro una serie de muestras para la Web, que organizó estéticamente para que fuera más sencillo seleccionar colores seguros para la Web. Una de estas muestras se ha incluido en la carpeta

chap_04 del CD ROM PSCS2Web HOT para que la carguemos y la usemos.

5. Seleccionamos **Sustituir muestras** en el menú de la paleta **Muestras**.

 NOTA: SI SELECCIONAMOS Sustituir muestras EN EL MENÚ DE LA PALETA Muestras, SUSTITUIREMOS LAS MUESTRAS QUE TENGAMOS EN ESE MOMENTO POR LAS MUESTRAS QUE CARGAMOS. SI SELECCIONAMOS Cargar muestras EN EL MENÚ DE LA PALETA Muestras, AÑADIREMOS LAS MUESTRAS QUE CARGAMOS A LAS MUESTRAS QUE TENGAMOS EN ESE MOMENTO.

6. Nos dirigimos hasta la carpeta chap_04, que habíamos copiado en el escritorio desde el CD-ROM PSCS2Web HOT, y seleccionamos color.aco. Hacemos clic en **Cargar** (o **Abrir** en ImageReady CS2).

7. Ampliamos la ventana de la paleta **Muestras** usando el controlador de tamaño que hay en la esquina inferior derecha de la paleta. A continuación, usamos la barra de desplazamiento para ver las muestras. Los muestras están organizadas por tono (de arriba a abajo), por valor (de derecha a izquierda) y por saturación (de arriba a abajo).

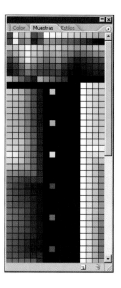

Trabajar con el color

NOTA: MUCHOS DE LOS COLORES ESTÁN REPETI-
DOS PARA MOSTRAR UNA MATRIZ DE COLORES OR-
GANIZADOS, DE FORMA QUE SEA MÁS FÁCIL
ESCOGER UN COLOR. ES BONITO VER TODOS LOS
TONOS JUNTOS. POR EJEMPLO, SI QUEREMOS SELECCIONAR UN
TONO DE ROJO, PODEMOS VER FÁCILMENTE NUESTRAS OPCIO-
NES. VER JUNTOS TODOS LOS COLORES OSCUROS Y/O LOS
COLORES CON LA MISMA SATURACIÓN TAMBIÉN ES ÚTIL.

8. Seleccionamos **Restaurar muestras** en el
menú de la paleta **Muestras**. Hacemos clic en
OK para cambiar las muestras de lynda.com por
las muestras predeterminadas.

3. [PS] CREAR Y GUARDAR MUESTRAS PERSONALIZADAS

Cuando diseñemos gráficos Web, a menudo
querremos usar un esquema de colores
personalizados (uno que creemos para un
proyecto o uno que nos proporcione un cliente)
y limitar la paleta de **Muestras** para que sólo
muestre los colores que nos puedan resultar
útiles. En este ejercicio aprenderemos a crear
muestras personalizadas de dos formas; seleccionado colores de muestras existente y tomando
colores de una imagen usando la herramienta
cuentagotas.

1. Seleccionamos **Edición>Gestor de ajustes
preestablecidos**. En la ventana **Gestor de
ajustes preestablecidos**, seleccionamos
Muestras en el menú emergente **Tipo ajuste
preest.**

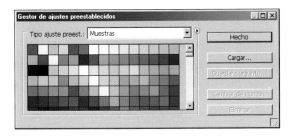

El **Gestor de ajustes preestablecidos** de
Photoshop CS2 nos permite organizar las
bibliotecas de contenidos, como las muestras,
además de otros ajustes preestablecidos de la
aplicación, como pinceles, gradientes, estilos y
patrones. En este ejercicio sólo estudiaremos las
muestras. Para obtener más información sobre
cómo personalizar el contenido de otras bibliotecas, podemos leer la ayuda de Photoshop CS2.

2. Seleccionamos **Tonos de Web** en el menú
Gestor de ajustes preestablecidos.

Hacemos clic en **OK** para cambiar las muestras
por las muestras de tonos de Web.

Esto reemplazará las muestras que estén en uso
en el **Gestor de ajustes preestablecidos** (y en
la paleta **Muestras**) por muestras de colores
seguros para la Web, ordenados por tono.

3. Seleccionamos algunos colores manteniendo
pulsada la tecla **Comando** (Mac) o **Control**
(Windows) y haciendo clic en los colores que
queremos que formen parte de las nuevas
muestras personalizadas.

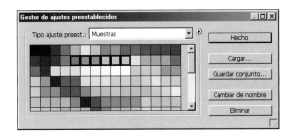

4. Hacemos clic en **Guardar conjunto**. En el
cuadro de diálogo **Guardar conjunto**, escribimos el nombre Custom Web Colors.aco en el
campo **Guardar como** (Mac) o **Guardar en**
(Windows) Debemos asegurarnos de incluir la
extensión .aco, porque identificará al archivo
como muestras de Photoshop CS2. Nos dirigimos a la carpeta Muestras de color, en la carpeta
Ajustes preestablecidos, que se encuentra en la

carpeta del programa Photoshop CS2. Hacemos clic en **Guardar**.

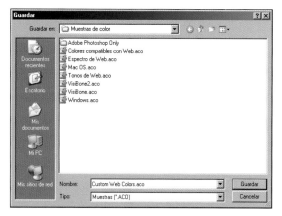

Al guardar el archivo Custom Web Colors.aco en la carpeta Ajustes preestablecidos\Muestras de color, la próxima vez que iniciemos Photoshop CS2 veremos las muestras en el menú de la paleta Muestras.

5. En el Gestor de ajustes preestablecidos, hacemos clic en **Hecho**.

6. Cerramos y volvemos a iniciar Photoshop CS2.

Tenemos que cerrar y volver a iniciar Photoshop CS2 para ver las nuevas muestras en el menú de la paleta Muestras.

7. Seleccionamos Custom Web Colors en el menú de la paleta Muestras. Hacemos clic en **OK** para sustituir las muestras que estamos usando por las muestras Custom Web Colors, que ahora aparecerán en la paleta Muestras.

A continuación, crearemos muestras personalizadas a partir de los colores de una imagen.

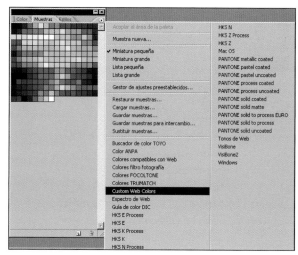

8. Abrimos javaco_tea.psd, que se encuentra en la carpeta chap_04 que copiamos en el escritorio.

9. Seleccionamos Gestor de ajustes preestablecidos en el menú de la paleta Muestras.

El Gestor de ajustes preestablecidos se abrirá con Custom Web Colors.

10. Pulsamos **Comando-A** (Mac) o **Control-A** (Windows) para seleccionar todos los colores Custom Web Colors. En el cuadro de diálogo Gestor de ajustes preestablecidos, hacemos clic en **Eliminar** para eliminar todos los colores. Hacemos clic en **Hecho** para cerrar el Gestor de ajustes preestablecidos.

La paleta Muestras ahora debería aparecer vacía, para que podamos añadir nuestras muestras personalizadas desde cero.

11. En el cuadro de herramientas, seleccionamos la herramienta cuentagotas.

Trabajar con el color

12. Con la herramienta cuentagotas selecciona-da, hacemos clic en un color de la imagen abierta, a continuación, en la parte inferior de la paleta **Muestras**, hacemos clic en el botón Crear nueva muestra de color frontal.

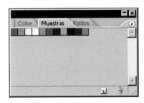

Esto añadirá el color seleccionado en la imagen a la paleta **Muestras**. Repetimos este paso hasta tener en la paleta **Muestras** todos los colores que necesitemos.

13. Seleccionamos **Guardar muestras** en el menú de la paleta **Muestras**.

Nos dirigimos a la carpeta Muestras de color, en la carpeta Ajustes preestablecidos, que se encuentra en la carpeta del programa Photoshop CS2 y llamamos a la muestra javaco_tea.aco. Hacemos clic en **Guardar**.

La próxima vez que iniciemos Photoshop CS2, las muestras javaco_tea.aco que acabamos de crear, aparecerán en la lista de muestras del menú de la paleta **Muestras**.

14. Cerramos la imagen. No es necesario guardar los cambios.

Guardar las muestras que estemos usando en otros programas de Adobe Creative Suite 2

PHOTOSHOP CS2 TIENE UNA NUEVA OPCIÓN PARA GUARDAR MUESTRAS: GUARDAR MUESTRAS PARA INTERCAMBIO. ESTA OP-CIÓN NOS PERMITE GUARDAR LAS MUESTRAS CREADAS CON PHOTOSHOP CS2 Y USARLAS EN OTROS PROGRAMAS DE ADOBE CREATIVE SUITE 2, INCLUIDOS ILLUSTRATOR CS2 E INDESIGN CS2. DE LA MISMA FORMA, ILLUSTRATOR CS2 E INDESIGN CS2 TAMBIÉN TIENEN LA OPCIÓN DE GUARDAR MUESTRAS PARA INTERCAMBIO, QUE NOS PERMITE CREAR Y GUARDAR MUESTRAS PERSONALIZADAS EN ESOS PROGRAMAS Y USAR EN PHOTOSHOP CS2 ESAS MUESTRAS GUARDADAS. A CONTINUACIÓN EXPLICAREMOS CÓMO USAR LA OPCIÓN DE GUARDAR MUESTRAS PARA INTERCAM-BIO EN PHOTOSHOP CS2.

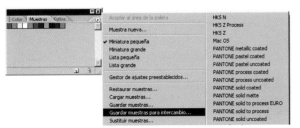

SELECCIONAMOS Guardar muestras para intercambio EN EL MENÚ DE LA PALETA Muestras. EN EL CUADRO DE DIÁLOGO Guardar, PRO-PORCIONAMOS UN NOMBRE PARA LAS MUESTRAS, PERO ASEGU-RÁNDONOS DE MANTENER LA EXTENSIÓN .ASE. ESTA EXTENSIÓN PERMITE A ILLUSTRATOR CS2 Y A INDESIGN CS2 IDENTIFICAR LA INFORMACIÓN CONTENIDA EN EL ARCHIVO Y ABRIR SU CONTENI-DO COMO MUESTRAS.

4. [PS/IR] CAMBIAR EL COLOR DE LAS IMÁGENES CON CAPAS

Tras aprender a seleccionar colores de varias formas diferentes, ¿cómo creamos imágenes usando estos colores? Podemos dibujar o pintar con cualquier color, en cualquier momento. También podemos usar las herramientas de relleno.

El siguiente ejercicio se concentra en cambiar el color de una imagen ya existente. Nos da la oportunidad de trabajar con la función de bloquear píxeles transparentes, que nos permite cambiar fácilmente el color de las imágenes con capas.

1. Seleccionamos **Restaurar muestras** en el menú de la paleta **Muestras**.

Cuando se nos pregunte si queremos sustituir las muestras de color actuales por las muestra de color por defecto, hacemos clic en **OK**.

2. Abrimos javaco_tea_coupon.psd, que se encuentra en la carpeta chap_04 que copiamos en el escritorio. Debemos asegurarnos de que se vea la paleta **Capas**. Si no lo está, seleccionamos **Ventana>Capas**. Examinemos el contenido de la paleta **Capas**. Esta imagen está formada por varias capas.

Resulta útil ordenar los archivos mediante capas separadas, como aquí, y dar a las capas nombres con significado, de forma que podamos trabajar con cada capa individualmente, como haremos en el siguiente ejercicio.

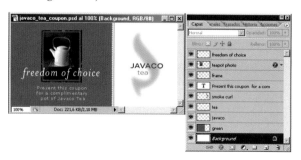

Si no sabe qué es eso de las capas, no se preocupe, en un capítulo posterior aprenderemos todo lo que hay que saber sobre las capas.

3. En la parte inferior de la paleta **Capas**, hacemos clic en la capa **Background** para seleccionarla.

En este momento, la imagen ha sido coloreada con diferentes tonos de verde.

Para cambiar el esquema de color a tonos de rojo (o a cualquier otro color que queramos), trabajaremos con una capa cada vez, comenzando con la capa Background.

4. Seleccionamos un color beige claro en la paleta **Muestras**, o usamos el cuentagotas para tomar una muestra de beige claro de la fotografía que aparece en la imagen.

5. Para rellenar la capa Background con el color escogido, pulsamos **Opción-Supr** (Mac) o **Alt-Retroceso** o **Alt-Supr** (Windows).

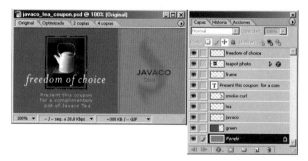

Es un fantástico método abreviado para rellenar una capa con un color, ya que es más rápido que usar el comando de menú **Edición>Rellenar** o la herramienta bote de pintura.

Trabajar con el color

6. Hacemos clic en la capa verde de la paleta **Capas** para seleccionarla.

Seleccionamos un color rojo oscuro en la paleta **Muestras**, o usamos el cuentagotas para tomar una muestra de rojo oscuro de la fotografía que aparece en la imagen.

Pulsamos **Opción-Supr** (Mac) o **Alt-Retroceso** o **Alt-Supr** (Windows).

Observamos que ahora toda la capa está rellenada con color rojo oscuro.

En los siguientes pasos aprenderemos un práctico truco para cambiar el color sólo de la zona verde, en lugar de toda la capa.

7. Pulsamos **Comando-Z** (Mac) o **Control-Z** (Windows) para deshacer el rellenado con rojo oscuro.

8. En la paleta **Capas**, hacemos clic en el botón de bloquear píxeles transparentes. Pulsamos **Opción-Supr** (Mac) o **Alt-Retroceso** o **Alt-Supr** (Windows).

Bloquear píxeles transparentes protege las zonas transparentes de la capa. Cuando rellenamos la capa con un nuevo color, Photoshop CS2 sólo rellena las zonas de la capa que contienen píxeles coloreadas y mantiene las áreas transparentes. No sabría decir cuántos estudiantes he visto intentando usar la varita mágica u otras herramientas de selección, para seleccionar formas de capas que querían rellenar. La técnica que hemos aprendido es mucho mejor porque es más sencilla, sólo rellena las zonas de la capa con píxeles coloreados y no deja bordes desiguales en los rellenos de color.

9. Hacemos clic en la capa **javaco** para seleccionarla y hacemos clic en el botón para bloquear píxeles transparentes.

Usando el mismo color rojo oscuro, rellenamos la capa **javaco** pulsando **Opción-Supr** (Mac) o **Alt-Retroceso** o **Alt-Supr** (Windows).

10. Seleccionamos un color rojo medio en la paleta **Muestras**, o usamos el cuentagotas para tomar una muestra de rojo oscuro de la fotografía.

Hacemos clic en la capa tea de la paleta **Capas** y hacemos clic en el botón para bloquear píxeles transparentes.

Pulsamos **Opción-Supr** (Mac) o **Alt-Retroceso** o **Alt-Supr** (Windows).

11. Seleccionamos un color rojo oscuro en la paleta **Muestras**, o usamos el cuentagotas para tomar una muestra de rojo oscuro de la fotografía que aparece en la imagen.

Hacemos clic en la capa **smoke curl** para seleccionarla y hacemos clic en el botón para bloquear píxeles transparentes.

Pulsamos **Opción-Supr** (Mac) o **Alt-Retroceso** o **Alt-Supr** (Windows).

Este paso es especialmente bonito. Observaremos que smoke curl está ligeramente borroso.

Bloquear los píxeles transparentes mantiene la cualidad borrosa del vapor mientras cambiamos su color por un rojo oscuro.

12. Seleccionamos un color beige claro en la paleta **Muestras**, o usamos el cuentagotas para tomar una muestra de beige claro de la fotografía que aparece en la imagen.

Hacemos clic en la capa que contiene el texto (la capa con el **T** en el icono) para seleccionarla.

Pulsamos **Opción-Supr** (Mac) o **Alt-Retroceso** o **Alt-Supr** (Windows).

Observaremos que no tenemos que activar la opción de bloquear los píxeles transparentes (de hecho, no podemos hacerlo, ya que no está habilitada).

Éste es el comportamiento predeterminado de una capa que se puede editar (normalmente conserva las zonas transparentes cuando rellenamos la capa).

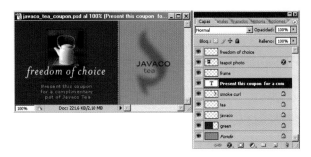

13. Seleccionamos un color rojo oscuro en la paleta **Muestras**, o usamos el cuentagotas para tomar una muestra de rojo oscuro de la imagen.

Hacemos clic en la capa **frame** para seleccionarla y hacemos clic en el botón para bloquear píxeles transparentes.

Pulsamos **Opción-Supr** (Mac) o **Alt-Retroceso** o **Alt-Supr** (Windows).

Como en la capa **smoke curl**, la capa frame tiene una gran diferencia entre las zonas transparentes y las no transparentes.

¡La opción bloquear los píxeles transparente mantiene estéticamente esta diferencia!

Trabajar con el color

14. Seleccionamos un color beige claro en la paleta **Muestras**, o usamos el cuentagotas para tomar una muestra de beige claro de la imagen. Hacemos clic en la capa freedom of chooice para seleccionarla y hacemos clic en el botón para bloquear píxeles transparentes. Pulsamos **Opción-Supr** (Mac) o **Alt-Retroceso** o **Alt-Supr** (Windows).

Ahora todas las capas de la imagen deberían haber cambiado su color, de tonos de verde a tonos de beige y rojo.

15. Cerramos el archivo. No es necesario guardar los cambios.

Lo que hemos estudiado en este ejercicio nos ayudará a cambiar el color de imágenes con capas a medida que diseñamos gráficos Web en Photoshop CS2.

5. [PS] COPIAR COLOR COMO HTML

Este ejercicio nos será de utilidad si programamos nuestro propio código HTML o si trabajamos con un editor de HTML. Si no trabajamos con HTML, ¡podemos pasar al siguiente ejercicio! Si estamos creando una imagen en Photoshop CS2 o en ImageReady CS2 y queremos capturar un color de una imagen para incluirlo en el código HTML, de forma que dé color al fondo, a un vínculo o a otro elemento en HTML, para que concuerde con el de la

imagen, podemos usar la función Copiar color como HTML.

Cuando especificamos un color en código HTML, debemos usar valores en el sistema numérico hexadecimal, que usa letras y números para identificar colores. Es lo único que debemos saber cuando estemos trabajando con Photoshop CS2 e ImageReady CS2; los programas se ocuparán del apartado matemático.

La función copiar color como HTML convierte el valor del color RGB (rojo, verde y azul) en una cadena de números hexadecimales. Este comando también pone el valor hexadecimal del color en el portapapeles del ordenador, para que no tengamos que pegarlo como texto en otras aplicaciones (una función muy práctica si estamos escribiendo HTML desde cero y queremos colocar un valor de color en el código).

1. En Photoshop CS2, abrimos javaco_tea.psd, que se encuentra en la carpeta chap_04 que copiamos en el escritorio.

2. Seleccionamos la herramienta cuentagotas en el cuadro de herramienta y hacemos clic en un color del fondo de la imagen.

3. Hacemos clic mientras pulsamos **Control** (Mac) o hacemos clic con el botón derecho del ratón (Windows) y seleccionamos Copiar color como HTML en el menú emergente.

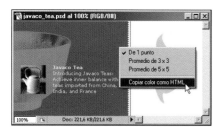

Si estamos trabajando con ImageReady CS2, primero hacemos clic en un color del documento con la herramienta cuentagotas, después hacemos clic mientras pulsamos **Control** (Mac) o hacemos clic con el botón derecho del ratón (Windows) en cualquier parte del documento y seleccionamos Copiar color frontal como HTML.

 NOTA: LA HERRAMIENTA CUENTAGOTAS DEBE ESTAR SELECCIONADA PARA QUE ESTO FUNCIONE EN PHOTOSHOP CS2 O EN IMAGEREADY CS2.

4. Abrimos un editor de texto, como TextEdit (Mac) o el bloc de notas (Windows), o un editor de HTML, como Adobe GoLive o Macromedia Dreamweaver, y seleccionamos Edición>Pegar o pulsamos **Control-V** (Mac) o **Control-V** (Windows). Cuando peguemos el color en el editor de texto o en el editor de HTML, será algo parecido a: color="#336666".

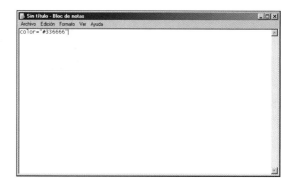

5. Cerramos ambos archivos, sin guardar.

Ya sabemos lo sencillo que es seleccionar un color en Photoshop CS2 y en ImageReady CS2 y cómo aplicar el color que queramos, rápida y eficientemente, a una imagen con capas.

Estos programas hacen que seleccionar y usar colores sea divertido y creativo, ofreciendo las mejores herramientas de selección de color.

En el siguiente capítulo, "Trabajar con capas", conoceremos las ventajas de trabajar con capas cuando diseñamos gráficos Web.

Capítulo 5

Trabajar con capas

Trabajar con capas

Comprender las capas es una de los puntos básicos para dominar Photoshop CS2. Cuando usamos capas, separamos los elementos de las imágenes para poder editarlos individualmente. Con las capas, podemos aislar zonas de la imagen y aplicar efectos especiales, o cambiar la ubicación, el color o la opacidad sin afectar al contenido de las otras capas. Photoshop CS2 proporciona muchas formas de organizar las capas, incluyendo grupos y composiciones de capas, y en este capítulo vamos a estudiarlas con detalle.

Mediante los ejercicios de este ejercicio, conoceremos la nueva interfaz basada en objetos, que nos permite usar las teclas **Comando** (Mac), **Control** (Windows) y **Mayús** para seleccionar, mover y agrupar varias capas al mismo tiempo. También conoceremos otra nueva función práctica de Photoshop CS2: las guías inteligentes, que aparecen automáticamente cuando movemos el contenido de las capas, para ayudarnos a conseguir el alineamiento y colocación adecuados.

Las capas son potentes, pero complejas, y ofrecen la máxima flexibilidad para experimentar y hacer cambios mientras diseñamos gráficos Web. Tras completar los ejercicios de este capítulo, estaremos familiarizados con la mayoría de las tareas relacionadas con las capas.

¿QUÉ SON LAS CAPAS?

Cuando las capas aparecieron por primera vez en Photoshop, en 1996, revolucionaron la forma en que los diseñadores creaban, editaban y guardaban su trabajo. Antes de que existieran las capas, los píxeles de una imagen debían ser borrados o inutilizados si se colocaban otros píxeles sobre ellos. Esto cambió cuando aparecieron las capas.

Separar las zonas de una imagen en capas nos permite disponer de pilas y pilas de imágenes en capas individuales, que podemos cambiar o mover sin alterar los píxeles de las zonas de imagen superiores o inferiores. Mientras no "unamos" las capas, cada capa permanecerá independiente de las demás, para que podamos realizar infinitos cambios.

Aunque las capas se incorporaron a Photoshop para ayudar a los diseñadores a editar determinadas zonas de las imágenes, se han ido potenciando con cada nueva versión. Hoy en día, las capas no sólo aíslan zonas o elementos de una imagen sino que pueden contener máscaras de capa, motivos, gradientes, rellenos sólidos y formas vectoriales. Además, podemos usar grupos de capas para organizar nuestras capas o usar composiciones de capas para guardar diferentes configuraciones de visibilidad, posición y fusión, ¡todo en el mismo archivo! Estos conceptos pueden parecernos algo abstractos, pero los siguientes ejercicios harán que nos parezcan algo natural.

1. [PS/IR] CREAR CAPAS Y CAMBIAR SU NOMBRE

Los ejercicios de este capítulo están diseñados para ayudarnos a entender el funcionamiento de las capas y las ventajas de usarlas en nuestros diseños. En el primer ejercicio, estudiaremos la visibilidad de las capas, cómo crear capas, como eliminarlas y cómo cambiar su nombre.

1. Abrimos teapot.psd, que se encuentra en la carpeta chap_05 que copiamos en el escritorio. Debemos asegurarnos de que se vea la paleta Capas. Si no lo está, seleccionamos Ventana> Capas.

Examinemos el contenido de la paleta **Capas**. Observaremos que cada elemento de la imagen se encuentra en una capa diferente. Además, observaremos que cada capa, excepto la capa 2, tiene el icono de un ojo junto a la vista en miniatura de la capa. El icono del ojo indica que la visibilidad de la capa está activada.

2. Hacemos clic en el icono del ojo que se encuentra junto a la vista en miniatura de **Layer 2** para activar y desactivar la visibilidad de Layer 2.

Observaremos que la imagen cambia cuando Layer 2 está activada (aparece una lámpara naranja detrás de las hojas). Experimentemos con la visibilidad de las otras capas usando los iconos de ojo.

Cuando hayamos terminado, dejaremos activada la visibilidad de todas las capas, incluyendo la de Layer 2.

3. En la paleta **Capas**, hacemos clic en **Layer 6** para seleccionarla.

Hacemos clic en el botón Crear una nueva capa, que se encuentra en la parte inferior de la paleta **Capas**.

Observaremos que se crea una nueva capa, **Capa 1**, sobre Layer 6.

Cuando creamos una nueva capa, se coloca automáticamente sobre la capa seleccionada en ese momento en la paleta **Capas**.

4. Con **Capa 1** seleccionada en la paleta **Capas**, seleccionamos la herramienta cuentagotas en el cuadro de herramientas y tomamos una muestra del motivo beige del abanico.

5. Con **Capa 1** seleccionada en la paleta **Capas**, seleccionamos la herramienta pincel en el cuadro de herramientas y dibujamos algunas tiras en la tetera.

Trabajar con capas

Crear las tiras en una capa diferente significa que podemos desactivar la visibilidad, o mover o eliminar la capa, sin afectar al resto de capas.

6. Arrastramos **Capa 1** al botón Eliminar capa, que se encuentra en la parte inferior de la paleta **Capas**. Cuando soltemos el botón del ratón, eliminaremos **Capa 1** y el resto de la imagen no se verá afectada por los cambios que hayamos realizado.

Observaremos que las capas de la paleta **Capas** tienen nombre genéricos (**Layer 1**, **Layer 2**, **Layer 3**, **Layer 4**, **Layer 5** y **Layer 6**). Estos nombres genéricos no son demasiado intuitivos. Cambiar el nombre de las capas para que indiquen su contenido nos resultará útil. En el siguiente paso, haremos precisamente esto.

7. En la paleta **Capas**, hacemos doble clic en el nombre de capa **Layer 1**. Alrededor del nombre de la capa aparecerá un cuadro para introducir el nombre.

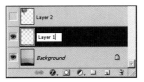

Debemos tener cuidado de hacer doble clic directamente en el nombre de la capa. Si hacemos clic en cualquier otra parte de la capa, abriremos el cuadro de diálogo **Estilo de capa**.

8. Escribimos **pattern** y pulsamos **Retorno** (Mac) o **Intro** (Windows) para cambiar el nombre de la capa, de Layer 1 a pattern.

9. Repetimos los pasos 7 y 8 para cambiar el nombre de las capas, de forma que concuerden con los de la imagen superior.

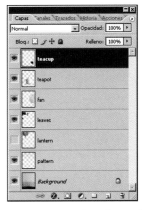

Como podemos ver, cambiar el nombre de las capas es una gran ayuda para recordar el contenido de cada capa.

En un ejemplo como éste, el contenido de cada capa puede parecer bastante evidente, especialmente porque podemos ver el contenido en la vista previa en miniatura. Sin embargo, a medida que diseñemos gráficos más complejos (especialmente diseños de páginas Web),

descubriremos lo práctico e importante que es dar un nombre adecuado a nuestras capas.

10. Dejemos abierto teapot.psd para el siguiente ejercicio.

Agrupar archivos de Photoshop

EN PHOTOSHOP CS2, EL TÉRMINO AGRUPAR SIGNIFICA QUE LAS CAPAS SE UNEN PARA FORMAR UNA SOLA CAPA. HABRÁ OCASIONES EN LAS QUE QUERAMOS AGRUPAR UN ARCHIVO PHOTOSHOP CS2 (POR EJEMPLO, PARA ENVIÁRSELO A UN CLIENTE O PARA REDUCIR EL TAMAÑO DEL ARCHIVO).

MENÚ DE LA PALETA CAPAS

SI TENEMOS QUE AGRUPAR UN ARCHIVO, ES RECOMENDABLE GUARDAR UNA VERSIÓN CON CAPAS (NO AGRUPADA) Y UNA VERSIÓN AGRUPADA; NUNCA SE SABE CUÁNDO NECESITAREMOS TENER ACCESO AL ARCHIVO CON CAPAS.

EN PHOTOSHOP CS2, PODEMOS AGRUPAR TODAS LAS CAPAS, O SÓLO AGRUPAR DETERMINADAS CAPAS O SÓLO AGRUPAR DETERMINADAS CAPAS PARA SIMPLIFICAR UN ARCHIVO CON UNA COMPLICADA DISPOSICIÓN DE CAPAS.

PARA AGRUPAR UN ARCHIVO O DETERMINADAS CAPAS, SELECCIONAMOS UNA DE LAS SIGUIENTES OPCIONES EN EL MENÚ DE LA PALETA Capas.

* COMBINAR GRUPO: COMBINA (AGRUPA) LAS CAPAS DE UN GRUPO DE CAPAS. PARA PODER USAR LA OPCIÓN COMBINAR GRUPO, DEBEMOS TENER SELECCIONADO UN GRUPO DE CAPAS EN LA PALETA CAPAS.

* COMBINAR HACIA ABAJO: COMBINA LA CAPA SELECCIONADA Y LA CAPA QUE TENGA INMEDIATAMENTE DEBAJO. PARA PODER USAR LA OPCIÓN COMBINAR HACIA ABAJO, DEBEMOS TENER SELECCIONADA EN LA PALETA CAPAS UNA CAPA QUE ESTÉ SOBRE OTRA CAPA.

* COMBINAR CAPAS: COMBINA VARIAS CAPAS SELECCIONADAS EN LA PALETA CAPAS. PARA PODER USAR LA OPCIÓN COMBINAR CAPAS, DEBEMOS TENER MÁS DE UNA CAPA SELECCIONADA EN LA PALETA CAPAS.

* LOS COMANDOS COMBINAR GRUPO, COMBINAR HACIA ABAJO Y COMBINAR CAPAS DETECTAN EL NÚMERO Y COMBINACIÓN DE LAS CAPAS Y GRUPOS DE CAPAS QUE TENGAMOS SELECCIONADOS EN LA PALETA CAPAS.

* COMBINAR VISIBLES: COMBINA TODAS LAS CAPAS QUE TENGAN ACTIVADA LA VISIBILIDAD (EL ICONO DEL OJO). ES UNA FORMA ESTUPENDA DE COMBINAR CAPAS QUE ESTÁN SEPARADAS EN LA PALETA CAPAS.

* ACOPLAR IMAGEN: AGRUPA TODAS LAS CAPAS EN UNA SOLA.

2. [PS/IR] REORDENAR, GIRAR Y MOVER CAPAS

En el último ejercicio aprendimos a ajustar la visibilidad de la capa para modificar una imagen. En este ejercicio aprenderemos técnicas más complejas para modificar imágenes, como cambiar el orden de las capas en la paleta Capas, copiar capas de otros documentos y mover capas.

1. Si realizamos el último ejercicio, deberíamos tener abierto el archivo teapot.psd. Si no es así, podemos volver atrás y completar el ejercicio 1. Debemos asegurarnos de que se vea la paleta Capas. Si no lo está, seleccionamos Ventana> Capas.

2. Examinemos el orden de las capas en la paleta Capas. Arrastremos la capa lantern sobre la capa leaves.

Observaremos que cambiar el orden de las capas en la paleta Capas, afecta a la composición de la imagen. Antes de mover la capa, la lámpara aparecía detrás de las hojas. Ahora, la lámpara aparece delante de las hojas.

3. Arrastremos la capa teacup bajo la capa teapot.

Igual que en el último paso, cambiar el orden de las capas en la paleta Capas, afecta a la composición de la imagen. La taza aparecerá detrás de la tetera.

4. Hagamos clic en la capa Background para seleccionarla. Intentemos arrastrarla para colocarla en cualquier otro lugar de la capa Paletas.

¿Hemos observado que no podemos mover la capa **Background**? Una capa **Background** (o **Fondo**), que se genera automáticamente cuando creamos un nuevo documento con un fondo que no es transparente, tiene propiedades diferentes al resto de las capas. No podemos moverla a menos que la convirtamos en una capa, lo que haremos en el siguiente paso.

5. Hacemos doble clic en la capa **Background** para que se abra el cuadro de diálogo **Nueva capa**. Escribimos background en el campo **Nombre** y hacemos clic en **OK**.

Observaremos que ha desaparecido el icono que indica que la capa está bloqueada y que el nombre de la capa ya no está en cursiva. Ahora podemos arrastrarla para colocarla en cualquier otro lugar de la capa **Paletas**.

En el paso 2, movimos la capa **lantern** sobre la capa **leaves**, lo que modifica la composición del dibujo.

Tras realizar ese cambio, casi no podían verse las hojas, lo que hacía que la composición no tuviera equilibrio. Tendría mejor aspecto si colocásemos la capa **lantern** sobre la capa **fan**. ¡En el siguiente paso, haremos precisamente eso!

6. En la paleta **Capas**, hacemos clic en la capa **lantern** para seleccionarla.

Seleccionamos la herramienta mover en el cuadro de herramientas. Arrastramos la lámpara hacia la esquina superior derecha de la imagen, como mostramos en la ilustración.

Con la lámpara en la esquina superior derecha de la imagen, está tapada por el abanico. En el siguiente paso, configuraremos el orden de las capas en la paleta **Capas**, para hacer que la lámpara sea un punto focal de la imagen.

7. En la paleta **Capas**, arrastramos la capa **lantern** hasta ponerla encima de la capa **fan**.

La esquina superior izquierda de la lámpara tiene un feo borde

Ahora la lámpara aparece en primer plano de la imagen y es un punto de atención más importante. Por desgracia, esta nueva posición muestra un feo borde en el lado izquierdo de la lámpara. No debemos preocuparnos, lo arreglaremos en el siguiente paso.

Trabajar con capas

Girando horizontalmente la capa
lantern ocultamos la zona menos
atractiva de la lámpara

8. Con la capa **lantern** seleccionada en la paleta **Capas**, seleccionamos **Edición>Transformar> Voltear horizontal**.

En el cuadro de herramientas, seleccionamos la herramienta mover y colocamos la capa **lantern** (si es necesario).

Al voltear horizontalmente la capa **lantern**, ocultamos el feo borde del lado izquierdo de la lámpara. Sigue siendo parte de la capa, pero ahora está a la derecha. Al colocar la capa en la esquina superior derecha, no podemos verlo porque queda fuera de la zona visible del documento. Una de las ventajas de trabajar con capas es que su contenido no siempre tiene que estar dentro de la zona visible del documento.

9. Dejemos abierto teapot.psd para el siguiente ejercicio.

3. [PS/IR] AJUSTAR EL MODO DE FUSIÓN, EL RELLENO Y LA OPACIDAD

En este ejercicio, aprenderemos a copiar una capa de otro archivo y a usar modos de fusión para cambiar la apariencia de las capas sin realizar cambios permanentes en su contenido.

También aprenderemos a ajustar la opacidad y el relleno de una capa.

1. Si realizamos el último ejercicio, deberíamos tener abierto el archivo teapot.psd. Si no es así, volvamos atrás y completemos los ejercicios 1 y 2.

Debemos asegurarnos de que se vea la paleta **Capas**. Si no lo está, seleccionamos **Ventana> Capas**.

2. Dejamos abierto teapot.psd, seleccionamos **Archivo>Abrir** y abrimos javaco.psd, que se encuentra en la carpeta chap_05 que copiamos en el escritorio.

3. Hacemos clic en la imagen **teapot.psd** para hacer que sea la imagen activa. En la paleta **Capas,** hacemos clic en la capa **teapot** para seleccionarla. Hacemos clic en la imagen javaco.psd para hacer que sea la imagen activa. Arrastramos la capa **javaco** a la imagen teapot.psd.

Arrastramos la capa javaco a la imagen teapot.psd.

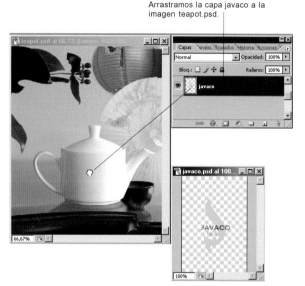

El contenido de la capa javaco aparecerá en el archivo teapot.psd, encima de la capa teapot. Si la capa **javaco** no está colocada sobre la capa **teapot** en la paleta **Capas,** la arrastramos para

colocarla encima de la capa **teapot,** como se muestra en la ilustración.

4. Con la capa **javaco** seleccionada en la paleta **Capas,** seleccionamos la herramienta mover en el cuadro de herramientas. Arrastramos el logotipo javaco para colocarlo en el centro de la tetera.

Tal y como está, el logotipo parece un logotipo plano apoyado en la tetera, en lugar de parecer formar parte de la tetera, que es el efecto que queremos obtener.

En el siguiente paso, cambiaremos el modo de fusión para hacer que el logotipo parezca impreso en la tetera.

5. Con la capa **javaco** seleccionada en la paleta **Capas,** seleccionamos **Subexponer color** en el menú emergente del modo de fusión.

Observemos cómo el logotipo se fusiona con las luces y sombras de la tetera, lo que hace que parezca menos un logotipo plano sobre un objeto tridimensional.

Los modos de fusión controlan la forma en la que el color y el tono de los píxeles de una capa seleccionada interactúan con los píxeles de la capa inferior.

El modo de fusión Subexponer color usa el color y tono de la capa que haya debajo (en este caso, la tetera) y usa esa información para fusionar la capa seleccionada (en este caso el logotipo javaco). Como resultado, la capa seleccionada toma los tonos, sombras y luces de la capa que tenga debajo.

Trabajar con capas

Aunque el logotipo de la tetera tenga mejor aspecto que antes de cambiar el modo de fusión, todavía podemos hacer algunos ajustes para que el logo parezca más estar impreso en la tetera.

6. Con la capa **javaco** seleccionada, reducimos la opacidad de la capa al 95, usando el control deslizante de **Opacidad**, en la esquina superior derecha de la capa **Paletas**. Reducimos el relleno de la capa **javaco** al 85 por ciento, usando el control deslizante de **Relleno**, que se encuentra debajo del control deslizante **Opacidad**, en la esquina superior derecha de la capa **Paletas**.

Ajustar la opacidad y el relleno de la capa seleccionada (en este caso, el logotipo de javaco), conseguimos que se transparente más la capa de debajo (en este caso, la tetera). En este caso, reducir la opacidad y el relleno de la capa javaco hace que el logo parezca grabado o pintado en la tetera porque refleja naturalmente las sombras y luces de la tetera.

7. Experimentemos con los diferentes modos de fusión, opacidad y relleno de la capa javaco (¡y de las demás capas, si queremos!) para descubrir qué otros interesantes efectos podemos crear. Cuanto más experimentemos con las capas, más entenderemos su funcionamiento.

8. Cerremos teapot.psd y javaco.psd. No es necesario guardar los cambios.

4. [PS/IR] MOVER Y ALINEAR CAPAS

En los anteriores dos ejercicios, usamos la herramienta mover para cambiar de posición una capa. ¿Y si queremos mover más de una capa? O ¿y si queremos mover capas para que estén perfectamente alineadas? Cuando diseñemos páginas Web, querremos asegurarnos de que todos los elementos de la página están precisamente alineados, de forma que la página tenga un aspecto equilibrado. En este ejercicio aprenderemos a mover y alinear capas. También aprenderemos a usar guías inteligentes (una nueva función de Photoshop CS2) para alinear capas.

1. Abrimos javaco_buttons.psd, que se encuentra en la carpeta chap_05 que copiamos en el escritorio. Debemos asegurarnos de que se vea la paleta **Capas**. Si no lo está, seleccionamos **Ventana>Capas**.

El archivo está compuesto de varias capas y cada capa es un elemento diferente de la página Web javaco tea. Los elementos estarán desperdigados por toda la página. En este ejercicio moveremos y alinearemos los elementos para ponerlos en su posición adecuada.

2. En la paleta **Capas**, hacemos clic en la capa **top bar** para seleccionarla. En el cuadro de herramientas, seleccionamos la herramienta mover. Arrastramos la barra verde hasta colocarla en la parte superior de la imagen.

Notaremos que es un poco complicado conseguir que la capa esté perfectamente centrada.

3. Pulsamos **Comando-Z** (Mac) o **Control-Z** (Windows) para deshacer el movimiento que realizamos en el último paso. Seleccionamos Vista>Mostrar>Guías inteligentes.

4. Con la capa **top bar** seleccionada en la capa **Paletas** y la herramienta mover seleccionada en el cuadro de herramientas, arrastramos la barra verde hasta colocarla en la parte superior de la imagen.

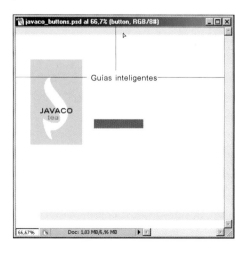

Mientras la arrastramos, observaremos que aparecen automáticamente unas guías rosas para indicarnos que la capa está alineada.

Cuando veamos las guías rosas a los lados de la imagen, como muestra la siguiente ilustración, sabremos que la capa está perfectamente centrada.

5. Hacemos clic en la capa **bottom bar** de la capa **Paletas**. Con la herramienta mover seleccionada en el cuadro de herramientas, arrastramos la capa **bottom bar** hasta colocarla en la parte inferior de la imagen.

Igual que en el paso anterior, cuando veamos las guías rosas a los lados de la imagen, sabremos que la capa está perfectamente centrada.

A continuación, cambiaremos de posición el logotipo de javaco tea y el rectángulo verde. Como el logotipo y el vapor están perfectamente colocados en el rectángulo verde, es importante mover las tres capas conjuntamente.

6. En la paleta **Capas**, hacemos clic en la capa **green rectangle** para seleccionarla.

Mantenemos pulsada la tecla **Comando** (Mac) o **Control** (Windows) y hacemos clic en las capas **smoke curl** y **javaco tea** para seleccionar simultáneamente las tres capas.

Trabajar con capas

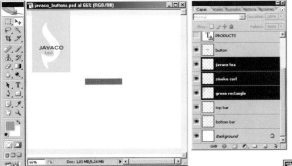

Con la herramienta mover seleccionada en el cuadro de herramientas, arrastramos las tres capas a la vez. Seleccionar varias capas nos permite mover las tres capas a la vez.

7. En la paleta **Capas**, hacemos clic en la capa **button**. Seleccionamos **Duplicar capa** en el menú de la paleta **Capas**.

8. En el cuadro de diálogo **Duplicar capa**, escribimos button 2, en el campo **Como** y hacemos clic en **OK**.

9. Repetimos dos veces los pasos 7 y 8 para crear dos botones más. Llamaremos a los botones button 3 y button 4, como se muestra en la siguiente ilustración.

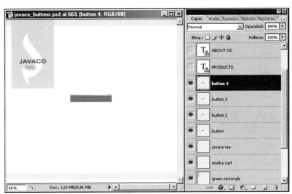

Seleccionar varias capas

SELECCIONAR VARIAS CAPAS ES UNA NUEVA FUNCIÓN DE PHOTOSHOP CS2. PROPORCIONA UNA FORMA SENCILLA DE REALIZAR ACCIONES EN MÁS DE UNA CAPA SIMULTÁNEAMENTE. EN PHOTOSHOP CS2, EXISTEN DOS FORMAS DE SELECCIONAR VARIAS CAPAS.

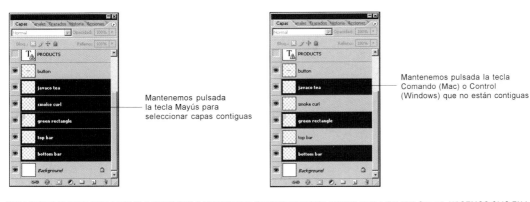

Mantenemos pulsada la tecla Mayús para seleccionar capas contiguas

Mantenemos pulsada la tecla Comando (Mac) o Control (Windows) que no están contiguas

PARA SELECCIONAR VARIAS CAPAS CONTIGUAS (CAPAS QUE SE ENCUENTRAN JUNTAS EN LA PALETA Capas), HACEMOS CLIC EN LA PRIMERA CAPA QUE QUERAMOS SELECCIONAR, MANTENEMOS PULSADA LA TECLA **MAYÚS** Y HACEMOS CLIC EN LA ÚLTIMA CAPA QUE QUEREMOS SELECCIONAR. SELECCIONAREMOS AUTOMÁTICAMENTE TODAS LAS CAPAS QUE HAY ENTRE ESAS DOS CAPAS.

PARA SELECCIONAR VARIAS CAPAS QUE NO ESTÉN CONTIGUAS (CAPAS QUE NO SE ENCUENTRAN JUNTAS EN LA PALETA Capas), HACEMOS CLIC EN LA PRIMERA CAPA QUE QUERAMOS SELECCIONAR, MANTENEMOS PULSADA LA TECLA **COMANDO** (MAC) O **CONTROL** (WINDOWS) Y HACEMOS CLIC EN LAS OTRAS CAPAS QUE QUERAMOS SELECCIONAR.

¿Nos preguntamos por qué no podemos ver en la ventana del documento los tres botones que hemos creado?

Cuando duplicamos capas, se copian automáticamente en la misma ubicación. En este momento, están apiladas una sobre otra. En el siguiente paso, moveremos los botones con la herramienta mover, para que podamos ver las cuatro capas.

10. En la paleta **Capas**, hacemos clic en la capa **button**. Con la herramienta mover seleccionada en el cuadro de herramientas, arrastramos el botón para volver a colocarlo en la ventana del documento.

No debemos preocuparnos por las guías inteligentes, basta con volver a colocar el botón en cualquier parte, dentro de la ventana del documento.

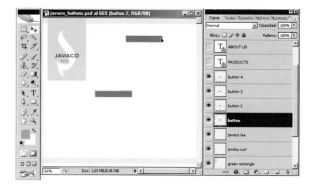

11. En la paleta **Capas**, hacemos clic en la capa **button 2**. Con la herramienta mover seleccionada en el cuadro de herramientas, arrastramos el botón para volver a colocarlo.

Esta vez, usaremos las guías inteligentes para alinear los botones verticalmente, como se muestra en esta ilustración.

Mientras cambiamos de posición el botón, veremos las guías horizontales y verticales. En esta ocasión, debemos prestar atención a las

guías verticales para asegurarnos de que los botones queden alineados verticalmente.

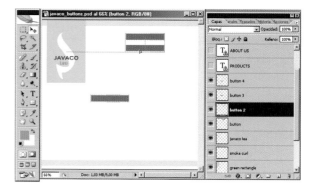

12. En la paleta **Capas**, hacemos clic en la capa **button 3**. Con la herramienta mover seleccionada en el cuadro de herramientas, arrastramos el botón para volver a colocarlo. De nuevo, usamos las guías inteligentes para alinear los botones.

13. En la paleta **Capas**, hacemos clic en la capa **button 4**. Con la herramienta mover seleccionada en el cuadro de herramientas, arrastramos el botón para volver a colocarlo. De nuevo, usamos las guías inteligentes para alinear los botones.

Ahora tendremos los cuatro botones alineados verticalmente. Sin embargo, la distribución (el espacio entre los botones) no es constante. No debemos preocuparnos, arreglaremos la distribución en los siguientes pasos.

Trabajar con capas

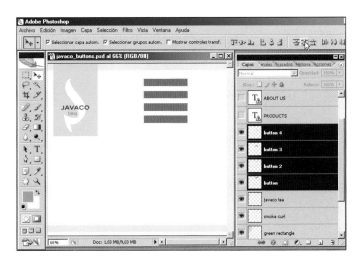

14. En la paleta **Capas,** hacemos clic en la capa **button** para seleccionarla. Mantenemos pulsada la tecla **Mayús** y hacemos clic en la capa **button 4** para seleccionar todas las capas se encuentren entre estas dos capas. Hacemos clic en el botón Distribuir centros verticales, en la barra de opciones.

Los botones pasarán a estar uniformemente distribuidos.

15. Con las capas **button, button 2, button 3** y **button 4** seleccionadas en la paleta **Capas** y la

herramienta mover seleccionada en el cuadro de herramientas, arrastramos para colocar las capas debajo de la capa **green rectangle**.

Usaremos las guías inteligentes para asegurarnos de que las capas estén alineadas verticalmente.

A continuación, centraremos el texto en los botones.

16. Activamos la visibilidad de las capas **PRODUCTS, ABOUT US, CONTACT US** y **OUR STORES**.

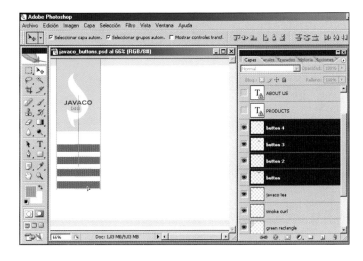

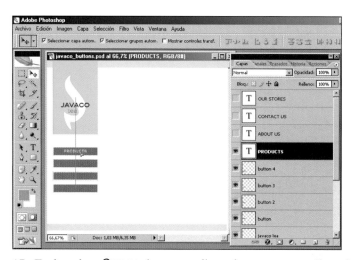

17. En la paleta **Capas**, hacemos clic en la capa **PRODUCTS** para seleccionarla. Con la herramienta mover seleccionada en el cuadro de herramientas, la colocamos en el primer botón. Usaremos las guías inteligentes para alinear el texto con el botón, como se muestra en esta ilustración.

18. En la paleta **Capas**, hacemos clic en la capa **ABOUT US** para seleccionarla. Con la herramienta mover seleccionada en el cuadro de herramientas, colocamos la capa en el segundo botón, usando las guías inteligentes para alinear el texto con el botón.

Repetimos el mismo proceso con las capas **CONTACT US** y **OUR STORES**, como se muestra en esta ilustración.

Como podemos ver por este ejercicio, mover, alinear y distribuir es otra gran ventaja de trabajar con capas. Cuando diseñamos gráficos Web (sólo botones Web o interfaces Web completas) es muy importante que todos los elementos estén perfectamente alineados y separados.

19. Cerramos javaco_buttons.psd. No es necesario guardar los cambios.

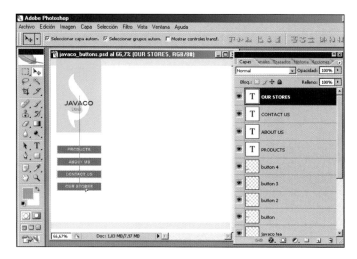

Trabajar con capas

Enlazar capas

OTRA TÉCNICA ÚTIL PARA TRABAJAR CON CAPAS ES EL ENLAZADO. A VECES TENEMOS DOS O MÁS CAPAS QUE QUEREMOS MANTENER UNIDAS Y MOVER AL MISMO TIEMPO. EN ESTOS CASOS, SELECCIONAR VARIAS CAPAS CADA VEZ PUEDE RESULTAR PESADO. ENLAZAR CAPAS SE ASEGURA DE QUE, CUANDO MOVEMOS UNA CAPA, LAS CAPAS ENLAZADAS A ELLA SE MUEVAN AL MISMO TIEMPO. AQUÍ MOSTRAMOS CÓMO FUNCIONA EL ENLAZADO:

1. EN LA PALETA CAPAS, SELECCIONAMOS CONJUNTAMENTE TODAS LAS CAPAS QUE VAMOS A ENLAZAR.

2. EN LA PARTE INFERIOR DE LA PALETA CAPAS, HACEMOS CLIC EN EL BOTÓN ENLAZAR CAPAS. OBSERVAREMOS QUE APARECERÁ EL ICONO DE UN ESLABÓN EN CADA CAPA ENLAZADA, INDICANDO SU ESTADO.

3. SELECCIONAMOS LA HERRAMIENTA MOVER EN EL CUADRO DE HERRAMIENTAS. ARRASTRAMOS. OBSERVAREMOS QUE TODAS LAS CAPAS QUE HEMOS ENLAZADO SE MUEVEN AL MISMO TIEMPO.

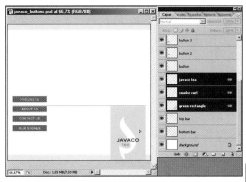

5. [PS] USAR GRUPOS DE CAPAS

A medida que comenzamos a crear imágenes y composiciones más complejas, mantener las capas organizadas se vuelve cada vez más importante. Una forma de organizar las capas es colocarlas en grupos de capas. Un grupo de capas es un grupo de capas almacenadas en una carpeta de la paleta **Capas**. Los grupos de capas mantienen organizadas las capas si tenemos muchas en una imagen.

Además de sus ventajas organizativas, los grupos de capas también nos permiten realizar cambios en varias capas al mismo tiempo, incluyendo cambios en la visibilidad, opacidad, posición, alineamiento y modo de fusión. En ImageReady CS2, los grupos de capas reciben el nombre de conjuntos de capa.

1. Abrimos javaco_home.psd, que se encuentra en la carpeta chap_05 que copiamos en el escritorio. Debemos asegurarnos de que se vea la paleta **Capas**. Si no lo está, seleccionamos **Ventana>Capas**.

Tomémonos unos segundos para examinar el contenido de la paleta **Capas** (activemos y desactivemos la visibilidad de las diferentes capas para ver cómo los elementos individuales forman la composición). Este archivo tiene muchas capas. De hecho, el archivo contiene tantas capas que no podemos verlas sin recorrer la paleta **Capas**. Un archivo con tantas capas puede ser confuso y difícil de gestionar. Sin embargo, mantener todas las capas individuales es importante para poder disponer de la flexibilidad que conocimos en este capítulo. La mejor forma de organizar un archivo como éste es usar grupos de capas.

2. Nos desplazamos hasta la parte inferior de la paleta **Capas**. Activamos la visibilidad de las capas **white background, bottom bar, top bar, green rectangle, smoke curl** y **javaco tea**. Nos aseguramos de que la visibilidad de la capa siga activada cuando terminemos.

Como podemos ver, estas capas forman los elementos de fondo de la página Web javaco tea y pueden organizarse lógicamente en un grupo de capas.

3. En la paleta **Capas**, hacemos clic en la capa **white background** para seleccionarla. Mantenemos pulsada la tecla **Mayús** y hacemos clic en la capa **javaco tea** para seleccionar simultáneamente las seis capas. **Comando-G** (Mac) o **Control-G** (Windows).

Las capas **white background, bottom bar, top bar, green rectangle, smoke curl** y **javaco tea** se introducirán en un grupo de capas llamado **Grupo 1**. Igual que hacíamos con las capas, podemos cambiar el nombre de los grupos de capas por nombres más descriptivos y con significado.

4. En la paleta **Capas**, hacemos doble clic en el grupo de capas **Grupo 1**. Alrededor del nombre de la capa aparecerá un cuadro para introducir el nombre. Escribimos background elements y pulsamos **Retorno** (Mac) o **Intro** (Windows). Cuando terminemos, hacemos clic en la flecha que se encuentra junto al grupo de capas **background elements** para cerrar el grupo de capas.

Como podemos ver, el tamaño de la pila de capas ya se ha reducido, ¡simplemente creando un grupo de capas!

Usar el método abreviado del teclado **Comando-G** (Mac) o **Control-G** (Windows) sólo es una forma de crear grupos de capas. Aprenderemos otras técnicas en los siguientes pasos.

5. En la paleta **Capas**, activamos la visibilidad de las capas **products button, about us button, our stores button, contact us button, PRODUCTS, ABOUT US, OUR STORES** y **CONTACT US**. Como podemos ver, estas capas

Trabajar con capas

constituyen los botones de navegación para la
página Web de javaco tea.

6. En la paleta **Capas**, hacemos clic en la capa
CONTACT US para seleccionarla. Hacemos
clic en el botón Crear un grupo nuevo, que se
encuentra en la parte inferior de la paleta
Capas, para crear un nuevo grupo de capas
vacío sobre la capa **CONTACT US**.

7. En la paleta **Capas**, hacemos clic en la capa
CONTACT US para seleccionarla. Mantenemos
pulsada la tecla **Mayús** y hacemos clic en
products button para seleccionar todas las
capas se encuentren entre estas dos capas.
Arrastramos las capas seleccionadas al grupo de
capas **Grupo 1**.

8. Hacemos doble clic en el grupo de capas
Grupo 1. Cuando aparezca el cuadro para
introducir el nombre, cambiamos el nombre del
grupo de capas por **buttons** y pulsamos **Retorno** (Mac) o **Intro** (Windows). Cuando terminemos, hacemos clic en la flecha que se encuentra
junto al grupo de capas **buttons** para cerrar el
grupo de capas.

9. En la paleta **Capas**, activamos la visibilidad
de las capas **banner background, flavor of
the month** y **banner cup**. Estas capas son el
contenido del anuncio del sabor del mes, en la
parte inferior de la página.

10. En la paleta **Capas**, hacemos clic en la capa
banner background para seleccionarla. Mantenemos pulsada la tecla **Mayús** y hacemos clic en
la capa **banner cup** para seleccionar todas las
capas se encuentren entre estas dos capas.
Arrastramos las capas seleccionadas al botón
Crear una nueva capa, que se encuentra en la
parte inferior de la paleta **Capas**.

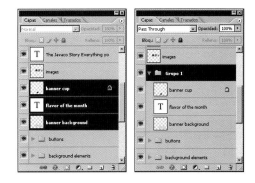

Cuando soltemos el botón del ratón, observaremos que se ha creado un nuevo grupo de capas,
Grupo 1, en la paleta **Capas**, y que las capas
que seleccionamos en el último paso se han
agrupado automáticamente en el grupo de capas.

11. Hacemos doble clic en el grupo de capas
Grupo 1. Cuando aparezca el cuadro para
introducir el nombre, escribimos **anuncio** y

pulsamos **Retorno** (Mac) o **Intro** (Windows), para cambiar el nombre del grupo de capas. Hacemos clic en la flecha que se encuentra junto al grupo de capas banner para cerrar el contenido del grupo de capas.

12. En la paleta Capas, activamos la visibilidad de las capas the, essence y tea. Estas capas son el contenido del rótulo The Essence of Tea, en la parte superior de la página javaco tea.

13. En la paleta Capas, hacemos clic en la capa the para seleccionarla. Hacemos clic en el botón Crear un grupo nuevo, que se encuentra en la parte inferior de la paleta Capas, para crear un nuevo grupo de capas vacío.

14. Arrastramos la capa the al grupo de capas Grupo 1 y luego arrastramos la capa essence al mismo sitio.

Observaremos que podemos arrastrar la capa essence al grupo de capas Grupo 1, entre el grupo de capas Grupo 1 y la capa of tea o debajo de la capa tea. La posición de la capa tras arrastrarla al grupo de capas dependerá de dónde la situemos en la pila de capas del grupo de capas.

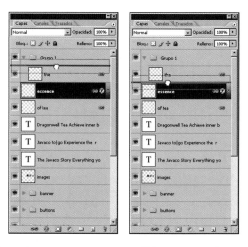

Experimentemos con estas diferentes opciones. Cuando terminemos, debemos asegurarnos de que la capa essence está colocada sobre la capa of tea, dentro del grupo de capas Grupo 1.

15. Hacemos clic en la capa tea para seleccionarla. La arrastramos al grupo de capas Grupo 1, de forma que quede debajo de la capa essence.

16. Hacemos doble clic en el grupo de capas Grupo 1. Cuando aparezca el cuadro para introducir el nombre, escribimos **tagline** y pulsamos **Retorno** (Mac) o **Intro** (Windows), para cambiar el nombre del grupo de capas. Hacemos clic en la flecha que se encuentra junto al grupo de capas rótulo para cerrar el grupo de capas.

Trabajar con capas

17. Deberíamos tener cuatro capas en la paleta **Capas**, que no se encuentren en ningún grupo de capas. Hacemos clic en la capa **images** para seleccionarla. Mantenemos pulsada la tecla **Mayús** y hacemos clic en la capa **Dragonwell Tea Achieve**... para seleccionar todas las capas se encuentren entre estas dos capas. Para agrupar las capas seleccionadas en un grupo de capas, seleccionamos **Nuevo grupo a partir de capas** en el menú de la paleta **Capas**.

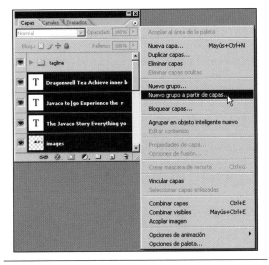

NOTA: EN EL MENÚ DE LA PALETA Capas HAY DOS OPCIONES PARA CREAR GRUPOS DE CAPAS: Nuevo grupo CREA UN NUEVO GRUPO DE CAPAS VACÍO; Nuevo grupo a partir de capas CREA UN NUEVO GRUPO DE CAPAS CON LAS CAPAS SELECCIONADAS EN ESE MOMENTO EN LA PALETA Capas.

18. Escribimos **contenido** en el campo **Nombre** del cuadro de diálogo **Nuevo grupo a partir de capas**. Hacemos clic en **OK**. Hacemos clic en la flecha que se encuentra junto al grupo de capas **contenido** para cerrar el grupo de capas.

Examinemos la paleta **Capas**. Lo que una vez fue un número de capas abrumador, ahora está organizado en seis grupos de capas.

Los grupos de capas no sólo ofrecen ventajas organizativas. También nos permiten ejecutar comandos, como mover y cambiar la opacidad, en todas las capas que se encuentren dentro de un grupo de capas.

19. En la paleta **Capas**, hacemos clic en el grupo de capas **buttons** para seleccionarla. Seleccionamos la herramienta mover en el cuadro de herramientas. Arrastremos los botones por toda la pantalla.

Observaremos que los cuatro botones, con el texto incluido, se mueven conjuntamente.

20. Pulsamos **Comando-Z** (Mac) o **Control-Z** (Windows) para deshacer el movimiento que realizamos en el último paso.

21. Con el grupo de capas **buttons** seleccionado en la paleta **Capas**, reducimos la opacidad al **50%**.

Observaremos que la opacidad cambia en todas las capas del grupo de capas **buttons**.

22. Pulsamos **Comando-Z** (Mac) o **Control-Z** (Windows) para deshacer el cambio de opacidad que realizamos en el último paso.

Como podemos ver por este ejercicio, los grupos de capas son una forma excelente de tener

organizadas las capas. Ofrecen una forma rápida de realizar el mismo comando en más de una capa, como mover o cambiar la opacidad de la capa.

23. Cerramos javaco_home.psd. No es necesario guardar los cambios.

Anidar grupos de capas

PHOTOSHOP CS2 NOS PERMITE ANIDAR GRUPOS DE CAPAS, HASTA UN MÁXIMO DE CINCO NIVELES. LA POSIBILIDAD DE ANIDAR GRUPOS DE CAPAS HACE QUE SEA AÚN MÁS FÁCIL ORGANIZAR LAS CAPAS. POR EJEMPLO, SI ESTAMOS DISEÑANDO UNA PÁGINA WEB, PODEMOS CREAR UN GRUPO DE CAPAS PARA TODA LA PÁGINA Y LUEGO CREAR GRUPOS DE CAPAS ANIDADOS PARA LOS DIFERENTES ELEMENTOS DE LA PÁGINA, COMO SE MUESTRA EN LA SIGUIENTE ILUSTRACIÓN. COMO LAS PÁGINAS WEB ESTÁN FORMADAS POR VARIOS ELEMENTOS, QUE SUELEN ENCONTRARSE EN CAPAS SEPARADAS, ÉSTA ES UNA FORMA EXCELENTE DE MANTENER ORGANIZADAS LAS CAPAS. ADEMÁS, LOS GRUPOS DE CAPAS NOS PERMITEN MOVER Y REALIZAR CAMBIOS EN MÁS DE UN GRUPO DE CAPAS SIMULTÁNEAMENTE.

PARA CREAR GRUPOS DE CAPAS ANIDADOS, HACEMOS CLIC EN UNA CAPA QUE SE ENCUENTRE EN UN GRUPO DE CAPAS PARA SELECCIONARLA Y HACEMOS CLIC EN EL BOTÓN NUEVO GRUPO DE CAPAS, EN LA PARTE INFERIOR DE LA PALETA Capas. SE CREARÁ UN NUEVO GRUPO DE CAPAS EN EL GRUPO DE CAPAS QUE HABÍAMOS SELECCIONADO. TAMBIÉN PODEMOS ARRASTRAR MANUALMENTE UN GRUPO DE CAPAS A OTRO GRUPO DE CAPAS PARA CREAR UN GRUPO DE CAPAS ANIDADO O PODEMOS ARRASTRAR CAPAS A GRUPOS DE CAPAS ANIDADOS.

Trabajar con capas

EN EL ÚLTIMO EJERCICIO, USAMOS PHOTOSHOP CS2 PARA ORGANIZAR LAS CA-
PAS EN GRUPOS DE CAPAS. IMAGEREADY CS2 OFRECE LAS MISMAS FUNCIO-
NES MEDIANTE LOS CONJUNTOS DE CAPA. POR DESGRACIA, NO OFRECE TANTAS OPCIONES
PARA CREAR CONJUNTOS DE CAPA COMO PHOTOSHOP CS2 PARA CREAR GRUPOS DE CA-
PAS. A CONTINUACIÓN EXPLICAMOS CÓMO CREAR CONJUNTOS DE CAPAS EN IMAGEREADY
CS2:

HACEMOS CLIC EN EL BOTÓN CREAR UN CONJUNTO NUEVO, QUE SE ENCUENTRA EN LA
PARTE INFERIOR DE LA PALETA Capas O SELECCIONAMOS Nuevo conjunto de capas, EN EL
MENÚ DE LA PALETA Capas. EL NUEVO CONJUNTO DE CAPAS APARECERÁ AUTOMÁTICAMENTE
SOBRE LA CAPA SELECCIONADA EN ESE MOMENTO EN LA PALETA Capas.

---

6. [PS/IR] USAR COMPOSICIONES DE CAPAS

Las composiciones de capas nos permiten guardar diferentes configuraciones de visibilidad, posición y apariencia de la capa, todo en el mismo archivo. Esto hace que sea fácil trabajar con diferentes variaciones de una imagen, sin tener que guardar varias versiones de un archivo. Por ejemplo, si estamos creando una composición para un cliente queremos mostrar las diferentes opciones, podemos guardar una serie de composiciones de capas con las diferentes variaciones en el mismo archivo Photoshop CS2.

1. Abrimos teapot_comps.psd, que se encuentra en la carpeta chap_05 que copiamos en el escritorio. Nos aseguramos de que se vean la paleta Capas y la paleta Comp. de capas, como se muestra en esta imagen. Si no se ven, seleccionamos Ventana>Capas y Ventana> Composiciones de capas.

Por defecto, la paleta **Comp. de capas** está acoplada al área de paletas. Hacemos clic en la pestaña **Comp. de capas** y la arrastramos fuera del área de paletas, para colocarla debajo de la paleta **Capas**.

2. En la paleta **Comp. de capas**, hacemos clic en el botón Crear nueva composición de capas. En el cuadro de diálogo **Nueva composición de capas**, escribimos **leaves**, **teapot**, **teacup**, **fan**, en el campo **Nombre**. Marcamos las casillas **Visibilidad**, **Posición** y **Apariencia (estilo de capa)** y hacemos clic en **OK**.

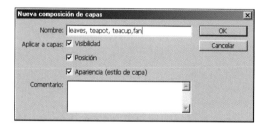

3. En la paleta **Capas**, activamos la visibilidad de la capa **lantern**. En la paleta **Comp. de capas**, hacemos clic en el botón Crear nueva composición de capas.

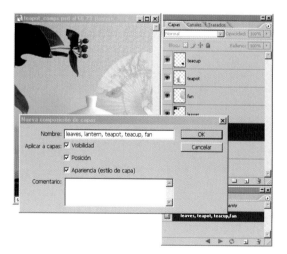

En el cuadro de diálogo **Nueva composición de capas**, escribimos **lantern**, **teapot**, **teacup**,

fan, en el campo **Nombre**. Nos aseguramos que las casillas **Visibilidad**, **Posición** y **Apariencia (estilo de capa)** están marcadas y hacemos clic en **OK**.

4. Alternemos entre las dos composiciones de capa en la paleta **Comp. de capas**. Nos aseguramos de hacer clic en el cuadrado que hay junto al nombre de la composición de capas, para que se muestren las dos composiciones de capas que hemos creado.

Trabajar con capas

Observaremos que las composiciones de capas recuerdan la visibilidad de las capas que hay en la paleta **Capas**, tal y como estaban cuando guardamos las composiciones de capas.

5. En la paleta **Capas**, desactivamos la visibilidad de la capa **fan**. Hacemos clic en la capa **lantern** para seleccionarla. Seleccionamos la herramienta mover y movemos la capa lantern a la esquina superior derecha de la ventana de imagen.

6. En la paleta **Comp. de capas**, hacemos clic en el botón Crear nueva composición de capas. En el cuadro de diálogo **Nueva composición de capas**, escribimos **leaves, lantern, teapot, teacup**, en el campo **Nombre**. Nos aseguramos que las casillas **Visibilidad, Posición** y **Apariencia** están marcadas y hacemos clic en **OK**.

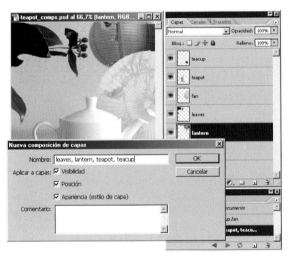

7. Alternemos entre las tres composiciones de capa en la paleta **Comp. de capas**.

Observaremos que las composiciones de capas recuerdan la visibilidad y la posición de las capas que hay en la paleta **Capas**, tal y como estaban cuando guardamos las composiciones de capas.

8. En la paleta **Capas**, desactivamos la visibilidad de la capa **lantern**. En la paleta **Comp. de capas**, hacemos clic en el botón Crear nueva composición de capas. En el cuadro de diálogo **Nueva composición de capas**, escribimos box, type leaves, teapot, teacup. Nos aseguramos que las casillas **Visibilidad, Posición** y **Apariencia (estilo de capa)** están marcadas y hacemos clic en **OK**.

9. En la paleta **Capas**, desactivamos la visibilidad de la capa **pattern**. En la paleta **Comp. de capas**, hacemos clic en la capa **leaves, teapot, teacup** para seleccionarla. En la parte inferior de la paleta **Comp. de capas**, hacemos clic en el botón Actualizar composición de capas.

10. Alternamos entre las cuatro composiciones de capa en la paleta **Comp. de capas**.

Observaremos que los cambios que realizamos en la visibilidad de la capa **pattern** sólo afecta a la composición de capas **leaves, teapot, teacup**, porque es la única que hemos actualizado.

11. En la paleta **Capas**, activamos la visibilidad de la capa **fan**. En la parte inferior de la paleta **Capas**, seleccionamos **Superposición de colores** en el menú emergente Añadir un estilo de capa.

12. En el cuadro de diálogo **Estilo de capa**, hacemos clic en el cuadro **Superposición de colores** para que aparezca el cuadro de diálogo **Selector de color**. Seleccionamos un color verde oscuro y hacemos clic en **OK** para cerrar el cuadro de diálogo **Selector de color**. Reducimos la opacidad al **25%**, como se muestra en la siguiente ilustración y hacemos clic en **OK** para cerrar el cuadro de diálogo **Estilo de capa**.

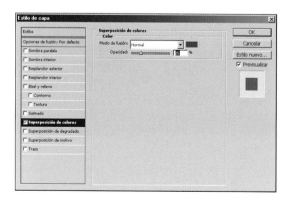

13. En la paleta **Comp. de capas**, hacemos clic en el botón Crear nueva composición de capas. En el cuadro de diálogo **Nueva composición de capas**, escribimos **leaves, teapot, teacup, fan with overlay**, en el campo **Nombre**. Nos aseguramos que las casillas **Posición**, **Visibilidad** y **Apariencia (estilo de capa)** están activadas. Hacemos clic en **OK**.

14. Alternamos entre las diferentes composiciones de capa en la paleta **Comp. de capas**. Observaremos que el estilo de capas de superposición de colores que aplicamos a la capa **fan** sólo aparece en la composición de capa **leaves, teapot, teacup, fan with overlay**.

Como podemos ver, las composiciones de capas son una forma excelente de guardar en el mismo archivo diferentes configuraciones de una imagen con capas. Experimentar con la visibilidad, posición y apariencia de diferentes combinaciones de capas nos ayudará a conseguir la mejor composición posible.

15. Cerremos teapot_comps.psd. No es necesario guardar los cambios.

CD-ROM: PARA APRENDER MÁS SOBRE LAS COMPOSICIONES DE CAPAS (MÁS CONCRETAMENTE, A USAR COMPOSICIONES DE CAPAS PARA GUARDAR LAS DIFERENTES PÁGINAS DE UNA WEB EN EL MISMO ARCHIVO DE PHOTOSHOP CS2), PODEMOS VER LA PELÍCULA LAYER_COMPS.MOV, QUE SE ENCUENTRA EN LA CARPETA MOVIES DEL CD-ROM.

7. [PS] USAR CAPAS DE AJUSTE

Las capas de ajuste nos permiten realizar cambios de tono y de color sin modificar permanentemente la imagen. Cuando usamos una capa de ajuste, los cambios que realicemos se guardarán en una capa diferente y afectarán a todas las capas que haya por debajo. Si cambiamos de idea

Trabajar con capas

respecto a los cambios que realizamos en una imagen usando capas de ajuste, podemos modificar o eliminar esos cambios. Usar capas de ajuste es una forma estupenda de cambiar el nivel de contraste tono o equilibrio de color de una imagen. No podemos crear capas de ajuste en ImageReady CS2, pero ImageReady CS2 reconocerá las capas de ajuste creadas con Photoshop CS2.

1. Abrimos candles.psd, que se encuentra en la carpeta chap_05 que copiamos en el escritorio.

2. En la paleta **Capas**, con la capa **candles** seleccionada, seleccionamos **Tono/saturación** en el menú emergente **Crear nueva capa de relleno o ajuste**.

El cuadro de diálogo **Tono/saturación** se abrirá automáticamente. Este cuadro de diálogo tiene los mismos controles que el que aparecería si usamos **Imagen>Ajustes>Tono/saturación**. Realizar cambios en el tono y la saturación con una capa de ajuste ofrece más flexibilidad porque no dañamos la imagen original en el proceso. La edición no destructiva siempre es

mejor porque nos proporciona la flexibilidad de experimentar sin realizar cambios permanentes en la imagen. ¡Nunca se sabe cuándo volveremos a necesitar esa imagen original!

3. Reducimos la saturación a su valor más bajo y hacemos clic en **OK**.

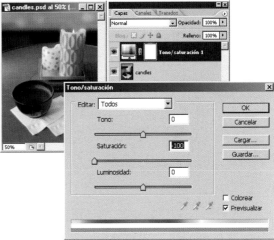

Notaremos que la imagen parece estar en blanco y negro. Reducir la saturación de una imagen elimina el color. Sin embargo, como la imagen sigue siendo una imagen RGB, la información del color sigue estando en el archivo.

Es una estupenda técnica para convertir imágenes en color a blanco y negro porque podremos recuperar la información del color original cuando la necesitemos.

4. Seleccionamos **Brillo/Contraste** en el menú emergente **Crear nueva capa de relleno o ajuste**. Aumentamos ligeramente el control deslizante **Contraste**, como se muestra en esta ilustración. Hacemos clic en **OK**.

Cuando reducimos la saturación, la imagen parecerá un poco descolorida. Aumentar el contraste ayudará a definir los blancos y negros de la imagen.

5. Seleccionamos **Equilibrio de color** en el menú emergente **Crear nueva capa de relleno o ajuste**. En el paso 3 reducimos la saturación para crear una imagen en blanco y negro. Como reducir la saturación no convierte la imagen en una imagen en blanco y negro, la información de color permanecerá en el archivo. Para devolver el color a esta imagen podemos usar la capa de ajuste **Equilibrio de color**.

6. Movemos el control deslizante **Cian/Rojo** hacia **Rojo**.

Como podremos observar, estamos devolviendo, poco a poco, el color a la imagen. Movemos el control deslizante **Amarrillo/Azul** hacia **Amarillo**.

Ahora, en lugar de tener una imagen en blanco y negro, tenemos una imagen color sepia.

7. Movemos el control deslizante **Magenta/ Verde** hacia **Verde** y el control deslizante **Amarillo/Azul** hacia el **Amarillo** para cambiar los tonos de la imagen a tonos blancos, verdes y negros. Hacemos clic en **OK**.

Observemos los contenidos de la paleta **Capas**. Cada capa de ajuste que aplicamos es una capa independiente.

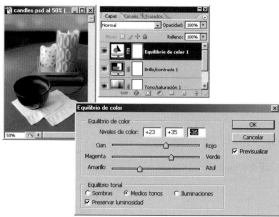

8. Activemos y desactivemos la visibilidad de las capas de ajuste que hemos creado y observaremos cómo la imagen cambia con cada combinación de visibilidad de capas.

Cuando desactivemos la visibilidad de las tres capas de ajuste, observaremos que la imagen original sigue intacta. Los cambios que realizamos en este ejercicio no han afectado a la imagen.

Trabajar con capas

Como hemos podido ver en este ejercicio, las capas de ajuste ofrecen una forma segura de realizar cambios de tono y color sin modificar permanentemente los píxeles de la imagen original.

9. Cerramos candles.psd. No es necesario guardar los cambios.

8. [PS/IR] USAR ESTILOS DE CAPA

Los estilos de capa nos permiten aplicar a las capas sombras, brillos, biselados, patrones, gradientes, colores y trazos. Descubriremos la utilidad de los estilos de capa cuando creemos gráficos Web, ya que a menudo querremos aplicar sombras y brillos a las imágenes y botones. Los estilos de capa son seguros (cuando aplicamos un estilo de capa a una capa, el contenido de la capa no se ve afectado por el cambio).

Como resultado, podemos editar o borrar el estilo de capa en cualquier momento, sin afectar al contenido original de la capa.

1. Abrimos javaco_pics.psd, que se encuentra en la carpeta chap_05 que copiamos en el escritorio. Debemos asegurarnos de que se vean las paletas **Capas** y **Estilos**. Si no se ven, seleccionamos **Ventana>Capas** y **Ventana>Estilos**.

2. Activamos la visibilidad del grupo de capas **final**. Hacemos clic en la flecha que se encuentra junto al grupo de capas **final**, en la paleta **Capas**, para ver su contenido. Cuando hayamos terminado, cerramos el grupo de capas final y desactivamos la visibilidad.

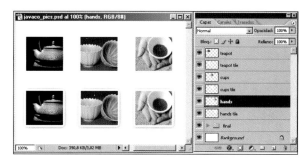

Observaremos que, en el grupo de capas **final**, los cuadrados blancos que hay detrás de la imagen, tienen una sombra. Sin la sombra, los cuadros que hay detrás de las imágenes no serían visibles, porque son del mismo color que el fondo. La sombra proporciona a la imagen y al cuadrado el efecto de un borde blanco alrededor de la imagen.

3. En la paleta **Capas**, hacemos clic en la capa **teapot tile** para seleccionarla. En el menú emergente Añadir un estilo de capa, en la parte inferior de la paleta **Capas**, seleccionamos **Sombra paralela**.

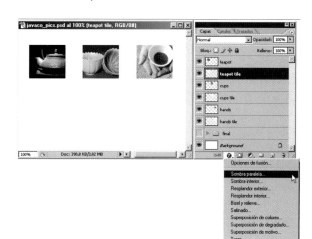

4. En el cuadro de diálogo **Estilo de capa**, experimentamos con las diferentes configuraciones. Nos aseguramos de que la opción **Previsualizar** está marcada, para que podamos tener una vista previa de las sombra paralela a medida que hacemos cambios en el cuadro de diálogo **Estilo de capa**. Cuando terminemos de experimentar, usamos la siguiente ilustración como referencia para rellenar el cuadro de diálogo **Estilo de capa**. Hacemos clic en **OK**.

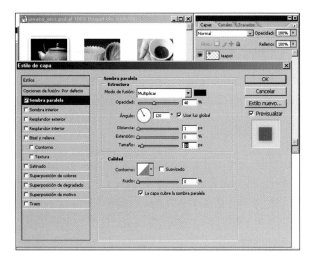

Ahora deberíamos ver una sombra detrás del cuadrado blanco, alrededor de la imagen de la tetera. A continuación, aplicaremos la misma configuración a las otras dos imágenes, usando dos métodos distintos.

5. En la paleta **Capas**, mantenemos pulsada la tecla **Opción** (Mac) o **Control** (Windows) y arrastramos el estilo de capa **Sombra paralela** hasta la capa **cups tile**. Antes de soltar el botón del ratón, nos aseguramos de que haya un cuadro negro alrededor de la capa cups tile.

Observaremos que se ha aplicado a la capa **cups tile** el mismo estilo de capa que creamos en el último paso. Copiar estilos de capa de una capa a otra es una forma sencilla de evitar tener que configurar una y otra vez las mismas propiedades en el cuadro de diálogo **Estilo de capa**. ¿Y si queremos usar en otro documento las propiedades que hemos creado? En ese caso, podemos guardar el estilo de capa, como veremos en el siguiente paso.

6. En la paleta **Capas**, hacemos clic en la capa **teapot tile** para seleccionarla. En la paleta **Estilos**, hacemos clic en el botón Crear estilo nuevo.

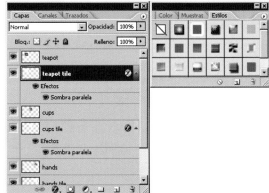

7. En el cuadro de diálogo **Estilo nuevo**, escribimos **tile drop shadow** en el campo **Nombre** y nos aseguramos de que está activada la opción **Incluir efectos de capa**. Hacemos clic en **OK**.

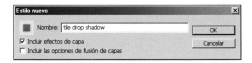

Trabajar con capas

Ahora podremos aplicar el estilo de capa que hemos guardado a cualquier imagen.

8. Hacemos clic en la capa **hands tile** para seleccionarla. En la paleta **Estilos**, hacemos clic en la capa **tile drop shadow** para aplicar el estilo de capa que guardamos a la capa **hands tile**.

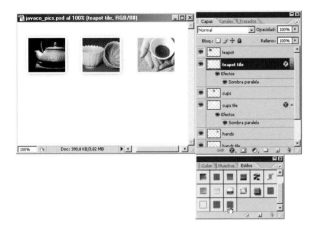

9. Activamos la visibilidad de los estilos de capas que hemos creado. Observaremos que el contenido de la imagen original sigue siendo el mismo. Los estilos de capa ofrecen una forma segura de añadir efectos interesantes, como sombras, a nuestras imágenes. Mientras diseñamos gráficos Web usaremos a menudo los estilos de capa, y en los siguientes ejercicios usaremos lo que hemos aprendido en este ejercicio.

10. Cerramos javaco_pics.psd. No es necesario guardar los cambios.

ESTILOS DE CAPA DE PHOTOSHOP CS2 E IMAGEREADY CS2

Photoshop CS2 e ImageReady CS2 tienen varios estilos de capa, que utilizaremos a menudo cuando diseñemos gráficos Web. Aquí tenemos un práctico cuadro con los diferentes estilos:

Estilos de capa de Photoshop CS2 e ImageReady CS2

Estilo de capa	Funcionalidad	Ejemplo
Sombra paralela	Añade una sombra por detrás de los bordes de una capa.	
Sombra interior	Añade una sombra dentro de los bordes de una capa, lo que hace que la capa parezca en bajorrelieve.	
Resplandor exterior	Añade un brillo a los bordes exteriores de una capa.	
Resplandor interior	Añade un brillo al interior de los bordes exteriores de una capa.	
Bisel y relieve	Añade un borde biselado o un borde en relieve a los bordes de una capa, lo que hace que la capa parezca tener tres dimensiones.	
Satinado	Añade sombras al interior de una capa, lo que proporciona un aspecto satinado.	
Superposición de colores	Rellena la capa con un color. Como podemos cambiar la opacidad, podemos hacer que el contenido de la capa se pueda ver a través del color.	

Estilo de capa	Funcionalidad	Ejemplo
Superposición de degradado	Rellena la capa con un degradado.	
Superposición de motivo	Rellena la capa con un motivo.	
Trazo	Siluetea la capa con un color, gradiente o motivo.	

 CD-ROM: ¿ALGUNA VEZ HA VISTO LETRAS QUE CONTIENEN UNA IMAGEN FOTOGRÁFICA?

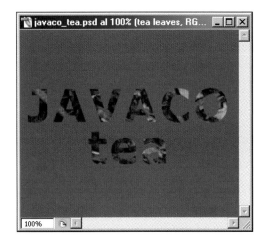

PODEMOS CONSEGUIR ESTE EFECTO USANDO MÁSCARAS DE RECORTE EN PHOTOSHOP CS2. PARA OBTENER MÁS INFORMACIÓN SOBRE LAS MÁSCARAS DE RECORTE, PODEMOS VER CLIPPING_MASKS.MOV, QUE SE ENCUENTRA EN LA CARPETA MOVIES DEL CD-ROM.

Hemos terminado un capítulo muy largo. Ahora que sabemos lo potentes que pueden ser las capas, vamos a ponerlas a trabajar y mejoremos nuestra creatividad y productividad a medida que creamos gráficos Web en Photoshop CS2 e ImageReady CS2.

A continuación, ¡estudiaremos a fondo las letras!

Capítulo 6

Crear texto

Crear texto

Trabajar con texto en Internet puede ser frustrante porque HTML proporciona muy poco control sobre el texto. Muchos diseñadores Web evitan las limitaciones del texto HTML insertando el texto en archivos GIF o JPEG. Photoshop CS2 e ImageReady CS2 ofrecen herramientas increíbles para crear, dar formato y editar texto, haciendo que sea fácil crear imágenes de texto para Internet. Photoshop CS2 e ImageReady CS2 ofrecen dos métodos para crear texto (texto por carácter y texto por párrafo). Estudiaremos los dos en este capítulo. También aprenderemos a editar el texto usando funciones de corrector ortográfico y de sustitución. Además, examinaremos el nuevo menú de fuentes "lo que se ve es lo que se obtiene" de Photoshop CS2.

TEXTO BASADO EN VECTORES

Photoshop CS2 e ImageReady CS2 nos permiten escribir texto basado en vectores, directamente en la ventana del documento. El texto basado en vectores se define matemáticamente, en lugar de mediante píxeles. Como resultado, las capas de texto se pueden editar, lo que significa que podemos modificar el tamaño, rotar, sesgar o deformar el texto, sin reducir la calidad de su aspecto.

TEXTO POR CARÁCTER O TEXTO POR PÁRRAFO

En Photoshop CS2 y en ImageReady CS2, podemos crear texto por carácter y texto por párrafo.

El texto por carácter es más adecuado para pequeñas cadenas de texto, con pocos caracteres o palabras o, como mucho, algunos renglones.

El texto por párrafo es más adecuado para grandes secciones de texto, especialmente el texto que ocupa más de un párrafo.

Antes de empezar con los ejercicios prácticos, tomémonos unos minutos para familiarizarnos con los controles de la barra de opciones de texto, la paleta **Carácter** y la paleta **Párrafo**. Es importante conocer estos controles (vamos a usarlos en los siguientes ejercicios).

LA BARRA DE OPCIONES DE TEXTO

La barra de opciones de texto estará disponible cuando seleccionemos la herramienta Texto en el cuadro de herramientas.

La barra de opciones de texto proporciona una forma rápida de acceder a algunos de los controles más usados para dar formato al texto. La siguiente ilustración y el cuadro describen cada control.

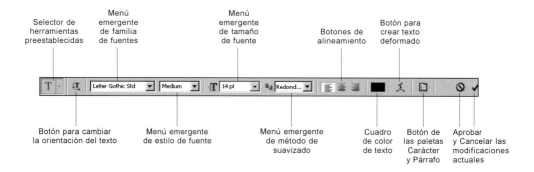

Controles de la barra de opciones de texto

Función	Efecto
Selector de herramientas preestablecidas	Proporciona acceso a la creación y selección de herramientas preestablecidas
Botón para cambiar la orientación del texto	Alterna entre la herramienta texto horizontal y la herramienta texto vertical
Menú emergente de familia de fuentes	Cambia el tipo de letra
Menú emergente de estilo de fuente	Cambia el estilo del texto
Menú emergente de tamaño de fuente	Cambia el tamaño del texto
Menú emergente de método de suavizado	Cambia el método de suavizado, como redondeado o nítido.
Botones de alineamiento (a la izquierda, al centro, a la derecha)	Alinea el texto a la izquierda, al centro o a la derecha
Cuadro de color de texto	Abre el cuadro de diálogo **Selector de color**, que nos permite seleccionar el color del texto
Botón para crear texto deformado	Abre el cuadro de diálogo **Deformar texto**, que nos permite deformar el texto de varias formas, como en forma de arco, de bandera, torcido, etc.
Botón de las paletas **Carácter** y **Párrafo**	Alterna entre las paletas **Carácter** y **Párrafo**
Botón de cancelar las modificaciones actuales	Cancela nuestras ediciones y devuelve el texto a su último estado
Botón de aprobar las modificaciones actuales	Aprueba nuestras modificaciones cuando hayamos terminado de dar formato al texto

Crear texto

LA PALETA CARÁCTER

Podemos acceder a la paleta **Carácter** seleccionando **Ventana>Carácter** o haciendo clic en el botón que alterna entre las paletas **Carácter** y **Párrafo**, en la barra de opciones de texto. La paleta **Carácter** proporciona acceso a todos los controles de formato para el texto mediante carácter. Algunos de los controles de la paleta **Carácter** son los mismos que vimos en la barra de opciones de texto; otros sólo estarán disponibles en la paleta **Carácter**. La siguiente ilustración y el cuadro describen cada control.

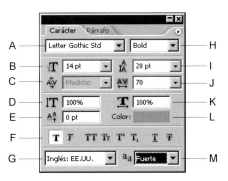

Controles de la paleta Carácter

Función	Efecto
A Menú emergente de fuentes	Cambia el tipo de texto
B Menú emergente de tamaño de fuente	Cambia el tamaño del texto
C Menú emergente de *kerning*	Define el espacio entre caracteres
D Campo de escalar vertical	Distorsiona el texto, escalando su eje vertical
E Campo de distancia a líneas de base	Define la línea base del texto para crear subíndices o superíndices
F Botones de estilo faux	Aplica estilos faux a las fuentes que no tienen los estilos negrita o cursiva; de izquierda a derecha: Faux negrita, Faux cursiva, Todo en mayúsculas, Versalitas, Superíndice, Subíndice, Subrayado, Tachado
G Menú emergente de idioma	Cambia el diccionario que usa el corrector ortográfico
H Menú emergente de estilo de fuente	Cambia el estilo del texto, como negrita o cursiva.
I Menú emergente de interlineado	Define el espacio entre las líneas de texto
J Menú emergente de *tracking*	Define igualitariamente la cantidad de espacio existente entre los caracteres seleccionados de una palabra o párrafo
K Campo de escala vertical	Distorsiona el texto, escalando su eje horizontal
L Cuadro de color de texto	Cambia el color de una letra, palabra o línea de texto
M Menú emergente de método de suavizado	Fusiona y suaviza los bordes

LA PALETA PÁRRAFO

Podemos acceder a la paleta **Párrafo** seleccionando **Ventana>Párrafo** o haciendo clic en el botón que alterna entre las paletas **Carácter** y **Párrafo**, en la barra de opciones de texto.

La paleta **Párrafo** proporciona acceso a todos los controles de formato para el texto de párrafo. Algunos de los controles de la paleta **Párrafo** son los mismos que vimos en la barra de opciones de texto; otros sólo estarán disponibles en la paleta **Párrafo**.

La siguiente ilustración y el cuadro describen cada control.

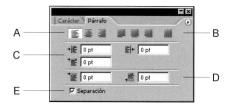

I. [PS/IR] CREAR TEXTO POR CARÁCTER

En este ejercicio aprenderemos a crear y dar formato al texto por carácter usando los diferentes controles de la barra de opciones y la paleta **Carácter**.

1. Abrimos flavor_of_the_month.psd, que se encuentra en la carpeta chap_06 que copiamos en el escritorio. Nos aseguramos de que se vean la paleta **Capas** y la paleta **Carácter**. Si no se ven, seleccionamos **Ventana>Capas** y **Ventana>Carácter**.

Controles de la paleta Párrafo

Función	Efecto
A Botones de alineamiento (**a la izquierda, al centro, a la derecha**)	Alinea el texto del párrafo a la izquierda, al centro o a la derecha
B Botones de justificado (**Justificar última a la izquierda, Justificar última al centro, Justificar última a la derecha, Justificar todo**)	Justifica el tipo de párrafo
C Campos de sangría (**Sangría en margen izquierdo, Sangría en margen derecho, Sangría en primera línea**)	Sangra el tipo de párrafo
D Campos de espacio (**Espacio antes del párrafo, Espacio después del párrafo**)	Añade espacio entre los párrafos
E Casilla de verificación Separación	Determina si se puede usar un guión para dividir palabras en dos renglones

Crear texto

En la paleta **Capas**, veremos una capa con un icono T, lo que significa que es una capa de texto basado en vectores, que se puede editar. Hay otra capa, llamada dragonwell, que contiene texto, pero que no tiene el icono T. El texto de dragonwell se creó originalmente como una capa de texto, pero fue convertido en imagen. En este capítulo aprenderemos cómo y por qué convertir las capas de texto en imágenes.

 NOTA: EL TEXTO DE FLAVOR_OF_THE_MONTH.PSD USA LA FUENTE Letter Gothic Standard. SI NO TENEMOS ESTE TIPO DE LETRA INSTALADO, APARECERÁ UN MENSAJE DE ERROR CUANDO ABRAMOS EL ARCHIVO, INDICANDO QUE NO TENEMOS INSTALADAS LA(S) FUENTE(S) ADECUADA(S). HACEMOS CLIC EN **OK** PARA ABRIR EL ARCHIVO. EN LA PALETA Capas, HACEMOS DOBLE CLIC EN EL ICONO T DE LA CAPA DE TEXTO. APARECERÁ UN MENSAJE DE ADVERTENCIA PREGUNTANDO SI QUEREMOS SUSTITUIR LAS FUENTES QUE FALTAN. HACEMOS CLIC EN **OK**.

2. En la paleta **Capas**, hacemos clic en la capa **flavor of the month** para seleccionarla. Mantenemos pulsada la tecla **Mayús** y hacemos clic en la capa **dragonwell** para seleccionar simultáneamente ambas capas. Arrastramos las capas al icono de la papelera, que se encuentra en la parte inferior de la paleta **Capas**, para borrar las capas. Aprenderemos a volver a crearlas en los siguientes pasos.

3. En el cuadro de herramientas, seleccionamos la herramienta texto horizontal. La barra de opciones cambiará automáticamente para mostrar los controles de texto.

4. En la barra de opciones, seleccionamos **Letter Gothic Std** (o alguna otra fuente que queramos usar si no tenemos esa fuente) en el menú emergente de fuentes.

A continuación, seleccionamos **Medium** en el menú emergente de estilo de fuente y seleccionamos **14 pt** en el menú emergente de tamaño de fuente para establecer la configuración del texto que vamos a crear.

Observaremos el nuevo menú emergente "lo que se ve es lo que se obtiene" de la familia de fuentes (ofrece una vista previa de la fuente junto al nombre de la misma).

¡Esta nueva función de Photoshop CS2 es realmente práctica porque podemos ver el aspecto de la fuente antes de seleccionarla!

 NOTA: DEPENDIENDO DE LA FUENTE QUE TENGAMOS SELECCIONADA EN EL MENÚ EMERGENTE DE FUENTES, QUIZÁS NO DISPONGAMOS DE LA OPCIÓN Medium EN EL MENÚ EMERGENTE DE ESTILO DE FUENTE. CADA FUENTE DISPONE DE DIFERENTES ESTILOS. SI EL TIPO DE LETRA QUE ESCOGIMOS EN EL PASO 4 NO OFRECE EL ESTILO MEDIUM, PODEMOS SELECCIONAR UN ESTILO DIFERENTE EN EL MENÚ EMERGENTE DE ESTILO DE FUENTE Y CONTINUAR CON EL EJERCICIO.

5. Hacemos clic en la ventana del documento y escribimos las palabras **flavor of the month**.

En la paleta **Capas**, Photoshop CS2 creará automáticamente una capa diferente para el nuevo texto.

6. Seleccionamos la herramienta mover en el cuadro de herramientas.

En la ventana del documento, arrastramos para colocar la capa de texto que acabamos de crear, como mostramos en la ilustración.

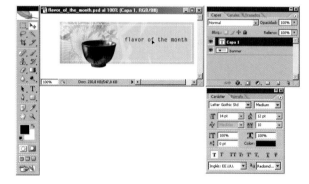

7. Con la capa **flavor of the month** seleccionada en la paleta **Capas**, elegimos la herramienta texto horizontal en el cuadro de herramientas. Hacemos clic en el cuadro de color de texto, en la barra de opciones, para abrir el cuadro de diálogo **Selector de color**.

Seleccionamos el color blanco (o el color que queramos) y hacemos clic en **OK**.

La capa de texto **flavor of the month** ahora debería ser blanca (o del color que escogiéramos en el cuadro de diálogo **Selector de color**). También podemos cambiar el color del texto seleccionado en una capa de texto. Aprenderemos a hacerlo en el siguiente paso.

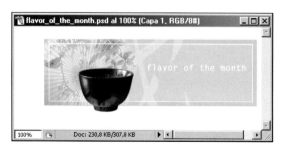

NOTA: AUNQUE TENGAMOS EL TEXTO SELECCIONADO, CUANDO ABRAMOS EL CUADRO DE DIÁLOGO Selector de color, NO PODREMOS VER EL INDICADOR DE SELECCIÓN. PHOTOSHOP CS2 OCULTA AUTOMÁTICAMENTE EL INDICADOR DE SELECCIÓN CUANDO ABRIMOS EL CUADRO DE DIÁLOGO Selector de color, PARA QUE PODAMOS APRECIAR CON PRECISIÓN EL COLOR ANTES DE SELECCIONARLO FINALMENTE.

8. Con la herramienta texto horizontal seleccionada en el cuadro de herramientas, arrastramos el cursor por la palabra flavor.

Hacemos clic en el cuadro de color de texto, en la barra de opciones, para abrir el cuadro de diálogo **Selector de color**.

Seleccionamos un color turquesa oscuro y hacemos clic en **OK**.

9. Con la palabra flavor todavía seleccionada, escogemos **Bold** en el menú emergente de estilo de fuente.

Crear texto

NOTA: DEPENDIENDO DE LA FUENTE QUE HAYAMOS SELECCIONADO EN EL MENÚ EMERGENTE DE FUENTES, EN EL PASO 4, QUIZÁS NO DISPONGAMOS DE LA OPCIÓN Bold EN EL MENÚ EMERGENTE DE ESTILO DE FUENTE. CADA FUENTE DISPONE DE DIFERENTES ESTILOS. SI EL TIPO DE LETRA QUE ESCOGIMOS EN EL PASO 4 NO OFRECE EL ESTILO BOLD, PODEMOS SELECCIONAR UN ESTILO DIFERENTE EN EL MENÚ EMERGENTE DE ESTILO DE FUENTE Y CONTINUAR CON EL EJERCICIO.

10. En la barra de opciones, hacemos clic en el botón de aprobar las modificaciones actuales (la marca de comprobación) para aceptar los cambios realizados en el texto seleccionado.

Antes de poder realizar otras actividades con Photoshop CS2, debemos aceptar o rechazar las modificaciones realizadas al texto y salir del modo de edición de texto. Aparte de hacer clic en el botón de aceptar las modificaciones actuales, en la barra de opciones, hay otras formas de aceptar los cambios realizados, como hacer clic en otra capa de la paleta **Capas** y seleccionar una herramienta diferente en el cuadro de herramientas. Si queremos rechazar los cambios realizados en el texto, hacemos clic en el botón de cancelar las modificaciones actuales en la barra de opciones.

11. Con la herramienta de texto horizontal seleccionada en el cuadro de herramientas y la capa **flavor of the month** seleccionada en la paleta **Capas**, seleccionamos **Ninguno** en el menú emergente de método de suavizado.

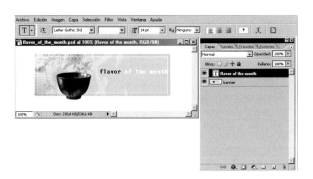

Observaremos que los bordes del texto tienen un aspecto dentado.

12. Seleccionamos **Redondeado** en el menú emergente de método de suavizado.

TRUCO: USAMOS Ninguno O Enfocado SI EL TIPO DE LETRA ES MENOR DE 14 PT. USAMOS Nítido, Fuerte O Redondeado SI EL TIPO DE LETRA ES DE 14 PT. O MÁS GRANDE.

¿Qué es el suavizado?

EL SUAVIZADO HACE REFERENCIA AL ASPECTO DE LOS BORDES DEL TEXTO. UN BORDE SUAVIZADO ESTÁ COMPUESTO DE COLORES QUE SE FUNDEN GRADUALMENTE CON EL COLOR DEL FONDO, DE FORMA QUE EL BORDE PARECE SUAVIZADO Y MENOS PIXELADO. EL TEXTO NO SUAVIZADO TIENE UN ASPECTO DENTADO; EL TEXTO SUAVIZADO TIENE UN ASPECTO PULCRO. NORMALMENTE, SELECCIONAREMOS EL SUAVIZADO DE TEXTO CUANDO DISEÑEMOS GRÁFICOS WEB. SI ESTAMOS USANDO TEXTO PEQUEÑO, EL TEXTO SUAVIZADO ES MÁS FÁCIL DE LEER.

Suavizado.   *Sin suavizar.*

Ahora que hemos aprendido a dar formato al texto por carácter usando la barra de opciones, es el momento de conocer algunas de las opciones de formato avanzadas de la paleta **Carácter**.

13. Con la herramienta texto horizontal seleccionada en el cuadro de herramientas, hacemos clic en la ventana del documento y escribimos la palabra **dragonwell**.

Cuando hagamos clic en la ventana del documento, se creará automáticamente una nueva capa de texto en la paleta **Capas**.

14. En la paleta **Capas**, hacemos doble clic en el icono T de la capa de texto **dragonwell**.

Es un práctico método abreviado para seleccionar el contenido de una capa de texto.

15. En la paleta **Carácter**, hacemos clic en el botón Todo en mayúsculas para que el texto, que está escrito con letras minúsculas, pase a estar en mayúsculas.

16. En la paleta **Carácter**, escribimos **95** en el campo **Escalar vertical** para reducir la altura del texto sin modificar el tamaño de punto.

17. En la paleta **Carácter**, escribimos **350** en el campo de **tracking** para aumentar el espacio entre las letras.

18. En la paleta **Carácter**, hacemos clic en el cuadro de color de texto para abrir el cuadro de diálogo **Selector de color**. Seleccionamos un color gris-morado y hacemos clic en **OK**.

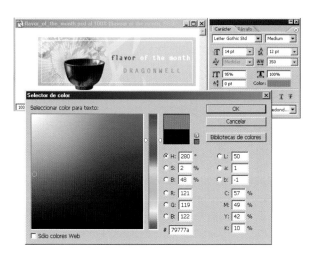

19. En el cuadro de herramientas, seleccionamos la herramienta mover y recolocamos el texto en la pantalla. Usaremos las guías inteligentes (**Ver> Mostrar>Guías inteligentes**) para alinear el texto flavor of the month y DRAGONWELL, como se muestra en esta ilustración.

Como podemos ver, la paleta **Carácter** ofrece controles más avanzados para dar formato al texto. Probemos con las otras opciones de la paleta **Carácter**. Cuanto más experimentemos con los controles, más entenderemos su funcionamiento.

20. Cerramos flavor_of_the_month.psd. No es necesario guardar los cambios.

Crear texto

Rasterizar texto

TRABAJAR CON EL TEXTO BASADO EN VECTORES DE PHOTOSHOP CS2 E IMAGEREADY CS2 NOS PROPORCIONA LA FLEXIBILI-DAD DE EDITAR EL TEXTO SIN REDUCIR SU CALIDAD CADA VEZ QUE LO EDITEMOS. EN ALGUNAS OCASIONES, QUERREMOS CONVERTIR LAS CAPAS DE TEXTO, BASADAS EN VECTORES, EN CAPAS DE TEXTO BASADAS EN PÍXELES. POR EJEMPLO, QUI-ZÁS QUERAMOS APLICAR FILTROS, DISTORSIONAR EL TEXTO O APLICAR TRAZOS DE PINCEL USANDO LA HERRAMIENTA PINCEL. O QUIZÁS QUERAMOS COMPARTIR UN ARCHIVO CON ALGUNA PERSONA QUE NO DISPONE DE LA FUENTE QUE HEMOS ESCOGIDO. EN ESTOS CASOS, QUERREMOS CONVERTIR LAS CAPAS DE TEXTO EN IMÁGENES. AQUÍ MOSTRAMOS CÓMO:

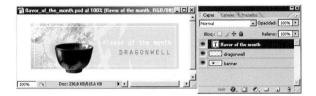

CON LA CAPA DE TEXTO QUE QUEREMOS CONVERTIR EN IMAGEN SELECCIONADA EN LA PALETA Capas, SELECCIONAMOS Capa>Rasterizar>Texto.

LA CAPA DE TEXTO BASADO EN VECTORES SE CONVERTIRÁ AUTOMÁTICAMENTE EN UNA CAPA NORMAL.

ANTES DE RASTERIZAR LAS CAPAS DE TEXTO, DEBEMOS PENSAR DETENIDAMENTE SI ALGUNA VEZ TENDREMOS QUE EDITAR O MODIFICAR OTRA VEZ EL TEXTO (¡ES MUY PROBABLE QUE ASÍ SEA!). SI ES ASÍ, SELECCIONAMOS Duplicar capa EN EL MENÚ DE LA PALETA Capas Y DESACTIVAMOS LA VISIBILIDAD DE LA CAPA DUPLICADA. AL CREAR UNA CAPA DUPLICADA, SEGUIREMOS TENIENDO UNA CAPA DE TEXTO QUE SE PUEDE EDITAR, EN CASO DE QUE LA NECESITEMOS ALGUNA VEZ.

2. [PS/IR] CREAR TEXTO POR PÁRRAFO

El texto por párrafo se define mediante un cuadro para introducir texto, ya que está diseña-do para crear, dar formato y editar a uno o más párrafos de texto.

Nos permite rotar, cambiar de tamaño o sesgar todo un párrafo de texto a la vez. Con el cuadro para introducir texto, también podemos cambiar de forma el tipo de párrafo, controlar su orienta-ción, alineamiento, justificado y sangrado. En este ejercicio utilizaremos los controles de la paleta **Párrafo** para dar formato al texto de un párrafo.

1. Abrimos javaco_contact.psd, que se encuentra en la carpeta chap_06 que copiamos en el escritorio.

Nos aseguramos de que se vean la paleta **Capas** y la paleta **Párrafo**. Si no se ven, seleccionamos **Ventana>Capas** y **Ventana> Párrafo**.

2. En la paleta **Capas**, hacemos doble clic en el icono T de la capa de texto.

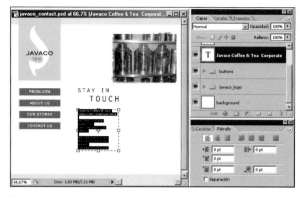

Igual que ocurría con el texto por carácter, el texto se seleccionará automáticamente. El texto seleccionado de esta capa es texto por párrafo, que se define mediante un cuadro para introducir texto.

3. Arrastramos los controladores de tamaño que hay en el perímetro del cuadro de introducción de texto.

La orientación del texto del párrafo se ajusta automáticamente a medida que cambiamos el tamaño del cuadro. Si vemos una cruz en la esquina inferior derecha del cuadro para introducir texto, nos está indicando que el cuadro es demasiado pequeño para contener todo el texto.

4. Mantenemos pulsada la tecla **Comando** (Mac) o **Control** (Windows) y arrastramos la esquina del cuadro:

El texto aumentará o reducirá automáticamente su tamaño y se colocará en el interior del cuadro, dependiendo del tamaño del mismo.

5. Colocamos el cursor fuera del cuadro de introducción de texto, hasta que veamos que aparece el cursor de rotación. Arrastramos para girar el texto del cuadro de introducción de texto.

6. En el cuadro de herramientas, hacemos clic en la herramienta Mover. Arrastramos el texto para volver a colocarlo en la pantalla.

Ahora que sabemos cómo funciona el texto por párrafo en Photoshop CS2, es el momento de aprender a crear y editar texto por párrafo desde cero.

7. Con la capa de texto seleccionada en la paleta Capas, hacemos clic en el icono de la papelera para eliminar la capa de texto.

Crear texto

8. Con la herramienta texto horizontal seleccionada en el cuadro de herramientas, seleccionamos **Verdana** en el menú emergente de fuentes, **Regular** en el menú emergente de estilo de fuente y **10 pt** en el menú emergente de tamaño de fuente. Arrastramos dentro de la ventana de documento para crear un nuevo cuadro de introducción de texto.

9. Hacemos clic en el interior del cuadro de introducción de texto y escribimos lo siguiente:

```
Javaco Coffee & Tea Corporate
Headquarters
156 Main Street
Suite 295
San Francisco, CA 94107
tel: 415/555.2345
fax: 415/555.2346
email:
info@javacotea.com
```

Cuando terminemos de escribir, hacemos clic en el botón de aceptar las modificaciones actuales, en la barra de opciones, para aceptar los cambios realizados.

10. Con las técnicas aprendidas en este ejercicio, cambiaremos el tamaño y la posición del cuadro de introducción de texto para que concuerden con la ilustración que mostramos.

11. Con la herramienta Texto horizontal seleccionada en el cuadro de herramientas, arrastramos para resaltar las palabras Javaco Coffee & Tea Corporate Headquarters. En la barra de opciones, hacemos clic en el cuadro de color de texto para abrir el cuadro de diálogo **Selector de color**. Seleccionamos un color gris-morado y hacemos clic en **OK**. Seleccionamos **Bold** en el menú emergente de estilo de fuente, en la barra de opciones. Arrastramos para resaltar el resto del texto. En la barra de opciones, hacemos clic en el cuadro de color de texto para abrir el cuadro de diálogo **Selector de color**. Seleccionamos un color verde lima y hacemos clic en **OK**.

12. En la paleta **Capas**, hacemos doble clic en el icono T para seleccionar el texto de párrafo. Probemos con los controles de alineamiento de la paleta **Párrafo**.

Cuando añadimos grandes cantidades de texto a páginas Web, como en este ejemplo, suele ser mejor alinear el texto a la izquierda. Sin embargo, habrá veces en las que tendremos que centrar, alinear a la derecha y justificar el texto del párrafo, por lo que es importante comprender en qué consisten estas opciones.

13. Con la herramienta Texto horizontal seleccionada en el cuadro de herramientas, resaltamos la dirección. Probemos con los controles de sangría de la paleta **Párrafo**.

De nuevo, para un ejemplo como este, es mejor no sangrar el texto del párrafo. Sin embargo, nunca se sabe cuándo tendremos que sangrar uno o más reglones de texto de un párrafo.

14. Con la dirección todavía seleccionada, experimentemos con los controles de espaciado de la paleta **Párrafo**.

Estas opciones son muy prácticas, ya que a veces querremos aumentar simétricamente el espacio entre los renglones del texto. Debemos recordar que la legibilidad es el aspecto más importante del texto destinado a la Web. A veces, aumentar el espacio entre los renglones puede hacer que sea más fácil de leer.

15. Cuando terminemos de hacer pruebas con las opciones de la paleta **Párrafo**, cerramos javaco_contact.psd. No es necesario guardar los cambios.

 Emular texto HTML con la composición del sistema

CUANDO CREEMOS UNA PÁGINA WEB, PODEMOS UTILIZAR LA OPCIÓN DE COMPOSICIÓN DE SISTEMA PARA SIMULAR EL ASPECTO DEL TEXTO HTML.

Javaco Coffee & Tea
Corporate Headquarters

156 Main Street
Suite 295
San Francisco, CA
94107

tel: 415/555.2345
fax: 415/555.2346
email:
info@javacotea.com

Texto de 12 pt predeterminado.

Javaco Coffee & Tea
Corporate Headquarters

156 Main Street
Suite 295
San Francisco, CA
94107

tel: 415/555.2345
fax: 415/555.2346
email:
info@javacotea.com

Texto de 12 pt con la opción de composición de sistema activada, simulando texto HTML.

EN LA PALETA Capas, SELECCIONAMOS LA CAPA DE TEXTO QUE QUEREMOS EMULAR COMO HTML. SELECCIONAMOS Composición de capa EN EL MENÚ DE LA PALETA Carácter.

3. [PS] COMPROBAR LA ORTOGRAFÍA

En este ejercicio aprenderemos a revisar la ortografía del contenido de las capas de texto.

1. Abrimos coupon.psd, que se encuentra en la carpeta chap_06 que copiamos en el escritorio.

2. Seleccionamos **Edición>Comprobar ortografía**.

El cuadro de diálogo **Comprobar ortografía** se abrirá automáticamente. Por defecto, Photoshop CS2 comprueba la ortografía de todas las capas de texto. Si queremos limitar la revisión ortográfica a la capa seleccionada, debemos desactivar **Comprobar todas las capas**, en la parte inferior del cuadro de diálogo.

Crear texto

3. El corrector ortográfico identificará "complamentary" como una palabra mal escrita, ofrecerá una forma aceptable y sugerirá otras palabras, Hacemos clic para seleccionar la palabra "complimentary" en la zona Sugerencias del cuadro de diálogo Comprobar ortografía. Hacemos clic en **Cambiar**.

"Complamentary" cambiará automáticamente a "complimentary".

4. El corrector ortográfico señalará a Javaco porque no se encuentra en el diccionario *English-USA* incluido en Photoshop CS2. Hacemos clic en **Omitir** para dejar la forma Javaco tal y como está escrita. Alternativamente, podemos hacer clic en **Añadir** para añadir Javaco al diccionario activo, de forma que no vuelva a identificar esa palabra como un error ortográfico.

Photoshop CS2 incluye diccionarios para diferentes idiomas. Podemos cambiar el diccionario activo en el corrector ortográfico seleccionando un idioma en el menú emergente de idioma, en la parte inferior de la paleta Carácter.

5. Hacemos clic en **OK** para aceptar que la corrección ortográfica ha terminado y cerrar el cuadro de diálogo Comprobar ortografía.

6. Cerramos coupon.psd. No es necesario guardar los cambios.

4. [PS] BUSCAR Y REEMPLAZAR TEXTO

Photoshop CS2 incluye una función para buscar y reemplazar texto, que nos será útil si queremos cambiar una palabra, todas las veces que aparezca en un archivo. A continuación tenemos un pequeño ejercicio que nos enseñará a hacerlo.

1. Abrimos javaco_home.psd, que se encuentra en la carpeta chap_06 que copiamos en el escritorio.

2. Seleccionamos Edición>Buscar y reemplazar texto para abrir el cuadro de diálogo Buscar y reemplazar texto.

3. En el campo Buscar:, escribimos **Javaco**. En el campo Cambiar a:, escribimos **Dragonwell**. Hacemos clic en Buscar siguiente.

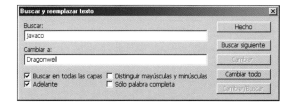

4. Hacemos clic en Cambiar/Buscar para buscar la siguiente aparición de la palabra Javaco. Volvemos a hacer clic en Cambiar/Buscar para buscar la siguiente aparición de la palabra Javaco.

5. Aparecerá un cuadro de diálogo, indicando que la palabra Javaco no aparece en más ocasiones, pero que se han realizado tres sustituciones. Hacemos clic en **OK**.

Dragonwell Tea
Achieve inner balance
with our new import
from China

The Dragonwell Story
Everything you
could ever want
to know about us

Dragonwell to|go
Experience the
robust flavor of
our teas - to go.

6. Cerramos javaco_home.psd. No es necesario guardar los cambios.

 CD-ROM: DEFORMANDO EL TEXTO, PODEMOS DISTORSIONARLO PARA CREAR FORMAS INTERE-SANTES, COMO UN ARCO, UN GIRO O UNA ONDA, MANTENIENDO EL TEXTO COMO OBJETO BASADO EN VECTORES. PARA OBTENER MÁS INFORMACIÓN SOBRE LA DE-FORMACIÓN DEL TEXTO, PODEMOS VER WARPING_TYPE.MOV, QUE SE ENCUENTRA EN LA CARPETA MOVIES DEL CD-ROM.

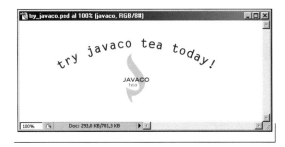

 CD-ROM: OTRA FORMA DE CREAR FORMAS INTERE-SANTES ES COLOCAR TEXTO EN UN TRAZADO. AL IGUAL QUE CON LA DEFORMACIÓN DE TEXTO, PO-DEMOS USAR EL TEXTO EN TRAZADO PARA CREAR EFECTOS INTERESANTES, MANTENIENDO EL TEXTO COMO OBJETO BASA-DO EN VECTORES. PARA OBTENER MÁS INFORMACIÓN SOBRE LA CREACIÓN DE TEXTO EN TRAZADO, PODEMOS VER TYPE_ON_A_PATH.MOV, QUE SE ENCUENTRA EN LA CARPETA MOVIES DEL CD-ROM.

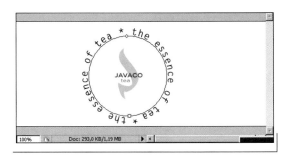

¡Ya sabemos crear, dar formato y editar texto en Photoshop CS2 y en ImageReady CS2! A continuación, aprenderemos a optimizar imágenes para la Web; algo importante para todo diseñador Web.

Capítulo 7

Optimizar imágenes

Optimizar imágenes

ualquier persona que haya usado Internet probablemente sepa lo frustrantes que son las páginas que tardan mucho en cargarse. Es el primer medio en el que el tamaño del archivo de los gráficos afecta a la velocidad que puede verse. Hacer que los gráficos Web sean pequeños es un arte y una ciencia. Afortunadamente, Photoshop CS2 e ImageReady CS2 proporcionan las herramientas ideales para ayudarnos a dominar este arte.

Preparémonos para un capítulo largo, porque la optimización es un tema complicado que Photoshop CS2 e ImageReady CS 2 tratan con gran detalle. Si términos como distorsión, paletas adaptativas, profundidad de bit, JPEG y GIF no nos son familiares, pronto lo solucionaremos. Si somos profesionales de la optimización de gráficos Web, nos impresionarán las estupendas funciones de optimización de Photoshop CS2 y de ImageReady CS2.

¿QUÉ AFECTA A LA VELOCIDAD EN INTERNET?

Por desgracia, con sólo reducir el tamaño del archivo en Photoshop CS2 o ImageReady CS2, no nos aseguraremos de que el rendimiento de la Web sea rápido. Aquí tenemos otros factores que ralentizan las páginas Web:

• **Velocidad de la conexión:** Si la conexión del servidor Web es lenta, la página Web también lo será.

• **Problemas con el router:** Si tenemos problemas con el router, la página Web será lenta.

• **Tráfico:** Si usamos un gran proveedor de Internet, como Telefónica, Ya.com o Wanadoo, la página Web podría ralentizarse durante las horas de mayor uso, debido al elevado tráfico de Internet. Si estamos usando un pequeño proveedor de servicios de Internet, la página Web podría ralentizarse si el proveedor de servicios de Internet no dispone de suficientes recursos para controlar los periodos de mayor tráfico.

¿Soluciones? Asegurémonos de que ofrecemos nuestra página Web mediante una conexión rápida o de que contratamos una compañía proveedora que nos garantiza una conexión rápida. Si tenemos una página empresarial seria, deberemos obtener un servicio de alojamiento dedicado, en lugar de un gran servicio Web dedicado a consumidores normales.

Si la página Web es lenta por culpa de los problemas con el router, le afectará a todo el mundo. Así es la vida. Controlemos las cosas que se pueden controlar (como el tamaño de los archivos). Lo único que se puede predecir en Internet es que no siempre funciona de forma predecible.

FORMATOS DE ARCHIVO WEB

Para optimizar gráficos Web, sólo podremos usar algunos formatos de archivo gráfico. Los formatos más populares son JPEG y GIF.

GIF significa Formato de intercambio gráfico; JPEG significa Grupo conjunto de expertos fotográficos. Las palabras gráfico y fotográfico indican qué gestiona mejor cada formato de archivo.

No es que GIF sea mejor que JPEG, ni viceversa. Cada esquema de compresión es mejor para un cierto tipo de imagen:

• Los GIF son mejores para gráficos planos o sencillos, con zonas de un solo color, como logotipos, ilustraciones, dibujos animados, imágenes en blanco y negro y cosas similares.

• Los JPEG son mejores para imágenes con tonos continuos, como fotografías, brillos, gradientes, sombras y cosas similares.

Algunas imágenes no se corresponden a ninguna de estas categorías, porque son híbridos de gráficos en blanco y negro y tonos continuos. En estos casos, tendremos que experimentar con GIF y JPEG para ver qué nos ofrece el tamaño de archivo más pequeño y la mejor calidad de imagen.

TRANSPARENCIA Y ANIMACIÓN

Si un gráfico contiene color plano o tonos continuos, no es el único factor decisivo para escoger el mejor formato de archivo. Los formatos GIF y SWF pueden hacer algunas cosas que no puede hacer el formato JPEG, como transparencias y animaciones. Si buscamos información específica sobre guardar archivos como GIF transparentes, GIF animados o SWF animados, lo podemos leer en capítulos posteriores. Mientras tanto, aquí tenemos una breve explicación de estos términos, porque sus funciones pueden afectar a nuestra estrategia de optimización.

Términos de transparencia y animación

Término	Descripción
Transparencia	Todos los archivos de imágenes son rectangulares. La forma de la ventana de nuestro documento Photoshop CS2 siempre será cuadrada o rectangular. Incluso si la imagen del interior no tiene esa forma, el propio archivo estará definido por límites rectangulares. ¿Y si tenemos el diseño de un botón circular, que queremos que se vea sobre un fondo de color o con motivos? En ese caso, podemos usar píxeles transparentes para ocultar partes de la imagen, dejando una forma que parece circular en un navegador Web. Si queremos usar imágenes transparentes en Internet, podemos seleccionar uno de estos formatos de archivo: GIF o SWF.
Transparencia GIF	El formato de archivo GIF admite enmascaramiento de 1 bit, lo que significa que podemos desactivar la imagen en ciertas áreas, lo que nos permite crear gráficos con formas irregulares. Como el formato de archivo sólo admite transparencia de 1 bit, no hay grados de opacidad, excepto activado o desactivado (visible o no visible para cada píxel).
Transparencia en Macromedia Flash	Al igual que el formato GIF, SWF también admite el enmascaramiento, pero con mucha mayor calidad. SWF admite enmascaramiento de 32 bits, mientras que GIF sólo admite enmascaramiento de 1 bit. El proceso para exportar archivos SWF con transparencias es idéntico al de exportar esos archivos sin transparencias.
Animación	Las animaciones son series de imágenes fijas (llamadas fotogramas) que parecen estar en movimiento. Cuando trabajamos con animaciones, podemos controlar la velocidad de la animación y el número de veces que se reproducirá. Photoshop CS2 nos permite guardar animaciones como GIF animados; ImageReady CS2 nos permite guardar animaciones en dos formatos diferentes: GIF animados y SWF.

Optimizar imágenes

Término	Descripción
Animación de GIF	Un solo archivo GIF puede contener varias imágenes y mostrarlas como si fuera una presentación de diapositivas. Los archivos GIF que contienen varias imágenes reciben el nombre de GIF animados.
Animación en Macromedia Flash	Con archivos Macromedia Flash (SWF), podemos crear animaciones más complejas que los GIF animados. Aunque no podemos aprovechar todas las funciones de Macromedia Flash en ImageReady CS2, exportar archivos como SWF es una gran ventaja. Una vez exportados los archivos como SWF, podemos abrirlos y editarlos directamente en Macromedia Flash.

¿CON PÉRDIDA O SIN PÉRDIDA?

Hay dos categorías de compresión de archivos: con pérdida y sin pérdida. La compresión de archivos con pérdida reduce el tamaño del archivo eliminando información visual.

La compresión de archivos sin pérdida reduce el tamaño del archivo sin eliminar información visual. JPEG es un método de compresión con pérdida. Tradicionalmente, GIF era un método sin pérdida, pero en Photoshop CS2 y en ImageReady CS2, podemos eliminar cierta información en la compresión GIF para reducir el tamaño del archivo.

¿CÓMO PODEMOS REDUCIR EL TAMAÑO DE LOS JPEG?

Antes de empezar a optimizar JPEG para Internet, tenemos que comprender qué tipos de imágenes funcionan mejor con el formato JPEG y qué puede ayudarnos a hacer los JPEG más pequeños sin comprometer la calidad de la imagen.

Aquí tenemos un práctico cuadro que nos ayudará a comprender estas consideraciones: Practicaremos con estas técnicas en los siguientes ejercicios.

Compresión JPEG

Qué hacer	Por qué hacerlo
Comencemos con una imagen con tonos, como una fotografía, un gráfico con tono continuo o una imagen con efectos, como brillos y sombras.	El formato de archivo JPEG busca el tipo de datos que mejor comprime: áreas con poco contraste, pequeñas variaciones y ligeros cambios de tono. No puede comprimir con eficiencia zonas de un solo color y no funciona bien con dibujo planos en blanco y negro.
Desenfocar.	El formato JPEG comprime con eficiencia las imágenes borrosas. Desenfocar un poco un JPEG puede reducir el tamaño del archivo.
Añadir más compresión JPEG.	Cuanto mayor sea la compresión JPEG, más pequeño será el archivo. Demasiada compresión puede producir defectos no deseados. Nuestro trabajo es encontrar el equilibrio entre hacer el archivo pequeño y hacer que la imagen sea buena.

Qué hacer	Por qué hacerlo
Reducir la saturación.	El formato JPEG es mejor para comprimir imágenes con poca saturación de color que imágenes con colores muy saturados. Reducir la saturación suele producir JPEG de menor tamaño.
Reducir el contraste.	El formato JPEG es mejor para las imágenes con bajo contraste. Reducir el contraste de una imagen suele producir JPEG de menor tamaño.
Usar un canal alfa.	Comprimir diferentes zonas de una imagen con dos niveles diferentes de compresión JPEG, a veces reduce el tamaño general del archivo. Las dos zonas están definidas por un canal alfa. Aprenderemos a hacerlo en este capítulo.

OPCIONES DE OPTIMIZACIÓN JPEG

En los siguientes ejercicios, usaremos el cuadro de diálogo **Guardar para Web,** de Photoshop CS2, para optimizar imágenes como JPEG.

ADVERTENCIA: VOLVER A COMPRIMIR UN ARCHIVO JPEG O UN ARCHIVO GIF CON PÉRDIDA, PUEDE RE-DUCIR LA CALIDAD DE IMAGEN PORQUE ELIMINA-MOS INFORMACIÓN VISUAL CADA VEZ QUE APLICAMOS COMPRESIÓN CON PÉRDIDA. EL RESULTADO SERÁN DEFECTOS VISIBLES NO DESEADOS, QUE HACEN QUE LA IMA-GEN NO TENGA BUEN ASPECTO. SI TENEMOS QUE HACER UN CAMBIO EN UNA IMAGEN QUE YA HA SIDO COMPRIMIDA COMO JPEG O GIF CON PÉRDIDA, BUSCAMOS LA VERSIÓN ORIGINAL DE LA IMAGEN, SIN COMPRIMIR, HACEMOS LOS CAMBIOS Y COM-PRIMIMOS EL ARCHIVO COMO UN NUEVO JPEG O GIF CON PÉR-DIDA, PARA MANTENER LA CALIDAD DE LA IMAGEN. ÉSTE ES UNO DE LOS MOTIVOS POR LOS QUE SIEMPRE DEBERÍAMOS GUAR-DAR LOS ARCHIVOS PSD (PHOTOSHOP DOCUMENT) ORIGINALES QUE CREAMOS EN PHOTOSHOP CS2 O EN IMAGEREADY CS2.

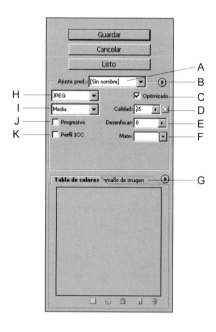

Opciones de JPEG

A	**Menú emergente Ajuste pred.**	Nos ofrece valores de compresión predeterminados, incluyendo valores incluidos con Photoshop CS2 y nuestras propias configuraciones.
B	**Menú** Optimizar	Guarda y carga configuraciones personalizadas para el Menú emergente **Ajuste pred.** (A).
C	**Casilla de verificación verificación** Optimizado	Activa la configuración de optimizado, que hará las imágenes JPEG lo más pequeñas posibles.

Optimizar imágenes

	Opciones de JPEG	
D	**Control deslizante** Calidad	Establece la calidad de la compresión. Podemos escribir manualmente el valor o usar el control deslizante y arrastrar hasta el valor deseado. Hacemos clic en el botón del canal alfa, que se encuentra junto al menú emergente **Calidad**, para acceder al cuadro de diálogo **Modificar ajuste de calidad**, en el que podemos usar canales alfa para modificar la calidad de diferentes partes de la imagen.
E	**Control deslizante** Desenfocar	Selecciona un valor de desenfoque. Los JPEG se comprimen mejor cuando están ligeramente borrosos que cuando son imágenes nítidas. Podemos escribir manualmente el valor o usar el control deslizante y arrastrar hasta el valor deseado.
F	**Menú emergente** Mate	Cuando se guarda una imagen como JPEG, establece un color mate para sustituir la transparencia. Esto es importante cuando comenzamos con una imagen que se encuentra sobre un fondo transparente.
G	**Pestaña** Tamaño de imagen	Cambia las dimensiones de una imagen ajustando los valores de píxel o de porcentaje.
H	**Menú emergente de formato de archivo**	Aplica compresión JPEG, GIF o PNG a una imagen.
I	**Menú emergente de calidad de compresión**	Selecciona un valor de calidad preestablecido para una imagen JPEG. Podemos usar uno de los valores preestablecidos o introducir valores en el cuadro **Calidad** (D).
J	**Casilla de verificación** Progresivo	Activa la configuración de progresivo. Debemos recordar que los JPEG, al igual que los GIF entrelazados, aparecen por trozos y van apareciendo a medida que se descargan.
K	**Casilla de verificación** Perfil ICC	Activa los perfiles ICC (Consorcio internacional del color). Los perfiles ICC funcionan con algunos dispositivos de impresión, pero no con los navegadores Web. Añaden tamaño al archivo de una imagen comprimida. Por tanto, no recomendamos su uso para imágenes Web, por el momento. Sin embargo, quizás llegue un día en el que los navegadores reconozcan los perfiles ICC.

Cuando abramos el cuadro de diálogo **Guardar para Web**, veremos muchas opciones para la optimización de JPEG. Aquí tenemos una guía de referencia rápida para ayudarnos a comprender las diferentes opciones. En los siguientes ejercicios, probaremos la mayoría de estas opciones. Aunque el diagrama muestra las opciones del cuadro de diálogo **Guardar para Web** en Photoshop CS2, encontraremos las mismas opciones en la paleta **Optimizar** de ImageReady CS2. Ahora que comprendemos las opciones disponibles para la optimización JPEG y que comprendemos algunas de las cosas a tener en cuenta durante el proceso de optimización, vamos a poner ese conocimiento en práctica con algunos ejercicios prácticos.

I. [PS] OPTIMIZAR JPEG

Este ejercicio nos mostrará el proceso de optimizar y guardar un JPEG.

Nos presentará el cuadro de diálogo **Guardar para Web** de Photoshop CS2, que nos proporciona control sobre tantas opciones que, cuando dominemos los pequeños detalles, podremos hacer los gráficos Web más pequeños posibles.

1. Abrimos candles.psd, que se encuentra en la carpeta chap_07 que copiamos en el escritorio.

2. Seleccionamos **Archivo>Guardar para Web**.

3. En el cuadro de diálogo **Guardar para Web**, hacemos clic en la pestaña **4 copias**. En esta pestaña, podemos usar las diferentes vistas previas, para comparar las diferentes configuraciones de compresión. ¿Podemos ver que la pestaña superior izquierda tiene escrito **Original**? Esto nos permite comparar la imagen original, sin comprimir, con las otras vistas previas, que nos muestran el aspecto de las diferentes combinaciones de opciones de compresión.

Si ya hemos usado el cuadro de diálogo **Guardar para Web**, quizás la configuración predeterminada sea diferente de la que vemos aquí, ya que Photoshop CS2 recuerda la última configuración usada. Si ocurre eso, no debemos preocuparnos; en los siguientes pasos aprenderemos qué valores introducir.

4. Hacemos clic en la imagen superior derecha para seleccionarla. Veremos un borde azul alrededor de la vista previa, lo que indica que es la vista previa activa. Al hacer la vista previa activa, los cambios que realizamos a la configuración de compresión afectarán a esta vista previa.

5. Seleccionamos **JPEG** en el menú emergente de formato de archivo.

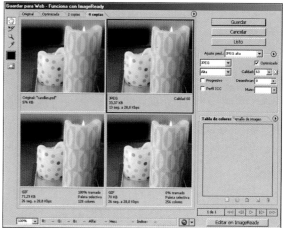

Seleccionamos **Alta** en el menú emergente **Calidad de compresión** (lo que establecerá automáticamente una calidad de la vista previa seleccionada de **60**).

Observaremos que el JPEG tiene mejor aspecto que cualquiera de las otras vistas previas GIF. Esto demuestra que las imágenes con tonos continuos, como fotografías, siempre se comprimen mejor como JPEG que como GIF.

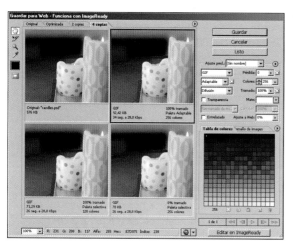

Optimizar imágenes

6. Seleccionamos **Repoblar vistas** en el menú de **Optimizar**. Esto hará que las otras dos vistas previas de los marcos inferiores tengan el mismo formato de archivo que la vista previa seleccionada (JPEG en este caso).

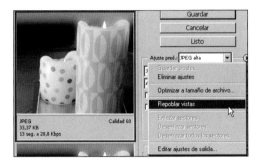

¿Vemos la lectura que hay debajo de cada vista previa? Nos indica la calidad y el tamaño del archivo JPEG de cada vista previa. Photoshop CS2 calcula lo que tardará en cargarse el gráfico con una conexión lenta. Ésta es una estimación teórica; podría no ser muy precisa debido a otros factores, como la velocidad del servidor. Las lecturas también pueden tener números diferentes de los que aparecen en este ejemplo, ya que Photoshop CS2 recuerda los niveles de compresión de la última vez que usamos el cuadro de diálogo **Guardar para Web** con configuración para JPEG.

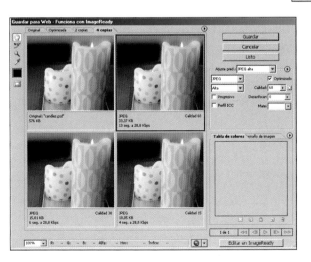

A juzgar por la relación entre calidad de imagen y los tamaños de archivo de todas las vistas previas de este ejemplo, parece que la mejor opción para la calidad de compresión JPEG está entre 60 y 30. Cuanto mayor sea la calidad de la compresión, mayor será el tamaño del archivo. Cuanto más baja sea la calidad, podremos apreciar más defectos. En cada imagen que optimicemos, tendremos que equilibrar la calidad con el tamaño de la imagen.

7. Con la vista previa superior derecha seleccionada, movemos el control deslizante hasta 40. Debemos soltar el control deslizante para que se puedan apreciar los resultados de la nueva configuración.

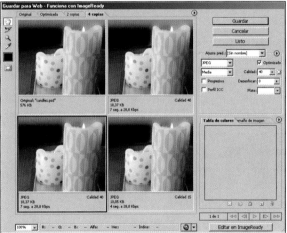

Podremos ver algunos defectos alrededor de la llama de la vela, lo que significa que tenemos que ajustar el control deslizante **Calidad** a un valor superior a 40, pero inferior a 60.

Como la llama alrededor de la vela es un punto de atención de la imagen, quizás queramos asegurarnos de que hay el menor número posible de defectos en esa zona, ya que los espectadores se verán atraídos hacia ese punto.

8. Aumentemos el control deslizante **Calidad** a **55**. Los defectos alrededor de la llama desaparecerán, pero el tamaño de archivo seguirá siendo algo elevado.

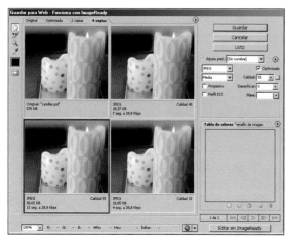

9. Reduzcamos el control deslizante **Calidad** a **50**.

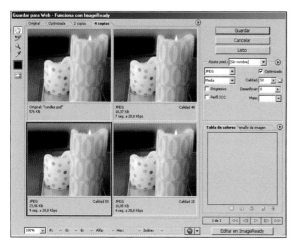

Al reducir el control deslizante **Calidad** a **50**, todavía podremos ver algunos defectos alrededor de la llama y el tamaño de archivo será algo menor que cuando el control deslizante **Calidad** tenía el valor **55**. Como indicamos anteriormente, la clave de la optimización es encontrar la mejor calidad con el menor tamaño.

Si recordamos el capítulo anterior, una forma de ayudarnos a reducir el tamaño de los JPEG es aplicar un ligero desenfoque. ¡En el siguiente paso, haremos precisamente eso!

10. Usando el control deslizante **Desenfocar**, aumentamos el desenfoque a **0.5**.

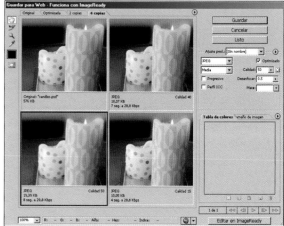

Observaremos que el tamaño del archivo se ha reducido, pero ahora la calidad de la imagen es muy borrosa. Igual que con el valor de Calidad, queremos encontrar la mejor calidad de imagen con el menor tamaño de archivo. En este caso, aplicar un desenfocado de 0.5 afectó negativamente a la calidad de la imagen.

11. Usando el control deslizante **Desenfocar**, reducimos el desenfoque a **0.2**.

Este desenfoque reduce el tamaño de archivo ligeramente, pero no compromete la calidad de la imagen. Aunque podría no parecer un gran ahorro en el tamaño del archivo, hay que tener en cuenta que ¡cada pequeño ahorro cuenta!

Hasta el momento, sólo habíamos mirado a la mitad superior de la imagen, porque es lo que podemos ver en la ventana de vista previa. Tendremos que mirar el efecto de la configuración en toda la imagen, no sólo en parte de ella,

Optimizar imágenes

porque la configuración de la compresión puede afectar negativamente a una zona de la imagen que no nos esperamos.

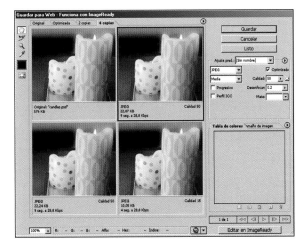

12. En la esquina superior izquierda del cuadro de diálogo **Guardar para Web**, hacemos clic en la herramienta Mano. Colocamos el cursor en la vista previa superior derecha. Arrastramos para recolocar la imagen dentro de la zona de vista previa, asegurándonos de que la configuración especificada no produce defectos indeseados en otras zonas de la imagen.

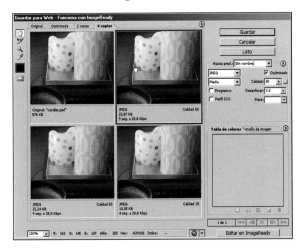

13. Cuando estemos satisfechos con los valores de optimización, hacemos clic en **Guardar** para abrir el cuadro de diálogo **Guardar optimizada como**.

Photoshop CS2 añade automáticamente la extensión de archivo .jpg al nombre de archivo. También crea un nombre de archivo, basándose en el nombre de la imagen original, que podemos cambiar fácilmente si queremos.

14. Nos dirigimos hasta la carpeta chap_07, que habíamos copiado en el escritorio, seleccionamos **Sólo imágenes** en el menú desplegable **Formato** y hacemos clic en **Guardar**. Para obtener más información sobre las opciones del menú desplegable **Formato**, podemos leer el cuadro adjunto que hay al final de este ejercicio.

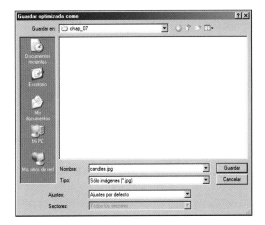

Observaremos que el archivo original, sin comprimir, candles.psd, sigue abierto en Photoshop CS2 No hemos modificado la imagen original. Cuando usamos el cuadro de diálogo **Guardar para Web**, Photoshop CS2 guarda una copia optimizada del archivo y no modifica el archivo original. Es una gran ventaja porque muchas veces necesitaremos la imagen original (para realizar algunos ajustes o para usarla en otro proyecto).

15. Cerramos la imagen original candles.psd sin guardarla.

Guardar Imágenes y HTML, Sólo imágenes y Sólo HTML

CUANDO GUARDAMOS IMÁGENES OPTIMIZADAS EN PHOTOSHOP CS2 Y EN IMAGEREADY CS2, DISPONDREMOS DE TRES OPCIO-
NES DE FORMATO: Imágenes y HTML, Sólo imágenes Y Sólo HTML. TENEMOS QUE COMPRENDER QUÉ SIGNIFICA CADA UNA DE
ESTAS OPCIONES Y CUÁNDO DEBEMOS USARLAS. LAS PÁGINAS WEB NECESITAN DOS COSAS: IMÁGENES EN EL FORMATO
OPTIMIZADO ADECUADO Y CÓDIGO HTML, PARA HACER QUE LAS IMÁGENES Y
DEMÁS ELEMENTOS DE LA PÁGINA FUNCIONEN EN UN NAVEGADOR WEB. CUAN-
DO GUARDAMOS IMÁGENES OPTIMIZADAS EN PHOTOSHOP CS2 O EN IMAGEREADY
CS2, PODEMOS ESCOGER GUARDAR LAS IMÁGENES Y EL CÓDIGO HTML, SÓLO
LAS IMÁGENES O SÓLO EL CÓDIGO HTML. SI QUEREMOS GUARDAR TODA LA PÁ-
GINA, DE FORMA QUE FUNCIONE EN UN NAVEGADOR WEB, DEBEMOS USAR LA
OPCIÓN Imágenes y HTML. SI SÓLO ESTAMOS CREANDO Y GUARDANDO IMÁGE-
NES, PARA PODER AÑADIRLAS A UN ARCHIVO HTML CON UN EDITOR DE HTML,
USAREMOS LA OPCIÓN Sólo imágenes. SI SÓLO QUEREMOS GUARDAR EL CÓDIGO
HTML, USAMOS LA OPCIÓN Sólo HTML. ESTE CONCEPTO PUEDE PARECER UN
POCO CONFUSO AL PRINCIPIO, PERO A MEDIDA QUE REALIZAMOS EJERCICIOS
MÁS COMPLEJOS EN ESTE LIBRO, VEREMOS LAS VENTAJAS DE GUARDAR EL
CÓDIGO HTML DIRECTAMENTE DESDE PHOTOSHOP CS2 E IMAGEREADY CS2.

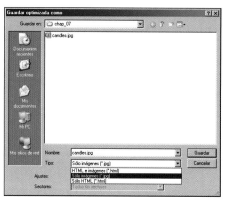

2. [PS] OPTIMIZACIÓN JPEG SELECTIVA CON CANALES ALFA

Cuando optimizamos fotografías, tenemos que asegurarnos de que el punto focal (el objeto o zona de la composición que atrae la vista del espectador) es nítido y de que tiene el menor número de defectos de compresión posible. Para que el tamaño del archivo siga siendo pequeño, a veces querremos que la calidad de la compresión sea mejor en esas zonas focales que en el resto de la imagen. En esos casos, podemos usar un canal alfa, que es un tipo de máscara, para especificar diferentes configuraciones de compresión para la zona enmascarada que para el resto de la imagen. Esta técnica de optimización selectiva nos ayuda a reducir el tamaño general de archivo de un JPEG.

1. Abrimos teapot.psd, que se encuentra en la carpeta chap_07 que copiamos en el escritorio.

Observaremos que el contenido de esta imagen se encuentra en dos capas; el fondo verde está

en una capa y la tetera, la bandeja, los libros y la mesa están en otra capa. En esta imagen, la tetera, la bandeja y los libros son el punto focal. Como resultado, querremos asegurarnos de que estos objetos tienen la mayor calidad de compresión posible y, para que el tamaño del archivo siga siendo pequeño, podemos arriesgarnos con la calidad de compresión del fondo.

2. Mantenemos pulsada la tecla **Comando** (Mac) o **Control** (Windows) y hacemos clic en la vista en miniatura de la capa teapot.

Optimizar imágenes

El cursor pasará a ser una mano con un rectángulo y aparecerá un cuadro de selección alrededor del contenido de la capa **teapot**.

Éste es mi método abreviado para crear una selección perfecta alrededor del contenido de una capa. Es mucho mejor que usar la herramienta Varita mágica o cualquier otra herramienta de selección de Photoshop CS2, porque siempre nos proporciona una selección perfecta. Siempre que tengamos una capa con contenido y transparencias, es el mejor método para hacer una selección. Sin embargo, si estamos trabajando con una imagen sin capas transparentes, podemos utilizar cualquiera de las herramientas de selección de Photoshop CS2 para elegir y luego emplear la técnica de optimización que aprendimos en este ejercicio.

3. Elegimos **Selección>Guardar selección** para abrir el cuadro de diálogo **Guardar selección**. En el campo **Nombre**, escribimos **teapot** y hacemos clic en **OK**.

¿Ve lo fácil que es convertir una selección normal en un canal alfa?

4. Pulsamos **Comando-D** (Mac) o **Control-D** (Windows) para deseleccionar el contenido de la capa **teapot**.

Si queremos ver el canal alfa que acabamos de crear, hacemos clic en la pestaña de la paleta **Canales**, que se encuentra junto a la paleta **Capas**.

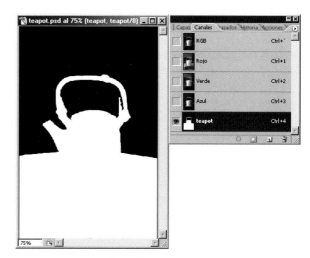

En la paleta **Canales**, hacemos clic en el canal alfa **teapot** para que la máscara en escala de grises aparezca en la ventana del documento. Cuando ya hayamos visto la máscara, hacemos clic en el canal **RGB** de la paleta **Canales** y volveremos a la paleta **Capas**. Este paso es opcional. No es imprescindible ver el canal alfa para que funcione; sólo es una sugerencia si nunca habíamos trabajado con canales alfa.

5. Seleccionamos **Archivo>Guardar para Web**. En el cuadro de diálogo **Guardar para Web**, hacemos clic en la pestaña **2 copias** para ver toda la imagen en la zona de vista previa.

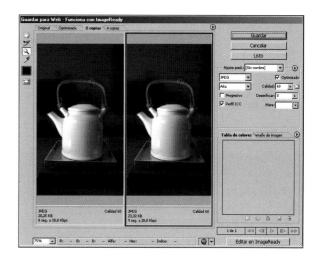

Seleccionamos **JPEG** en el menú emergente de formato de archivo. Colocamos el control deslizante **Calidad** lo más bajo posible, pero sin que aparezcan defectos apreciables en las zonas más importantes de la imagen (la tetera, la bandeja y los libros).

 TRUCO: INTENTEMOS USAR EL CONTROL DESLIZAN-TE Calidad PARA ESTABLECER EL VALOR 60. CON TODA LA IMAGEN COMPRIMIDA AL 60 POR CIENTO, EL TAMAÑO DEL ARCHIVO SERÁ, APROXIMADAMEN-TE, 21,21 K.

6. Hacemos clic en el botón de canal alfa (a la derecha del control deslizante **Calidad**) para abrir el cuadro de diálogo **Modificar ajuste de calidad**. En el menú emergente **Canal**, seleccionamos **teapot**.

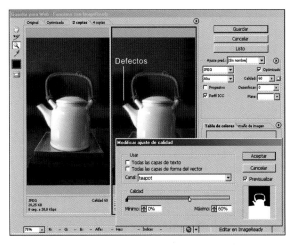

Observamos la vista previa, en blanco y negro, del canal alfa y los dos controles deslizantes de la zona **Calidad**. El control deslizante blanco (a la derecha) establece la calidad del contenido de la zona en blanco del canal alfa (la tetera, la bandeja, los libros y la mesa). El control deslizante negro establece el nivel de calidad del contenido de la zona en negro del canal alfa (el fondo de la imagen).

7. Dejemos el control deslizante blanco al **60%**. En la imagen de vista previa, observaremos defectos alrededor del pitorro y la tapadera (como se ve en la anterior ilustración). Esta zona está cubierta por la zona negra del canal alfa.

8. Aumentemos el control deslizante negro hasta el **42%** para eliminar los defectos. Hacemos clic en **OK**.

Con los controles deslizantes blanco y negro con sus valores predeterminados, 60 por ciento y 0 por ciento respectivamente, el tamaño general del archivo (que aparece en la parte inferior izquierda de la ventana de vista previa) es menor que cuando teníamos la calidad de toda la imagen al 60 por ciento, en el paso 5. A medida que movemos el control deslizante hacia la derecha, aumentando hasta 42 la calidad de la imagen que cubre la parte negra del canal alfa, el tamaño del archivo aumenta ligeramente, pero sigue siendo menor que el valor de **Calidad** para toda la imagen era **60**. En este ejemplo, aplicando una compresión relativamente alta (baja calidad) a las zonas negras del canal alfa, sin sacrificar la mayor calidad necesaria para las zonas más importantes de las zonas blancas del canal alfa, conseguimos una pequeña reducción del tamaño general del archivo.

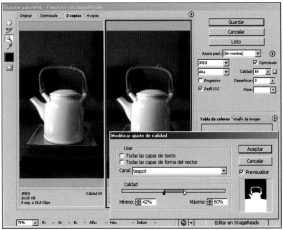

Optimizar imágenes

La reducción del tamaño del archivo que podemos conseguir con esta técnica varía de una imagen a otra y de un canal alfa a otro. En la mayoría de los casos, merece la pena experimentar con esta técnica para intentar reducir el tamaño del archivo, aplicando compresión óptima a diferentes partes de una imagen.

9. Hacemos clic en **Guardar**. En el cuadro de diálogo **Guardar optimizada como**, nos dirigimos hasta la carpeta chap_07, que habíamos copiado en el escritorio, seleccionamos **Sólo imágenes** en el menú desplegable **Formato** y hacemos clic en **Guardar**.

10. Cerramos teapot.psd. No es necesario guardar los cambios.

Ahora que dominamos la optimización de JPEG, es el momento de pasar a la optimización de GIF. Antes de comenzar con los ejercicios, dediquemos algo de tiempo a revisar la información sobre cómo hacer reducir el tamaño de los GIF y a entender las opciones de optimización de GIF que ofrecen Photoshop CS2 e ImageReady CS2.

¿CÓMO PODEMOS REDUCIR EL TAMAÑO DE LOS GIF?

Los principios para reducir el tamaño de los GIF son casi los contrarios que para reducir el tamaño de los JPEG. El formato de archivo GIF funciona mejor con zonas de un solo color (por lo que es mejor para dibujos en blanco y negro, logotipos, ilustraciones y dibujos animados).

Compresión GIF

Qué hacer	Por qué hacerlo
Comencemos con una imagen con zonas grandes de un solo color.	El formato de archivo GIF busca patrones en el dibujo, como grandes trazos de un solo color en horizontal, vertical o diagonal. Las zonas en las que cambia el color producen archivos de mayor tamaño.
Reducir el número de colores.	Reducir el número de colores en una imagen GIF reducirá el tamaño del archivo. En algún punto durante el proceso de reducción de colores, la imagen no tendrá el aspecto adecuado y en ese momento tendremos que volver atrás y añadir más colores. El objetivo es encontrar un equilibrio entre el buen aspecto de la imagen, pero con el mínimo número de colores.
Reducir el granulado.	El granulado añade píxeles de diferentes colores, unos muy cercanos a otros, para simular colores secundarios o suaves variaciones de color. Una imagen granulada suele parecer sucia o con píxeles desperdigados. Algunas imágenes deben contener granulado para tener buen aspecto, pero es mejor usar la menor cantidad de granulado posible para que el tamaño no aumente.
Añadir compresión con pérdida.	Añadir una pequeña cantidad de compresión con pérdida a un archivo GIF, a menudo reducirá su tamaño.
Añadir un canal alfa.	Usamos un canal alfa para sopesar la elección de colores y la cantidad de granulado aplicado a las diferentes zonas de un archivo GIF durante la compresión. También podemos aplicar estas técnicas a capas de texto o vectoriales. Aprenderemos su funcionamiento cuando estudiemos la optimización GIF mesurada, en el siguiente ejercicio.

Recomprimir GIF

LOS DEFECTOS DE COMPRESIÓN NO SON UN PRO-
BLEMA CON LOS GIF (MIENTRAS NO SE USE COM-
PRESIÓN CON PÉRDIDA, ALGO QUE ESTUDIAREMOS
EN ESTE CAPÍTULO), AL CONTRARIO QUE CON LOS JPEG. PODE-
MOS VOLVER A COMPRIMIR UN GIF SIN EFECTOS DE COMPRE-
SIÓN NEGATIVOS, AUNQUE A VECES ES PREFERIBLE COMENZAR
CON UN ARCHIVO ORIGINAL PSD, PICT O BMP A VOLVER A COM-
PRIMIR UN ARCHIVO GIF YA COMPRIMIDO. POR EJEMPLO, SI VOL-
VEMOS A COMPRIMIR UN ARCHIVO GIF CONFIGURADO CON OCHO
COLORES, NO PODRÍAMOS INTRODUCIR MÁS COLORES, AUNQUE
QUERAMOS. EN SU LUGAR, TENDRÍAMOS UNA MAYOR AMPLITUD
DE OPCIONES SI COMPRIMIMOS UN GIF A PARTIR DE LA IMAGEN
ORIGINAL.

OPCIONES DE OPTIMIZACIÓN GIF

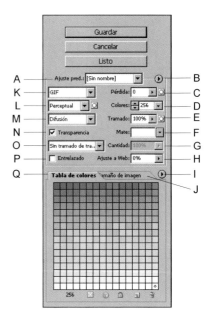

Opciones GIF

A	**Menú emergente Ajuste pred.**	Nos ofrece valores de compresión predeterminados, incluyendo valores incluidos con Photoshop CS2 y nuestras propias configuraciones.
B	**Menú** Optimizar	Guarda y carga configuraciones personalizadas para el Menú Ajuste pred. (A).
C	**Control deslizante Pérdida**	Aplica compresión con pérdida a las imágenes GIF. Pequeños valores de compresión con pérdida pueden reducir el tamaño de un archivo GIF. Esto funciona mejor con archivos GIF con tono continuo, como fotografías. El botón del canal alfa, que se encuentra a la derecha del menú emergente Pérdida nos permite acceder al cuadro de diálogo Modificar ajuste de pérdida de calidad, en el que podemos usar canales alfa para modificar la compresión con pérdida de diferentes partes de la imagen.
D	**Menú emergente Colores**	Reduce el número de colores en una imagen GIF para reducir el tamaño del archivo. La clave es encontrar la combinación perfecta con el menor número de colores para la imagen con mejor aspecto.
E	**Control deslizante Tramado**	Seleccionamos la cantidad de granulado. Añadir tramado a un archivo GIF siempre reduce el tamaño de archivo, pero a ves es necesario para que el color de la imagen tenga mejor aspecto. El botón del canal alfa, que se encuentra junto al control deslizante nos permite acceder al cuadro de diálogo Modificar ajuste de tramado, en el que podemos usar canales alfa para modificar la cantidad de tramado de diferentes partes de la imagen.
F	**Menú emergente Mate**	Cambia el color mate de una imagen por zonas transparentes para fusionar la imagen con el fondo de una página Web.

Optimizar imágenes

G	**Control deslizante Cantidad de tramado**	Establece la cantidad de tramado para los píxeles semitransparentes de los bordes de un GIF transparente. El tramado de transparencia a veces ayuda a fusionar una imagen con el fondo con tramas de una página Web.
H	**Control deslizante Ajuste a Web**	Establece un umbral para "pasar" automáticamente los colores que no son seguros para Web a colores seguros. Recomendamos cambiar los colores por colores seguros para Web individualmente, en lugar de usar el control deslizante **Ajuste a Web**, para poder controlar qué colores cambian.
I	**Menú de la paleta de colores**	Ordena los colores de la paleta colores, carga y guarda paletas de color y crea nuevos colores en la paleta de colores.
J	**Pestaña Tamaño de imagen**	Cambia las dimensiones de una imagen ajustando los valores de píxel o de porcentaje.
K	**Menú emergente de formato de archivo**	Aplica compresión JPEG, GIF o PNG a una imagen.
L	**Menú emergente del algoritmo de reducción de color**	Selecciona la mejor paleta de color para comprimir las imágenes GIF. Los ingenieros de Adobe nos ofrecen muchas paletas diferentes para comprimir mejor las imágenes GIF. Las probaremos en algunos de los siguientes ejercicios. El botón del canal alfa, que se encuentra junto al menú emergente del algoritmo de reducción de color nos permite acceder al cuadro de diálogo **Modificar reducción de color**, en el que podemos usar canales alfa para modificar la paleta que se aplica a diferentes partes de la imagen.
M	**Menú emergente del algoritmo de tramado**	Ofrece diferentes opciones de tramado. Algoritmo de tramado sólo es una forma elegante de decir que hay varias opciones para el tramado. Los probaremos en este capítulo.
N	**Casilla de verificación Transparencia**	Activamos la transparencia para hacer que las imágenes GIF sean transparentes. Puede ocurrir que la casilla de verificación no esté disponible, lo que significaría que la imagen no contiene zonas transparentes.
O	**Menú emergente del algoritmo de tramado de transparencia**	Selecciona el tipo de tramado que se aplica a los bordes semitransparentes de un GIF transparente, para ayudar a fusionarlo con el fondo de una página Web
P	**Casilla de verificación Entrelazado**	Activamos el entrelazado para crear GIF entrelazados. Las imágenes entrelazadas parecerán formadas por pequeños bloques hasta que terminemos de descargarlas. Los GIF entrelazados funcionan en todos los navegadores Web, por lo que no tenemos que preocuparnos por los problemas de compatibilidad. Yo aconsejo no usar el entrelazado en imágenes con texto, porque puede resultar frustrante esperar a que se defina una imagen cuando tenemos que leerla. Si alguna vez vamos a usar el entrelazado, debería ser en gráficos que no contengan texto; pero la verdad es que yo nunca uso el entrelazado porque no me gusta su aspecto. ¡Que cada uno haga lo que quiera!
Q	**Pestaña Tabla de colores**	Muestra los colores que se han asignado a una imagen GIF. Examinaremos esta función en este capítulo.

3. [PS] OPTIMIZAR GIF

Optimizar imágenes como GIF es más complejo que optimizar imágenes como JPEG porque hay muchos aspectos del GIF que afectan al tamaño del archivo. Los siguientes ejercicios nos mostrarán los factores clave para optimizar GIF, incluyendo técnicas para reducir el número de colores, ajustar las opciones de tramado y seleccionar una paleta de reducción de color.

1. Abrimos dragonwell.psd, que se encuentra en la carpeta chap_07 que copiamos en el escritorio. Seleccionamos **Archivo>Guardar para Web**.

2. En el cuadro de diálogo **Guardar para Web**, hacemos clic en la pestaña **4-Up**. Hacemos clic en la vista previa que se encuentra en la parte superior derecha. Seleccionamos **GIF** en el menú emergente de formato de archivo.

Cambiamos los valores del lado derecho del cuadro de diálogo **Guardar para Web**, de forma que coincidan con los de la ilustración (**GIF, Perceptual, Difusión, Pérdida: 0, Colores: 256, Tramado: 100%**).

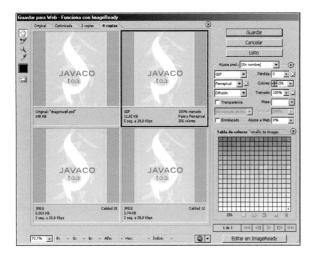

3. En el cuadro de diálogo **Guardar para Web**, seleccionamos la herramienta Zoom en el cuadro

de herramientas. Hacemos clic una vez en la vista previa superior derecha para cambiar la ampliación de todas las vistas al 110 por ciento. A continuación, seleccionamos la herramienta Mano. Arrastramos en el interior de cualquier de los paneles de vista previa hasta conseguir que la imagen quede en la posición que mostramos aquí.

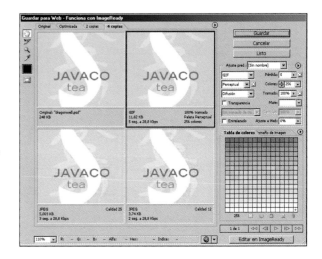

Observaremos que las dos vistas previas de JPEG, en la parte inferior, tienen defectos, pero el GIF de la parte superior derecha se parece más a la imagen original. Como podemos ver en este ejemplo, los gráficos planos se optimizan mejor como GIF que como JPEG.

4. Seleccionamos **100%** en el menú emergente de nivel de Zoom para devolver todas las vistas a su tamaño original.

Optimizar imágenes

5. Hacemos clic en la vista previa JPEG de la parte inferior izquierda, y luego volvemos a hacer clic en la vista previa GIF de la parte superior derecha, fijándonos en los valores del cuadro de diálogo **Guardar para Web**. A medida que cambiamos de JPEG a GIF, observaremos que cambian los valores de optimización de la ventana que cambia con el contexto y que disponemos de más opciones para GIF que para JPEG.

Observaremos que, cuando una vista previa está configurada para GIF, se puede ver la tabla de colores. El formato de archivo GIF admite un máximo de 256 colores. Todos los colores de la imagen original se han convertido o equiparado a una paleta de colores limitada, que aprenderemos a seleccionar en el siguiente ejercicio. La tabla de colores muestra los colores de la paleta seleccionada en ese momento, con la que se define esta vista previa GIF. El formato JPEG admite millones de colores, de forma que un archivo JPEG no necesita definirse con una paleta limitada.

6. Hacemos clic en la vista previa que se encuentra en la parte superior derecha. Seleccionamos **Repoblar vistas** en el menú de **Optimizar**. Esto cambiará todas las vistas al mismo formato que la vista previa seleccionada (en este caso, a GIF).

7. Dejemos dragonwell.psd abierto en el cuadro de diálogo **Guardar para la Web**, para el siguiente ejercicio.

NOTA: SI HACEMOS CLIC EN **CANCELAR**, EL CUADRO DE DIÁLOGO Guardar para Web NO RECORDARÁ ESTOS VALORES. SI TENEMOS QUE DESCANSAR Y NO PODEMOS DEJAR EL CUADRO DE DIÁLOGO ABIERTO, HACEMOS CLIC EN **LISTO** PARA GUARDAR ESTOS VALORES, DE FORMA QUE APAREZCAN LA PRÓXIMA VEZ QUE ABRAMOS CUALQUIER IMAGEN EN EL CUADRO DE DIÁLOGO Guardar para Web.

4. [PS] SELECCIONAR LA PALETA DE REDUCCIÓN DE COLOR ADECUADA

Los valores del algoritmo de reducción de color para el formato de archivo GIF son los controles más difíciles de comprender. Este ejercicio está diseñado para arrojar algo de luz sobre estos misteriosos valores y ayudarnos durante la parte más difícil de la optimización de GIF.

1. Desde el anterior ejercicio, la imagen dragonwell.psd debería estar abierta en el cuadro de diálogo **Guardar para la Web**. Si no es así, podemos volver atrás y completar el ejercicio 3. Hacemos clic en la pestaña **2 copias**. Veremos la imagen original a la izquierda y una vista previa a la derecha.

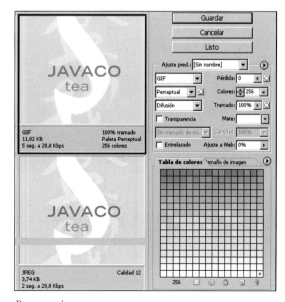

Perceptual.

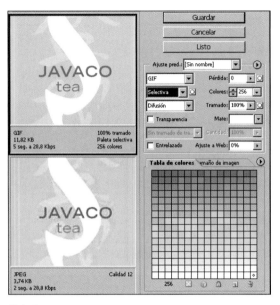

Selectiva.

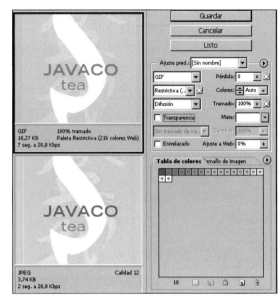

Restrictiva (Web).

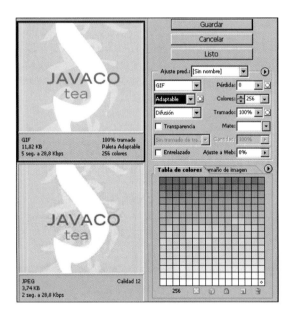

Adaptable.

2. Con la vista previa de la derecha seleccionada, elegimos **Perceptual** en el menú emergente del algoritmo de reducción de color, luego **Selectiva**, después **Adaptable** y luego **Restrictiva (Web)**, para ver cómo afectan estos valores al tamaño del archivo y al aspecto de la vista previa seleccionada.

Observaremos que la tabla de color, el tamaño del archivo y el aspecto de la imagen son casi idénticos cuando usamos **Perceptual**, **Selectiva** o **Adaptable** en el menú emergente del algoritmo de reducción de color. Estas tres paletas de color se obtienen a partir de los colores de la imagen, cada una por medio de un algoritmo ligeramente diferente. La paleta **Restrictiva (Web)** tiene menos colores y la calidad de la imagen no es muy alta. La paleta **Restrictiva (Web)** es independiente de los colores de la imagen e intenta que los colores de una imagen coincidan con los de una determinada paleta. Por este motivo, para optimizar GIF casi siempre usamos la paleta **Adaptable**, **Perceptual** o **Selectiva**, en lugar de la paleta **Restrictiva (Web)**.

Optimizar imágenes

De modo que, ¿cuándo debemos usar las paletas de reducción de color **Perceptual, Selectiva** o **Adaptable**? Para escoger una de ellas, aplicamos cada una de las tres paletas a la vista previa de una imagen, como hicimos anteriormente. Seleccionamos la paleta con el menor tamaño de archivo, pero cuyo color y apariencia sean lo más parecidos a la imagen original. Cada imagen se verá mejor con una paleta de reducción de color diferente (tendremos que experimentar con las diferentes paletas de reducción de color para poder decidir cuál produce mejores resultados).

El único caso en el que debemos usar la paleta **Restrictiva (Web)** es cuando necesitemos una forma rápida de convertir una imagen con colores que no son seguros para la Web en una con colores que sí lo sean. Como mencionamos anteriormente, la paleta **Restrictiva (Web)** no está relacionada con la imagen original, lo que suele afectar negativamente a la imagen optimizada. Si tenemos que convertir los colores de una imagen en colores seguros para la Web, hagámoslo selectivamente, usando la técnica que estudiaremos al final de este ejercicio.

Cambiar los colores seleccionados en una paleta de colores seguros para la Web

SI TENEMOS QUE CONVERTIR UNA IMAGEN QUE NO ES SEGURA PARA LA WEB EN UNA QUE SÍ LO ES, SÓLO DEBERÍAMOS CAMBIAR ESOS COLORES QUE LLENAN LAS ZONAS DE UN SOLO COLOR DE LA IMAGEN, PARA ELIMINAR EL TRAMADO MÁS PERCEPTIBLE EN UN NAVEGADOR WEB DE 8 BITS, MANTENIENDO EL ARCHIVO GIF LO MÁS FIEL POSIBLE A LOS COLORES DE LA IMAGEN ORIGINAL. EVITEMOS LA PALETA DE REDUCCIÓN DE COLOR Restrictiva (Web) O EL CONTROL DESLIZANTE Ajuste a Web, YA QUE AMBOS SON SOLUCIONES GLOBALES Y NO NOS PERMITEN CONTROLAR QUÉ COLORES SE VAN A CAMBIAR A COLORES SEGUROS PARA WEB. EN VEZ DE ESO, HAGAMOS LO SIGUIENTE:

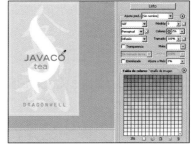

EN EL CUADRO DE DIÁLOGO Guardar para Web, SELECCIONAMOS LA HERRAMIENTA CUENTAGOTAS EN EL CUADRO DE HERRAMIENTAS. EN LA VISTA PREVIA, HACEMOS CLIC EN EL COLOR QUE QUEREMOS CAMBIAR. LA MUESTRA DE COLOR CORRESPONDIENTE APARECERÁ RESALTADA EN LA TABLA DE COLORES.

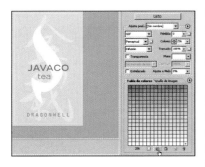

EN LA PARTE INFERIOR DE LA TABLA DE COLORES, HACEMOS CLIC EN EL ICONO QUE CONVIERTE LOS COLORES SELECCIONADOS EN COLORES SEGUROS PARA LA WEB (EL CUBO). ESTO CAMBIARÁ EL COLOR DE LA VISTA PREVIA DE LA IMAGEN EN EL COLOR MÁS PARECIDO, SEGURO PARA LA WEB, DE LA PALETA DE REDUCCIÓN DE COLOR ESCOGIDA (EN ESTE CASO Perceptual).

LA MUESTRA DE COLOR DE LA TABLA DE COLOR AHORA TIENE DOS PEQUEÑOS ICONOS. EL DIAMANTE INDICA QUE LA MUESTRA ES UN COLOR SEGURO PARA LA WEB; Y EL CUADRADO INDICA QUE LA MUESTRA ESTÁ BLOQUEADA. EL CANDADO SIGNIFICA QUE ESTE COLOR SE MANTENDRÁ EN LA TABLA DE COLOR, INCLUSO SI REDUCIMOS EL NÚMERO DE COLORES DE LA IMAGEN. APRENDEREMOS EL FUNCIONAMIENTO DEL CANDADO EN EL EJERCICIO 6.

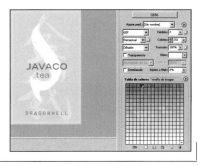

SI NO NOS GUSTA EL COLOR SEGURO PARA LA WEB QUE SE HA ESCOGIDO Y QUEREMOS CAMBIARLO POR UN COLOR DIFERENTE, HACEMOS DOBLE CLIC EN EL MOTIVO DE COLOR RESALTADO EN LA TABLA DE COLOR PARA ABRIR EL CUADRO DE DIÁLOGO Selector de color, LO QUE NOS PERMITIRÁ SELECCIONAR OTRO COLOR SEGURO PARA LA WEB.

3. Tras examinar las diferentes paletas disponibles, seleccionamos **Perceptual**, en el menú emergente del algoritmo de reducción de color, seleccionamos **Difusión** en el menú emergente del algoritmo de tramado, movemos el control deslizante **Tramado** hasta el **100%** y seleccionamos 256 en el menú emergente **Colores**. No hay nada mágico con esta configuración; es sólo una configuración determinada que usaremos en el resto de los ejercicios de optimización GIF.

4. Dejemos el cuadro de diálogo **Guardar para la Web** abierto y pasemos al siguiente ejercicio. Si tenemos que cerrar ahora Photoshop CS2 y comenzaremos posteriormente tarde el siguiente ejercicio, hacemos clic en **Hecho**, lo que guardará la configuración para la próxima vez que abramos este cuadro de diálogo.

5. [PS] REDUCIR COLORES

Minimizar el número de colores de un archivo GIF es lo más importante que podemos hacer para reducir el tamaño del archivo. El objetivo es reducir el número de colores hasta que lleguemos al menor número de colores necesarios para que la imagen tenga buen aspecto.

1. Desde el anterior ejercicio, el archivo dragonwell.psd debería seguir abierto en la ventana **Guardar para la Web**. Debemos asegurarnos de que la vista previa superior derecha está seleccionada y de que los valores de optimización para la vista previa son los mismos que al final del último ejercicio (**GIF, Perceptual, Colores: 256, Difusión, Tramado: 100%**).

2. Usando el menú emergente **Colores**, cambiamos el número de colores de **256** a **128**. Veremos que el tamaño del archivo se reduce inmediatamente.

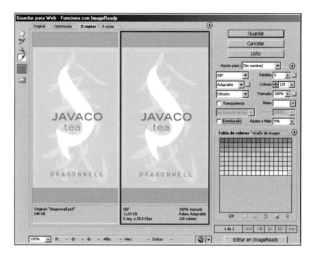

Si comparamos la vista previa con el original, veremos que la vista previa sigue teniendo buen aspecto. Probemos con valores más pequeños hasta que la imagen deje de tener buen aspecto.

La imagen se ve mejor con 32 colores, lo que produce un archivo de 7,3 K. Reducir los colores a 16 hará que los bordes del texto parezcan demasiado bastos para mi gusto. Dicho esto, todavía es posible reducir el tamaño de este archivo ligeramente ajustando el tramado.

3. Con el número de colores establecido en 32, movemos el control deslizante **Tramado** hasta el **0%**.

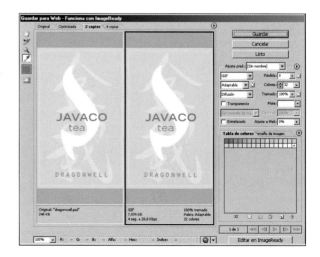

Optimizar imágenes

Observaremos que el tamaño de archivo se reduce ligeramente; aproximadamente 7,1 K. Reducir el tramado a cero nos permite obtener diferentes reducciones en el tamaño del archivo, dependiendo del tipo de imagen, pero reducir u omitir el tramado casi siempre nos permite reducir el tamaño del archivo.

4. Hacemos clic en **Guardar** para abrir el cuadro de diálogo Guardar optimizada como. Nos dirigimos hasta la carpeta chap_07 que copiamos en el escritorio. Hacemos clic en **Guardar** para guardar dragonwell.gif.

5. Cerramos dragonwell.psd. No es necesario guardar los cambios.

¿Qué es el tramado?

CUANDO LIMITAMOS EL NÚMERO DE COLORES DISPONIBLES EN LA TABLA DE COLOR, PODRÍAMOS HACER QUE FUERA IMPOSIBLE REPRODUCIR ALGUNOS DE LOS COLORES DE LA IMAGEN ORIGINAL. PHOTOSHOP CS2 TOMARÁ DOS COLORES DE LA Tabla de colores Y COLOCARÁ PEQUEÑOS PUNTOS DE CADA COLOR, UNOS JUNTO A OTROS, PARA SIMULAR EL COLOR ORIGINAL. PHOTOSHOP CS2 OFRECE TRES PATRONES DE PUNTOS TRAMADOS (DIFUSIÓN, MOTIVO Y RUIDO), QUE SE DIFERENCIAN PRINCIPALMENTE POR LA DISPOSICIÓN DE LOS PUNTOS DE TRAMADO. PODEMOS APLICAR CUALQUIERA DE ESTOS MOTIVOS DE TRAMADO A LA VISTA PREVIA DE UNA IMAGEN SELECCIONÁNDOLO EN EL MENÚ EMERGENTE DEL ALGORITMO DE TRAMADO. EL TRAMADO POR DIFUSIÓN USA EL CONTROL DESLIZANTE Tramado PARA DETERMINAR LA CANTIDAD DE TRAMADO QUE SE APLICA, COMO YA HICIMOS EN ESTE EJERCICIO.

EN LA MAYORÍA DE LOS CASOS, LO MÁS RECOMENDABLE ES EVITAR EL TRAMADO, PORQUE AUMENTA EL TAMAÑO DEL ARCHIVO Y HACE QUE LA IMAGEN PAREZCA FORMADA POR PUNTOS. SIN EMBARGO, SI LA IMAGEN TIENE UNA ZONA GRANDE CON GRADIENTES, BRILLOS O SOMBRAS, APLICAR EL TRAMADO A VECES MEJORARÁ SU APARIENCIA. PROBEMOS CADA UNO DE LOS PATRONES DE TRAMADO Y EL CONTROL DESLIZANTE Tramado PARA VER SI EL TRAMADO MEJORA EL ASPECTO DE LA IMAGEN SIN AUMENTAR SIGNIFICATIVAMENTE EL TAMAÑO DEL ARCHIVO.

6. [PS] BLOQUEAR COLORES

Photoshop CS2 e ImageReady CS2 nos permiten controlar qué colores se incluyen en una imagen GIF, incluso cuando reducimos enormemente el número de colores en la Tabla de color.

1. Abrimos chai.psd, que se encuentra en la carpeta chap_07 que copiamos en el escritorio. Seleccionamos Archivo>Guardar para Web.

2. Hacemos clic en la pestaña 2 copias y cambiamos la configuración a GIF, Perceptual, Difusión, Pérdida: 0, Colores: 32 y Tramado: 0%.

Ya habremos visto esta configuración porque es la misma que usamos al final del último ejercicio.

3. En el menú emergente Colores, reducimos el número de colores a 8.

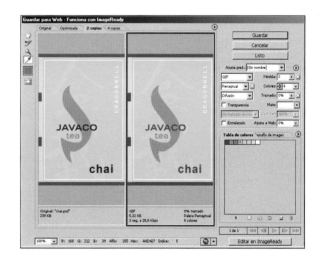

Observaremos que esto hace que cambien los colores principales de la vista previa, específicamente el azul oscuro de las palabras Javaco y chai. Algunos colores cambiarán inesperadamente en la vista previa porque Photoshop CS2 decide qué colores desechar, sin que nosotros se lo indiquemos.

4. En el menú emergente **Colores**, devolvemos el número de colores a 32.

5. Usando la herramienta cuentagotas, hacemos clic en el color azul de la palabra chai. La muestra de color correspondiente aparecerá resaltada en la tabla de colores.

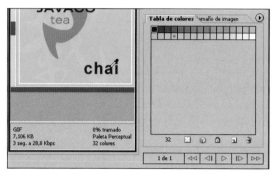

6. En la parte inferior de la tabla de colores, hacemos clic en el botón con forma de candado para bloquear el color.

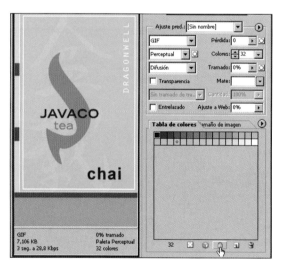

Tras bloquear el color, aparecerá un pequeño cuadrado blanco en la esquina inferior derecha de la muestra de color.

7. Recorremos la imagen con la herramienta cuentagotas y bloqueamos todos los colores que queremos conservar.

8. Cuando tengamos todos los colores bloqueados, reducimos el número de **Colores** a 8.

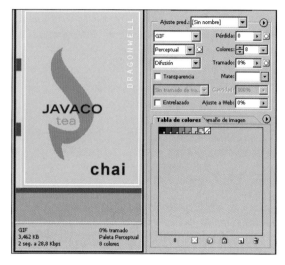

Esta vez, todos los colores importantes de la imagen se han conservado porque los bloqueamos en la **Tabla de colores**.

9. Cerramos chai.psd. No es necesario guardar los cambios.

7. [PS] OPTIMIZACIÓN GIF SELECTIVA CON CANALES ALFA

Anteriormente aprendimos a optimizar partes de un JPEG selectivamente, usando canales alfa. También podemos aplicar la optimización selectiva a archivos GIF usando canales alfa, que nos servirá para controlar la reducción de color, el tramado y la compresión con pérdida. El objetivo de la optimización GIF selectiva es aplicar diferentes niveles de compresión a dos partes diferentes de una imagen. Se intenta evitar la degradación de las zonas importantes de una imagen, asignándoles mayor calidad mientras se usa menor calidad en otras partes. Esto reducirá el tamaño del archivo y permitirá que las partes importantes de la imagen tengan el mejor aspecto posible. Photoshop CS2 puede crear automáticamente un canal alfa a partir de

Optimizar imágenes

capas de texto o de capas de formas vectoriales de la imagen. Este ejercicio nos enseñará a crear un canal alfa automático a partir de una capa de formas y una capa de texto, y a optimizar selectivamente la reducción de color, el tramado y la cantidad de compresión con pérdida.

1. Abrimos decaf.psd, que se encuentra en la carpeta chap_07 que copiamos en el escritorio.

En la paleta **Capas**, observaremos que el archivo tiene una capa de formas vectorial, que contiene la nube de vapor de javaco. Además observaremos que el color de la forma pasa gradualmente de azul oscuro a verde. Debido a este cambio de color, tendremos que optimizar la forma con una mayor calidad que el resto de la imagen.

2. Seleccionamos **Archivo>Guardar para Web**.

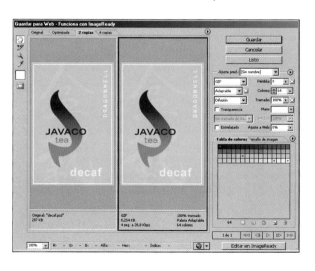

Hacemos clic en la pestaña **2 copias** y seleccionamos **GIF** en el menú emergente de formato de archivo.

Hacemos que la configuración coincida con lo que vemos en esta ilustración (**Adaptable**, **Difusión**, **Tramado**: 100% y 64 colores).

Incluso con 64 colores, el gradual cambio de color, de azul a verde, no parece tan suave como en el original.

NOTA: EN EL EJERCICIO 4, APRENDIMOS LA IMPOR-TANCIA DE EXPERIMENTAR CON DIFERENTES PALE-TAS DE REDUCCIÓN DE COLOR PARA PRODUCIR LA IMAGEN CON MEJOR ASPECTO. ESTA IMAGEN ES UN ESTUPENDO EJEMPLO. OBSERVEMOS QUE HEMOS ESPECIFICA-DO Adaptable PARA ESTA IMAGEN. PROBEMOS Perceptual Y Selectiva Y VEREMOS QUE Adaptable PRODUCE LA IMAGEN DE MEJOR CALIDAD.

3. Hacemos clic en el botón de canal alfa, que se encuentra junto al menú emergente de la paleta de reducción de color, para abrir el cuadro de diálogo **Modificar reducción de color**.

4. Marcamos la opción **Todas las capas de forma del vector**.

Observamos que los colores de la **Tabla de colores** cambian a diferentes tonos de azul y verde.

La **Tabla de colores** está mesurada hacia los colores azul y verde en la capa de forma, en lugar de representar uniformemente todos los colores de la imagen.

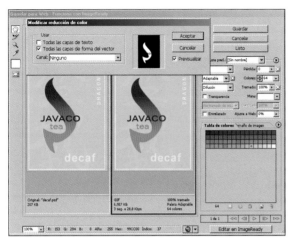

Por desgracia, la palabra decaf ahora aparece dentada (el dar mayor importancia a los colores, para favorecer a la forma, ha afectado negativamente al texto).

No debemos preocuparnos, ¡lo arreglaremos en el siguiente paso!

5. Marcamos la opción **Todas las capas de texto**.

Observaremos que la **Tabla de colores** ha vuelto a cambiar, esta vez con menos tonos de amarillo, lo que mejora la calidad de la palabra decaf, pero manteniendo la calidad de la forma.

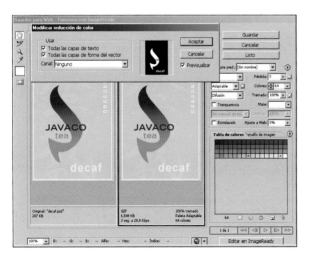

6. En el cuadro de diálogo **Modificar reducción de color**, hacemos clic en **OK**.

7. Hacemos clic en el botón de canal alfa que se encuentra junto al control deslizante **Pérdida** para abrir el cuadro de diálogo **Modificar ajuste de pérdida**.

Marcamos las opciones **Todas las capas de texto** y **Todas las capas de forma del vector**.

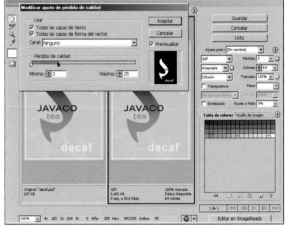

8. Movemos los controles deslizantes blanco y negro de **Pérdida** para modificar la cantidad de compresión con pérdida a la forma y texto, diferente del resto de la imagen. Dejamos el control deslizante blanco en el 0 y movemos el control deslizante negro hacia la izquierda hasta que el fondo tenga un buen aspecto (probemos con **25**). Hacemos clic en **OK**.

El control deslizante blanco controla la cantidad de pérdida aplicada a la forma y al texto (la zona blanca del canal alfa). El control deslizante negro controla la cantidad de pérdida aplicada al resto de la imagen (la zona negra del canal alfa).

9. Hacemos clic en el botón de canal alfa que se encuentra junto al control deslizante **Tramado** para abrir el cuadro de diálogo **Modificar ajuste de tramado**. Marcamos las opciones

Optimizar imágenes

Todas las capas de texto y Todas las capas de forma del vector.

Podríamos usar los controles deslizantes para aplicar diferentes cantidades de tramado a la forma y al texto que al resto de la imagen. Sin embargo, en este caso no hay motivo para hacerlo, porque ninguna zona de la imagen se va a beneficiar del tramado. De hecho, aplicar tramado a la forma hará que se vea peor, no mejor.

10. En el cuadro de diálogo **Modificar ajuste de tramado**, hacemos clic en **Cancelar**. Movemos el control deslizante **Tramado** al 0%.

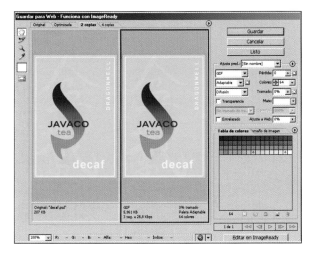

11. En el cuadro de diálogo **Guardar para Web**, hacemos clic en **Guardar** para abrir el cuadro de diálogo **Guardar optimizada como**. Nos dirigimos hasta la carpeta chap_07 que copiamos en el escritorio. Hacemos clic en **Guardar** para guardar decaf.gif en la carpeta chap_07.

Usando las técnicas de este ejercicio, reducimos el tamaño del archivo decaf.psd original de 207 K a 5,96 K.

12. Cerramos decaf.psd. No es necesario guardar los cambios.

8. [PS] VISTA PREVIA DE LAS IMÁGENES EN UN NAVEGADOR WEB

Cuando optimizamos imágenes, a menudo queremos ver su aspecto en un navegador Web. A continuación tenemos un pequeño ejercicio que nos enseñará a hacerlo.

1. Abrimos dragonwell.psd, que se encuentra en la carpeta chap_07 que copiamos en el escritorio.

2. Seleccionamos Archivo>Guardar para Web.

3. En el cuadro de diálogo Guardar para Web, hacemos clic en el botón de previsualizar en el navegador por defecto. La imagen se abrirá automáticamente en el navegador Web predeterminado.

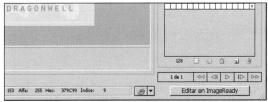

NOTA: ESTE ORDENADOR ESTÁ CONFIGURADO PARA USAR INTERNET EXPLORER COMO NAVEGADOR PREDETERMINADO. OTRO ORDENADOR PODRÍA ESTAR CONFIGURADO PARA USAR OTRO NAVEGADOR PREDETERMINADO.

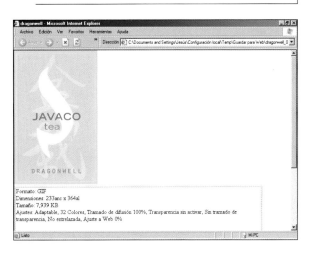

4. Cerramos el navegador Web y volvemos al cuadro de diálogo Guardar para Web.

Cuando se diseñan gráficos para la Web, hay que ver el aspecto de las imágenes en más de un navegador Web, ya que no es seguro que todos los internautas vayan a usar el mismo navegador. Por tanto, deberíamos previsualizar las imágenes en algún otro navegador Web, aparte del predeterminado.

5. Hacemos clic en el menú emergente de previsualizar en el navegador por defecto y seleccionamos Editar lista.

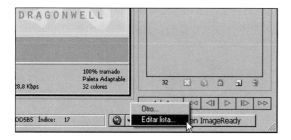

6. En el cuadro de diálogo Navegadores, hacemos clic en **Buscar todo**.

Photoshop CS2 buscará automáticamente todos los navegadores Web del ordenador y los mostrará en el cuadro de diálogo Navegadores.

Si queremos eliminar un navegador, lo seleccionamos en la lista y hacemos clic en **Eliminar**. Si el navegador Web que queremos usar no aparece en la lista, hacemos clic en **Añadir** y buscamos el navegador Web que queremos usar.

7. Cuando consideremos completa la lista de navegadores Web, hacemos clic en **OK**, en el cuadro de diálogo Navegadores.

8. Hacemos clic en el menú emergente de previsualizar en el navegador por defecto. Veremos los navegadores Web que especificamos en los dos pasos anteriores.

El navegador Web que tiene la marca es el navegador predeterminado. Cada vez que hagamos clic en el botón de previsualizar en el navegador por defecto, las imágenes se abrirán en ese navegador Web. Si queremos abrir la imagen con un navegador diferentes, basta con seleccionarlo en el menú emergente de previsualizar en el navegador por defecto.

9. En el cuadro de diálogo Guardar para Web, hacemos clic en **Cancelar**. Cerramos dragonwell.psd. No es necesario guardar los cambios.

OPTIMIZAR IMÁGENES EN PHOTOSHOP CS2 Y EN IMAGEREADY CS2

Photoshop CS2 e ImageReady CS2 ofrecen las mismas opciones para optimizar imágenes para la Web. La única diferencia es la interfaz.

Como hemos visto en los anteriores ejercicios, Photoshop CS2 tiene un cuadro de diálogo Guardar para Web, que contiene las herramien-

Optimizar imágenes

tas y opciones de vista previa y optimización, necesarias para optimizar gráficos Web. Probablemente nos hayamos fijado en que la barra de título del cuadro de diálogo dice **Funciona con ImageReady** como el cuadro de diálogo **Guardar para Web** funciona con ImageReady CS2, las opciones de optimización de Photoshop CS2 son las mismas que en ImageReady CS2.

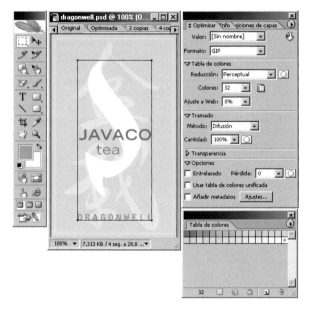

ImageReady CS2 tiene una paleta **Optimizar** y una paleta **Tabla de colores**, que proporcionan todas las opciones necesarias para optimizar gráficos Web. Las pestañas **Original**, **Optimizada**, **2 copias** y **4 copias**, que vimos en el cuadro de diálogo **Guardar para Web**, son parte de la ventana del documento en ImageReady CS2. De la misma forma, las herramientas que vimos en el cuadro de herramientas del cuadro de diálogo **Guardar para Web**, son parte del cuadro de herramientas de ImageReady CS2. Como ImageReady CS2 está diseñado específicamente para crear gráfico Web, se puede acceder a estas herramientas más fácilmente en ImageReady CS2 que en Photoshop CS2, para que podamos realizar fácilmente los cambios a las imágenes durante el proceso de optimización.

De modo que, ¿qué aplicación es mejor para optimizar gráficos Web? Como ambos programas tienen las mismas opciones (ambas funcionan mediante ImageReady CS2), no existen diferencias desde el punto de vista técnico. Conseguiremos los mismos resultados con cualquiera de los dos programas. Sin embargo, a medida que desarrollamos un flujo de trabajo para el diseño de gráficos Web, probablemente comenzaremos a preferir la interfaz de uno de los dos programas. Mi consejo es que, si estamos usando Photoshop CS2, optimicemos las imágenes con Photoshop CS2; si estamos usando ImageReady CS2, optimicemos las imágenes con ImageReady CS2. Cuando estemos familiarizados con ambas interfaces, podemos decidir cuál se adecua más a nuestro estilo de trabajo. Como todos los ejercicios de este capítulo nos han enseñado a optimizar imágenes mediante Photoshop CS2, aquí tenemos un par de ejercicios que nos enseñarán a optimizar imágenes en ImageReady CS2.

9. [IR] OPTIMIZAR JPEG CON IMAGEREADY CS2

Hasta ahora, en este capítulo, solamente habíamos optimizado imágenes usando Photoshop CS2. En este ejercicio aprenderemos a optimizar imágenes en ImageReady CS2. Las opciones son las mismas; la única diferencia está en la interfaz.

1. Abrimos candles.psd, que se encuentra en la carpeta chap_07 que copiamos en el escritorio. Debemos asegurarnos de que se vea la paleta **Optimizar**. Si no lo está, seleccionamos **Ventana>Optimizar**.

2. En la ventana de documento, hacemos clic en la pestaña **2 copias**. Hacemos clic en la vista previa que se encuentra a la derecha. Si es necesario, seleccionamos la herramienta Mano en el cuadro de herramientas y arrastramos la vista previa para recolocar la imagen.

3. Usando las técnicas de optimización que aprendimos en el ejercicio 1, ajustamos los valores de la paleta **Optimizar** para crear el archivo de menor tamaño y con la mejor calidad de imagen.

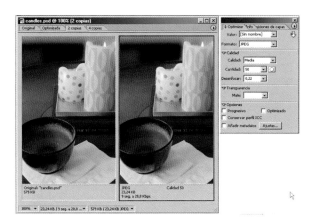

4. Cuando estemos satisfechos con nuestra configuración, seleccionamos **Archivo>Guardar optimizada como**.

NOTA: TENDREMOS QUE SELECCIONAR Guardar optimizada como, EN LUGAR DE Guardar como (QUE NO NOS PERMITIRÁ GUARDAR UNA IMAGEN OPTIMIZADA; SÓLO NOS PERMITE GUARDAR USANDO EL FORMATO DE ARCHIVO PSD). LA OPCIÓN Guardar optimizada como, NOS PERMITE GUARDAR LA IMAGEN USANDO LA CONFIGURACIÓN ESPECIFICADA EN LA PALETA Optimizar.

5. En el cuadro de diálogo **Guardar optimizada como**, nos dirigimos a la carpeta chap_07 que copiamos en el escritorio. En el campo **Guardar como**, llamamos al archivo candles_ir.jpg. Seleccionamos **Sólo imágenes** en el menú emergente de formato de archivo. Hacemos clic en **Guardar**. Como podemos ver, cuando se domina la optimización de imágenes en Photoshop CS2, es muy sencillo optimizar imágenes en ImageReady CS2. En el siguiente ejercicio aprenderemos a optimizar imágenes GIF en ImageReady CS2.

Previsualizar imágenes en ImageReady CS2

EN EL EJERCICIO 8 APRENDIMOS A PREVISUALIZAR IMÁGENES EN UN NAVEGADOR WEB, USANDO EL CUADRO DE DIÁLOGO Guardar para Web DE PHOTOSHOP CS2. TAMBIÉN PODEMOS PREVISUALIZAR IMÁGENES EN UN NAVEGADOR WEB DESDE IMAGEREADY CS2. AQUÍ MOSTRAMOS CÓMO:

EN EL CUADRO DE HERRAMIENTAS DE IMAGEREADY CS2, HACEMOS CLIC EN EL BOTÓN DE PREVISUALIZAR EN EL NAVEGADOR POR DEFECTO. LA IMAGEN SE ABRIRÁ AUTOMÁTICAMENTE EN EL NAVEGADOR WEB PREDETERMINADO (EN ESTE ORDENADOR, EL NAVEGADOR WEB PREDETERMINADO ES INTERNET EXPLORER; EN OTRO ORDENADOR, EL NAVEGADOR WEB PREDETERMINADO PODRÍA SER DIFERENTE).

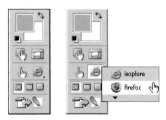

SI TENEMOS INSTALADO MÁS DE UN NAVEGADOR WEB EN EL ORDENADOR, OBSERVAREMOS UNA PEQUEÑA FLECHA EN LA ESQUINA INFERIOR DERECHA DEL BOTÓN DE PREVISUALIZAR EN EL NAVEGADOR. SI MANTENEMOS PULSADO EL RATÓN SOBRE EL BOTÓN, VEREMOS UNA LISTA CON LOS NAVEGADORES WEB INSTALADOS EN EL ORDENADOR. SI QUEREMOS SELECCIONAR UN NAVEGADOR WEB DIFERENTE DEL PREDETERMINADO, PODEMOS HACERLO AQUÍ.

10. [IR] OPTIMIZAR GIF CON IMAGEREADY CS2

En este ejercicio, usaremos los conocimientos que hemos adquirido en este capítulo sobre la optimización de archivos GIF y los aplicaremos a ImageReady CS2.

1. Abrimos dragonwell.psd, que se encuentra en la carpeta chap_07 que copiamos en el escritorio. Nos aseguramos de que se vean la paleta **Optimizar** y la paleta **Tabla de colores**. Si no se ven, seleccionamos **Ventana>Optimizar** y **Ventana>Tabla de colores**.

2. En la ventana de imagen, hacemos clic en la pestaña **2 copias**. Hacemos clic en la vista previa que se encuentra a la derecha.

3. Usando las técnicas de optimización que aprendimos en los ejercicios 3, 4, 5 y 6, ajustamos los valores de las paletas **Optimizar** y **Tabla de colores** para crear el archivo de menor tamaño y con la mejor calidad de imagen.

4. Seleccionamos **Archivo>Guardar optimizada como**. En el cuadro de diálogo **Guardar optimizada como**, nos dirigimos a la carpeta chap_07 que copiamos en el escritorio. En el campo **Guardar como**, llamamos al archivo dragonwell_ir.jpg. Seleccionamos **Sólo imágenes** en el menú emergente de formato de archivo. Hacemos clic en **Guardar**.

5. Cerramos dragonwell.psd. No es necesario guardar los cambios.

¡Enhorabuena por aprender tanto en este capítulo! Saber optimizar imágenes es uno de los conocimientos más valiosos de un diseñador Web y bien merece el tiempo y el esfuerzo que hemos dedicado a los ejercicios de este capítulo.

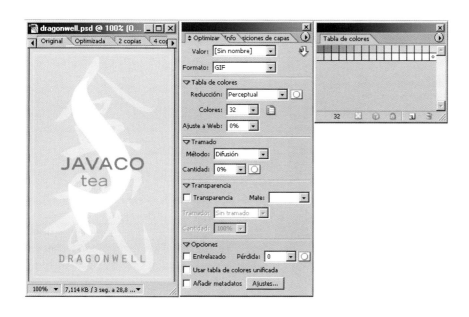

Capítulo 8

Crear fondos Web

Crear fondos Web

iseñar para código HTML es compli- cado porque el HTML estándar sólo puede mostrar dos capas: una capa de fondo y una capa en primer plano. En la mayoría de las aplicaciones gráficas, incluyendo Photoshop CS2, ImageReady CS2, Adobe Illustrator y Macromedia FreeHand, podemos trabajar con un número ilimitado de capas. Como el HTML nos limita a sólo dos capas, es muy importante saber crear capas de fondo con diferentes aspectos. Este capítulo nos enseñará diferentes técnicas para crear imágenes de fondo para páginas Web.

Una forma de solventar la limitación de dos capas del HTML es usar hojas de estilo, en lugar del HTML estándar. Sin embargo, este libro trata sobre el diseño de gráficos Web, no sobre escribir código o usar un editor de páginas Web, de modo que este capítulo se concentrará en los problemas (y soluciones) de crear imágenes de fondo efectivas, que funcionen con el HTML estándar.

Hay dos problemas principales a tener en cuenta cuando se crea una imagen de fondo: la veloci- dad a la que se cargará, que ya se ha visto en el capítulo anterior, y su apariencia, como aprende- remos en este capítulo.

¿QUÉ ES UNA IMAGEN DE FONDO?

Las imágenes de fondo aparecen en la capa de fondo de una página Web. Las imágenes de fondo están compuestas por una serie de pequeñas imágenes que componen una imagen de fondo completa. Por defecto, las imágenes de fondo se repiten hasta llenar toda la ventana activa del navegador Web. Podemos restringir la repetición por defecto de las imágenes de fondo, usando hojas en estilo de cascada (CSS), pero es un tema de programación, alejado de la intención de este libro. El número de veces que se repite una imagen de fondo depende el tamaño de la imagen

original y el tamaño de la ventana del navegador Web activa. Como resultado, las imágenes de fondo suelen tener un aspecto diferente en cada monitor. Lo difícil de diseñar imágenes de fondo es preparar un gráfico que tenga diferente aspecto en cada monitor y siga teniendo buen aspecto. ¡No es una tarea sencilla! Afortunadamente, este capítulo ofrece varias soluciones que nos ayuda- rán a diseñar fondos de Web efectivos.

Independientemente del número de veces que se repita el motivo del fondo en la ventana del navegador, sólo se descargará una vez en el ordenador del espectador. Cada vez que aparezca el motivo en una página Web, se recuperará de la memoria caché del ordenador del espectador, en lugar de descargarla una y otra vez. Como diseñadores, podemos obtener un gran rendimien- to de una pequeña imagen de fondo. Si creamos un mosaico con un archivo de pequeño tamaño, podremos llenar completamente la ventana de un navegador Web en muy poco tiempo.

HTML nos permite usar una sola imagen de fondo y varias imágenes en primer plano. Como resultado, podemos colocar otras imágenes sobre la capa de fondo. Si queremos que haya una ilustración, fotografía, texto o cualquier otra imagen, sobre la imagen de fondo, debemos identificar la imagen de fondo como un fondo HTML, como aprenderemos en este capítulo.

Lo que diferencia a las imágenes de fondo de las imágenes en código HTML es la etiqueta BODY. El código HTML para una imagen de fondo en mosaico es sencillo. Aquí tenemos un ejemplo del código HTML necesario para crear un fondo en mosaico a partir de una sencilla imagen (en este caso, small.jpg):

```
<html>
<body background="small.jpg">
</body>
</html>
```

Vocabulario: Muestra de fondo y creación de mosaicos

EN ESTE CAPÍTULO, NOS ENCONTRAREMOS LOS TÉRMINOS CREACIÓN DE MOSAICO Y MUESTRA DE FONDO. LA CREACIÓN DE MOSAICOS CONSISTE EN LA REPETICIÓN HORIZONTAL Y VERTICAL DE UNA IMAGEN DE FONDO HTML EN UN NAVEGADOR WEB CUANDO LA IMAGEN ES MÁS PEQUEÑA QUE LA VENTANA DEL NAVEGADOR WEB. LA MUESTRA DE FONDO SE USA INDISTINTAMENTE CON EL TÉRMINO IMAGEN DE FONDO, PARA INDICAR UN ARCHIVO GIF O JPEG QUE SE REPITE EN UN FONDO HTML.

SOBRE EL TAMAÑO DE LA IMAGEN DE FONDO

Podemos usar gráficos de cualquier tamaño para las imágenes de fondo.

El tamaño de una muestra de fondo determinará el número de veces que se repetirá en la ventana del navegador.

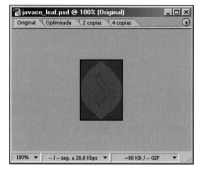

Pequeña.

Trucos de diseño para mejorar la legibilidad

CUANDO CREAMOS IMÁGENES DE FONDO, DEBEMOS PRESTAR ATENCIÓN A LOS COLORES QUE ESCOGEMOS. PROBEMOS USANDO SÓLO COLORES OSCUROS O SÓLO COLORES CLAROS. SI COMBINAMOS COLORES CLAROS Y OSCUROS EN UNA SOLA IMAGEN DE FONDO, EL FONDO PODRÍA SER ESTUPENDO POR SÍ SOLO, PERO QUIZÁS LOS QUE LO VEAN TENGAN PROBLEMAS PARA LEER EL TEXTO.

 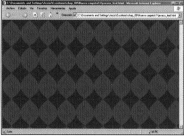

Fondo claro.   *Fondo oscuro.*

SI NO ESTAMOS SEGUROS DE CÓMO SELECCIONAR COLORES PARA EL FONDO, EN RELACIÓN AL TEXTO QUE APARECERÁ EN PRIMER PLANO, AQUÍ MOSTRAMOS ALGUNOS CONSEJOS:

- SI USAMOS UN FONDO CLARO, DEBEMOS USAR TEXTO OSCURO.

- SI USAMOS UN FONDO OSCURO, DEBEMOS USAR TEXTO CLARO.

- DEBEMOS EVITAR USAR UN VALOR MEDIO PARA LA IMAGEN DE FONDO, YA QUE NO SE PODRÁ LEER BIEN EL TEXTO QUE COLOQUEMOS SOBRE ELLA, CLARO U EL OSCURO.

- EN UNA IMAGEN DE FONDO, DEBEMOS EVITAR USAR COLORES QUE CONTRASTEN, QUE HARÁN QUE SEA DIFÍCIL LEER EL TEXTO.

Crear fondos Web

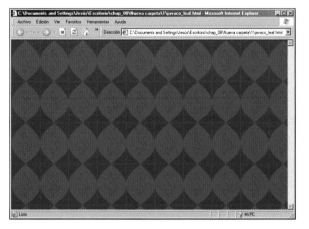

Resultado en el navegador Web.

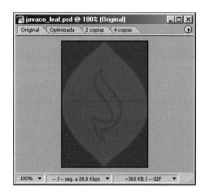

Grande.

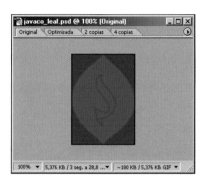

Media.

Resultado en el navegador Web.

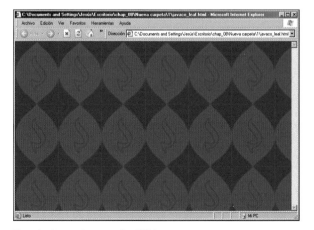

Resultado en el navegador Web.

Como podemos ver en estos ejemplos, una muestra de fondo más grande se repite menos veces que una muestra de fondo más pequeña. Por ejemplo, una muestra de fondo que mida 40 x 40 píxeles, se repetirá 192 veces (16 veces horizontalmente y 12 veces verticalmente), en una ventana de navegador de 640 x 480. Una muestra de fondo que mida 320 x 40 píxeles, se repetirá cuatro veces (dos veces horizontalmente y dos veces verticalmente), en una ventana de navegador de 640 x 480. También podemos crear imágenes de fondo extra grandes para que sólo se repitan una vez en la ventana de un navegador estándar. Antes de decidir el tamaño de la muestra de fondo, tendremos que decidir qué tipo de efecto queremos crear.

Aumentar el tamaño de una muestra de fondo aumentará el tamaño de su archivo. Una muestra de fondo de 50 K aumentará el tamaño de la página Web en 50 K, lo que aumentará el tiempo que tardará en cargarse. A continuación mostramos una fórmula aproximada para determinar el tiempo de carga: 1 K equivale a 1 segundo. Aunque esta fórmula no es científicamente precisa, es la que usan muchos diseñadores como guía aproximada para diseñar sus gráficos Web. Por tanto, tan importante es usar correctamente las técnicas de optimización para las imágenes de fondo como para crear cualquier otro tipo de imágenes.

1. [IR] DEFINIR Y PREVISUALIZAR IMÁGENES DE FONDO

ImageReady CS2 nos permite definir cualquier imagen como imagen de fondo usando las opciones del cuadro de diálogo **Ajustes de salida**. En este ejercicio aprenderemos a definir imágenes de fondo y a previsualizar imágenes en nuestro navegador Web predeterminado.

1. Abrimos javaco_leaf.psd, que se encuentra en la carpeta chap_08 que copiamos en el escritorio. En el cuadro de herramientas, hacemos clic en el botón de previsualizar en el navegador por defecto.

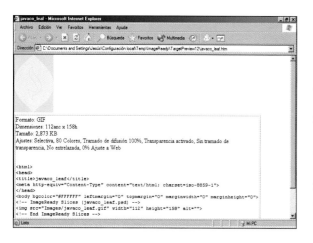

ImageReady CS2 actualmente considera a esta imagen una imagen de primer plano, por lo que vemos la imagen aparecer sólo una vez, en la esquina superior izquierda de la ventana del navegador Web. Para que ImageReady CS2 muestre la imagen como un fondo en mosaico, debemos definir la imagen como fondo, como haremos en los siguientes pasos.

2. Seleccionamos **Archivo>Ajustes de salida> Fondo** para abrir el cuadro de diálogo **Ajustes de salida**.

3. En el cuadro de diálogo **Ajustes de salida**, seleccionamos **Imagen de fondo** en el menú emergente **Valor**. Seleccionamos **Ver documento como: Fondo** para identificar la imagen como fondo HTML. Hacemos clic en **OK**.

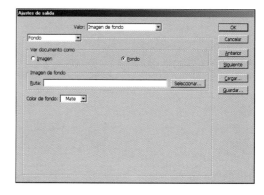

4. En el cuadro de herramientas, hacemos clic en el botón de previsualizar en el navegador por defecto para abrir el navegador Web predeterminado.

Ahora podremos ver la imagen como un fondo en mosaico. Observaremos que la vista previa incluye un cuadro blanco que contiene información sobre la optimización de la imagen y el código HTML necesario para definir la imagen como fondo. Cuando usamos las vista previa de imágenes en un navegador Web, siempre aparece esta información.

Crear fondos Web

Si guardamos la imagen y el código HTML necesario, como aprenderemos a hacer en el siguiente ejercicio, y abrimos el archivo HTML que guardamos, no aparecerá esta información.

5. Volvamos a ImageReady CS2. Dejemos abierto leaf.psd para el siguiente ejercicio.

2. [IR] OPTIMIZAR Y GUARDAR IMÁGENES DE FONDO

Para que una imagen de fondo funcione correctamente en un navegador Web, debemos hacer dos cosas:

• Guardar la imagen como un archivo JPEG o GIF optimizado.

• Guardar el código HTML que indique al navegador Web que la imagen es una muestra de fondo.

Por suerte, en ImageReady CS2 este proceso es sencillo (podemos guardar la imagen y el código HTML en un sólo paso). Alternativamente, podemos guardar la imagen optimizada sin el código HTML, abrir la imagen en un editor HTML y escribir desde cero el código HTML necesario para indicar que la imagen es una muestra de fondo. En este ejercicio aprenderemos a optimizar y guardar muestras de fondo.

1. Si realizamos el último ejercicio, javaco_leaf.psd debería estar abierto en Image Ready CS2. Si no es así, podemos volver atrás y completar el ejercicio 1. Debemos asegurarnos de que se vea la paleta **Optimizar**. Si no lo está, seleccionamos **Ventana>Optimizar**.

2. En la ventana de documento, hacemos clic en la pestaña **Optimizada**. Usando las técnicas de optimización de GIF que aprendimos en el capítulo anterior, creamos el GIF de menor tamaño posible, con la mejor calidad de imagen.

3. Seleccionamos **Archivo>Guardar optimizada como**.

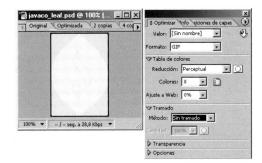

4. En el cuadro de diálogo **Guardar optimizada como**, nos dirigimos a la carpeta chap_08 que copiamos en el escritorio.

Hacemos clic en el botón de nueva carpeta para crear una nueva carpeta en el interior de la carpeta chap_08. Llamaremos a la carpeta javaco_leaf_background. Seleccionamos **HTML e imágenes** en el menú emergente de formato de archivo. Hacemos clic en **Guardar**.

 NOTA: TAMBIÉN PODEMOS DEFINIR IMÁGENES COMO IMÁGENES DE FONDO EN EL CUADRO DE DIÁLOGO Guardar optimizada como, SELECCIONANDO Imagen de fondo EN EL MENÚ EMERGENTE Ajustes.

Como en el último ejercicio definimos la imagen como imagen de fondo, en el cuadro de diálogo **Ajustes de salida**, ImageReady CS2 sabrá automáticamente que la imagen es una imagen de fondo (aunque hayamos seleccionado **Personalizado** en el menú emergente **Ajustes**). Si sabemos que queremos guardar una imagen como imagen de fondo, especificar **Imagen de fondo** en el cuadro de diálogo **Guardar optimizada como** nos ahorrará un paso adicional.

 Guardar HTML desde ImageReady CS2

ALGUNOS DISEÑADORES NO USAN EL ARCHIVO HTML QUE GENERA IMAGEREADY CS2 PARA LAS IMÁGENES DE FONDO, PORQUE PREFIEREN USAR UN EDITOR HTML, COMO ADOBE GOLIVE O MACROMEDIA DREAMWEAVER, PARA CREAR LAS PÁGINAS WEB. USAR UN EDITOR HTML EXCLUSIVO NOS PERMITE CONTROLAR CON MÁS PRECISIÓN LA COLOCACIÓN DE LAS IMÁGENES EN PRIMER PLANO SOBRE EL FONDO. LA DECISIÓN DE USAR IMAGEREADY CS2 O UN EDITOR DE HTML PARA CREAR CÓDIGO HTML DEPENDE DE NUESTRAS PREFERENCIAS. DEBEMOS RECORDAR QUE GUARDAR UNA IMAGEN Y EL CÓDIGO HTML EN IMAGEREADY CS2 ES UNA FORMA ESTUPENDA DE VER LA IMAGEN DE FONDO SIN EL TEXTO INFORMATIVO Y ELIMINA LA NECESIDAD DE USAR OTRA APLICACIÓN DURANTE EL PROCESO DE CREACIÓN.

5. Nos dirigimos hasta la carpeta javaco_leaf_background, en la carpeta chap_08 del escritorio.

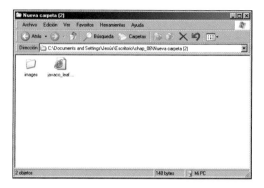

Veremos una carpeta llamada images, que contiene una imagen llamada javaco_leaf.gif y un archivo llamado javaco_leaf.html (que contiene la etiqueta `<body background>`, que identifica al GIF como una imagen de fondo). Como definimos la imagen como imagen de fondo en el último ejercicio, ImageReady CS2 guardará automáticamente el código HTML necesario cuando guardemos el archivo.

6. Hacemos doble clic en javaco_leaf.html para abrir el archivo en el navegador Web predeterminado.

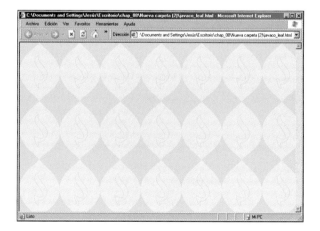

Crear fondos Web

7. Seleccionamos **Visualización>Ver código fuente** (Safari) o **Ver>Código fuente** (Internet Explorer) para ver el código HTML generado por ImageReady CS2.

8. Volvemos a ImageReady CS2 y cerramos el archivo.

3. [PS/IR] CREAR IMÁGENES DE FONDO SIMÉTRICAS

Las imágenes de fondo que creamos en los dos últimos ejercicios mostraban motivos con repeticiones lineales. En este ejercicio aprenderemos a usar el filtro Desplazamiento en ImageReady CS2 para crear la ilusión de una imagen de fondo uniforme (no repetitiva). Para este ejercicio, usaremos ImageReady CS2, pero el filtro Desplazamiento funciona de la misma forma en Photoshop CS2.

1. Abrimos javaco_leaf_small.psd, que se encuentra en la carpeta chap_08 que copiamos en el escritorio.

2. Seleccionamos **Archivo>Nuevo**. En el cuadro de diálogo **documento nuevo**, escribimos javaco_leaf_tile en el campo **Nombre**, 200 en el campo **Anchura** y 200 en el campo **Altura**. En la sección **Contenido de la primera capa**, seleccionamos **Blanco**. Hacemos clic en **OK**.

Para el mosaico uniforme necesitaremos que el lienzo sea mayor que el gráfico que vamos a usar.

 Definir y guardar imágenes de fondo en Photoshop CS2

HASTA AHORA, EN ESTE CAPÍTULO, HEMOS USADO IMAGEREADY CS2 PARA DEFINIR Y GUARDAR IMÁGENES DE FONDO. TAMBIÉN PODEMOS DEFINIR Y GUARDAR LAS IMÁGENES EN PHOTOSHOP CS2 (SÓLO ES UN POCO MÁS PESADO, POR LO QUE HEMOS PREFERIDO USAR IMAGEREADY CS2 PARA ESTA TAREA).

EN EL CUADRO DE DIÁLOGO Guardar para Web, SELECCIONAMOS Editar ajustes de salida, EN EL MENÚ DE OPTIMIZAR. EN EL CUADRO DE DIÁLOGO Ajustes de salida, SELECCIONAMOS Fondo EN EL MENÚ EMERGENTE. SELECCIONAMOS Ver documento como: Fondo. HACEMOS CLIC EN **OK**.

SI QUEREMOS PREVISUALIZAR LA IMAGEN DE FONDO, HACEMOS CLIC EN EL BOTÓN DE PREVISUALIZAR EN EL NAVEGADOR POR DEFECTO, EN LA PARTE INFERIOR DEL CUADRO DE DIÁLOGO Guardar para Web.

SI QUEREMOS GUARDAR LA IMAGEN DE FONDO, EN EL CUADRO DE DIÁLOGO Guardar para Web, HACEMOS CLIC EN **GUARDAR** PARA ABRIR EL CUADRO DE DIÁLOGO Guardar optimizada como. COMO EN IMAGEREADY CS2, PODEMOS GUARDAR LA IMAGEN DE FONDO Y EL CÓDIGO HTML SELECCIONANDO HTML e imágenes EN EL MENÚ EMERGENTE DE FORMATO.

La relación entre el tamaño de la muestra que estamos creando y el tamaño del gráfico determina la separación del gráfico en el mosaico de fondo. En este caso, el gráfico javaco leaf tiene 50 x 50 píxeles, de modo que debería bastar con un archivo de 200 x 200 píxeles.

3. Hacemos clic en el interior de la ventana de documento de la imagen javaco_leaf_small.psd para hacer que sea el documento activo. Pulsamos **Comando-A** (Mac) o **Control-A** (Windows) para seleccionar toda la imagen.

4. Pulsamos **Comando-C** (Mac) o **Control-C** (Windows) para copiar el gráfico al portapapeles. Hacemos clic en el interior de la ventana de documento de la nueva imagen, javaco_leaf_tile.psd, para hacer que sea el documento activo. Pulsamos **Comando-V** (Mac) o **Control-V** (Windows) para pegar el gráfico en el nuevo documento.

La hoja de javaco aparecerá en el centro de la imagen. Cuando pegamos un elemento en un documento, ImageReady CS2 lo centra automáticamente. Con el gráfico colocado, estaremos preparados para comenzar a crear un mosaico uniforme, usando el filtro Desplazamiento.

5. Seleccionamos **Filtro>Otro>Desplazamiento**. En el cuadro de diálogo **Desplazamiento**, escribimos **100** en el campo **Horizontal** y **100** en el campo **Vertical**. En la sección **Áreas no definidas**, seleccionamos **Ajuste automático**. Hacemos clic en **OK**.

Como estamos creando una muestra simétrica que se repite, queremos que los valores **Horizontal** y **Vertical** sean iguales. El gráfico debería parecer estar dividido en cuatro partes, colocadas en las cuatro esquinas de la muestra, como se muestra en esta ilustración.

6. Pulsamos **Comando-V** (Mac) o **Control-V** (Windows) para pegar otra copia de la hoja javaco en el centro de la imagen.

7. Seleccionamos **Imagen de fondo** en el menú de la ventana del documento.

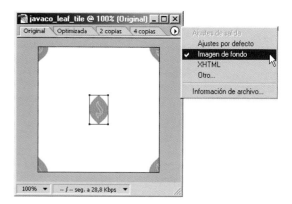

Con esto conseguimos el mismo resultado que especificando una imagen de fondo, usando el cuadro de diálogo **Ajustes de salida** (¡es un atajo estupendo!).

Crear fondos Web

8. En el cuadro de herramientas, hacemos clic en el botón de previsualizar en el navegador por defecto.

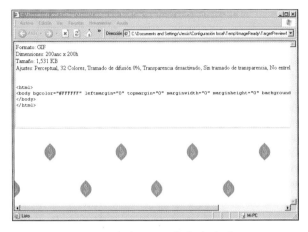

Observaremos que la imagen de la hoja javaco está separada uniformemente en el fondo. Cada repetición del gráfico se encuentra a la misma distancia de las otras, gracias a que comenzamos con una imagen cuadrada, pegamos los gráficos en el cuadrado y establecimos 100 como valor de desplazamiento horizontal y vertical.

9. Volvemos a ImageReady CS2 y guardamos javaco_leaf_tile.psd en la carpeta chap_08, en el escritorio.

CD-ROM: EN EL ÚLTIMO EJERCICIO APRENDIMOS A CREAR FONDOS SIMÉTRICOS USANDO EL FILTRO DESPLAZAMIENTO. PARA OBTENER MÁS INFORMACIÓN SOBRE EL FILTRO DESPLAZAMIENTO, INCLUYENDO CÓMO CREAR FONDOS NO SIMÉTRICOS, PODEMOS VER OFFSET_FILTER.MOV, QUE SE ENCUENTRA EN LA CARPETA MOVIES DEL CD-ROM.

4. [IR] CREAR FONDOS UNIFORMES A PARTIR DE FOTOGRAFÍAS

En el último ejercicio creamos una imagen de fondo uniforme usando elementos gráficos planos. ¿Y si queremos crear un fondo usando una fotografía? Con el filtro Creador de azulejos, de ImageReady CS2, podemos crear fondos perfectos, uniformes, a partir de fotografías, ya que fusiona los bordes de una fotografía, creando un patrón que parece uniforme. Debemos tener en cuenta esta técnica si queremos incorporar fondos fotográficos a las páginas Web, pero no queremos aumentar el tamaño del archivo.

El filtro Creador de azulejos funciona mejor con fotografías abstractas porque es menos probable que muestren evidentes patrones repetitivos.

1. Abrimos tea_leaves.psd, que se encuentra en la carpeta chap_08 que copiamos en el escritorio. Nos aseguramos de que se vean la paleta **Capas** y la paleta **Optimizar**. Si no se ven, seleccionamos **Ventana>Capas** y **Ventana> Optimizar**.

2. En la ventana de documento, hacemos clic en la pestaña **Optimizada**.

Usando las técnicas de optimización de JPEG que aprendimos en el capítulo anterior, optimizamos la imagen, utilizando los controles de la paleta **Optimizar**.

3. Seleccionamos **Imagen de fondo** en el menú de la ventana del documento. En el cuadro de herramientas, hacemos clic en el botón de previsualizar en el navegador por defecto.

Veremos en los bordes y en las uniones de la imagen de origen, que hay evidentes repeticiones en el motivo. ¡El filtro Creador de azulejos transformará la imagen en un patrón uniforme en un momento!

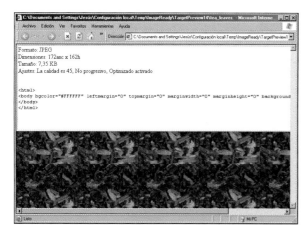

4. Volvamos a ImageReady CS2. Con la capa **tea leaves** seleccionada en la paleta **Capas**, seleccionamos **Filtro>Otros>Creador de azulejos**.

5. En el cuadro de diálogo **Creador de azulejos**, seleccionamos **Fusionar bordes**, escribimos 10 en el campo **Anchura** y activamos la opción **Ajustar azulejo para rellenar imagen**. Hacemos clic en **OK**.

La siguiente ilustración muestra el aspecto de la imagen tras aplicar el filtro **Creador de azulejos**. Podremos ver que está un poco aumentada.

 TRUCO: SELECCIONAR LA OPCIÓN Caleidoscopio EN EL CUADRO DE DIÁLOGO Creador de azulejos PRODUCIRÁ UNOS BONITOS EFECTOS ABSTRACTOS. QUIZÁS QUERAMOS EXPERIMENTAR CON ÉL POSTERIORMENTE.

6. En el cuadro de herramientas, hacemos clic en el botón de previsualizar en el navegador por defecto.

Observaremos que el fondo parece más integrado y que la fusión de los bordes ha ocultado los bordes definidos en las zonas en las que las hojas de té llegan borde del motivo de fondo. Aunque esta imagen es bonita y no tiene uniones visibles, tiene demasiado contraste como para funcionar bien como imagen de fondo.

Crear fondos Web

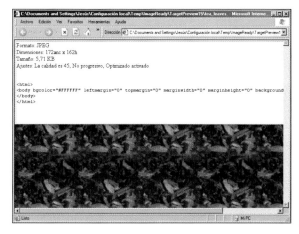

A continuación, modificaremos su brillo y tono para que sea más efectiva como imagen de fondo.

7. Volvamos a ImageReady CS2. Seleccionamos Imagen>Ajustes>Tono/Saturación.

En el cuadro de diálogo Tono/Saturación, modificamos la configuración hasta que estemos satisfechos con el resultado.

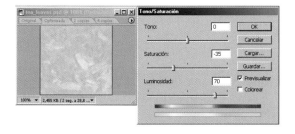

En este ejemplo, hemos aumentado mucho la luminosidad y hemos reducido ligeramente la saturación.

Como resultado, la imagen parece descolorida, con colores más claros, lo que hará que la imagen de fondo sea menos evidente y reducirá el tamaño del archivo cuando la optimicemos.

Cuando hayamos terminado, haremos clic en **OK**.

8. En el cuadro de herramientas, hacemos clic en el botón de previsualizar en el navegador por defecto.

La imagen de fondo ahora es mucho más clara, lo que hará que sea más fácil ver el texto y las imágenes que coloquemos en primer plano.

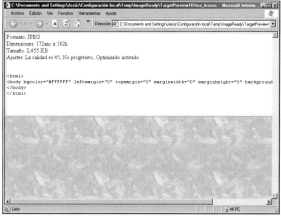

9. Cerramos el archivo. No es necesario guardar los cambios.

5. [PS/IR] CREAR IMÁGENES DE FONDO A PANTALLA COMPLETA

Usar un gráfico a pantalla completa como imagen de fondo puede producir un efecto impresionante. Si está convenientemente optimizada, podemos crear un gráfico de fondo a pantalla completa que se cargue rápidamente. La clave para crear imágenes de fondo que se carguen rápidamente es limitar los colores y usar grandes zonas de color plano.

Lo difícil del diseño de imágenes de fondo a pantalla completa es tener en cuenta las diferentes resoluciones de pantalla que van a usar los internautas para ver nuestra página Web y crear imágenes de fondo que tengan buen aspecto en todas esas resoluciones. Si creamos una imagen de fondo a 800 x 600 y la página Web se ve a 1024 x 768, el navegador repetirá automáticamente (o convertirá en mosaico) la imagen de fondo para que llene toda la ventana del navegador, lo que probablemente no sea bonito.

Antes de comenzar a diseñar imágenes de fondo, tengamos en cuenta la resolución de pantalla más elevada que van a usar los espectadores. A continuación, utilizamos ese mismo tamaño para diseñar las imágenes de fondo. A partir de ahí, podemos retocar la imagen para que se vea bien con resoluciones menores.

Este ejercicio nos enseñará una práctica técnica para ver las imágenes de fondo a diferentes resoluciones.

1. Abrimos leaves.psd, que se encuentra en la carpeta chap_08 que copiamos en el escritorio.

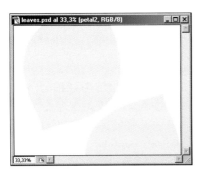

Es un archivo grande (1024 x 768 píxeles), pero al optimizarla como GIF con cuatro colores, su tamaño de archivo se reduce a menos de 11 K. Las imágenes con grandes zonas de un solo color se optimizan increíblemente bien. No debemos preocuparnos demasiado por la velocidad de descarga, pero tenemos que estar atentos al aspecto de la imagen a diferentes resoluciones.

2. Abrimos browser_sizes.psd, que se encuentra en la carpeta chap_08 que copiamos en el escritorio.

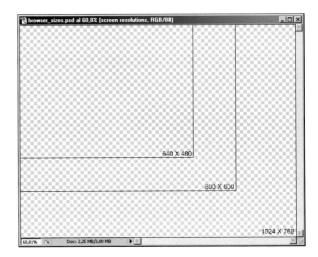

Podemos usar este archivo para ver el aspecto de los fondos a pantalla completa, con diferentes resoluciones de pantalla. Por ejemplo, los espectadores que tengan una resolución de pantalla de 640 x 480 píxeles sólo verán una parte de la imagen de fondo y los elementos de primer plano que se encuentren dentro del cuadro que indica 640 x 480. ¿Parece complicado? Realicemos los siguientes pasos y lo entenderemos.

3. Seleccionamos la herramienta mover en el cuadro de herramientas.

En el archivo browser_sizes.psd, hacemos clic en la capa **screen resolutions**, en la paleta **Capas**, para seleccionarla.

4. Arrastramos la capa **screen resolutions** de la paleta **Capas** del archivo browser_sizes.psd al interior de la ventana de documento de leaves.psd.

Crear fondos Web

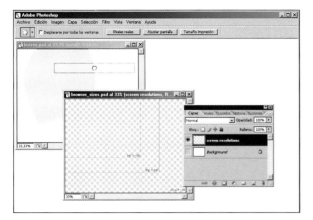

Cuando soltemos la capa, veremos que la capa **screen resolutions** aparece en la paleta **Capas** del archivo leaves.psd. Debemos asegurarnos de que la capa **screen resolutions** está en la parte superior de la pila de capas. Si no es así, hacemos clic en ella y la arrastramos hasta la parte superior.

5. En la paleta **Capas**, hacemos clic en la capa **screen resolutions** para seleccionarla. Con la herramienta Mover y las flechas de dirección del teclado, alineamos la esquina superior izquierda de la capa **screen resolutions** con la de la capa **Background**. Como son imágenes grandes, quizás queramos ampliarlas para alinearlas con más precisión. También podemos usar los botones de alineamiento de la barra de opciones para alinear la capa **screen resolutions**. Probemos haciendo clic en los botones Alinear bordes superiores y Alinear bordes izquierdos.

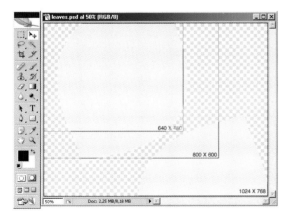

Ahora podemos ver el aspecto que tendrá la imagen de fondo a 640 x 480, 800 x 600 y 1024 x 768. Usar una superposición como esta nos evitará perder el tiempo haciendo vistas previas de la imagen a diferentes resoluciones mientras diseñamos la imagen de fondo.

6. Cerramos los dos archivos. No es necesario guardar los cambios.

Este ejercicio nos ha enseñado a prestar un cuidado especial a la resolución cuando diseñamos gráficos a pantalla completa para fondos. Esta superposición nos ayudará a visualizar el aspecto de un fondo a diferentes resoluciones. Podemos usar esta superposición cuando diseñemos nuestras propias imágenes grandes de fondo.

6. [IR] USAR MUESTRAS DE DIRECCIÓN

Un truco estupendo, muy usado en el diseño Web, es crear muestras de dirección (gráficos bajos y anchos o altos y delgados, que pueden convertirse en imágenes a pantalla completa cuando se repiten como imágenes de fondo).

Podemos crear la ilusión de un gran fondo a pantalla completa con una pequeña muestra. Como la imagen original es tan pequeña, conseguimos el máximo efecto con un mínimo tiempo de carga.

En este ejercicio trabajaremos con un pequeño archivo para crear una imagen de fondo con franjas verticales.

Usaremos ImageReady CS2, pero funciona igual con Photoshop CS2.

1. Abrimos stripes.psd, que se encuentra en la carpeta chap_08 que copiamos en el escritorio.

2. Seleccionamos **Imagen de fondo** en el menú de la ventana del documento.

3. En el cuadro de herramientas, hacemos clic en el botón de previsualizar en el navegador por defecto.

Veremos el efecto de la muestra baja y ancha (una imagen de fondo formada por franjas verticales).

4. Volvamos a ImageReady CS2. Seleccionamos **Imagen>Rotar lienzo>90° AC** para rotar la imagen 90 grados hacia la derecha.

AC significa a la derecha, lo que indica que rotará la imagen hacia la derecha. ACD significa al contrario de la derecha, lo que indica que rotará la imagen hacia la izquierda.

5. En el cuadro de herramientas, hacemos clic en el botón de previsualizar en el navegador por defecto.

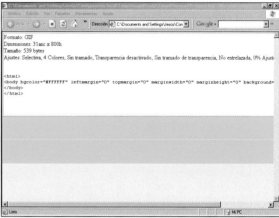

Veremos el efecto de la muestra alta y estrecha (una imagen de fondo formada por franjas horizontales).

Ahora sabemos cómo funcionan las muestras de dirección. Intentemos rellenar la imagen con un esquema de color diferente o seleccionar y rellenar una nueva zona, para crear una nueva franja. Ahora que sabemos cómo se repiten las imágenes en los navegadores Web, ¡no tenemos límite!

6. Guardamos y cerramos el archivo.

¡Hemos terminado otro capítulo! Con las técnicas que hemos aprendido aquí, ¡podemos diseñar imágenes de fondo únicas y funcionales, para cualquier página Web! En el siguiente capítulo aprenderemos técnicas para optimizar gráficos transparentes.

Capítulo 9

Diseñar la navegación

Diseñar la navegación

iseñar un sistema de navegación efectivo para una página Web es uno de los aspectos más importantes del diseño Web. Sin un sistema de navegación adecuado, los espectadores no encontrarán la información que necesitan. Si no pueden encontrar la información que necesitan, probablemente no volverán.

Afortunadamente, Photoshop CS2 ofrece excelentes herramientas, incluyendo herramientas de forma, de texto y funciones de estilos de capa, para ayudarnos a diseñar sistemas de navegación efectivos y creativos, como botones y barras de navegación. En este capítulo, también conoceremos la nueva función de objetos inteligentes de Photoshop CS2, que podemos usar para actualizar el contenido de varios objetos a la vez (algo increíble cuando diseñamos botones).

En este capítulo estudiaremos exclusivamente el diseño de los elementos de navegación, como barras y botones de navegación. En capítulos posteriores, aprenderemos a dividir y a vincular a URL y a crear elementos interactivos de navegación añadiendo estados Sobre, Abajo y Remoto.

PLANIFICAR UNA NAVEGACIÓN EFECTIVA

Cuando diseñamos un sistema de navegación deberíamos responder a las siguientes preguntas para nuestro público:

- ¿Dónde estoy?

- ¿Qué hay aquí?

- ¿A qué otro sitio puedo ir?

- ¿Cómo avanzo?

- ¿Cómo vuelvo atrás?

En este capítulo, aprenderemos a diseñar diferentes sistemas de navegación, incluyendo diferentes tipos de botones Web y barras de navegación, que ayudan a responder a estas preguntas.

HERRAMIENTAS DE FORMA, HERRAMIENTAS DE TEXTO Y CAPAS DE ESTILO

Las herramientas de forma y de texto de Photoshop CS2 e ImageReady CS2 se basan en vectores, no en píxeles. Podemos utilizar las herramientas de forma para crear botones y barras de navegación con bordes definidos, que se puedan modificar y cambiar de tamaño en un archivo Photoshop CS2 con capas. De la misma forma, con las herramientas de texto podemos añadir texto, que podemos modificar y cambiar de tamaño, a los botones y barras de navegación. Dibujando con las herramientas de forma se crea automáticamente un tipo de capa (igual que ocurre con las herramientas de texto). En este capítulo aprenderemos a usar las herramientas de forma y de texto para crear diferentes tipos de navegación.

Photoshop CS2 e ImageReady CS2 definen formas como objetos individuales. Por tanto, podemos seleccionar, editar y mover las formas individualmente. Las formas se definen mediante suaves siluetas llamadas trazados, que podemos modificar después de dibujar las formas. Las formas tienen varios atributos, como colores de relleno y estilo, que podemos cambiar en cualquier momento usando los controles de la barra de opciones. Como las formas están basadas en vectores, podemos cambiar su tamaño sin reducir la calidad de la imagen ni hacer que los bordes parezcan borrosos. Hay que tener en cuenta, cuando guardemos las imágenes en un formato de archivo diferente al nativo de Photoshop CS2 (PSD), las capas de formas y de texto se rasterizarán automática-mente (se convertirán en píxeles) y perderemos sus propiedades vectoriales. Debemos acordarnos de guardar siempre copias de las imágenes por capas en formato nativo en Photoshop CS2, por si necesitamos modificar las imágenes posteriormente. Los estilos de capa, que estudiamos en un capítulo anterior, ofrecen una forma segura de añadir efectos especiales, como sombras o biselados, a los botones Web y las barras de navegación.

Aplicar un estilo de capa no afecta al contenido de la capa original (el efecto se crea en su propia capa separada, que podemos editar o eliminar). Lo bueno de aplicar estilos de capa o capas de texto es que siguen basándose en vectores, lo que significa que podemos editarlos en cualquier momento.

COMPARAR IMÁGENES DE MAPA DE BITS Y GRÁFICOS VECTORIALES

Cuando diseñemos un sistema de navegación con Photoshop CS2 e ImageReady CS2, usaremos las herramientas de forma, que son funciones basadas en vectores. Antes de comenzar con los ejercicios, tomémonos unos minutos para comprender las diferencias entre mapa de bits y vector.

Las imágenes de mapa de bits están compuestas por una serie de píxeles, asignando a cada píxel un color y una ubicación. Los gráficos vectoriales se definen mediante instrucciones matemáticas. Por ejemplo, un círculo de mapa de bits está compuesto por píxeles colocados de forma circular sobre una cuadrícula invisible.

Un círculo vectorial está formado por instrucciones matemáticas, como `radio=100`. Quizás ya hayamos trabajado con programas de dibujo vectorial, Adobe Illustrator, CorelDRAW, Macromedia FreeHand o Macromedia Flash.

Esta explicación del funcionamiento interno nos ayudará a comprender las diferencias entre los términos mapas de bits y vector. Pero probablemente nos estemos preguntando cómo y cuándo debemos usar una imagen de mapa de bits en lugar de un gráfico vectorial.

A continuación tenemos una tabla que nos enseñará a hacerlo:

Imágenes de mapa de bits o gráficos vectoriales

	Imágenes de mapa de bits	Gráficos vectoriales
Cuándo usarlos	Mejor para imágenes con tonos continuos, como fotografías, brillos, líneas suavizadas y zonas difuminadas.	Lo mejor para contenido gráfico plano, como formas, texto y objetos que necesitan líneas definidas.
Cómo crearlos	Usando las herramientas de dibujo o los comandos de relleno, o escaneando imágenes (por ejemplo, de una cámara digital).	Usando las herramientas de forma, de dibujo o de texto.
Cómo editarlos	Modificando los píxeles individuales	Modificando los puntos de ancla con la herramienta de selección directa

Diseñar la navegación

1. [PS/IR] CREAR UNA BARRA DE NAVEGACIÓN HORIZONTAL

Las barras de navegación son una de las formas de navegación más simples y efectivas.

En este ejercicio usaremos las herramientas de forma y de texto para crear una barra de navegación horizontal.

1. Abrimos horizontal_nav_bar.psd, que se encuentra en la carpeta chap_09 que copiamos en el escritorio.

Debemos asegurarnos de que se vea la paleta **Capas**.

2. En el cuadro de herramientas, hacemos clic en el botón de color frontal y de fondo por defecto para hacer que el color frontal sea negro y que el color de fondo sea blanco. Seleccionamos la herramienta Rectángulo en el cuadro de herramientas.

3. En la barra de opciones, hacemos clic en los botones de capas de forma y de crear nueva capa de forma.

4. Colocamos el cursor en la ventana del documento. Arrastramos para crear un rectángulo, como se muestra en la ilustración. No debemos preocuparnos por la posición del rectángulo, sólo del tamaño y la forma. Corregiremos la posición de la forma posteriormente en este ejercicio.

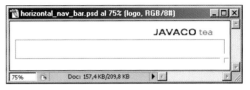

Cuando soltemos el botón del ratón para crear la forma, observemos el contenido de la paleta **Capas**. La capa **Capa 1** está formada por tres componentes: una capa de relleno, una máscara vectorial y un enlace.

5. En la paleta **Capas**, hacemos doble clic en el icono de la capa de relleno, en la capa **Forma 1**, para abrir el cuadro de diálogo **Selector de color**. Seleccionamos un color verde turquesa y hacemos clic en **OK** para aceptar el color escogido y cerrar el cuadro de diálogo **Selector de color**.

Botón de crear nueva capa de forma

Botón de capas de forma

Mientras seleccionamos los diferentes colores en el cuadro de diálogo **Selector de color**, observaremos que la forma de la ventana del documento cambia automáticamente para mostrar el color escogido.

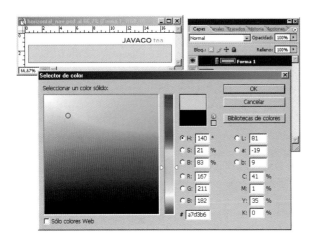

6. Seleccionamos la herramienta de selección directa (la flecha blanca) en el cuadro de herramientas.

7. Hacemos clic en cualquier parte del trazado alrededor del perímetro del rectángulo. Sabremos que hemos conseguido seleccionar el trazado cuando veamos puntos de ancla en las esquinas del rectángulo, como se muestra en la ilustración.

Las capas de forma

CUANDO DIBUJAMOS UNA FORMA CON UNA DE LAS HERRAMIENTAS DE FORMA, SE CREA AUTOMÁTICAMENTE UNA CAPA DE FORMAS EN LA PALETA Capas. LAS CAPAS DE FORMA ESTÁN COMPUESTAS POR TRES COMPONENTES: UNA CAPA DE RELLENO, UNA MÁSCARA VECTORIAL Y UN ENLACE. A CONTINUACIÓN OFRECEMOS UNA DESCRIPCIÓN DE CADA UNO DE ELLOS:

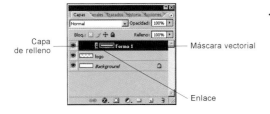

- **CAPA DE RELLENO:** LAS CAPAS DE RELLENO CONTIENEN INFORMACIÓN SOBRE EL COLOR DE RELLENO Y EL ESTILO DE RELLENO. POR DEFECTO, LAS CAPAS DE RELLENO SON RELLENOS DE UN SOLO COLOR Y TOMAN EL COLOR DE FONDO DEL CUADRO DE HERRAMIENTAS. PODEMOS CAMBIAR EL COLOR ÚNICO DE RELLENO POR UN RELLENO CON GRADIENTE O UN RELLENO CON MOTIVOS. EL ICONO DE LA IZQUIERDA DE UNA CAPA DE FORMAS REPRESENTA LA CAPA DE RELLENO.

- **MÁSCARA VECTORIAL:** LAS MÁSCARAS VECTORIALES SON IMÁGENES EN BLANCO Y NEGRO QUE OCULTAN Y MUESTRAN EL CONTENIDO DE UNA CAPA DE RELLENO. LAS MÁSCARAS VECTORIALES CONTIENEN UN TRAZO, QUE ES EL CONTORNO DE UNA FORMA. ENMASCARAN (U OCULTAN) CUALQUIER PARTE DE UNA CAPA DE RELLENO QUE ESTÉ FUERA DEL TRAZADO. LOS TRAZADOS ESTÁN BASADOS EN VECTORES, LO QUE HACE QUE LOS BORDES SEAN SUAVES Y QUE SE PUEDA CAMBIAR SU TAMAÑO SIN REDUCIR LA CALIDAD DE LA FORMA. EL ICONO DE LA DERECHA DE UNA CAPA DE FORMAS REPRESENTA LA MÁSCARA VECTORIAL.

- **ENLACE:** POR DEFECTO, LAS CAPAS DE RELLENO Y LAS MÁSCARAS VECTORIALES ESTÁN ENLAZADAS, DE FORMA QUE PODAMOS MOVERLAS Y EDITARLAS CONJUNTAMENTE. QUIZÁS HAYA VECES EN LAS QUE QUERAMOS MOVER LA CAPA DE RELLENO, PERO NO LA MÁSCARA DE VECTOR. POR EJEMPLO, SI UNA CAPA DE RELLENO CONTIENE UN MOTIVO, QUIZÁS QUERAMOS DESENLAZAR LA MÁSCARA DE VECTOR, PARA PODER CAMBIAR LA POSICIÓN DE LA CAPA DE RELLENO Y VER UNA PARTE DIFERENTE DEL MOTIVO CONTENIDO EN LA FORMA. EL ICONO DEL ENLACE SE ENCUENTRA ENTRE EL ICONO DE LA CAPA DE RELLENO Y EL ICONO DE LA MÁSCARA VECTORIAL, EN LA CAPA DE FORMAS.

Diseñar la navegación

Como el rectángulo es un objeto vectorial, podemos usar estos puntos de ancla para cambiar el tamaño y la forma del rectángulo, pero manteniendo los bordes nítidos.

8. Hacemos clic en el punto de ancla de la esquina superior del rectángulo. Sabremos el punto de ancla que está seleccionado porque se vuelve de color gris. Arrastramos el punto de ancla hacia la esquina superior derecha de la ventana de documento para cambiar la forma del rectángulo.

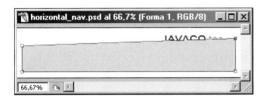

9. Pulsamos **Comando-Z** (Mac) o **Control-Z** (Windows) para cambiar la forma del rectángulo original. El punto de ancla superior derecho debería seguir seleccionado. Mantenemos pulsada la tecla **Mayús** y hacemos clic en el punto de ancla inferior derecho. Los puntos de ancla superior derecho e inferior derecho deberían estar seleccionados.

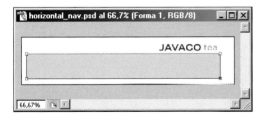

10. Arrastramos los puntos de ancla hacia el lado derecho de la ventana de documento para hacer el rectángulo más grande. Para que el rectángulo siga estando recto, comenzamos a arrastrar y mantenemos pulsada **Mayús** mientras arrastramos.

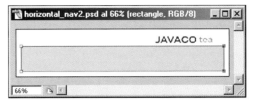

Como podemos ver, la herramienta de selección directa nos permite cambiar el tamaño y la forma de objetos vectoriales sin afectar a la calidad del contorno.

11. Seleccionamos la herramienta Mover en el cuadro de herramientas. Arrastramos para cambiar la posición del rectángulo en la ventana del documento, centrando horizontalmente el rectángulo y dejando más espacio entre el logotipo de javaco tea y la parte superior del rectángulo.

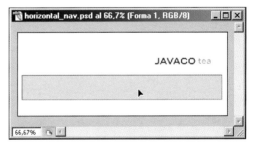

Igual que en cualquier otra capa, podemos usar la herramienta Mover para mover la capa a cualquier parte de la ventana del documento.

12. En la paleta **Capas**, hacemos clic en la capa **logo** para seleccionarla. Usando las guías inteligentes (**Ver>Mostrar>Guías inteligentes**) arrastramos para alinear a la derecha el logotipo y el rectángulo, como se muestra en esta ilustración.

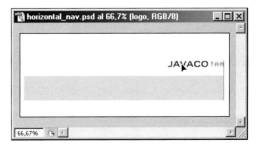

13. En la paleta **Capas**, hacemos clic en la capa **Forma 1** para seleccionarla. Hacemos doble clic en el nombre de capa **Forma 1**. Cuando aparezca el cuadro para introducir el nombre, cambiamos el nombre por nav bar y pulsamos **Retorno** (Mac) o **Intro** (Windows).

Podemos cambiar el nombre de las capas de forma haciendo doble clic en el nombre de la capa. Como con cualquier otro archivo de un proyecto con capas, tenemos que llamar a nuestras capas con nombres con sentido, para poder identificar fácilmente el contenido de cada capa.

14. Con la capa **nav bar** seleccionada en la paleta **Capas**, seleccionamos la herramienta Texto horizontal en el cuadro de herramientas. En la barra de opciones, seleccionamos **Arial** en el menú emergente de fuente, **Regular** en el menú emergente de estilo de fuente, **15 pt** en el menú emergente de tamaño de fuente y **Redondeado** en el menú emergente de método de suavizado, y hacemos clic en el botón de alinear texto a la izquierda.

NOTA: SI NO APARECE 15 pt EN EL MENÚ EMERGENTE DE TAMAÑO DE FUENTE, PODEMOS ESCRIBIR **15** DIRECTAMENTE EN EL MENÚ EMERGENTE.

15. En la barra de opciones, hacemos clic en el cuadro de color de texto para abrir el cuadro de diálogo **Selector de color**. Colocamos el puntero sobre la palabra javaco en la ventana del documento. Cuando movemos el puntero fuera del cuadro de diálogo **Selector de color**, se convertirá automáticamente en el puntero cuentagotas. Hacemos clic para tomar una muestra del color azul oscuro de la palabra javaco. En el cuadro de diálogo **Selector de color**, hacemos clic en **OK**.

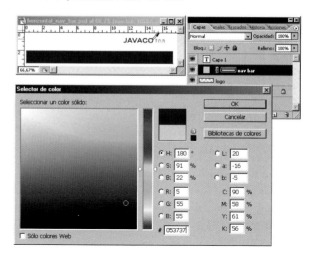

16. Hacemos clic en cualquier parte de la ventana del documento y escribimos las etiquetas de texto, como mostramos en la ilustración. Cuando hayamos terminado, hacemos clic en el botón de aceptar las modificaciones actuales, en la barra de opciones.

NOTA: USAMOS EL CARÁCTER LÍNEA VERTICAL, QUE SE OBTIENE PULSANDO **ALT-1** U **OPCIÓN-1**, PARA CREAR LAS LÍNEAS QUE SEPARAN LAS PALABRAS. DEJAMOS DOS ESPACIOS ENTRE EL PRINCIPIO Y FINAL DE CADA PALABRA Y LA LÍNEA DIVISORIA.

Diseñar la navegación

17. Hacemos doble clic en el icono T de la capa de texto que creamos en los últimos pasos, para seleccionar el texto. Seleccionamos **Ventana> Carácter** para que aparezca la paleta **Carácter**. Escribimos **100** en el campo de **tracking**. Cuando hayamos terminado, hacemos clic en el botón de aceptar las modificaciones actuales, en la barra de opciones.

18. Seleccionamos la herramienta Mover en el cuadro de herramientas. Arrastramos para colocar el texto dentro del rectángulo. Usamos las guías inteligentes para alinear la capa de texto con el rectángulo.

TRUCO: TAMBIÉN PODEMOS USAR LAS TÉCNICAS DE ALINEACIÓN QUE APRENDIMOS EN EL CAPÍTULO 5, PARA ALINEAR EL TEXTO CON EL RECTÁNGULO.

Aunque la barra de navegación tenga buen aspecto tal y como está, las líneas divisoras que hay entre las palabras resaltan demasiado. Es importante crear un punto de atención adecuado, de modo que, en este caso, las palabras deberían tener más presencia que las líneas divisoras. Para conseguir este efecto, en el siguiente paso vamos a cambiar el color de estas líneas.

19. Escogemos la herramienta Texto horizontal en el cuadro de herramientas y arrastramos para seleccionar la primera línea divisora. Hacemos clic en el cuadro de color de texto, en la paleta **Carácter**, para abrir el cuadro de diálogo **Selector de color**. Seleccionamos un gris claro, fijándonos en los valores RGB (R=143, G=163, B=150) y hacemos clic en **OK**.

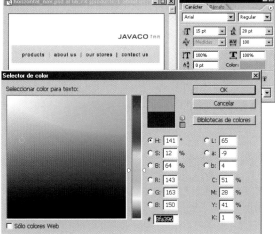

20. Arrastremos para seleccionar la segunda línea divisora. En la paleta **Carácter**, hacemos clic en el cuadro de color de texto para abrir el cuadro de diálogo **Selector de color**. Escribimos los valores RGB que teníamos en el último paso (R=143, G=163, B=150). Hacemos clic en **OK**. Repetimos este paso para la tercera línea divisora.

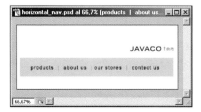

Con los cambios de color que hemos hecho en las líneas divisorias, las palabras tienen más presencia y son el punto de atención de la barra de navegación.

21. Guardamos los cambios y cerramos el archivo.

Nos preguntamos cómo dividir la barra de navegación, cómo asignar URL y cómo crear imágenes de sustitución?

Responderemos a estas preguntas en capítulos posteriores.

2. [PS/IR] CREAR BOTONES ELÍPTICOS

Los botones son otra forma práctica y popular de navegar por una página Web. En los siguientes ejercicios usaremos las herramientas de forma, de texto y la función de estilos de capa para crear varios botones con diferentes formas. En este ejercicio aprenderemos a crear botones elípticos con un suave brillo interior y unos bordes definidos.

1. Abrimos elliptical_button.psd, que se encuentra en la carpeta chap_09 que copiamos en el escritorio.

Debemos asegurarnos de que se vea la paleta Capas. Si no lo está, seleccionamos Ventana> Capas.

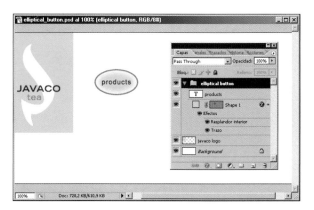

Observamos el contenido del grupo de capas elliptical button para ver cómo se creó el botón elíptico de esta imagen. Como podemos ver, el botón contiene una capa de forma y dos capas de estilo (Inner Glow y Stroke).

2. Arrastramos el grupo de capas elliptical button al icono de la papelera, que se encuentra en la parte inferior de la paleta Capas.

3. Seleccionamos la herramienta Elipse en el cuadro de herramientas.

4. Arrastramos para crear una pequeña elipse dentro de la ventana de documento, como se muestra en la ilustración.

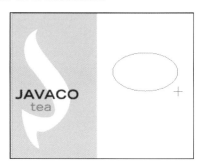

Diseñar la navegación

5. En la paleta **Capas**, hacemos doble clic en el icono de la capa de relleno, en la capa **Forma 1**, para abrir el cuadro de diálogo **Selector de color**. Colocamos el cursor sobre el rectángulo color verde lima y hacemos clic en él para tomar una muestra del color. El color de la elipse cambiará automáticamente de negro a verde lima. Hacemos clic en **OK** para cerrar el cuadro de diálogo **Selector de color**.

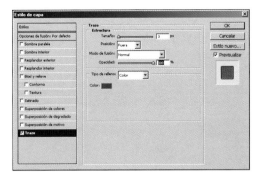

6. En la parte inferior de la paleta **Capas**, seleccionamos **Trazo** en el menú emergente de añadir un estilo de capa.

7. Probemos con las diferentes configuraciones de la sección **Estructura** del cuadro de diálogo **Estilo de capa**. Nos aseguramos de activar la opción **Previsualizar**, para poder ver cómo afectan los cambios a la imagen.

Cuando terminemos de hacer pruebas, introducimos la configuración que aparece en esta ilustración.

8. Hacemos clic en el cuadro de color de trazo, en el cuadro de diálogo **Estilo de capa**, para abrir el cuadro de diálogo **Selector de color**. Colocamos el cursor sobre la palabra tea y hacemos clic para tomar una muestra del color.

El trazo debería cambiar automáticamente de rojo a gris.

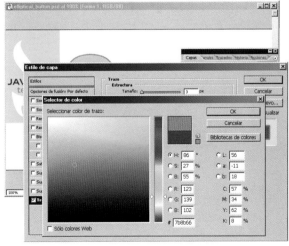

Hacemos clic en **OK** para cerrar el cuadro de diálogo **Selector de color**.

9. En el cuadro de diálogo **Estilo de capa**, hacemos clic en la opción **Resplandor interior**.

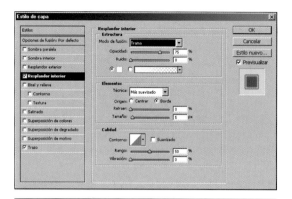

 NOTA: DEBEMOS HACER CLIC EN LAS PALABRAS Resplandor interior PARA CAMBIAR EL CONTENIDO DE LA PALETA Estilo de capa A LAS OPCIONES DE Resplandor interior.

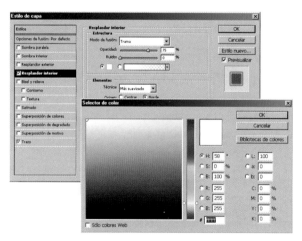

10. Hacemos clic en el cuadro de configurar color de resplandor, para abrir el cuadro de diálogo **Selector de color**. Seleccionamos el color blanco y hacemos clic en **OK**.

11. Experimentemos con las opciones de **Resplandor interior**. Nos aseguramos de activar la opción **Previsualizar**, para poder ver cómo afectan los cambios a la imagen. Cuando hayamos terminado, introducimos la configura-

ción que aparece en esta ilustración. Hacemos clic en **OK** para cerrar el cuadro de diálogo **Estilo de capa**.

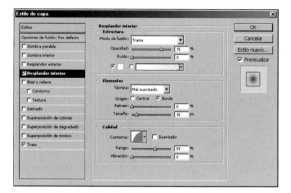

12. En la paleta **Capas**, hacemos clic en la flecha que hay junto al icono de estilos de capa, para mostrar los estilos de capa que hemos aplicado a la elipse.

Activamos la visibilidad (los iconos de ojo) de los estilos de capa, para poder ver cómo cambia el aspecto de la elipse).

13. Con la capa **Shape 1** seleccionada en la paleta **Capas**, seleccionamos la herramienta de selección directa (la flecha blanca) en el cuadro de herramientas.

Diseñar la navegación

16. Seleccionamos la herramienta Texto horizontal en el cuadro de herramientas.

Seleccionamos **Arial** en el menú emergente de fuente, **Regular** en el menú emergente de estilo de fuente, **15 pt** en el menú emergente de tamaño de fuente y **Redondeado** en el menú emergente de método de suavizado.

17. Colocamos el cursor en la ventana del documento y escribimos la palabra products.

Hacemos clic para seleccionar el trazo del perímetro de la elipse. Sabremos que el trazo está seleccionado porque podremos ver los puntos de ancla.

14. Arrastramos el punto de ancla del lado derecho para cambiar la forma de la elipse.

Observaremos que los estilos de capa se ajustan automáticamente mientras cambiamos la forma de la elipse.

Lo bueno de usar estilos de capa es que no afectan a los objetos vectoriales, como las formas. Como resultado, podemos cambiar el tamaño y la forma de las formas vectoriales y seguir manteniendo unos bordes definidos. Además, ¡los estilos de capa se actualizan automáticamente!

15. Pulsamos **Comando-Z** (Mac) o **Control-Z** (Windows) para deshacer los cambios que realizamos en el último paso.

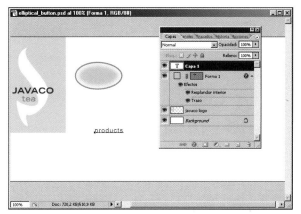

18. En la paleta **Capas**, hacemos doble clic en el icono T para resaltar el contenido de la capa de texto que creamos en el último paso.

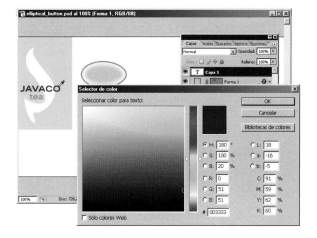

Hacemos clic en el cuadro de color de fuente para abrir el cuadro de diálogo **Selector de color**. Colocamos el cursor sobre la palabra javaco y hacemos clic para tomar una muestra del color. Hacemos clic en **OK** para cerrar el cuadro de diálogo **Selector de color**.

19. Seleccionamos la herramienta Mover en el cuadro de herramientas. Arrastramos para colocar el texto dentro del botón. Usamos las guías inteligentes (**Ver>Mostrar>Guías inteligentes**) para ayudarnos a centrar el texto dentro del botón.

Como podemos ver, usar las herramientas de formas, las de texto y la función de estilo de capa, es una forma excelente de crear botones Web únicos e interesantes.

20. Hacemos doble clic en el nombre de capa **Shape 1**. Cuando aparezca el cuadro para introducir el nombre, cambiamos el nombre por products button y pulsamos **Retorno** (Mac) o **Intro** (Windows).

21. Dejemos abierto elliptical_button.psd para el siguiente ejercicio.

 CD-ROM: EN ESTE ÚLTIMO EJERCICIO, APRENDIMOS A CREAR BOTONES CON FORMA ELÍPTICA. PARA APRENDER A CREAR BOTONES RECTANGULARES, COMO LOS QUE MUESTRA ESTA ILUSTRACIÓN,

PODEMOS VER RECTANGULAR_BUTTONS.MOV, QUE SE ENCUENTRA EN LA CARPETA MOVIES DEL CD-ROM.

3. [PS] EDITAR VARIOS BOTONES CON OBJETOS INTELIGENTES

Tras crear un botón, podemos usar la función de objetos inteligentes, nueva en Photoshop CS2, para crear más botones con las mismas propiedades. Las ventajas de usar objetos inteligentes sobre simplemente duplicar capa(s), es que, cada vez que actualizamos un objeto inteligente, todos los demás objetos inteligentes también se actualizan. Como resultado, podemos realizar cambios en un botón ¡y actualizar todos los demás al mismo tiempo! Como veremos en este ejercicio, los objetos inteligentes son una gran novedad de Photoshop CS2.

1. Si realizamos el último ejercicio, deberíamos tener abierto el archivo elliptical_button.psd. Si no es así, podemos volver atrás y completar el ejercicio 2. Debemos asegurarnos de que se vea la paleta **Capas**. Si no lo está, seleccionamos **Ventana>Capas**.

Diseñar la navegación

2. En la paleta **Capas**, hacemos clic en la capa **products button** para seleccionarla. Seleccionamos **Agrupar en objeto inteligente nuevo** en el menú de la paleta **Capas**.

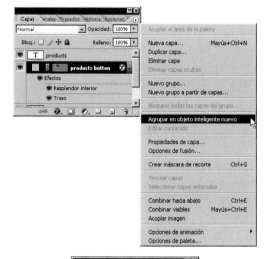

El contenido de la capa **products button**, incluyendo la capa de forma y los estilos de capa, ahora deberían encontrarse en un solo objeto inteligente, como muestra la siguiente ilustración.

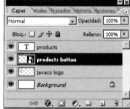

Aunque parezca que hemos agrupado la capa y que hemos perdido la capa de forma y los estilos de capa, cuando editemos el objeto inteligente, podremos acceder de nuevo a la información. Aprenderemos cómo posteriormente, en este ejercicio.

3. Con la capa **products button** seleccionada en la paleta **Capas**, seleccionamos **Duplicar capa** en el menú emergente de la paleta **Capas**.

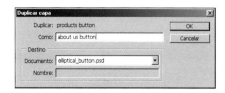

En el cuadro de diálogo **Duplicar capa**, escribimos **about us button**, en el campo **Como** y hacemos clic en **OK**.

4. Con la capa **products button** seleccionada en la paleta **Capas**, seleccionamos **Duplicar capa** en el menú emergente de la paleta **Capas**. En el cuadro de diálogo **Duplicar capa**, escribimos **our stores button**, en el campo **Como** y hacemos clic en **OK**.

5. Con la capa **products button** seleccionada en la paleta **Capas**, seleccionamos **Duplicar capa** en el menú emergente de la paleta **Capas**. En el cuadro de diálogo **Duplicar capa**, escribimos **contact us button** y hacemos clic en **OK**.

Cuando hayamos terminado, el contenido de la ventana de documento y el de la paleta **Capas** deberían coincidir con lo que aparece en esta ilustración. Como hemos duplicado las capas, están apiladas unas sobre otras. Recolocaremos las capas en el siguiente paso.

6. En la paleta **Capas**, arrastramos las capas para colocarlas en el orden de pila que mostramos aquí.

7. Con la capa **contact us button** seleccionada en la paleta **Capas**, arrastramos para cambiar la posición del botón, como se muestra en esta ilustración. Usamos las guías inteligentes (**Ver> Mostrar>Guías inteligentes**) para alinear horizontalmente los botones.

Como duplicamos las capas, también duplicamos su posición, lo que significa que están apiladas unas sobre otras en la ventana de documento.

8. En la paleta **Capas**, hacemos clic en la capa **our stores button** para seleccionarla. Arrastramos para recolocar el botón junto a la capa contact us button.

Usamos las guías inteligentes para alinear horizontalmente los botones.

9. En la paleta **Capas**, hacemos clic en la capa **about us button** para seleccionarla.

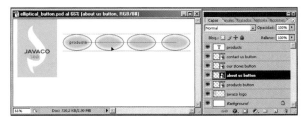

Arrastramos para recolocar el botón junto a our stores button. Usamos las guías inteligentes para alinear horizontalmente los botones.

10. En la paleta **Capas**, hacemos clic en la capa **products button** para seleccionarla. Mantenemos pulsada la tecla **Mayús** y hacemos clic en la capa **contact us button** para seleccionar todas las capas se encuentren entre estas dos capas, como muestra esta ilustración.

11. En la barra de opciones, hacemos clic en el botón de distribuir centros horizontales para separar uniformemente los botones.

Ahora que hemos creado los botones como Objetos inteligentes, es el momento de ver las ventajas de usar objetos inteligentes para hacer cambios en todos los botones al mismo tiempo.

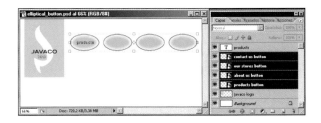

Diseñar la navegación

12. Hacemos doble clic en la capa **products button**. Aparecerá un mensaje de advertencia. Hacemos clic en **OK**.

El botón se abrirá automáticamente en una ventana de documento diferente. Examinemos el contenido de la paleta **Capas**. Las propiedades de la capa de forma y de los estilos de capa que creamos en el último ejercicio se mantienen exactamente igual. Como resultado, podemos ajustar la forma vectorial y seguir manteniendo unos bordes definidos. También podemos editar los estilos de capa.

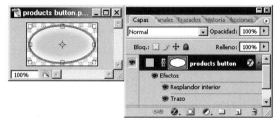

13. Seleccionamos la herramienta de selección directa (la flecha blanca) en el cuadro de herramientas. Hacemos clic en el trazo, dentro de la forma, para que aparezcan los puntos de ancla, como se muestra en la ilustración.

14. Cambiamos la forma de la elipse usando los puntos de ancla y los controles de forma.

15. En la paleta **Capas**, hacemos doble clic en el estilo de capa **Trazo** para abrir el cuadro de diálogo **Estilo de capa**.

16. Ajustamos las propiedades de trazo (reducimos el tamaño, cambiamos **Posición** de **Fuera** a **Centro** y reducimos la opacidad.

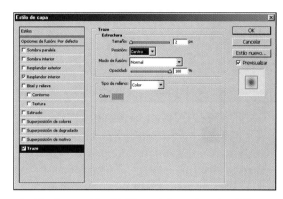

17. En la sección **Estilos** del cuadro de diálogo **Estilo de capa**, hacemos clic en el estilo de capa **Resplandor interior**.

18. Configuramos las propiedades de **Resplandor interior** (aumentamos el tamaño, cambiamos el contorno e incrementamos el rango).

Cuando hayamos terminado, hacemos clic en **OK** para cerrar el cuadro de diálogo **Estilo de capa**.

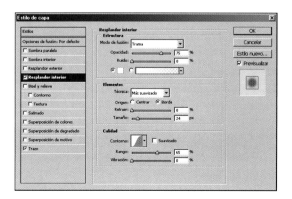

19. Seleccionamos Archivo>Guardar para guardar los cambios. Seleccionamos Archivo> Cerrar para cerrar el objeto inteligente.

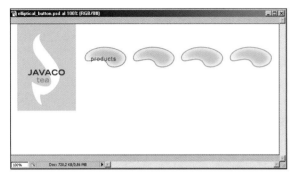

Cuando cerremos el objeto inteligente products button, los cuatro botones se actualizarán automáticamente con los cambios que hemos realizado.

Como podemos ver, los objetos inteligentes son una gran novedad de Photoshop CS2. Cuando diseñamos botones, que deben compartir las mismas propiedades, para mantener la consistencia, ¡actualizar los cuatro botones al mismo tiempo supone un gran ahorro de tiempo!

Y, como los objetos inteligentes mantienen la forma vectorial original y las propiedades del estilo de capa, es sencillo realizar cambios en los botones, manteniendo los bordes definidos.

20. En la paleta Capas, hacemos clic en la capa products type para seleccionarla.

Seleccionamos la herramienta Mover en el cuadro de herramientas. Recolocamos el texto dentro del botón con la nueva forma.

21. Con la capa products button todavía seleccionada en la paleta Capas, seleccionamos Duplicar capa.

En el cuadro de diálogo Duplicar capa, escribimos about us y hacemos clic en OK.

22. Seleccionamos la herramienta Mover en el cuadro de herramientas.

Con la about us seleccionada en la paleta Capas, arrastramos para colocar el texto en el botón about us.

Usamos las guías inteligentes para ayudarnos a colocar el texto dentro del botón.

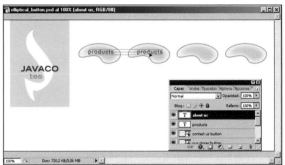

23. Hacemos doble clic en el icono T de la capa de texto about us para resaltar la palabra products. La herramienta Texto horizontal se seleccionará automáticamente en el cuadro de herramientas.

Escribimos about us y, en la barra de opciones, hacemos clic en el botón de aceptar las modificaciones actuales.

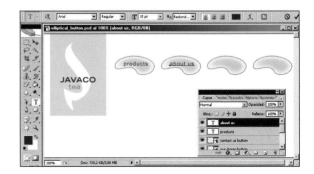

Diseñar la navegación

24. Repetimos los pasos 21, 22 y 23 para crear etiquetas para los otros dos botones (our stores y contact us), como se muestra en la ilustración.

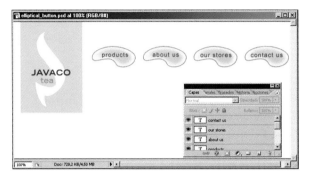

Como el texto es diferente para cada etiqueta de botón, no podemos agrupar las capas de texto en un objeto inteligente y cambiar las propiedades, como hicimos con las capas de forma. Afortunadamente, podemos actualizar las propiedades de más de un tipo de capa, seleccionando varias capas de texto en la paleta **Capas**. Seleccionar varias capas también es una nueva función de Photoshop CS2.

25. En la paleta **Capas**, hacemos clic en la capa de texto contact us para seleccionarla. Mantenemos pulsada la tecla **Mayús** y hacemos clic en la capa products para seleccionar todas las capas que se encuentren entre estas dos capas.

26. Seleccionamos la herramienta Texto horizontal en el cuadro de herramientas. Seleccionamos 12 pt en el menú emergente de tamaño de fuente.

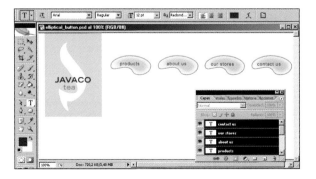

Observaremos que el tamaño de la fuente se actualiza en las cuatro capas de texto.

27. Seleccionamos la herramienta Mover en el cuadro de herramientas. Arrastramos para colocar el texto dentro de los botones.

Como podemos ver, seleccionando varias capas de texto, podemos editar y mover más de una capa de texto a la vez.

Cuando trabajamos con etiquetas de texto para botones, que normalmente compartirán las mismas propiedades, ¡actualizar todas las capas de texto al mismo tiempo nos ahorrará mucho tiempo!

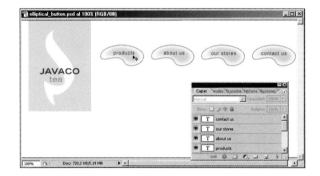

28. Guardamos los cambios y cerramos el archivo.

4. [PS/IR] CREAR BOTONES CON FORMAS DE PÍLDORA

En este ejercicio aprenderemos a usar las herramientas de rectángulo redondeado de Photoshop CS2 para crear botones redondeados, con forma de píldora. También aprenderemos algunas técnicas avanzadas de edición de formas, como restar de una forma.

1. Abrimos next_back.psd, que se encuentra en la carpeta chap_09 que copiamos en el escritorio.

Debemos asegurarnos de que se vea la paleta **Capas**. Si no lo está, seleccionamos **Ventana> Capas**.

Observaremos que cada botón tiene forma de píldora en un extremo y forma rectangular en el otro. En este ejercicio aprenderemos a conseguir este efecto usando las herramientas de forma.

2. Cerramos el grupo de capas **next back buttons** y lo arrastramos al icono de la papelera, que se encuentra en la parte inferior de la paleta **Capas**.

3. Seleccionamos la herramienta Cuentagotas en el cuadro de herramientas. Hacemos clic en el interior del rectángulo verde que hay tras el logotipo de javaco tea, para tomar una muestra de su color. Seleccionamos la herramienta Rectángulo redondeado en el cuadro de herramientas.

Usaremos ese verde brillante que hemos seleccionado con la herramienta Cuentagotas para crear un rectángulo redondeado.

4. En la barra de opciones, hacemos clic en los botones de capas de forma y de crear nueva capa de forma. Escribimos **5 px** en el campo **Radio**.

5. Arrastramos en el interior de la ventana de documento. La forma que hemos creado no se parece a una píldora (sigue pareciendo un rectángulo redondeado).

6. Pulsamos **Comando-Z** (Mac) o **Control-Z** (Windows) para deshacer la forma que hemos creado.

7. En la barra de opciones, escribimos **35 px** en el campo **Radio**. Arrastramos en el interior de la ventana de documento.

Como podemos ver, el radio controla la apariencia de las esquinas de la forma. Cuanto mayor sea el valor del radio, más redondeadas serán las esquinas.

Como las formas están formadas por trazos, podemos editar fácilmente los trazos para crear diferentes formas. En el ejercicio 2, usamos la herramienta de selección directa para cambiar la forma del trazo, para crear una forma diferente. También podemos añadir o eliminar elementos de los trazos para crear diferentes formas. Aprenderemos a hacerlo en los siguientes pasos.

Diseñar la navegación

8. En la barra de opciones, hacemos clic en el botón de la herramienta Rectángulo y en el botón restar de área de forma.

Seleccionar la herramienta Rectángulo de la barra de opciones es igual que seleccionarla en el cuadro de herramientas.

Cada vez que usemos una herramienta de forma o de pluma, podremos acceder a todas las herramientas de forma y de pluma de la barra de opciones.

9. Arrastramos para crear un rectángulo, como se muestra en la ilustración. La finalidad de este paso es crear un borde plano en el lado izquierdo del botón.

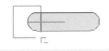

Al soltar el botón del ratón, observaremos que la zona que hemos tapado con el rectángulo ha perdido el color.

Como hemos restado de la forma, la zona superpuesta ahora está vacía. Además, veremos que ahora hay dos conjuntos de trazos: uno para la forma que creamos con la herramienta Rectángulo redondeado y otro para el rectángulo que creamos en el último paso.

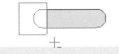

10. Seleccionamos la herramienta de selección de trazado (la flecha negra) en el cuadro de herramientas.

En la barra de opciones, hacemos clic en el botón **Combinar**.

Al hacer clic en el botón **Combinar**, combinamos el trazado de la forma original, que creamos con la herramienta Rectángulo redondeado, y el trazado del rectángulo que creamos con la herramienta Rectángulo.

11. Seleccionamos la herramienta Rectángulo en el cuadro de herramientas. En la barra de opciones, hacemos clic en los botones de capas de forma y de restar de área de forma.

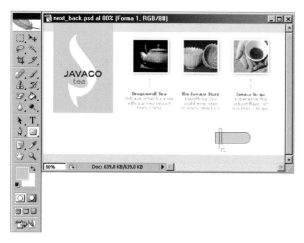

Arrastramos para crear un rectángulo estrecho dentro de la forma de píldora, como se muestra en la ilustración.

12. Hacemos clic en la herramienta de selección de trazado (la flecha negra) en el cuadro de herramientas. Hacemos clic en el rectángulo estrecho que creamos en el último paso, para seleccionarlo. Sabremos que está seleccionado porque en las esquinas aparecerán unos nódulos grises de edición, como se muestra en la ilustración.

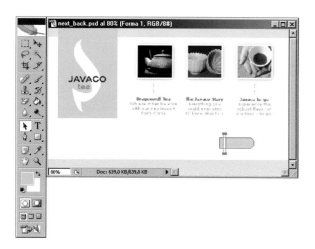

13. Con el rectángulo estrecho seleccionado, seleccionamos Edición>Copiar y luego Edición>Pegar.

Con este paso no apreciaremos cambios en pantalla, porque el trazado pegado aparece sobre el trazado existente. Cuando copiamos y pegamos, el trazado pegado mantiene las propiedades del trazado original, incluyendo su posición.

14. Con la herramienta de selección de trazado todavía seleccionada en la paleta capas, arrastramos el trazado pegado hacia la derecha, como se muestra en esta ilustración.

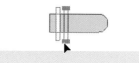

Cuando soltemos el botón del ratón, observaremos que el nuevo trazado tiene las mismas propiedades que el original (incluso resta de la forma).

15. Con la herramienta Selección de trazado escogida en el cuadro de herramientas, hacemos clic en el botón **Combinar**, en la barra de opciones.

Ahora que hemos creado un botón, podemos crear fácilmente el segundo botón, usando la nueva función de objetos inteligentes de Photoshop CS2.

Aprenderemos a hacerlo en los siguientes pasos.

Diseñar la navegación

Ocultar y mostrar trazados

SI QUEREMOS PREVISUALIZAR LA FORMA SIN VER LOS TRAZADOS, HACEMOS CLIC EN EL ICONO DE MÁSCARA VECTORIAL, EN LA CAPA DE FORMA DE LA PALETA Capas. EL BORDE QUE RODEA AL ICONO DE MÁSCARA VECTORIAL CAMBIARÁ PARA INDICAR QUE EL TRAZADO ESTÁ OCULTO.

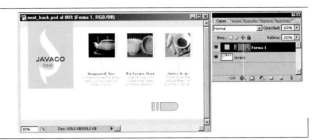

16. En la paleta **Capas**, hacemos clic en la capa **Forma 1** para seleccionarla. Seleccionamos **Agrupar en objeto inteligente nuevo** en el menú de la paleta **Capas**. Hacemos doble clic en el nombre de capa **Shape 1**. Cuando aparezca el cuadro para introducir el nombre, cambiamos el nombre por next y pulsamos **Retorno** (Mac) o **Intro** (Windows).

17. Seleccionamos **Duplicar capa** en el menú de la paleta **Capas**. En el cuadro de diálogo **Duplicar capa**, escribimos back, en el campo **Como** y hacemos clic en **OK**.

18. En la paleta **Capas**, hacemos clic en la capa **back** para seleccionarla.

Seleccionamos la herramienta Mover en el cuadro de herramientas. Arrastramos para mover la capa **back** hacia la izquierda de la capa **next**, como mostramos en la ilustración. Usamos las guías inteligentes (**Ver>Mostrar>Guías inteligentes**) para que nos ayuden a colocar los botones.

19. Con la capa **back** seleccionada en la paleta **Capas**, seleccionamos **Edición>Transformar> Voltear horizontal**.

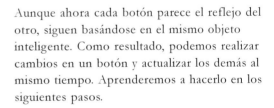

Aunque ahora cada botón parece el reflejo del otro, siguen basándose en el mismo objeto inteligente. Como resultado, podemos realizar cambios en un botón y actualizar los demás al mismo tiempo. Aprenderemos a hacerlo en los siguientes pasos.

20. En la paleta **Capas**, hacemos doble clic en la capa **back**. Hacemos clic en **OK** para indicar que hemos leído la advertencia del objeto inteligente.

21. Seleccionamos la herramienta de selección directa (la flecha blanca) en el cuadro de herramientas. Hacemos clic para seleccionar el trazo del perímetro de la forma de píldora. Sabremos que el trazo está seleccionado porque podremos ver los puntos de ancla.

22. Arrastramos los puntos de ancla para cambiar la forma del botón. Cuando terminemos, seleccionamos **Archivo>Guardar**. Seleccionamos **Archivo>Cerrar** para cerrar el objeto inteligente.

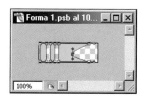

Observaremos que los dos botones se han actualizado con el cambio que hemos hecho y que ambos siguen pareciendo el reflejo del otro. Como podemos ver, ¡la función de objetos inteligentes de Photoshop CS2 tiene infinitas aplicaciones prácticas!

23. Pulsamos **Comando-Z** (Mac) o **Control-Z** (Windows) para deshacer los cambios que realizamos en el objeto inteligente.

Aunque las formas que creamos eran bonitas, no eran muy funcionales como botones para avanzar y retroceder.

24. Seleccionamos la herramienta Texto horizontal en el cuadro de herramientas. Seleccionamos **Arial** en el menú emergente de fuente, **Regular** en el menú emergente de estilo de fuente, **15 pt** en el menú emergente de tamaño de fuente y **Redondeado** en el menú emergente de método de suavizado.

Hacemos clic en el cuadro de color de fuente para abrir el cuadro de diálogo **Selector de color**. Seleccionamos un color azul oscuro y hacemos clic en **OK**.

25. Arrastramos en el interior de la ventana de documento y escribimos **back**.

Seleccionamos la herramienta Mover en el cuadro de herramientas. Arrastramos para colocar el texto en el botón, como se muestra en la ilustración.

26. Seleccionamos la herramienta Texto horizontal en el cuadro de herramientas. Arrastramos en el interior de la ventana de documento y escribimos **next**.

Seleccionamos la herramienta Mover en el cuadro de herramientas. Arrastramos para colocar el texto en el botón, como se muestra en la ilustración.

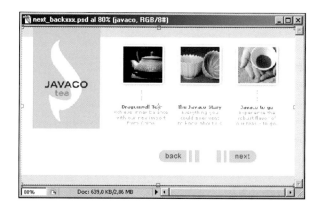

27. Guardamos los cambios y cerramos el archivo.

Diseñar la navegación

CD-ROM: EN EL ÚLTIMO EJERCICIO, APRENDIMOS A CREAR INTERESANTES BOTONES PARA AVANZAR Y RETROCEDER CON FORMA DE PÍLDORA, USANDO LA HERRAMIENTA RECTÁNGULO REDONDEADO Y EL MODO RESTA DE PHOTOSHOP CS2.

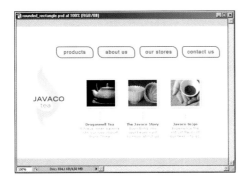

PARA APRENDER MÁS SOBRE LA HERRAMIENTA RECTÁNGULO Y CÓMO CREAR LOS BOTONES RECTANGULARES, COMO LOS QUE MUESTRA ESTA ILUSTRACIÓN, PODEMOS VER ROUNDED_ BUTTONS.MOV, QUE SE ENCUENTRA EN LA CARPETA MOVIES DEL CD-ROM.

5. [PS/IR] CREAR BOTONES TRIDIMENSIONALES

En los últimos ejercicios aprendimos a usar estilos de capa para añadir interesantes efectos a botones Web planos.

También podemos crear botones tridimensionales usando el estilo de capa biselado y relieve en Photoshop CS2. A continuación tenemos un ejercicio que nos enseñará a hacerlo.

1. Abrimos 3d_button.psd, que se encuentra en la carpeta chap_09 que copiamos en el escritorio. Debemos asegurarnos de que se vea la paleta **Capas**. Si no lo está, seleccionamos **Ventana> Capas**.

2. En la paleta **Capas**, hacemos clic en la forma **products button** para seleccionarla. Seleccionamos **Biselado y relieve** en el menú emergente de añadir un estilo de capa.

3. En el cuadro de diálogo **Estilo de capa**, seleccionamos **Bisel interior** en el menú emergente **Estilo**. Experimentemos con los otros valores para ver los diferentes efectos que podemos conseguir con el estilo **Bisel interior**. Nos aseguramos de activar la opción **Previsualizar**, para poder ver cómo afectan los cambios al aspecto del botón. Cuando terminemos de experimentar, usamos esta ilustración como referencia para rellenar el cuadro de diálogo **Estilo de capa**. En el cuadro de diálogo **Estilo de capa**, hacemos clic en **OK** para aplicar el estilo de capa al botón.

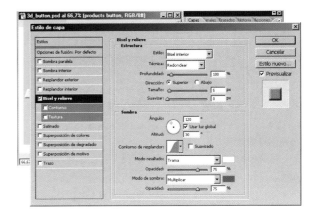

TRUCO: PARA CAMBIAR EL COLOR DE LA SOMBRA, COMO SE MUESTRA AQUÍ, HACEMOS CLIC EN EL CUADRO DE CONFIGURAR COLOR DE SOMBRA PARA ABRIR EL CUADRO DE DIÁLOGO Selector de color. SELECCIONAMOS UN COLOR VERDE OSCURO Y HACEMOS CLIC EN **OK**.

Como podemos ver, el estilo de capa Bisel interior añade sombras y relieves para hacer que el botón parezca tridimensional.

Bisel interior es sólo uno de los estilos de biselado y relieve. Experimentaremos con los demás en los siguientes pasos.

4. Con la capa **products button** seleccionada en la paleta **Capas**, seleccionamos **Duplicar capa** en el menú emergente de la paleta **Capas**. En el cuadro de diálogo **Duplicar capa**, escribimos **about us button**, en el campo **Como** y hacemos clic en **OK**. Cuando dupliquemos una capa, observaremos que también se duplica el estilo de capa.

5. Seleccionamos la herramienta Mover en el cuadro de herramientas.

Arrastramos para colocar el botón about us bajo el botón products, como se muestra en la ilustración.

6. En la capa **about us button**, hacemos clic en la flecha que hay junto al icono de estilos de

capa, para poder ver el estilo de capa. Hacemos doble clic en el estilo de capa **Biselado y relieve** de la capa **about us button** para abrir el cuadro de diálogo **Estilo de capa**.

7. En el cuadro de diálogo **Estilo de capa**, seleccionamos **Bisel exterior** en el menú emergente **Estilo**.

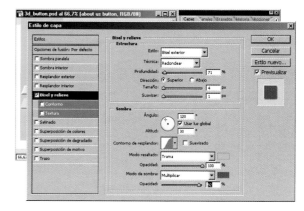

Experimentemos con las otras configuraciones del estilo Bisel exterior. Cuando terminemos de hacer pruebas, introducimos la configuración que aparece en esta ilustración.

En el cuadro de diálogo **Estilo de capa**, hacemos clic en **OK** para aplicar el estilo de capa al botón.

Diseñar la navegación

TRUCO: PARA CAMBIAR EL COLOR DEL RESALTADO, COMO SE MUESTRA AQUÍ, HACEMOS CLIC EN EL CUADRO DE CONFIGURAR COLOR DE ILUMINACIONES PARA ABRIR EL CUADRO DE DIÁLOGO Selector de color. SELECCIONAMOS UN COLOR VERDE CLARO Y HACEMOS CLIC EN OK.

8. Con la capa **about us button** seleccionada en la paleta **Capas**, seleccionamos **Duplicar capa** en el menú emergente de la paleta **Capas**. En el cuadro de diálogo **Duplicar capa**, escribimos **our stores button**, en el campo **Como** y hacemos clic en **OK**.

9. Seleccionamos la herramienta Mover en el cuadro de herramientas. Arrastramos para colocar el botón **our stores** bajo el botón **about us**, como se muestra en la ilustración.

10. Hacemos doble clic en el estilo de capa **Biselado y relieve** de la capa **about us button** para abrir el cuadro de diálogo **Estilo de capa**.

11. En el cuadro de diálogo **Estilo de capa**, seleccionamos **Relieve acolchado** en el menú emergente **Estilo**. Experimentemos con las otras configuraciones del estilo Relieve acolchado. Como podemos ver, este estilo proporciona al botón una textura tridimensional diferente a la conseguida con los estilos Biselado interior y Biselado exterior. Cuando terminemos de hacer pruebas, introducimos la configuración que

aparece en esta ilustración. En el cuadro de diálogo **Estilo de capa**, hacemos clic en **OK** para aplicar el estilo de capa al botón.

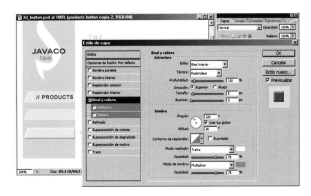

Como podemos ver, el estilo de capa Biselado y relieve puede añadir varias texturas tridimensionales interesantes a los botones Web. En este ejercicio usamos una configuración diferente para cada botón, para hacernos una idea de los diferentes efectos que podemos conseguir. Cuando diseñemos botones Web para nuestras propias páginas Web, todos los botones deberían tener la misma apariencia; ¡una imagen consistente siempre es la mejor!

12. Cerramos 3d_button.psd. No es necesario guardar los cambios.

Crear un botón anguloso

¿NOS PREGUNTAMOS CÓMO SE CREÓ EL BORDE ANGULOSO DEL BOTÓN DEL ÚLTIMO EJERCICIO? ¡ES FÁCIL! AQUÍ MOSTRAMOS CÓMO:

1. CREAMOS UN RECTÁNGULO NORMAL CON LA HERRAMIENTA RECTÁNGULO.

2. EN LA BARRA DE OPCIONES, HACEMOS CLIC EN EL BOTÓN DE RESTAR ÁREA DE FORMA. ARRASTRAMOS PARA CREAR UN PEQUEÑO RECTÁNGULO, PEGADO AL RECTÁNGULO QUE CREAMOS EN EL ÚLTIMO PASO.

3. SELECCIONAMOS LA HERRAMIENTA DE SELECCIÓN DIRECTA (LA FLECHA BLANCA) EN EL CUADRO DE HERRAMIENTAS. HACEMOS CLIC EN EL TRAZO DEL PEQUEÑO RECTÁNGULO, HASTA QUE APAREZCAN LOS PUNTOS DE ANCLA EN LAS CUATRO ESQUINAS.

4. ARRASTRAMOS HACIA LA DERECHA EL PUNTO DE ANCLA SUPERIOR DERECHO PARA CREAR UNA LÍNEA ANGULOSA.

5. SELECCIONAMOS LA HERRAMIENTA DE SELECCIÓN DE TRAZADO (LA FLECHA NEGRA) EN EL CUADRO DE HERRAMIENTAS. EN LA BARRA DE OPCIONES, HACEMOS CLIC EN EL BOTÓN **COMBINAR**. ¡*VOILÁ*! ¡ACABAMOS DE CREAR UN BORDE PERFECTAMENTE ANGULADO PARA NUESTRO BOTÓN!

6. [PS/IR] CREAR BARRAS DE NAVEGACIÓN CON PESTAÑAS

Inspirándose en las pestañas de las agendas de papel, las barras de navegación con pestañas son un sistema de navegación práctico y sólido, que se ha popularizado gracias a conocidas páginas Web, como apple.com y amazon.com. En este ejercicio aprenderemos a crear una barra de navegación con pestañas. Como el alineamiento es muy importante para crear una barra de navegación con pestañas efectiva, también aprenderemos a usar reglas y guías.

1. Abrimos tab_nav_bar.psd, que se encuentra en la carpeta chap_09 que copiamos en el escritorio.

Antes de comenzar a crear la barra de navegación con pestañas, debemos preparar algunas guías para asegurarnos de que haya el mismo espacio entre las pestañas.

2. Seleccionamos Vista>Reglas.

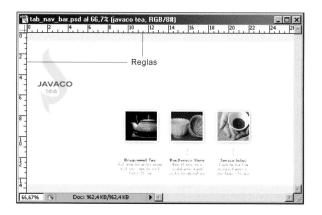

Observaremos que aparece una regla en la parte superior y en el lado izquierdo de la ventana de documento. Por defecto, las medidas de las reglas están en centímetros. Cuando diseñamos gráficos Web, siempre usamos píxeles como medida. No hay problema, podemos cambiar

Diseñar la navegación

fácilmente las reglas para usar píxeles. Aprenderemos a hacerlo en el siguiente paso.

3. Seleccionamos **Photoshop>Preferencias> Unidades y reglas** (Mac) o **Edición>Prefe- rencias>Unidades y reglas** (Windows). Seleccionamos **Píxeles** en el menú emergente **Reglas** y hacemos clic en **OK**.

Observaremos que las reglas se actualizan automáticamente en cuanto seleccionamos **Píxeles** en el menú emergente **Reglas**. El tamaño de la píxeles dependerá del número de píxeles entre cada marca de la regla. En esta imagen, las marcas se encuentran a intervalos de 5 píxeles. A continuación configuraremos las guías.

4. Seleccionamos la herramienta Mover en el cuadro de herramientas. Colocamos el cursor sobre la regla horizontal y arrastramos.

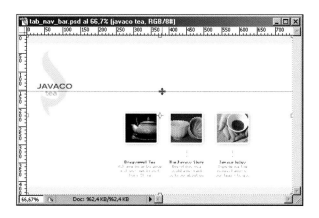

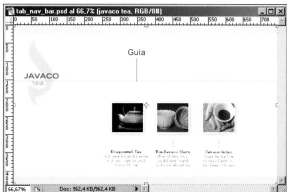

Cuando soltemos el botón del ratón, veremos una línea que recorre la ventana del documento. Esta línea no se imprimirá.

Si optimizamos o imprimimos el archivo, no aparecerá la guía; sólo está ahí para ayudarnos con el alineamiento durante el proceso de alineamiento.

5. Nos aseguramos de que la guía esté colocada justo sobre la parte superior de la letra t de la palabra tea, como muestra la anterior ilustración.

Si no es así, colocamos el cursor sobre la línea. Cuando veamos que el puntero se convierte en una flecha con dos puntas, arrastramos para cambiar la posición de la guía.

Cuando creemos la barra de navegación con pestañas, usaremos esta guía para alinear la parte inferior de los bordes de las pestañas.

6. Con la herramienta Mover todavía seleccionada en el cuadro de herramientas, colocamos el puntero sobre la regla vertical.

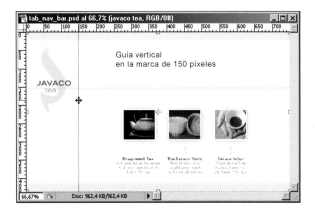

Arrastramos para crear una guía vertical. Soltamos el botón del ratón cuando la guía se encuentre en la marca de 150 píxeles de la regla horizontal, como se muestra en la ilustración.

7. Continuamos añadiendo guías verticales hasta que las guías de la imagen sean como las de la ilustración (las guías verticales se encuentran en las marcas de píxeles 150-, 185-, 220-, 320-, 340-, 440-, 460-, 560-, 580-, 680- y 715-).

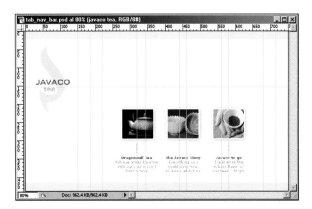

¿Nos preguntamos por el significado de las posiciones de estas guías verticales? Cuando diseñamos navegación con pestañas, es muy importante asegurarnos de que todas las pestañas tengan la misma anchura y que estén separadas uniformemente, de modo que la barra de navegación sea estéticamente agradable. ¡Cuando comencemos a dibujar las pestañas, todo tendrá sentido!

Cambiar el color de las guías

POR DEFECTO, LAS GUÍAS SON DE UN COLOR AZUL TURQUESA.

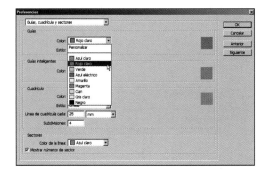

SI QUEREMOS CAMBIAR LAS GUÍAS POR UN COLOR DIFERENTE, SELECCIONAMOS Photoshop>Preferencias>Guías, cuadrícula y sectores (MAC) O Edición>Preferencias>Guías, cuadrícula y sectores (WINDOWS). EN LA SECCIÓN Guías DEL CUADRO DE DIÁLOGO, SELECCIONAMOS OTRO COLOR EN EL MENÚ EMERGENTE Color.

Ahora que tenemos las guías correctamente colocadas, podemos usar las herramientas de forma para crear la barra de navegación con pestañas.

8. Seleccionamos la herramienta Línea en el cuadro de herramientas.

9. En la barra de opciones, hacemos clic en los botones de capas de forma y de crear nueva capa de forma.

Diseñar la navegación

Escribimos **10 px** en el campo Grosor. El grosor determina el grosor de la línea. En la barra de opciones, hacemos clic en el cuadro de color de forma para abrir el cuadro de diálogo **Selector de color**. Seleccionamos un color azul brillante y hacemos clic en **OK**.

10. Colocamos el cursor sobre la segunda guía vertical. Mantenemos pulsada la tecla **Mayús** y arrastramos para crear una línea recta. Nos aseguramos de que la línea vaya desde la segunda guía vertical hasta la última, como muestra la ilustración. Usamos las guías inteligentes (Ver> Mostrar>Guías inteligentes) para asegurarnos de que están uniformemente alineadas, tocando las guías. No debemos preocuparnos por su posición horizontal, lo arreglaremos en el siguiente paso.

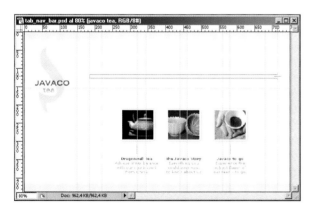

TRUCO: MANTENER LA TECLA **MAYÚS** PULSADA MIENTRAS DIBUJAMOS CON LA HERRAMIENTA LÍNEA LIMITARÁ LAS POSICIONES DE LA LÍNEA, PARA QUE PODAMOS CREAR UNA LÍNEA RECTA.

11. Seleccionamos la herramienta Mover en el cuadro de herramientas. Arrastramos (o usamos las flechas de dirección del teclado) para colocar la línea que hemos creado en el último paso, de forma que el borde inferior esté tocando la guía

horizontal. Usamos las guías inteligentes para ayudarnos.

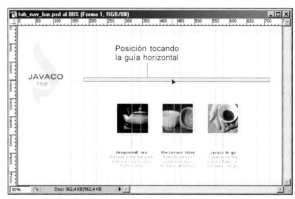

12. Seleccionamos la herramienta Rectángulo redondeado en el cuadro de herramientas. En la barra de opciones, hacemos clic en los botones de capas de forma y de añadir a área de forma. Queremos añadir a la forma, en lugar de crear una nueva forma para la pestaña. En la barra de opciones, escribimos **15 px** en el campo Radio. Mantenemos el color que hay en el cuadro de color de forma, de modo que las pestañas sean como la línea que creamos en el paso 10.

13. Arrastramos para crear la primera pestaña. Colocamos la pestaña entre la tercera y la cuarta guía vertical. Cuando creamos el rectángulo redondeado, nos aseguramos de que los bordes redondeados estén por debajo de la línea, como se muestra en esta ilustración.

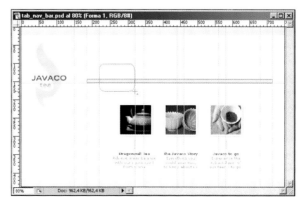

14. Arrastramos una nueva guía desde la regla horizontal. La colocamos en la parte superior de la pestaña que creamos en el último paso. Esta guía nos ayudará a alinear las pestañas, de forma que todas estén a la misma altura.

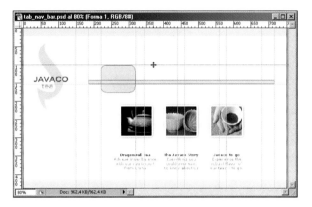

Aunque podemos usar las guías inteligentes para asegurarnos de que las pestañas están a la misma altura, veremos que es más sencillo usar una guía, porque podemos alinear el cursor en el punto en el que se cruzan las guías, antes de empezar a dibujar. Esto nos ayuda a asegurarnos de que las pestañas se encuentran a la misma altura. Cuando el puntero se vuelve de color rosa, sabemos que la pestaña está tocando las guías vertical y horizontal.

15. Con la herramienta Rectángulo redondeado todavía seleccionada en el cuadro de herramientas, arrastramos para crear una segunda pestaña.

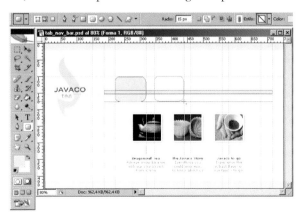

Antes de comenzar a dibujar, nos aseguramos de que el botón de añadir a capa de forma sigue activo en la barra de opciones. Colocamos la pestaña entre la quinta y la sexta línea vertical y nos aseguramos de que está alineada horizontalmente con la primera pestaña.

16. Repetimos el paso 15 para crear dos pestañas más, como se muestra en esta ilustración. Nos aseguramos de que el botón de añadir a capa de forma está activo en la barra de opciones. Usamos las guías y las guías inteligentes para asegurarnos de que el alineamiento y el espaciado son correctos. En este momento, la barra de navegación parece cuatro rectángulos redondeados sobre una línea. Para que se parezca a una barra de navegación con pestañas, tenemos que eliminar los bordes redondeados de la parte inferior.

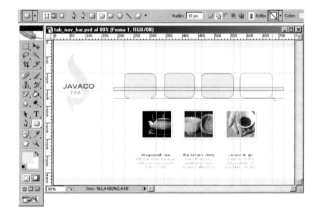

17. Seleccionamos la herramienta Rectángulo en el cuadro de herramientas. En la barra de herramientas, hacemos clic en el botón de restar área de forma.

18. Alineamos el cursor con la guía vertical inferior. Arrastramos para crear un gran rectángulo. Nos aseguramos de que el rectángulo está alineado, tocando la guía vertical inferior y de

Diseñar la navegación

que llegue más allá de la parte inferior de los rectángulos redondeados.

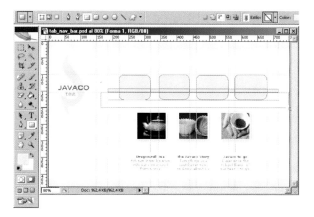

19. Seleccionamos la herramienta de selección de trazado (la flecha negra) en el cuadro de herramientas. En la barra de opciones, hacemos clic en el botón **Combinar**.

Pulsamos **Comando-;** (Mac) o **Control-;** (Windows) para deshabilitar la visibilidad de las guías, de forma que podamos ver la barra de navegación con pestañas. Cuando hayamos terminado, pulsamos **Comando-;** (Mac) o **Control-;** (Windows) para activar la visibilidad de las guías.

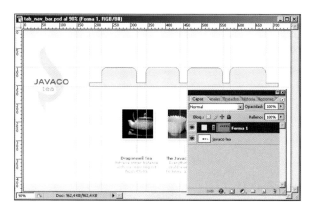

Ahora deberíamos tener una barra de navegación con pestañas, compuesta por una sola capa de forma. Observaremos que todas las pestañas tienen la misma altura y están separadas por la misma distancia.

Como podemos ver, ¡el tiempo pasado configurando las guías, al final compensa! A continuación, añadiremos un segundo color a las pestañas.

20. Seleccionamos la herramienta Mover en el cuadro de herramientas. Arrastramos una guía horizontal desde la regla. La colocamos tocando la parte superior de la línea, como se muestra en la ilustración.

TRUCO: PODEMOS ARRASTRAR GUÍAS DESDE LAS REGLAS CUANDO HAY OTRAS HERRAMIENTAS SELECCIONADAS EN EL CUADRO DE HERRAMIENTAS. SIN EMBARGO, NO PODEMOS CAMBIAR DE POSICIÓN LAS GUÍAS TRAS HABERLAS COLOCADO, A MENOS QUE SELECCIONEMOS LA HERRAMIENTA MOVER EN EL CUADRO DE HERRAMIENTAS.

21. Arrastramos una segunda guía horizontal desde la regla. Lo colocamos 10 píxeles por debajo de la guía horizontal superior (en mi caso, en la marca de 110 píxeles de la regla vertical). Arrastramos las guías verticales desde la regla. Colocamos las guías en las marcas de píxel 230-, 310-, 350-, 430-, 470-, 550-, 590- y 670- de la regla horizontal.

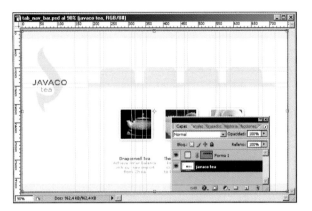

22. Seleccionamos la herramienta Rectángulo redondeado en el cuadro de herramientas. En la barra de opciones, hacemos clic en los botones de capas de forma y de crear nueva capa de forma.

Escribimos **15 px** en el campo Radio. En la barra de opciones, hacemos clic en el cuadro de color de forma para abrir el cuadro de diálogo **Selector de color**. Seleccionamos un color azul claro y hacemos clic en **OK**.

23. Colocamos el puntero en la intersección entre la segunda guía horizontal y la cuarta guía vertical, como muestra la ilustración. Nos aseguramos de que el cursor se vuelve rosa, para saber que está perfectamente alineado con las guías.

24. Arrastramos para crear un rectángulo redondeado en el interior de la pestaña.

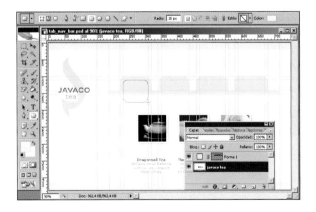

Nos aseguramos de colocar las esquinas inferiores del rectángulo redondeado por debajo de la línea inferior de la barra de navegación con pestañas, como se muestra en la ilustración.

25. En la barra de opciones, hacemos clic en el botón de añadir a área de forma.

Repetimos los pasos 23 y 24 para crear rectángulos redondeados en el interior de las pestañas, como se muestra en esta ilustración.

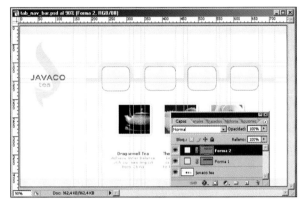

26. Seleccionamos la herramienta Rectángulo en el cuadro de herramientas. En la barra de opciones, hacemos clic en el botón de restar área de forma.

27. Colocamos el puntero en la intersección de la primera guía vertical y la tercera guía horizontal. Arrastramos para crear un rectángulo, como se muestra en la ilustración.

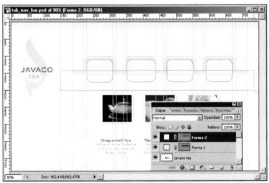

Diseñar la navegación

28. Seleccionamos la herramienta de selección de trazado (la flecha negra) en el cuadro de herramientas. En la barra de opciones, hacemos clic en el botón **Combinar**.

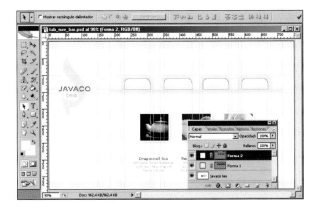

29. Pulsamos **Comando-;** (Mac) o **Control-;** (Windows) para ver la barra de navegación sin las guías.

30. En la paleta **Capas**, hacemos doble clic en la capa **Forma 1**. Cuando aparezca el cuadro para introducir el nombre, escribimos outer tabs y pulsamos **Retorno** (Mac) o **Intro** (Windows). Hacemos doble clic en la capa **Forma 2**. Cuando aparezca el cuadro para introducir el nombre, escribimos **inner tabs** y pulsamos **Retorno** (Mac) o **Intro** (Windows).

A continuación, añadimos una sombra a la barra de navegación con pestañas.

31. En la paleta **Capas**, hacemos clic en la capa **outer tabs** para seleccionarla. Seleccionamos **Sombra paralela** en el menú emergente de añadir un estilo de capa.

32. En el cuadro de diálogo **Estilo de capa**, experimentamos con las diferentes configuraciones del estilo de capa Sombra paralela. Cuando hayamos terminado, introducimos la configuración que aparece en esta ilustración. Hacemos clic en **OK**.

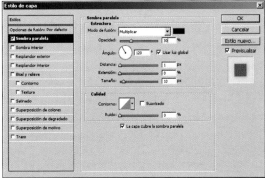

33. Usando las técnicas aprendidas en este capítulo y en un capítulo anterior, añadiremos etiquetas a los botones, como muestra esta ilustración. Usamos la herramienta Mover y las guías inteligentes para asegurarnos de que las etiquetas de las pestañas están colocadas y alineadas correctamente.

Como podemos ver, una barra de navegación con pestañas es un sistema de navegación efectivo y sencillo y Photoshop CS2 proporciona excelentes herramientas para ayudarnos a crearlas rápida y fácilmente.

34. Guardamos y cerramos el archivo.

CD-ROM: PARA OBTENER MÁS INFORMACIÓN SOBRE LA CREACIÓN DE UNA BARRA DE NAVEGACIÓN, PODEMOS VER TAB_NAV_BAR.MOV, QUE SE ENCUENTRA EN LA CARPETA MOVIES DEL CD-ROM.

7. [PS] CREAR BARRAS DE NAVEGACIÓN CON ICONOS

Combinando iconos con texto podemos crear un sistema de navegación interesante y efectivo. En este ejercicio aprenderemos a usar la herramienta Forma personalizada para crear iconos a partir de formas predefinidas, en Photoshop CS2. Además, aprenderemos a usar las herramientas de pluma para crear nuestras propias formas únicas.

1. Abrimos icon_buttons.psd, que se encuentra en la carpeta chap_09 que copiamos en el escritorio.

En este ejercicio añadiremos iconos sobre las etiquetas de texto products, about us, shop y contact. En primer lugar, añadiremos iconos usando algunas de las formas personalizadas predefinidas de Photoshop CS2. Cuando dominemos el dibujo con la herramienta Forma personalizada, pasaremos a la creación de nuestros propios iconos, mediante las herramientas de pluma.

2. Seleccionamos la herramienta Forma personalizada en el cuadro de herramientas.

3. En la barra de opciones, hacemos clic en los botones de capas de forma y de crear nueva capa de forma. En la barra de opciones, hacemos clic en el cuadro de color de forma para abrir el cuadro de diálogo **Selector de color**. Seleccionamos un color azul oscuro y hacemos clic en **OK**. Hacemos clic para ampliar el menú emergente Forma. Examinemos el surtido de formas predefinidas.

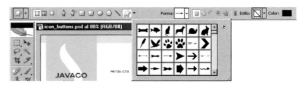

4. Hacemos clic en el menú emergente Forma. Observaremos las categorías adicionales de formas predefinidas de Photoshop CS2. Seleccionamos **Todas**. Aparecerá un cuadro de diálogo, preguntando si queremos sustituir las formas actuales por las formas de Todas.csh. Hacemos clic en **Añadir**.

Ahora deberíamos tener una lista de formas mayor en el menú emergente Forma.

NOTA: AL HACER CLIC EN **AÑADIR** AÑADIMOS LAS FORMAS AL MENÚ EMERGENTE Forma, SIN MODIFICAR LAS FORMAS EXISTENTES. SI HACEMOS CLIC EN **OK**, SUSTITUIREMOS LAS FORMAS QUE TENGAMOS EN ESE MOMENTO.

Diseñar la navegación

5. Recorremos la lista de formas. Hacemos clic para seleccionar un sobre negro.

6. Colocamos el cursor en la ventana del documento. Arrastramos para dibujar un pequeño sobre, como se muestra en la ilustración.

7. Seleccionamos la herramienta Mover en el cuadro de herramientas. Arrastramos para centrar el icono del sobre sobre la palabra CONTACT. Usamos las guías inteligentes (Ver>Mostrar>Guías inteligentes) para ayudarnos.

8. Seleccionamos la herramienta Forma personalizada en el cuadro de herramientas. En la barra de opciones, hacemos clic en los botones de capas de forma y de crear nueva capa de forma. Seleccionamos el carro de supermercado en el menú emergente Forma. Colocamos el cursor en la ventana del documento. Mantenemos pulsada la tecla **Mayús** y arrastramos para crear un pequeño icono con la forma de un carro de supermercado, como se muestra en la ilustración.

Al mantener pulsada la tecla **Mayús** mantenemos las proporciones de la forma del carro de supermercado.

9. Seleccionamos la herramienta Mover en el cuadro de herramientas. Arrastramos para colocar el icono del carro de supermercado. Usamos las guías inteligentes para asegurarnos de que el icono está centrado sobre la palabra SHOP y alineado con el icono del sobre.

Ahora que sabemos crear iconos mediante la herramienta Forma personalizada. Es el momento de pasar a un nivel superior y aprender a crear nuestras propias formas personalizadas. Para ello, vamos a usar la herramienta Pluma para dibujar una forma y luego la definiremos como forma personalizada, que podemos usar para crear iconos para los botones products y about us. Parece complicado, ¡pero nos sorprenderá lo fácil que es!

10. Dejamos abierto icon_buttons.psd y abrimos teapot.psd, que se encuentra en la carpeta chap_09 que copiamos en el escritorio.

11. Seleccionamos la herramienta Pluma en el cuadro de herramientas. En la barra de opciones, hacemos clic en los botones de capas de forma y de crear nueva capa de forma.

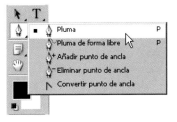

12. En la paleta **Capas**, hacemos clic en la capa **Background** para seleccionarla. Colocamos el cursor en la esquina izquierda de la tetera. Hacemos clic para crear un punto de ancla.

En cuanto hagamos clic en la ventana del documento con la herramienta Pluma, se creará automáticamente una capa de forma en la paleta **Capas**.

13. Seguimos haciendo clic para añadir puntos de ancla alrededor de la forma de la tetera. Cuando lleguemos de nuevo al primer punto de ancla que creamos, colocamos el puntero directamente sobre el punto de ancla. Cuando veamos el pequeño círculo junto al puntero de la herramienta Pluma, hacemos clic para cerrar la forma.

TRUCO: SI HACEMOS CLIC PARA AÑADIR UN PUNTO DE ANCLA, PERO NO NOS GUSTA LA POSICIÓN EN LA QUE LO HEMOS PUESTO, PODEMOS PULSAR **CO-MANDO**-**Z** (MAC) O **CONTROL**-**Z** (WINDOWS) PARA DESHACERLO.

14. En la paleta **Capas**, desactivamos la visibilidad de la capa **teapot**. Como podremos observar, hemos creado una forma basándonos en la tetera. Por desgracia, el asa no está muy definida. Lo solucionaremos en el siguiente paso.

15. Activamos la visibilidad de la capa **teapot**. En la paleta **Capas**, hacemos clic en la capa **Forma 1** para seleccionarla.

Con la herramienta Pluma todavía seleccionada en el cuadro de herramientas, hacemos clic en el botón de restar de área de forma, en la barra de opciones.

16. Hacemos clic para añadir un punto de ancla en el interior del asa. Seguimos haciendo clic para añadir una serie de puntos de ancla alrededor del interior del asa, como se muestra en la ilustración. Cuando lleguemos de nuevo al primer punto de ancla que creamos en el interior del asa, colocamos el puntero directamente sobre el punto de ancla. Cuando veamos un pequeño círculo junto al puntero de la herramienta Pluma, hacemos clic para cerrar la forma.

Diseñar la navegación

17. Desactivamos la visibilidad de la capa **teapot**.

¡Acabamos de crear una forma vectorial de tetera usando la herramienta Pluma! A continuación, definiremos la tetera como una forma personalizada, de forma que podamos dibujar con la forma de la tetera en otras imágenes.

18. En la paleta **Capas**, hacemos clic en la capa **Forma 1** para seleccionarla. Seleccionamos **Edición>Definir forma personalizada**.

19. En el cuadro de diálogo **Nombre de forma**, escribimos Teapot en el campo **Nombre**. Hacemos clic en **OK**.

Observaremos que la vista previa en miniatura del cuadro de diálogo **Nombre de forma**, es la forma de una tetera.

20. Cerramos teapot.psd. No es necesario guardar los cambios. Volvemos a la imagen icon_buttons.psd.

21. Seleccionamos la herramienta Forma personalizada en el cuadro de herramientas. En la barra de opciones, hacemos clic para ampliar el contenido del menú emergente **Forma**. Nos desplazamos hasta la parte inferior, donde encontraremos la forma personalizada Teapot que definimos en el paso 19. Hacemos clic en para seleccionarla.

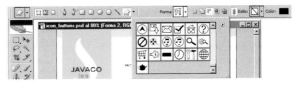

22. En la barra de opciones, hacemos clic en los botones de capas de forma y de crear nueva capa de forma. Colocamos el cursor en la ventana del documento. Mantenemos pulsada la tecla **Mayús** y arrastramos para crear una pequeña tetera.

23. Seleccionamos la herramienta Mover en el cuadro de herramientas. Arrastramos para colocar el icono de la tetera. Usamos las guías inteligentes para asegurarnos de que la tetera está centrada sobre la palabra PRODUCTS y alineada con los iconos de carro de supermercado y sobre, que creamos y colocamos anteriormente en este ejercicio.

24. Abrimos teacup.psd, que se encuentra en la carpeta chap_09 que copiamos en el escritorio.

25. Con las técnicas que hemos aprendido en este ejercicio, usamos la herramienta Pluma para trazar la taza de té.

Cuando hayamos terminado, seleccionamos **Edición>Definir forma personalizada.** Escribimos **Tea Cup** en el cuadro de diálogo **Nombre de forma** y hacemos clic en **OK**.

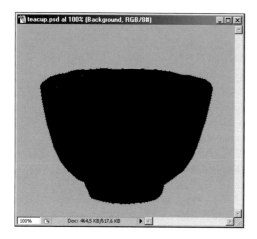

26. Cuando terminemos, cerramos teacup.psd y volvemos a icon_buttons.psd. No es necesario guardar los cambios.

27. Seleccionamos la herramienta Forma personalizada en el cuadro de herramientas. En la barra de opciones, hacemos clic para ampliar el contenido del menú emergente **Forma**.

Nos desplazamos hasta la parte inferior y hacemos clic para seleccionar la forma personalizada Tea Cup.

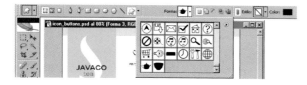

28. Colocamos el cursor en la ventana del documento. Mantenemos pulsada la tecla **Mayús** y arrastramos para crear un pequeño icono de taza.

29. Seleccionamos la herramienta Mover en el cuadro de herramientas. Arrastramos para colocar el icono de la taza de té. Usamos las guías inteligentes para asegurarnos de que la taza de té está centrada sobre las palabras ABOUT US y alineada con los iconos de carro de tetera, supermercado y sobre, que creamos anteriormente en este ejercicio.

Como podemos ver, crear nuestras propias formas personalizadas es muy sencillo.

No es necesario ser un artista experimentado para crear iconos divertidos e interesantes (¡lo único que necesitamos es una fotografía y la herramienta Pluma!).

30. Guardamos y cerramos icon_buttons.psd.

Diseñar la navegación

 CD-ROM: PARA OBTENER MÁS INFORMACIÓN SOBRE LA CREACIÓN DE BOTONES WEB CON ICONOS, PODEMOS VER ICON_BUTTONS.MOV, QUE SE ENCUENTRA EN LA CARPETA MOVIES DEL CD-ROM.

Enhorabuena por completar un capítulo largo y difícil. Este capítulo ha presentado varios conceptos nuevos, incluyendo varios tipos de navegación, además de las posibles complicaciones de trabajar con herramientas de forma, capas de forma y estilos de capa. Más adelante, aprenderemos a dividir y a vincular a URL y a hacer la navegación interactiva, aplicando diferentes estados. A continuación, aprenderemos a optimizar gráficos transparentes.

Capítulo 10

Crear gráficos transparentes

Crear gráficos transparentes

Por defecto, todos los gráficos generados por ordenador son rectangulares o cuadrados. Por tanto, la mayoría de las imágenes que vemos en Internet son rectangulares, haciendo que muchos sitios parezcan iguales. Por suerte, podemos evitar la limitación rectangular creando GIF transparentes.

Actualmente, el único formato de archivo, ampliamente usado en Internet, que admite transparencias es el formato GIF. Por desgracia, las opciones de transparencia GIF son limitadas y pueden producir un antiestético halo alrededor de los gráficos. Como veremos en este capítulo, Photoshop CS2 e ImageReady CS2 tienen excelentes herramientas para contrarrestar los problemas inherentes a la transparencia en el formato de archivo GIF.

En este capítulo aprenderemos varias técnicas para crear GIF transparentes. También aprenderemos a simular transparencia con el formato JPEG.

LAS LIMITACIONES DE LAS TRANSPARENCIAS GIF

En Photoshop CS2 o ImageReady CS2, cuando creamos gráficos con bordes suaves, como sombras paralelas, brillos, bordes desmechados o bordes suavizados, estamos usando transparencia de 8 bits (o de nivel 256). Esta funcionalidad permite que los programas muestren diferentes niveles de píxeles, parcialmente transparentes, en los bordes de los gráficos.

Como resultado, los bordes parecen suaves con transparencias de 8 bits, haciendo que los gráficos no rectangulares parezcan naturales.

Borde suavizado de Photoshop CS2.

Brillo de Photoshop CS2.

Photoshop CS2 e ImageReady CS2 usan hasta 256 niveles de transparencia. Como resultado, los bordes suavizados, brillos y demás bordes suaves parezcan refinados y naturales.

Por desgracia, el formato de archivo GIF sólo admite enmascaramiento de 1 bit, en lugar de la sofisticada transparencia de 8 bits, nativa en Photoshop CS2 e ImageReady CS2. El enmascaramiento de 1 bit no admite píxeles parcialmente transparentes, lo que significa que los píxeles de un archivo GIF son completamente transparentes o completamente opacos (visibles o no visibles).

La limitación del enmascaramiento de 1 bit produce un halo antiestético (a veces llamado fleco o mate) de píxeles con color. No debemos preocuparnos, aprenderemos a solucionar este problema en los siguientes ejercicios de este capítulo.

Borde suavizado GIF.

Borde GIF con brillo.

El formato de archivo GIF está limitado a enmascaramiento de 1 bit. En estas ilustraciones observaremos los halos de los bordes de GIF transparentes, cuando se muestran con un fondo HTML con color. En este capítulo aprenderemos por qué sucede esto y cómo solucionarlo.

¿QUÉ ES EL SUAVIZADO?

El término suavizado describe el borde de un gráfico que se fusiona con el color que le rodea. La ventaja del suavizado es que oculta la naturaleza dentada de las transiciones de color, en gráficos generados por ordenador. La mayoría de los programas gráficos ofrecen la posibilidad de usar el suavizado. Photoshop CS2 e ImageReady CS2 incluyen la opción de suavizado en casi todas las herramientas de creación, incluyendo las herramientas de selección, la herramienta de texto, las herramientas de forma, los pinceles y los borradores.

Borde suavizado.

Borde sin suavizado.

RECONOCER LAS CAPAS TRANSPARENTES

Una forma de crear GIF transparentes en Photoshop CS2 o ImageReady CS2 es crear los gráficos (o convertirlos) en una capa transparente. ¿Cómo podemos saber si el gráfico está usando capas transparentes? El motivo en forma de tablero de ajedrez de Photoshop CS2 o ImageReady CS2 es la ayuda visual que nos permite identificar píxeles transparentes.

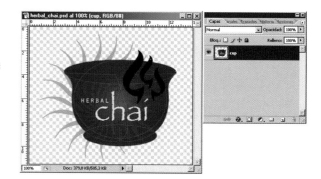

Crear gráficos transparentes

En Photoshop CS2 e ImageReady CS2, el tablero de ajedrez del fondo de la imagen indica que las imágenes están en una capa transparente.

Si tenemos otras capas activadas, que eviten que veamos el fondo con el motivo ajedrezado, debemos desactivarlas antes de guardar la imagen como un GIF transparente.

GIF, MÁSCARAS Y TRANSPARENCIA

Este capítulo incluye referencia a varios términos, como GIF, máscaras y transparencia.

A continuación tenemos una tabla que nos ayudará a comprender lo que significa cada término:

Terminología

Término	Definición
GIF	GIF significa Formato de intercambio gráfico. GIF es uno de los dos principales formatos de archivo gráfico que podemos usar para optimizar gráficos Web (JPEG es el otro). Los GIF son mejores para gráficos planos o sencillos, con zonas de un solo color, como logotipos, ilustraciones, dibujos animados e imágenes en blanco y negro. Como GIF admite transparencias (al contrario que JPEG), GIF es el formato que debemos usar si queremos incluir zonas transparentes en nuestros gráficos Web. Podemos activar la transparencia GIF en la ventana **Guardar para Web** de Photoshop CS2 y en la paleta **Optimizar** de ImageReady CS2.
Máscaras	Las máscaras ocultan la visibilidad de determinadas zonas de una imagen. En un GIF transparente, la máscara oculta las zonas transparentes. La máscara es invisible para el usuario final.
Transparente	Transparente significa que podemos "ver a través" de los píxeles las imágenes o capas que hay debajo. En Photoshop CS2 e ImageReady CS2, las zonas transparentes están definidas por un fondo ajedrezado. Cuando añadimos gráficos a una capa transparente en Photoshop CS2 o en ImageReady CS2, el programa crea automáticamente una máscara invisible, llamada canal de transparencia. El canal de transparencia (o máscara) oculta y muestra las zonas transparentes de una imagen.
GIF transparente	Los GIF transparentes incluyen una máscara invisible, que oculta y muestra las zonas transparentes de la imagen en un navegador Web. Como resultado, podemos crear imágenes que parezcan tener formas diferentes a un rectángulo o un cuadrado.

PROBLEMAS DE DESPLAZAMIENTO EN NAVEGADORES

Quizás nos preguntemos ¿por qué tantas molestias con esto de la transparencia? ¿No podríamos simplemente incorporar la imagen de fondo en la imagen principal y colocarla sobre la misma capa de fondo? Si estamos diseñando una página Web con un fondo plano, de un solo color, podemos usar esta técnica. Por desgracia, si la imagen de fondo está formada por un motivo o una fotografía, la imagen de primer plano no se alineará correctamente con la imagen de fondo. Debido a las limitaciones de HTML, las imágenes de primer plano y de fondo no se alinean en los navegadores y, como resultado, terminaremos con un desplazamiento indeseado, como se muestra en la siguiente ilustración.

No podemos prescindir de hacer el archivo GIF transparente porque si simplemente juntamos las imágenes de primer plano y del fondo, no siempre se alinearán en los navegadores. Observemos el desajuste de esta imagen.

I. [IR] CREAR Y PREVISUALIZAR GIF TRANSPARENTES

En este ejercicio aprenderemos a crear GIF transparentes de imágenes de fondo y a

previsualizar los resultados en un navegador Web.

Podemos crear archivos GIF transparentes en Photoshop CS2 y en ImageReady CS2. Para este ejercicio, usaremos ImageReady CS2 porque es más sencillo definir una imagen de fondo y de primer plano y ver los resultados en un navegador Web en éste que en Photoshop CS2.

Posteriormente, en este capítulo, aprenderemos a conseguir el mismo resultado en Photoshop CS2.

1. Abrimos herbal_chai.psd, que se encuentra en la carpeta chap_10 que copiamos en el escritorio. Debemos asegurarnos de que se vea la paleta **Optimizar**. Si no se ven, seleccionamos **Ventana>Optimizar** y **Ventana>Tabla de colores**.

2. En la ventana de documento, hacemos clic en la pestaña **Optimizada**. Modificamos la configuración de la paleta **Optimizar** para que concuerde con la de esta ilustración.

Nos aseguramos de desplegar la opción **Transparencia** (esta opción define la imagen como transparente al guardarla como GIF).

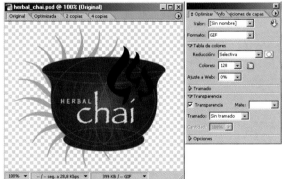

Crear gráficos transparentes

3. Seleccionamos Archivo>Ajustes de salida>Fondo. En el cuadro de diálogo Ajustes de salida, seleccionamos Ver documento como: Imagen.

Esta opción indica a ImageReady CS2 que queremos definir la imagen como imagen de primer plano y no como imagen de fondo.

4. En el cuadro de diálogo Ajustes de salida, hacemos clic en el botón **Seleccionar**. Nos dirigimos hasta la carpeta chap_10 que copiamos en el escritorio. Seleccionamos cup_tile.gif y hacemos clic en **Abrir**. La ruta hasta la imagen de fondo aparecerá en la sección Imagen de fondo del cuadro de diálogo Ajustes de salida. Hacemos clic en **OK**.

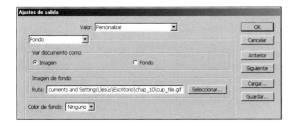

Este proceso indica a ImageReady CS2 que queremos que cup_tile.gif aparezca como imagen de fondo, por detrás de la imagen transparente, en primer plano, herbal_chai.psd.

5. En el cuadro de herramientas, hacemos clic en el botón de previsualizar en el navegador por defecto.

Veremos un halo antiestético alrededor de los bordes del gráfico

El navegador Web predeterminado se abrirá automáticamente y veremos la imagen transparente herbal_chai.psd, sobre la imagen cup_tile.gif.

Podemos ver que la transparencia funciona, pero observaremos un borde blanco o aserrado alrededor de los bordes de la imagen herbal_chai.psd. En el siguiente ejercicio, aprenderemos a eliminar ese feo borde para conseguir la apariencia de un borde suavizado.

6. Volvamos a ImageReady CS2 y dejemos el archivo abierto para el siguiente ejercicio.

2. [IR] REPARAR LOS BORDES DE GIF TRANSPARENTES

En el último ejercicio, aprendimos a crear un GIF transparente usando los controles de transparencia de la paleta Optimizar. Cuando previsualizamos la imagen sobre un fondo, aparece una franja o halo blanco alrededor del borde externo de la imagen.

En este ejercicio aprenderemos a eliminar ese feo halo para que los bordes de la imagen parezcan nítidos y limpios.

1. Si realizamos el último ejercicio, herbal_chai.psd debería estar abierto en ImageReady CS2. Si no es así, podemos volver atrás y completar el ejercicio 1. Dejamos abierto herbal_chai.psd y abrimos cup_tile.psd, que se encuentra en la carpeta chap_10 que copiamos en el escritorio.

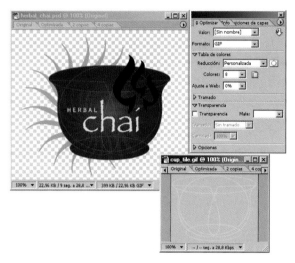

2. Seleccionamos la herramienta Cuentagotas en el cuadro de herramientas. Hacemos clic en el fondo beige de la imagen cup_tile.gif para tomar una muestra del color y para cambiar el color de fondo.

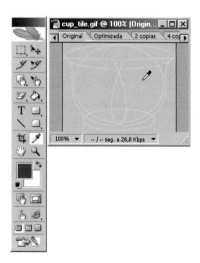

3. Cerramos cup_tile.gif y volvemos a la imagen herbal_chai.psd.

Si está oculta detrás de otras ventanas de la pantalla, seleccionamos **Ventana>Documentos>herbal_chai.psd**. Hacemos clic en la pestaña **Optimizada**.

4. En la sección **Transparencia** de la paleta **Optimizar**, seleccionamos **Color frontal** en el menú emergente **Mate**, como muestra esta ilustración.

El color que seleccionamos en la imagen de fondo ahora debería aparecer en el campo **Mate** de la sección **Transparencia**, en la paleta **Optimizar**,

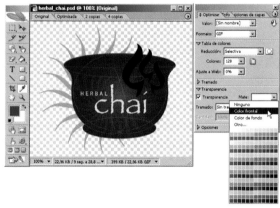

5. Seleccionamos la herramienta Zoom en el cuadro de herramientas. Ampliamos los bordes del archivo herbal_chai.psd y examinemos atentamente los bordes.

Deberíamos ver el color beige debajo del borde suavizado del gráfico. Alternamos entre las pestañas **Optimizada** y **Original** para ver los cambios realizados.

Crear gráficos transparentes

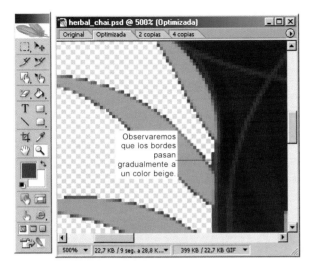

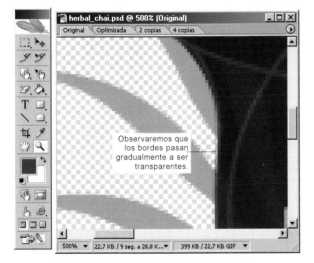

En la imagen original, observaremos que los bordes pasan gradualmente de opacos a transparentes y, en la imagen optimizada, los bordes pasan gradualmente a color beige. Esto ayudará a fundir la imagen con el fondo y eliminará el halo blanco.

6. Cuando terminemos de observar los cambios, en el cuadro de herramientas, hacemos doble clic en la herramienta Zoom para volver a ver la imagen con su tamaño original.

7. En el cuadro de herramientas, hacemos clic en el botón de previsualizar en el navegador por defecto.

La imagen de fondo sigue siendo la asignada en el último ejercicio. En el navegador Web, veremos que la imagen de fondo es herbal_chai.psd y que la imagen frontal es cup_tile.gif. A diferencia del último ejercicio, no veremos el molesto halo blanco alrededor de los bordes de la imagen herbal_chai.psd. En su lugar, herbal_chai.psd tiene un mate beige alrededor del borde, que se funde con el fondo. Con un fondo tan elaborado como este, aunque el fondo sea complejo, el color mate produce un borde suave y limpio.

8. Volvamos a ImageReady CS2. Dejemos abierto herbal_chai.psd para el siguiente ejercicio.

3. [IR] REPARAR LOS BORDES SUAVES DE GIF TRANSPARENTES

Cambiar el color mate, para que coincida con el color de la imagen de fondo, elimina el halo blanco de una simple imagen suavizada en primer plano. ¿Y si el borde de la imagen en primer plano contiene un borde muy suave, como una sombra paralela o un brillo? Como veremos en este ejercicio, la técnica de hacer coincidir los colores, que acabamos de aprender, puede ocultar incluso una suave sombra paralela o brillo.

1. Si realizamos el último ejercicio, herbal_chai.psd debería estar abierto en ImageReady CS2. Si no es así, podemos volver atrás y completar el ejercicio 2. En la ventana del documento, hacemos clic en la pestaña **Original**. Nos aseguramos de que se vean la paleta **Capas** y la paleta **Optimizar**. Si no se ven, seleccionamos **Ventana>Capas** y **Ventana>Optimizar**.

 TRUCO: ES IMPORTANTE VOLVER A LA PESTAÑA Original. SI NO ES ASÍ, IMAGEREADY CS2 INTENTARÁ OPTIMIZAR LOS GRÁFICOS QUE ESTAMOS EDITANDO, LO QUE HARÁ QUE EL PROCESO DE EDICIÓN SEA INNECESARIAMENTE LENTO. ADEMÁS, CUANDO LA PESTAÑA Original ESTÁ ACTIVA, PODEMOS REALIZAR TAREAS DE EDICIÓN, COMO USAR PINCELES Y HERRAMIENTAS DE FORMA Y TEXTO, QUE NO ESTÁN DISPONIBLES CUANDO ESTÁ ACTIVA LA PESTAÑA Original.

2. En la paleta **Capas**, seleccionamos **Resplandor exterior** en el menú emergente **Añadir estilo de capa**.

3. Modificamos la configuración del cuadro de diálogo **Estilo de capa** para que concuerde con la de esta ilustración.

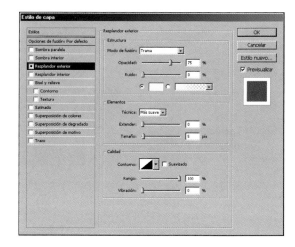

4. Hacemos clic en la pestaña **Optimizada**. Veremos un borde beige alrededor de la imagen, que es el resultado del color mate que aplicamos en el último ejercicio.

Observaremos que todavía podemos ver claramente los bordes del brillo exterior sobre el mate. Aunque la imagen parece extraña, con ese mate beige, tendrá un aspecto perfecto sobre la imagen de fondo en un navegador Web, como previsualizaremos en el siguiente paso.

Crear gráficos transparentes

5. En el cuadro de herramientas, hacemos clic en el botón de previsualizar en el navegador por defecto.

Observaremos que la integridad del resplandor interior no se ha visto afectada. Si miramos más de cerca, podremos ver pequeñas zonas de mate beige en el punto en el que alcanza a la imagen de fondo. Aún así, es preferible a tener bordes con color alrededor de toda la imagen y mantiene suaves los bordes del resplandor interior.

6. Volvamos a ImageReady CS2. Dejemos abierto herbal_chai.psd para el siguiente ejercicio.

4. [IR] GUARDAR GIF TRANSPARENTES OPTIMIZADOS

En estos últimos ejercicios, aprendimos a crear GIF transparentes. A continuación aprenderemos a guardar un GIF transparente optimizado con su correspondiente imagen de fondo, usando la función **Guardar optimizada como** de ImageReady CS2. En el ejercicio 5 aprenderemos a crear y guardar GIF transparentes en Photoshop CS2.

1. Si realizamos el último ejercicio, herbal_chai.psd debería estar abierto en ImageReady CS2. Si no es

así, podemos volver atrás y completar el ejercicio 3. Debemos asegurarnos de que se vea la paleta **Optimizar**. Si no lo está, seleccionamos **Ventana> Optimizar**.

2. En la ventana de documento, hacemos clic en la pestaña **Optimizada**. Hacemos que la paleta **Optimizar** use la configuración que aparece en esta ilustración.

3. Seleccionamos **Archivo>Guardar optimizada como**. El cuadro de diálogo **Guardar optimizada como** se abrirá automáticamente.

Observaremos que ImageReady CS2 mantiene automáticamente el nombre de archivo y cambia la extensión al formato adecuado (la extensión del archivo depende de la opción que seleccionemos en el menú emergente **Formato**).

4. En el cuadro de diálogo **Guardar optimizada**, seleccionamos **Sólo imágenes** en el menú desplegable **Formato**.

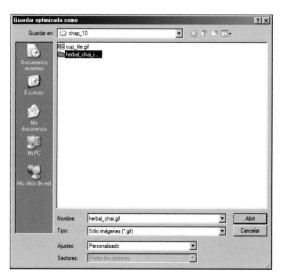

Nos dirigimos hasta la carpeta chap_10, en el escritorio. Creamos una nueva carpeta llamada herbal_chai_images. En el cuadro de diálogo **Guardar optimizada**, nos aseguramos de que esté seleccionada la carpeta herbal_chai_images. Hacemos clic en **Guardar**.

 NOTA: AL SELECCIONAR Sólo imágenes, GUARDARE-MOS LA IMAGEN FRONTAL Y LA DE FONDO. SI QUE-REMOS GUARDAR EL CÓDIGO HTML NECESARIO, ADEMÁS DE LAS IMÁGENES, SELECCIONAMOS HTML e imágenes EN EL MENÚ EMERGENTE DE FORMATO. DECIDIR SI GUARDAR EL CÓDIGO HTML DEPENDERÁ DE SI QUEREMOS CREAR LA PÁGINA WEB USANDO IMAGEREADY CS2 O SI PREFE-RIMOS CREAR PÁGINAS WEB USANDO UN EDITOR DE HTML, COMO ADOBE GOLIVE O MACROMEDIA DREAMWEAVER.

5. Nos dirigimos hasta la carpeta herbal_chai_images, en la carpeta chap_10 del escritorio.

En la carpeta herbal_chai_images, veremos que la imagen frontal (herbal_chai.gif) y la imagen de fondo (cup_tile.gif) se guardan automáticamente.

Una de las ventajas de usar la función **Guardar optimizada como** en ImageReady CS2, es la posibilidad de guardar la imagen de fondo y la frontal al mismo tiempo.

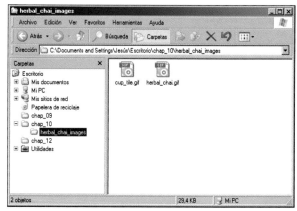

6. Cerramos herbal_chai.psd. No es necesario guardar los cambios.

5. [PS] CREAR Y GUARDAR GIF TRANSPARENTES EN PHOTOSHOP CS2

En este capítulo aprenderemos a crear, arreglar y guardar GIF transparentes en ImageReady CS2.

Habrá ocasiones en las que queramos crear GIF transparentes en Photoshop CS2, en lugar de en ImageReady CS2.

En este ejercicio aprenderemos a asignar un color mate, para evitar el halo blanco que rodea a las imágenes transparentes, y a guardar GIF transparentes en Photoshop CS2.

Crear gráficos transparentes

1. En Photoshop CS2, abrimos herbal_chai.psd y cup_tile.gif, que se encuentran en la carpeta chap_10 que copiamos en el escritorio.

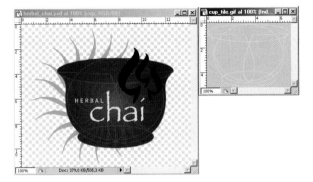

2. Hacemos clic en cup_tile.gif para hacer que sea la imagen activa. Seleccionamos Archivo> Guardar para Web.

En primer lugar, tomamos una muestra de color de cup_file.gif, para que podamos especificarlo como color mate para herbal_chai.psd.

3. Seleccionamos la herramienta Cuentagotas en el cuadro de herramientas de Guardar para Web. Hacemos clic en el fondo beige de cup_tile.gif para tomar una muestra del color. Hacemos clic en Listo.

 NOTA: A DIFERENCIA DE IMAGEREADY CS2, DEBEMOS TOMAR UNA MUESTRA DE COLOR EN EL CUADRO DE DIÁLOGO Guardar para Web, NO EN LA VENTANA PRINCIPAL DE PHOTOSHOP CS2. ÉSTA ES UNA DE LAS RAZONES POR LAS QUE NOS SERÁ MÁS SENCILLO CREAR GIF TRANSPARENTES EN IMAGEREADY CS2 QUE EN PHOTOSHOP CS2.

4. Hacemos clic en herbal_chai.psd para hacer que sea la imagen activa.

Si está oculta detrás de otras ventanas de la pantalla, seleccionamos Ventana>Documentos>herbal_chai.psd.

5. Seleccionamos Archivo>Guardar para Web.

Observaremos que el color beige, del que cogimos una muestra en el paso 3, sigue siendo el color de la herramienta Cuentagotas.

6. Modificamos la configuración del cuadro de diálogo Guardar para Web para que concuerde con la de esta ilustración.

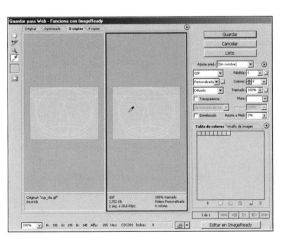

7. Seleccionamos **Color de cuentagotas** en el menú emergente **Mate**.

8. En el cuadro de diálogo **Guardar para Web**, seleccionamos **Editar ajustes de salida**, en el menú de **Optimizada**.

9. En el cuadro de diálogo **Ajustes de salida**, seleccionamos **Fondo** en el menú emergente.

Seleccionamos **Ver documento como: Imagen**. Hacemos clic en el botón **Seleccionar**. Nos dirigimos hasta la carpeta chap_10 que copiamos en el escritorio y seleccionamos cup_tile.gif. Hacemos clic en **Abrir**. Hacemos clic en **OK** para cerrar el cuadro de diálogo **Ajustes de salida**.

Especificar cup_tile.gif en el campo **Trazado** indica a Photoshop CS2 que queremos que herbal_chai.psd se vea como imagen frontal y cup_tile.gif como imagen de fondo.

10. En el cuadro de diálogo **Guardar para Web**, hacemos clic en el botón de previsualizar en el navegador por defecto, para previsualizar la configuración antes de guardar.

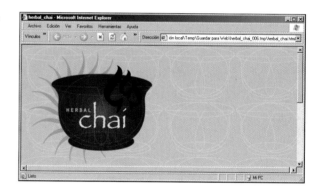

En el navegador Web veremos el GIF transparente, sobre la imagen de fondo que especificamos en el último paso.

11. Cerramos el navegador Web y volvemos al cuadro de diálogo **Guardar para Web** de Photoshop CS2. Hacemos clic en **Guardar** para abrir el cuadro de diálogo **Guardar optimizada como**.

12. En el cuadro de diálogo **Guardar optimizada como**, nos dirigimos a la carpeta chap_10 que copiamos en el escritorio. Hacemos clic en el botón de nueva carpeta para crear una

Crear gráficos transparentes

carpeta llamada herbal_chai_ps. Seleccionamos **HTML e imágenes** en el menú emergente de formato de archivo. Hacemos clic en **Guardar**.

Si preferimos crear el código HTML en un editor de HTML, seleccionamos **Sólo imágenes** en el menú emergente **Formato**.

13. Nos dirigimos hasta la carpeta herbal_chai_ps, en la carpeta chap_10 del escritorio. Examinamos el contenido de la carpeta. Si queremos, podemos hacer doble clic en herbal_chai_ps.html para ver los resultados guardados.

14. Volvamos a Photoshop CS2. Cerramos herbal_chai.psd. No es necesario guardar los cambios.

6. [PS] CREAR GIF TRANSPARENTES A PARTIR DE IMÁGENES NO TRANSPARENTES

A lo largo de este capítulo, hemos trabajado con herbal_chai.psd, que fue creado con Photoshop CS2, usando capas transparentes. Como la imagen contenía capas transparentes, era fácil crearla y guardarla como un GIF transparente. ¿Y si estamos trabajando con una imagen que no tiene capas transparentes, pero queremos crear un GIF transparente? ¿Cómo definiríamos qué zonas de la imagen queremos que sean transparentes? En este ejercicio aprenderemos a usar la opción de asignar colores a transparente, de Photoshop CS2, para definir zonas transparentes.

1. Abrimos flavors.psd, que se encuentra en la carpeta chap_10 que copiamos en el escritorio.

Observaremos que la imagen no tiene áreas transparentes (marcadas con un motivo ajedrezado).

2. Seleccionamos **Archivo>Guardar para Web**. Seleccionamos **GIF** en el menú emergente **Formato de archivo optimizado**, seleccionamos 128 en el cuadro **Colores**, activamos la opción de **Transparencia** y vemos los resultados en la sección de vista previa de la ventana **Guardar para Web**.

Observaremos que no ocurre nada. Como este archivo no tiene capas transparentes, Photoshop CS2 no sabe qué parte de la imagen debería ser transparente en el GIF optimizado. Para crear GIF transparentes, las imágenes deben tener capas transparentes.

En los siguientes pasos, aprenderemos a hacer que Photoshop CS2 convierta píxeles normales en píxeles transparentes.

3. Seleccionamos la herramienta Cuentagotas en el cuadro de herramientas de **Guardar para Web**.

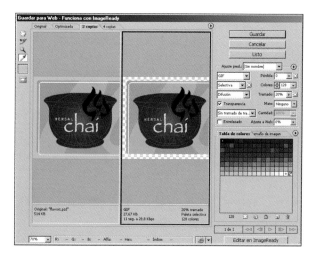

Observaremos que las zonas que antes eran de color verde claro, ahora tienen un motivo ajedrezado, lo que indica su transparencia. Photoshop CS2 convirtió el color seleccionado con la herramienta Cuentagotas en píxeles transparentes.

Esta función es muy práctica cuando tenemos que trabajar con una imagen que no tiene zonas transparentes.

Tras convertir los píxeles con color en píxeles transparentes, podemos usar las técnicas aprendidas en este capítulo para especificar una imagen de fondo, aplicar un color mate y guardar el GIF transparente optimizado.

5. En el cuadro de diálogo **Guardar para Web**, hacemos clic en **Cancelar**.

Cerramos el archivo. No es necesario guardar los cambios.

Hacemos clic en el color verde claro que rodea el perímetro del rectángulo redondeado.

4. En la parte inferior de la **Tabla de colores**, hacemos clic en el botón de asignar los colores seleccionados a transparente.

Crear gráficos transparentes

Crear zonas transparentes con el Borrador mágico

EN EL ÚLTIMO EJERCICIO APRENDIMOS A CONVERTIR PÍXELES CON COLOR EN PÍXELES TRANSPARENTES, EN LA VENTANA Guardar para Web. ESTA TÉCNICA ES ÚTIL CUANDO ESTAMOS OPTIMIZANDO UNA IMAGEN Y QUEREMOS CREAR ZONAS TRANSPARENTES. SIN EMBARGO, EN OCASIONES QUERREMOS CONVERTIR PÍXELES EN COLOR EN PÍXELES TRANSPARENTES, EN LA PROPIA IMAGEN. POR SUERTE, PHOTOSHOP CS2 TIENE UNA PRÁCTICA FUNCIÓN, LA HERRAMIENTA BORRADOR MÁGICO, QUE CONVIERTE RÁPIDAMENTE PÍXELES EN COLOR EN PÍXELES TRANSPARENTES. AQUÍ MOSTRAMOS CÓMO:

1. SELECCIONAMOS LA HERRAMIENTA BORRADOR MÁGICO EN EL CUADRO DE HERRAMIENTAS.

2. HACEMOS CLIC EN LA ZONA DE LA IMAGEN EN LA QUE QUEREMOS CAMBIAR LOS PÍXELES EN COLOR POR PÍXELES TRANSPARENTES. ¡*VOILÁ*! LOS PÍXELES CON COLOR SE CONVIERTEN AUTOMÁTICAMENTE EN PÍXELES TRANSPARENTES.

NOTA: EL BORRADOR MÁGICO FUNCIONA MEJOR EN ZONAS DE UN SOLO COLOR.

7. [IR] SIMULAR TRANSPARENCIA CON JPEG

En este capítulo, hemos aprendido a optimizar imágenes con transparencia como GIF, ya que GIF es actualmente el único formato de archivo Web que admite transparencias. Como sabemos por otro capítulo anterior, el formato de archivo GIF es mejor para gráficos planos o sencillos, con zonas de un solo color, como logotipos, ilustraciones, dibujos animados e imágenes en blanco y negro. ¿Y si tenemos una imagen con tono continuo, como una fotografía, con zonas transparentes? Podemos simular transparencia usando el formato de archivo JPEG, pero hay algunas limitaciones. A continuación tenemos un ejercicio que nos enseñará a comprenderlo.

1. Abrimos teapot.psd, que se encuentra en la carpeta chap_10 que copiamos en el escritorio. Nos aseguramos de que se vean la paleta **Capas** y la paleta **Optimizar**. Si no se ven, seleccionamos **Ventana>Capas** y **Ventana>Optimizar**.

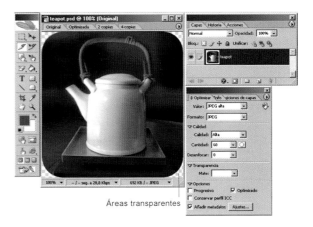

Áreas transparentes

Observaremos que la fotografía tiene esquinas redondeadas. Las zonas en negativo o las zonas detrás de las esquinas redondeadas, son transparentes.

2. Seleccionamos **Archivo>Ajustes de salida> Fondo**. Seleccionamos **Ver documento como**: **Imagen**. Seleccionamos **Otro** en el menú emergente **Color de fondo** para abrir el cuadro de diálogo **Selector de color**.

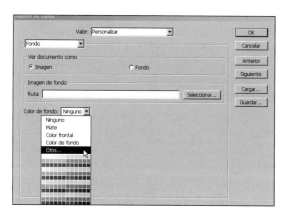

3. En el cuadro de diálogo **Selector de color**, especificamos los siguientes valores RGB: R=52, G=52 y B=26. Hacemos clic en **OK** para cerrar el cuadro de diálogo **Selector de color**. En el cuadro de diálogo **Ajustes de salida**, hacemos clic en **OK**.

Al seleccionar un color en el menú emergente **Color de fondo**, se añadirá una imagen de fondo, de un solo color, a la imagen frontal teapot.psd.

4. En la ventana de documento, hacemos clic en la pestaña **Optimizada**. Modificamos la configuración de la paleta **Optimizar** para que concuerde con la de esta ilustración.

Los píxeles transparentes se vuelven blancos

Cuando pasamos de la pestaña **Original** a la pestaña **Optimizada**, ¿observamos que las zonas transparentes pasaban de transparentes a blancas? Como el formato de archivo JPEG no admite transparencia, los píxeles transparentes se convierten automáticamente en píxeles con color. Por defecto, ImageReady CS2 convierte los píxeles transparentes en píxeles blancos.

5. En el cuadro de herramientas, hacemos clic en el botón de previsualizar en el navegador por defecto.

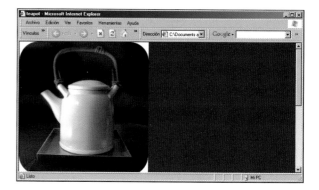

Crear gráficos transparentes

Como podemos ver, los bordes redondeados no parecen tan bonitos cuando son blancos sobre un fondo verde oscuro. No debemos preocuparnos, podemos simular la apariencia de transparencia usando un color mate que coincida con el color del fondo. Aprenderemos a hacerlo en los siguientes pasos.

Las esquinas ahora tienen el mismo color verde que el del fondo.

6. Cerramos el navegador Web y volvemos a ImageReady CS2. En la sección **Transparencia** de la paleta **Optimizar**, seleccionamos **Otro** en el menú emergente **Mate**. Escribimos los mismos valores RGB que especificamos en el paso 3: **R**=52, **G**=52 y **B**=26.

Observaremos que el color de las esquinas ha pasado de blanco a verde (el mismo color que especificamos para el color de fondo en el paso 3). Ahora las esquinas tienen el mismo color verde que el fondo.

7. En el cuadro de herramientas, hacemos clic en el botón de previsualizar en el navegador por defecto.

Como los píxeles transparentes se han rellenados con el mismo color que el fondo, obtenemos el efecto de una imagen transparente sobre un fondo con color.

Transparencia JPEG y fondos con motivos

COMO, DURANTE LA OPTIMIZACIÓN DE JPEG, SÓLO PODEMOS USAR UN COLOR PARA RELLENAR LOS PÍXELES TRANSPARENTES, SIMULAR TRANSPARENCIA USANDO LA TÉCNICA QUE APRENDIMOS EN ESTE EJERCICIO, SÓLO SERÁ EFECTIVO CON FONDOS DE UN SOLO COLOR.

Las esquinas de un solo color no concuerdan con el motivo del fondo, aunque sí lo haga el color mate

SI TENEMOS UN FONDO CON MOTIVOS, EL RESULTADO PUEDE SER POCO ATRACTIVO, PORQUE SERÁ EVIDENTE QUÉ GRUPO DE PÍXELES TIENEN UN SOLO COLOR, INCLUSO SI UTILIZAMOS UNO DE LOS COLORES DEL FONDO COMO COLOR MATE. COMO RESULTADO, DEBERÍAMOS TENER EN CUENTA EL CONTENIDO QUE QUEREMOS USAR EN NUESTRA PÁGINA WEB (LAS IMÁGENES DE FONDO Y FRONTALES) Y DECIDIR AL PRINCIPIO DEL PROCESO DE DISEÑO SI PREFERIMOS USAR UN FONDO CON MOTIVOS O UTILIZAR CONTENIDO FOTOGRÁFICO TRANSPARENTE, COMO EL DE ESTE EJERCICIO.

¡Hemos terminado otro difícil capítulo! ¡Ya estamos listos para crear GIF transparentes en Photoshop CS2 e ImageReady CS2! A continuación, aprenderemos a crear GIF animados.

Capítulo 11

Crear GIF animados

Crear GIF animados

Una de las grandes ventajas de diseñar gráficos Web es la posibilidad de crear animaciones, algo que no podemos hacer mediante el diseño tradicional. Si ya antes hemos realizado algún diseño, es posible que nunca hayamos trabajado con animaciones. No hay que preocuparse, Photoshop CS2 e ImageReady CS2 son excelentes herramientas para ayudarnos a crear gráficos Web animados. Si ya habíamos creado animaciones con anterioridad, nos sorprenderá lo sencillo que es crear animaciones en Photoshop CS2 y en ImageReady CS2.

Aunque las animaciones parezcan moverse cuando los vemos en el ordenador, el movimiento es simulado mediante una serie de imágenes fijas. Podemos guardar las animaciones desde Photoshop CS2 o ImageReady CS2, en dos formatos; GIF y SWF (Macromedia Flash). El formato GIF es muy utilizado en animación para Web, ya que no necesita complementos (todos los navegadores Web pueden leer este formato. Los GIF animados también son populares porque son compatibles con los navegadores Web más antiguos.

Este capítulo se centrará en cómo crear y guardar GIF animados. En un capítulo posterior aprenderemos a exportar archivos SWF animados. En el pasado, las funciones de animación sólo estaban disponibles en ImageReady. En esta versión, Photoshop CS2 ahora incluye las mismas funciones de animación que ImageReady CS2.

LA PALETA ANIMACIÓN

Cuando creamos animaciones en Photoshop CS2 o en ImageReady CS2, usaremos la paleta **Animación** para especificar diferentes configuraciones. La paleta **Animación** es igual en Photoshop CS2 y en ImageReady CS2. A continuación mostramos una vista general de sus funciones:

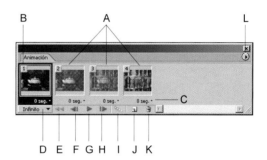

Controles de la paleta Animación

A	**Cuadros**	Muestra una vista previa del contenido de un cuadro.
B	**Número de cuadro**	Muestra el número del cuadro.
C	**Menú emergente de tiempo de retardo del cuadro**	Selecciona el retardo del cuadro.
D	**Menú emergente de repetición**	Selecciona la opción de repetición (las veces que se reproducirá la animación).
E	**Botón de primer cuadro**	Selecciona el primer cuadro.
F	**Botón de cuadro anterior**	Selecciona el cuadro anterior.
G	**Botón para reproducir/detener**	Reproduce o detiene la animación.
H	**Botón de siguiente cuadro**	Selecciona el siguiente cuadro.

Controles de la paleta **Animación**	
I **Botón de intercalar cuadros de animación**	Intercala la animación, lo que indica a Photoshop CS2 o ImageReady CS2 que genere cuadros automáticamente entre los cuadros que especifiquemos.
J **Botón de duplicar el cuadro seleccionado**	Duplica el cuadro seleccionado para crear un nuevo cuadro.
K **Botón de eliminar el cuadro seleccionado**	Elimina el cuadro seleccionado.
L **Menú de la paleta Animación**	Ofrece opciones para crear y editar animaciones.

CONTROLAR LA VELOCIDAD DE LAS ANIMACIONES

La animación es un medio que se basa en el tiempo. La velocidad de las animaciones se basa en el tiempo que queremos que dure la animación y el número de cuadros. A veces querremos una animación al estilo a la presentación de diapositivas, y otras veces querremos hacer que el movimiento parezca más rápido. El formato GIF admite retardos entre cuadros y permite cambiar la velocidad dentro de un mismo archivo de animación.

La animación de vídeo y de película también son medios basados en el tiempo, con una diferencia clave respecto a los GIF animados: el vídeo y la película se reproducen a una frecuencia de fotogramas determinada (30 fotogramas por segundo para vídeo, 24 fotogramas por segundo para la película). Por desgracia, los GIF animados se reproducen a diferentes velocidades dependiendo del ordenador en el que se reproducen. Cuanto más lento sea el procesador, más lentamente se reproducirá la animación. Por desgracia, no hay forma de predecir la velocidad a la que se reproducirá en ordenadores diferentes. Si podemos, debemos previsualizar las animaciones en varios ordenadores diferentes, con diferentes velocidades de procesador, antes de crear las páginas Web finales.

ESTÉTICA DE LA ANIMACIÓN

Las animaciones de una página Web atraerán más la atención que las imágenes estáticas. Debemos asegurarnos de que el tema escogido para la animación merezca más atención que el resto de las imágenes de la página. Muchas páginas Web contienen tantas animaciones que distraen a los espectadores del contenido, en lugar de reforzarlo. Buenos usos para la animación podrían ser anuncios, movimiento de ciertas palabras para que resalten, diagramas que cobran vida, pases de fotografías o personajes de dibujos animados. Aprenderemos a crear diferentes tipos de animación en este capítulo.

EL FORMATO GIF ANIMADO

El formato de archivo GIF es uno de los pocos formatos de archivo Web que admite animación. Un navegador Web trata a los GIF animados como GIF estáticos, pero un GIF animado muestra varias imágenes (llamadas cuadros en la terminología de la animación) secuencialmente (como en una presentación de diapositivas), en lugar de una sola imagen estática. Los diferentes cuadros pueden tener diferentes velocidades, lo que nos permite acelerar o ralentizar los cuadros de una animación.

Crear GIF animados

Los GIF animados no necesitan complementos para los navegadores Web, lo que significa que pueden verse en todos los navegadores Web (excepto en los navegadores 1.0 o sólo de texto). El código HTML necesario para insertar GIF animados en una página Web no es diferente del código necesario para un GIF estático. Podemos configurar los GIF animados para que se repitan (en bucle, como dicen los animadores), que se repita una sola vez o que se reproduzcan un número determinado de veces. La información de las repeticiones se almacena en el GIF animado, no en el código HTML.

PROBLEMAS CON LA COMPRESIÓN GIF

Las normas para comprimir GIF animados, son las mismas que para comprimir GIF estáticos. Las zonas grandes de un solo color se comprimen mejor que las zonas con mucho ruido o muchos detalles. Si usamos imágenes fotográficas en un GIF animado, debemos asegurarnos de usar compresión con pérdida, con lo que reduciremos más el tamaño del archivo.

Los GIF animados siempre serán más grandes que los GIF estáticos. Photoshop CS2 e ImageReady CS2 tienen dos funciones para comprimir animaciones: Rectángulo delimitador y Eliminación de píxeles redundantes, ambas activadas por defecto. Estas funciones se aseguran de que el tamaño del archivo sólo aumente en esas zonas que cambian de un cuadro al siguiente. Por ejemplo, si tenemos un cuadro con un fondo fotográfico y el único cambio respecto al siguiente cuadro es la aparición de texto, la zona fotográfica sólo se escribirá una vez en el archivo, reduciendo el tamaño total del archivo. Si en una animación cambiamos todos los píxeles, no podremos mantener un tamaño de archivo bajo usando las funciones de Rectángulo delimitador y Eliminación de píxeles redundantes.

Cuando comprimimos un archivo GIF animado, debemos recordar que el archivo se irá descargando, lo que significa que los cuadros aparecerán antes de que el archivo termine de descargarse. Por este motivo, para calcular el tamaño de cada cuadro, deberíamos dividir el tamaño del archivo entre el número de cuadros que contiene. Por ejemplo, si tenemos un GIF animado de 100 K con 10 cuadros, cada cuadro sólo será de 10 K.

1. [PS] CREAR ANIMACIONES USANDO LA VISIBILIDAD DE CAPA

En este ejercicio aprenderemos a crear animaciones activando y desactivando la visibilidad de las capas en la paleta **Capas**. Para este ejercicio, usaremos Photoshop CS2, pero funciona igual con ImageReady CS2.

1. Abrimos tea_cup.psd, que se encuentra en la carpeta chap_11 que copiamos en el escritorio. Nos aseguramos de que se vean la paleta **Capas** y la paleta **Animación**. Si no se ven, seleccionamos **Ventana>Capas** y **Ventana>Animación**.

Encontraremos opciones adicionales en la paleta Capas. Estas opciones sólo estarán disponibles en Photoshop CS2 cuando esté visible la paleta Animación

¿Podemos ver las opciones adicionales de la paleta **Capas**? Estas opciones son específicas para la creación de animaciones y sólo aparecen cuando está visible la paleta **Animación**.

Observaremos que sólo hay un cuadro en la paleta **Animación**. Para convertir este archivo en una animación, debemos tener al menos dos cuadros con diferente contenido.

Se puede crear contenido diferente en los cuadros activando y desactivando la visibilidad de diferentes capas de los cuadros. Las capas de este ejercicio ya están creadas.

En los siguientes pasos crearemos nuevos cuadros activando y desactivando la visibilidad de las capas.

2. En la paleta **Animación**, hacemos clic en el cuadro 1 para seleccionarlo.

En la paleta **Capas**, nos aseguramos de que la visibilidad de las capas **blue background** y **tea cup** esté activada.

3. En la parte inferior de la paleta **Animación**, hacemos clic en el botón Duplica los cuadros seleccionados.

Observaremos que el cuadro 2, recién creado, es un duplicado del cuadro 1.

4. En la paleta **Capas**, activamos la visibilidad de la capa **steam 2**.

Notaremos que la capa 2 se actualiza con los cambios que realizamos en la visibilidad de la capa **steam 2**.

5. Con el cuadro 2 seleccionado en la paleta **Animación**, hacemos clic en el botón Duplica los cuadros seleccionados. En la paleta **Capas**, desactivamos la visibilidad de la capa **steam 2** y activamos la visibilidad de la capa **steam 1**.

6. Con el cuadro 3 seleccionado en la paleta **Animación**, hacemos clic en el botón Duplica los cuadros seleccionados. En la paleta **Capas**, desactivamos la visibilidad de la capa **steam 1** y activamos la visibilidad de la capa **steam 3**.

7. En la paleta **Animación**, hacemos clic en el botón de reproducir para ver la animación que acabamos de crear. Cuando hayamos terminado de ver la animación, hacemos clic en el botón de detener.

¿Y si queremos activar la visibilidad de una nueva capa y que esté visible en todos los cuadros de la paleta **Animación**? ¿Recordamos

Crear GIF animados

las opciones de la paleta **Capas** que aparecían cuando activamos la paleta **Animación**? Una de las opciones (la opción de unificar visibilidad de la capa) es la respuesta.

8. En la paleta **Animación**, hacemos clic en el cuadro 1 para seleccionarlo. En la paleta **Capas**, activamos la visibilidad de la capa **shadow**.

Observaremos que la sombra sólo aparece en el cuadro 1.

Podemos recorrer todos los cuadros, haciendo clic en ellos, y activar la visibilidad de cada cuadro, pero es un proceso lento (especialmente si tenemos una animación compleja, con decenas o cientos de cuadros).

9. En la paleta **Capas**, hacemos clic en el botón de unificar la visibilidad de la capa.

Aparecerá un mensaje de advertencia, preguntándonos si queremos hacer coincidir la visibilidad de los otros cuadros con la visibilidad actual. Hacemos clic en **Coincidir**.

Observaremos que todos los cuadros de la paleta **Animación** ahora tienen activada la visibilidad de la capa **shadow**.

10. Dejemos abierto tea_cup.psd para el siguiente ejercicio.

2. [PS/IR] ESTABLECER EL NÚMERO DE CICLOS Y LA VELOCIDAD

En el último ejercicio, la animación que creamos se reproducía a gran velocidad y se repetía (o iteraba) hasta que hacíamos clic en el botón de detener. En este ejercicio aprenderemos a reducir la velocidad de la animación y a cambiar el número de repeticiones de infinito a un número específico de repeticiones.

1. Si realizamos el ejercicio 1, tea_cup.psd debería estar abierto en Photoshop CS2. Si no es así, podemos volver atrás y completar el ejercicio 1. Debemos asegurarnos de que se vea la paleta **Animación**. Si no lo está, seleccionamos Ventana>Animación.

2. En la parte inferior de la paleta **Animación**, hacemos clic en el botón de iniciar la reproduc-

ción. Dejamos que la animación se reproduzca varias veces y hacemos clic en el botón de detener la reproducción.

Observaremos que la animación se reproduce varias veces hasta que hacemos clic en el botón de detener la reproducción. Podemos controlar fácilmente el número de veces que se reproduce la animación.

3. Seleccionamos **Una vez** en el menú emergente de opciones de repetición. En la paleta **Animación**, hacemos clic en el botón de iniciar la reproducción.

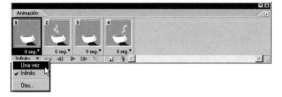

A diferencia de la última vez que reproducimos la animación, esta vez la animación se reproducirá una vez y se detendrá.

4. Seleccionamos **Otro** en el menú emergente de opciones de repetición **Color de fondo** para abrir el cuadro de diálogo **Cualquier número de repeticiones**. Escribimos **3** en el campo **Reproducir** y hacemos clic en **OK**. En la paleta **Animación**, hacemos clic en el botón de iniciar la reproducción.

Esta vez, la animación se reproducirá tres veces y se detendrá. Como podemos ver, tenemos un gran control sobre el número de veces que se reproducirá la animación. A continuación, ajustaremos la velocidad de la animación.

5. Seleccionamos **Archivo>Guardar para Web**. Seleccionamos **GIF** en el menú emergente de formato de archivo. En la parte inferior del cuadro de diálogo **Guardar para Web**, hacemos clic en el botón de previsualizar en el navegador por defecto.

Observaremos que la animación se reproduce mucho más rápidamente en el navegador Web que en Photoshop CS2. Photoshop CS2 crea la animación a medida que la reproduce. Los navegadores Web reproducen un GIF animado preconstruido, lo que hace que se reproduzca bastante más rápido. Si vamos a usar este archivo en Internet, la velocidad podría ser diferente, dependiendo del ancho de banda o la velocidad del servidor. La reproducción de la animación en un ordenador no es una ciencia exacta, porque depende de muchos factores (¡velocidad del procesador, ancho de banda, navegadores y el sistema operativo!).

A continuación, aprenderemos a reducir la velocidad de una animación, usando valores de retraso.

 TRUCO: SI ESTAMOS USANDO IMAGEREADY CS2 PARA CREAR LAS ANIMACIONES, PODEMOS REALIZAR UNA VISTA PREVIA DE LA ANIMACIÓN EN UN NAVEGADOR WEB, SIMPLEMENTE HACIENDO CLIC EN EL BOTÓN DE PREVISUALIZAR EN EL NAVEGADOR POR DEFECTO.

6. Hacemos clic en **Listo** para cerrar el cuadro de diálogo **Guardar para Web**. En la paleta **Animación**, hacemos clic en el cuadro 1. Mantenemos pulsada la tecla **Mayús** y hacemos clic en el cuadro 4 para seleccionar todos los cuadros intermedios.

Crear GIF animados

7. Seleccionamos 0,2 segundos en el menú emergente de seleccionar el tiempo de retardo del cuadro, bajo el cuadro 2.

Observaremos que el retardo de cuadro cambia en los cuatro cuadros. Como los cuatro cuadros estaban seleccionados, el cambio del retardo de cuadro se ha aplicado automáticamente a todos los cuadros.

8. Seleccionamos Archivo>Guardar para Web. En la parte inferior del cuadro de diálogo Guardar para Web, hacemos clic en el botón de previsualizar en el navegador por defecto.

Observaremos que la animación se reproduce bastante más despacio.

 TRUCO: PODEMOS CAMBIAR EL RETARDO DE CUA-DRO EN TODOS LOS CUADROS DE UNA ANIMACIÓN O EN CUADROS INDIVIDUALES. PARA CAMBIAR EL RETARDO DE CUADRO EN CUADROS INDIVIDUALES, HACEMOS CLIC EN UN CUADRO PARA SELECCIONARLO Y ESCO-GEMOS UN TIEMPO DE RETARDO EN EL MENÚ EMERGENTE DE RETARDO. TAMBIÉN PODEMOS ESPECIFICAR UN DETERMINADO TIEMPO, SELECCIONANDO Otro EN EL MENÚ EMERGENTE DE RETARDO DE CUADRO Y ESCRIBIENDO UN VALOR EN EL CUA-DRO DE DIÁLOGO Retardo.

9. Cerramos el navegador Web. En el cuadro de diálogo Guardar para Web, hacemos clic en Listo. Cerramos tea_cup.psd. No es necesario guardar los cambios.

Aprenderemos a optimizar y guardar GIF animados en el ejercicio 6.

3. [PS/IR] ANIMAR CON OPACIDAD

En los últimos ejercicios creamos animaciones activando y desactivando la visibilidad de las capas. Esta técnica es útil si tenemos un archivo por capas, pero habrá ocasiones en las que querremos crear animaciones de una imagen plana, sin tener que crear varias capas para cada cuadro. En este ejercicio aprenderemos a crear animaciones utilizando la función de intercalar.

1. Abrimos white_tea.psd, que se encuentra en la carpeta chap_11 que copiamos en el escritorio. Nos aseguramos de que se vean la paleta Capas y la paleta Animación. Si no se ven, seleccionamos Ventana>Capas y Ventana> Animación.

2. En la paleta Capas, hacemos clic en la capa white tea para seleccionarla. Reducimos la opacidad de la capa white tea al 1 por ciento usando el control deslizante Opacidad, en la paleta Capas.

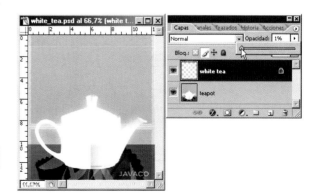

Observaremos que desaparecen las palabras white tea.

3. En la parte inferior de la paleta **Animación**, hacemos clic en el botón Duplica los cuadros seleccionados para crear un nuevo cuadro, usando las mismas propiedades del cuadro 1.

4. Con el cuadro 2 seleccionado en la paleta **Animación** y la capa white tea seleccionada en la paleta **Capas**, aumentamos la opacidad de la capa white tea al 100 por cien usando el control deslizante **Opacidad**, en la paleta **Capas**.

5. En la parte inferior de la paleta **Animación**, hacemos clic en el botón de intercalar cuadros de animación para abrir el cuadro de diálogo **Intercalar**. Seleccionamos **Cuadro anterior** en el menú emergente **Intercalar con**. Escribimos **15** en el campo **Cuadros para añadir**.

Seleccionamos la opción **Todas las capas** y activamos **Posición, Opacidad** y **Efectos**. Hacemos clic en **OK**.

Ahora deberíamos tener 17 cuadros en la paleta **Animación**. Photoshop CS2 creó automáticamente 15 pasos intermedios, que conseguirán que las palabras white tea se desvanezcan lentamente.

6. Hacemos clic en el botón de iniciar reproducción para ver la animación. Ahora deberíamos ver las palabras white tea apareciendo gradualmente en la imagen. Cuando terminemos de ver la animación, hacemos clic en el botón de detener la reproducción.

Cuando reproduzcamos la animación, observaremos que hay un cambio brusco al repetirse. Podríamos cambiar el número de repeticiones a una sola, como aprendimos en el último ejercicio. O podríamos hacer que el texto se desvaneciera, igual que hacemos que aparezca gradualmente. Aprenderemos a hacerlo en el siguiente ejercicio.

4. [PS/IR] SELECCIONAR, DUPLICAR E INVERTIR CUADROS

En el último ejercicio creamos una animación aumentando la opacidad del 1 popr ciento al 100 por cien a lo largo de 17 cuadros. ¿Y si queremos que las palabras aparezcan gradualmente hasta el 100 por cien, que se mantenga ahí durante unos segundos y luego se desvanezca hasta el 1 por ciento. A continuación tenemos un ejercicio que nos enseñará a hacerlo.

Crear GIF animados

1. Si realizamos el último ejercicio, white_tea.psd debería estar abierto en ImageReady CS2. Si no es así, podemos volver atrás y completar el ejercicio 1.

Debemos asegurarnos de que se vea la paleta **Animación**. Si no lo está, seleccionamos **Ventana>Animación**.

2. En la paleta **Animación**, hacemos clic en el cuadro 1 para seleccionarlo.

Elegimos **Seleccionar todos los cuadros** en el menú de la paleta **Animación**.

3. Con los 17 cuadros seleccionados, escogemos **Copiar cuadros** en el menú de la paleta **Animación**.

4. Hacemos clic en el cuadro 17 para seleccionarlo y escogemos **Pegar cuadros** en el menú de la paleta **Animación**. En el cuadro de diálogo **Pegar cuadros**, seleccionamos la opción **Pegar después de la selección** y hacemos clic en **OK**.

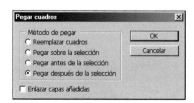

Ahora deberíamos tener 34 cuadros en la animación. Photoshop CS2 ha creado otro conjunto de 17 cuadros a partir de los 17 cuadros originales de la animación y los ha colocado al final. Como podemos ver, los cuadros del 1 al 17 son los cuadros originales. Los cuadros del 18 al 34 son los nuevos cuadros.

TRUCO: EN LUGAR DE COPIAR Y PEGAR CUADROS, TAMBIÉN PODEMOS USAR EL BOTÓN DE DUPLICAR LOS CUADROS SELECCIONADOS, EN LA PARTE INFERIOR DE LA PALETA Animación.

5. En la paleta **Animación**, los cuadros del 18 al 34 (los cuadros que pegamos en el último paso) ya deberían estar seleccionados.

Si no es así, hacemos clic en el cuadro 18, mantenemos pulsada la tecla **Mayús** y hacemos clic en el cuadro 34 para seleccionar todos los cuadros intermedios.

6. Seleccionamos **Invertir cuadros** en el menú de la paleta **Animación**.

Se invertirá el orden de los cuadros del 18 al 34. La opacidad del cuadro 18 es del 100 por cien y la opacidad del cuadro 34 es del 1 por ciento.

7. Hacemos clic en el botón de iniciar la reproducción de la película. Cuando terminemos de previsualizar la animación, hacemos clic en el botón de detener la reproducción.

Observaremos que las palabras white tea aparecen y desaparecen gradualmente y por igual.

A continuación, cambiaremos la velocidad del cuadro 17, de forma que la animación permanezca unos segundos con su máxima opacidad antes de desvanecerse.

8. En la paleta **Animación**, hacemos clic en el cuadro 17 para seleccionarlo. Seleccionamos **1,0** en el menú emergente de tiempo de retardo del cuadro.

9. Hacemos clic en el cuadro 1 para seleccionarlo. Hacemos clic en el botón de iniciar la reproducción de la película. La animación ahora se mantendrá unos segundos con su máxima opacidad y luego se desvanece. Cuando hayamos terminado de ver la animación, hacemos clic en el botón de detener la reproducción.

Photoshop CS2 nos permite cambiar la velocidad de todos los cuadros de una animación (como hicimos en el último ejercicio) o de cuadros individuales (como hicimos en el último paso).

10. Cerramos white_tea.psd sin guardar los cambios.

5. [PS/IR] ANIMAR CON LA POSICIÓN Y LOS ESTILOS DE CAPA

Hasta ahora, en este capítulo, hemos aprendido a crear animaciones activando y desactivando la visibilidad de las capas. También hemos aprendido a crear animaciones que se desvanecen y aparecen gradualmente usando la opacidad para crear animación. Para crear animaciones tenemos otras dos útiles técnicas: animar con la posición y animar con los estilos de capa.

1. Abrimos white_tea.psd, que se encuentra en la carpeta chap_11 que copiamos en el escritorio.

2. En la paleta **Capas**, hacemos clic en la capa **white tea** para seleccionarla. Seleccionamos la herramienta Mover en el cuadro de herramientas. Arrastramos la capa **white tea** a la parte superior de la ventana de documento, como se muestra en la ilustración.

3. En la parte inferior de la paleta **Animación**, hacemos clic en el botón Duplica los cuadros seleccionados.

4. Con el cuadro 2 seleccionado en la paleta **Animación**, la herramienta Mover seleccionada en el cuadro de herramientas y la capa **white tea** seleccionada en la paleta **Capas**, arrastramos la capa **white tea** a la parte inferior de la ventana de documento, como se muestra en la ilustración.

Crear GIF animados

Observaremos que el cuadro 2 se actualiza automáticamente para mostrar los cambios realizados en la posición de la capa.

5. Con la capa **white tea** seleccionada en la paleta **Capas** y el cuadro 2 seleccionado en la paleta **Animación**, seleccionamos **Superposición de degradado** en el menú emergente de añadir un estilo de capa, en la parte inferior de la paleta **Capas**.

6. Hacemos clic en el interior del menú emergente **Degradado** para abrir el cuadro de diálogo **Editor de degradado**. En el lado izquierdo de la vista previa del degradado, hacemos doble clic en la detención de color para abrir el cuadro de diálogo **Selector de color**. Seleccionamos un color morado brillante y hacemos clic en **OK**.

En el lado derecho de la vista previa del degradado, hacemos doble clic en la detención de color para abrir el cuadro de diálogo **Selector de color**. Seleccionamos un color morado claro y hacemos clic en **OK**. En el cuadro de diálogo **Editor de degradado**, hacemos clic en **OK**. En el cuadro de diálogo **Estilo de capa**, hacemos clic en **OK**.

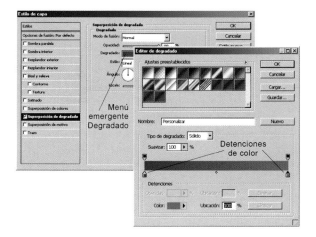

Observaremos que sólo hemos aplicado el estilo de capa Superposición de degradado al cuadro 2, en la paleta **Animación**. ¿Y si queremos aplicar el estilo de capa a todos los cuadros? Aprenderemos a hacerlo en el siguiente paso.

7. En la paleta **Capas**, hacemos clic en el botón de unificar estilo de capa. Cuando aparezca el mensaje de advertencia, hacemos clic en **Coincidir**.

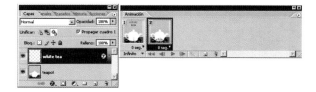

El cuadro 1 se ha actualizado con el estilo de capa Superposición de degradado que aplicamos en el paso 5.

8. Pulsamos **Comando-Z** (Mac) o **Control-Z** (Windows) para deshacer la unificación del estilo de capa.

9. Con el cuadro 2 seleccionado en la paleta **Animación**, hacemos clic en el botón de intercalar cuadros de animación, en la parte inferior de la paleta. En el cuadro de diálogo **Intercalar**, nos aseguramos de seleccionar **Cuadro anterior** en el menú emergente **Intercalar con**. Escribimos **10** en el campo **Cuadros para añadir**. Hacemos clic en **OK**.

Ahora tendremos 12 cuadros en la paleta **Animación**.

10. En la paleta **Animación**, hacemos clic en el botón de iniciar la reproducción para ver la animación. Cuando terminemos de ver la animación, hacemos clic en el botón de detener la reproducción.

Observaremos que las palabras white tea se mueven hacia abajo en la página, mientras el degradado actúa progresivamente. Photoshop CS2 ha creado una animación intercalando la posición de las palabras white tea y la visibilidad del estilo de capa Superposición de degradado.

11. Dejemos abierto white_tea.psd para el siguiente ejercicio.

6. [PS] OPTIMIZAR Y GUARDAR GIF ANIMADOS

Hasta ahora, en este capítulo hemos aprendido varias técnicas para crear animaciones. En este ejercicio aprenderemos a optimizar GIF animados para la Web.

1. Si realizamos el último ejercicio, white_tea.psd debería estar abierto en ImageReady CS2. Si no es así, podemos volver atrás y completar el ejercicio 5.

2. Seleccionamos **Archivo>Guardar para Web**. Hacemos clic en la pestaña **2 copias**. Seleccionamos **GIF** en el menú emergente de formato de archivo. Experimentemos con otras configuraciones, usando las técnicas que aprendimos en un capítulo anterior, hasta que encontremos la imagen de mejor calidad, con el menor tamaño de archivo posible.

3. En el cuadro de diálogo **Guardar para Web**, usamos los botones de seleccionar cuadro anterior y seleccionar cuadro siguiente, bajo la tabla de colores, para previsualizar el resultado de nuestras opciones de configuración en cada cuadro.

Una de las limitaciones del formato de archivo GIF es que tenemos que usar la misma configuración para todos los cuadros. Antes de continuar con el siguiente paso, debemos asegurarnos de estar satisfechos con las opciones de optimización de cada cuadro.

4. Cuando estemos satisfechos con la configuración de la optimización, en el cuadro de diálogo **Guardar para Web**, hacemos clic en **Guardar**.

Crear GIF animados

5. En el cuadro de diálogo **Guardar optimizada como**, nos dirigimos a la carpeta chap_11 que copiamos en el escritorio. Hacemos clic en el botón de crear una nueva carpeta. Creamos una nueva carpeta llamada white_tea_animation. Seleccionamos **Sólo imágenes** en el menú emergente de formato de archivo. Hacemos clic en **Guardar**.

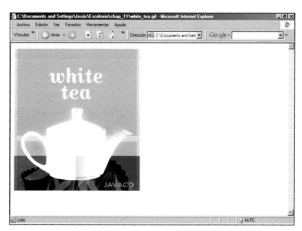

Nos preguntaremos el porqué de escoger **Sólo imágenes** en el menú emergente de formato de archivo, en lugar de **HTML e imágenes**, como hicimos en los últimos capítulos. Los GIF animados no necesitan código HTML adicional para funcionar en un navegador Web.

Podemos insertar un GIF animado en un editor de HTML, igual que hacemos con cualquier otro archivo GIF. Incluso podemos cargar un GIF animado en un navegador Web sin crear código HTML.

6. Abrimos un navegador Web (¡cualquiera servirá!). Seleccionamos **Archivo>Abrir**. Nos dirigimos hasta la carpeta white_tea_animation, en la carpeta 11 que copiamos en el escritorio y seleccionamos white_tea.gif. Hacemos clic en **Abrir**.

Como podemos ver, el GIF animado se reproducirá en un navegador Web, sin necesidad de más código HTML.

7. Volvamos a Photoshop CS2. Cerramos white_tea.psd. No es necesario guardar los cambios.

 ### Optimizar y guardar GIF animados en ImageReady CS2

EN EL ÚLTIMO EJERCICIO APRENDIMOS A OPTIMIZAR Y GUARDAR GIF ANIMADOS EN PHOTOSHOP CS2.

TAMBIÉN PODEMOS OPTIMIZAR Y GUARDAR GIF ANIMADOS EN IMAGEREADY CS2:

1. EN LA VENTANA DE DOCUMENTO, HACEMOS CLIC EN LA PESTAÑA OPTIMIZADA.

2. ESPECIFICAMOS LA CONFIGURACIÓN EN LA PALETA OPTIMIZAR. PARA PREVISUALIZAR LA CONFIGURACIÓN DE OPTIMIZACIÓN DE TODOS LOS CUADROS, NOS ASEGURAMOS DE SELECCIONAR TODOS LOS CUADROS EN LA PALETA ANIMACIÓN.

3. SELECCIONAMOS ARCHIVO>GUARDAR OPTIMIZADA COMO. SELECCIONAMOS UNA UBICACIÓN EN LA QUE GUARDAR EL ARCHIVO Y HACEMOS CLIC EN **GUARDAR**.

7. [PS] OPTIMIZAR GIF ANIMADOS TRANSPARENTES

En los últimos ejercicios, hemos creado GIF animados con fondos de un solo color. En este ejercicio aprenderemos a crear GIF animados con fondos transparentes.

1. Abrimos herbal_chai.psd, que se encuentra en la carpeta chap_11 que copiamos en el escritorio. Nos aseguramos de que se vean la paleta Capas y la paleta Animación. Si no se ven, seleccionamos Ventana>Capas y Ventana> Animación.

2. Examinemos el contenido de la paleta Capas. Todas las capas de la paleta Capas tienen fondos transparentes. Podemos identificar las capas transparentes porque tienen un fondo ajedrezado.

3. Examinemos el contenido de la paleta Animación. Hacemos clic en el botón de iniciar reproducción para ver la animación. Al igual que en la paleta Capas, todos los cuadros de la paleta Animación son transparentes. Al igual que ocurre con las capas, podemos identificar los cuadros transparentes porque tienen un fondo ajedrezado.

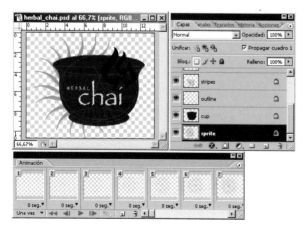

4. Seleccionamos Archivo>Guardar para Web. En el cuadro de diálogo Guardar para Web, activamos la opción Transparencia. Con las técnicas que ya hemos aprendido en capítulos anteriores, probamos con otras configuraciones hasta que encontremos la imagen de mejor calidad, con el menor tamaño de archivo posible.

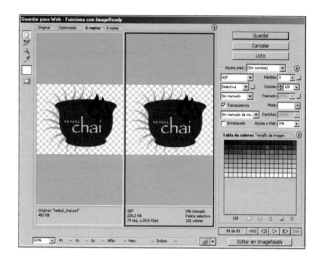

Debemos asegurarnos de usar los botones de seleccionar cuadro anterior y de seleccionar cuadro siguiente para observar la configuración de optimización en algunos de los cuadros de la animación. Como sabemos por el último ejercicio, en un GIF animado, sólo podemos especificar una configuración de optimización para todos los cuadros.

5. Seleccionamos Editar ajustes de salida en el menú de Optimizar. En el cuadro de diálogo Ajustes de salida, elegimos Fondo en el menú emergente.

Crear GIF animados

Escogemos **Ver documento como: Imagen** para indicar que queremos la imagen transparente como imagen de fondo. Seleccionamos **Otro** en el menú emergente **Color** para abrir el cuadro de diálogo **Selector de color**. En el cuadro de diálogo **Selector de color**, especificamos los siguientes valores RGB: R=195, G=195 y B=145. Hacemos clic en **OK** para cerrar el cuadro de diálogo **Selector de color**. Hacemos clic en **OK** para cerrar el cuadro de diálogo **Ajustes de salida**.

6. En la parte inferior del cuadro de diálogo **Guardar para Web**, hacemos clic en el botón de previsualizar en el navegador por defecto.

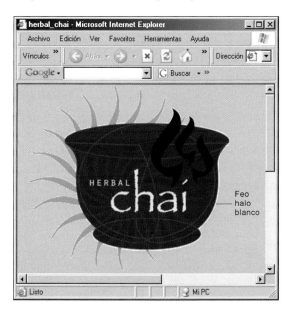

Igual que ocurre con cualquier otro GIF transparente, si no especificamos un color mate que coincida con el color de la imagen de fondo, al ver la animación en un navegador Web, veremos un molesto halo blanco alrededor del contorno de la animación.

7. Cerramos el navegador Web y volvemos al cuadro de diálogo **Guardar para Web**. Seleccionamos **Otro** en el menú emergente **Mate**

para abrir el cuadro de diálogo **Selector de color**. En el cuadro de diálogo **Selector de color**, especificamos los mismos valores RGB que especificamos para el color de fondo en el paso 5 (R=195, G=195 y B=145).

8. En la parte inferior del cuadro de diálogo **Guardar para Web**, hacemos clic en el botón de previsualizar en el navegador por defecto.

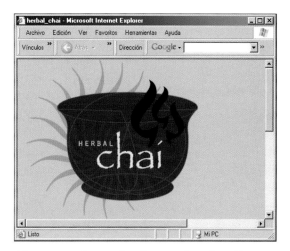

Ahora, cuando previsualizamos la animación, ya no veremos el halo blanco alrededor de la animación transparente. Puede revisar el capítulo anterior para obtener más información sobre la creación de GIF transparentes ya que las técnicas que aprendimos en él también se aplican a los archivos GIF animados.

9. Cerramos herbal_chai.psd. No es necesario guardar los cambios.

8. [IR] CREA UNA PRESENTACIÓN DE IMÁGENES ANIMADA

Si tenemos una serie de fotografías y queremos mostrarlas una a una, podemos colocar las fotografías en una carpeta e importar el contenido de la carpeta como cuadros separados. Tras importar las imágenes a ImageReady CS2, podremos usar fácilmente la función de intercalado para crear una animación encadenada.

1. En ImageReady CS2, seleccionamos Archivo>Importar>Carpeta como cuadros.

Nos dirigimos hasta la carpeta chap_11, en el escritorio. Seleccionamos la carpeta slideshow y hacemos clic en **OK**.

2. Nos aseguramos de que se vean la paleta Capas y la paleta Animación. Si no se ven, seleccionamos Ventana>Capas y Ventana> Animación.

3. Examinamos el contenido de las paletas Capas y Animación. La paleta Animación contiene cinco cuadros y la paleta Capas contiene cinco capas.

El contenido de cada capa es una de las cinco imágenes de la carpeta slideshow.

4. En la paleta Animación, hacemos clic en el cuadro 1 para seleccionarlo. Hacemos clic en el botón de intercalar.

En el cuadro de diálogo Intercalar, seleccionamos Cuadro nuevo en el menú emergente Intercalar con. Escribimos **10** en el campo Cuadros para añadir. Hacemos clic en **OK**.

5. En la paleta Animación, hacemos clic en el cuadro 12 para seleccionarlo. Hacemos clic en el botón de intercalar.

En el cuadro de diálogo Intercalar, seleccionamos Cuadro nuevo en el menú emergente Intercalar con. Escribimos **10** en el campo Cuadros para añadir. Hacemos clic en **OK**.

6. En la paleta Animación, hacemos clic en el cuadro 23 para seleccionarlo. Hacemos clic en el botón de intercalar.

En el cuadro de diálogo Intercalar, seleccionamos Cuadro nuevo en el menú emergente Intercalar con. Escribimos **10** en el campo Cuadros para añadir. Hacemos clic en **OK**.

7. En la paleta Animación, hacemos clic en el cuadro 34 para seleccionarlo. Hacemos clic en el botón de intercalar.

En el cuadro de diálogo Intercalar, seleccionamos Cuadro nuevo en el menú emergente Intercalar con. Escribimos **10** en el campo Cuadros para añadir. Hacemos clic en **OK**.

Crear GIF animados

8. En la paleta **Animación**, hacemos clic en el cuadro 45 para seleccionarlo. Hacemos clic en el botón de intercalar.

En el cuadro de diálogo **Intercalar**, seleccionamos **Primer cuadro** en el menú emergente **Intercalar con**. Escribimos **10** en el campo **Cuadros para añadir**. Hacemos clic en **OK**.

9. En la paleta **Animación**, hacemos clic en el botón de iniciar la reproducción. Cuando terminemos de ver la animación, hacemos clic en el botón de detener la reproducción.

La animación está terminada. Como podemos ver, es muy sencillo crear una animación encadenada en ImageReady CS2. Cuando optimicemos y guardemos la animación, debemos acordarnos de guardar el archivo como GIF animado, aunque el contenido de la animación sean fotografías. Debemos asegurarnos de activar la compresión con pérdida, para reducir el tamaño del archivo.

10. Guardamos y cerramos el archivo.

¡Hemos terminado otro capítulo! A continuación, ¡estudiaremos los sectores!

Capítulo 12

Sectores

Sectores

Los sectores nos permiten cortar una sola imagen o composición en varias secciones, de forma que podamos volver a unirlas en una tabla HTML. ¿Nos preguntamos por qué podríamos querer hacer eso? Hay dos motivos: en primer lugar, podemos optimizar diferentes partes de una imagen con diferentes configuraciones de compresión y formatos de archivo, para reducir el tamaño del archivo; en segundo lugar, podemos usar sectores para crear imágenes de sustitución o secciones animadas a partir de una imagen estática. En este capítulo, estudiaremos las bases de la creación de sectores. En el próximo capítulo aplicaremos nuestros conocimientos de los sectores para crear imágenes de sustitución.

A primera vista, la creación de sectores es muy simple, pero puede ser frustrantemente complejo. Aunque es fácil cortar imágenes para convertirlas en sectores, usar las imágenes resultantes requiere práctica y comprender el código HTML. En este capítulo conoceremos los diferentes tipos de sectores, aprenderemos a crear y editar sectores, a optimizar y guardar sectores (incluyendo el código HTML necesario) y a trabajar con conjuntos de sectores.

SECCIONES

Con las secciones, podemos dividir una sola imagen o composición grande en varias secciones más pequeñas. Después volveremos a unir las imágenes más pequeñas usando una tabla HTML, para volver a formar la imagen original. Cuando dividimos una imagen en sectores, podemos aplicar diferentes configuraciones de optimización a cada sector, lo que reducirá el tiempo de descarga y mantendrá la mejor calidad. Aquí tenemos un ejemplo.

Podemos dividir la imagen perfect_harmony.psd en seis secciones: La sección superior roja, las tres fotografías de la izquierda, el gráfico herbal chai de la derecha y la sección inferior roja. Como los sectores superior e inferior están formados por un solo color, podemos optimizar estos sectores como GIF y configurar la tabla de color para que use dos colores, lo que hará que el archivo se descargue más rápido. Podemos optimizar la sección de herbal chai como GIF e incrementar el número de colores a 128. Podemos optimizar las fotografías como JPEG y usar otra configuración de calidad para cada una de las tres fotografías (aunque las otras secciones sean GIF) porque se optimizarán mejor como JPEG que como GIF. El resultado será una optimización de mejor calidad y un tiempo de descarga menor.

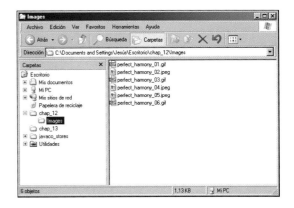

Cuando creamos secciones y guardamos imágenes en Photoshop CS2 o ImageReady CS2, el programa crea una imagen para cada sector, con el código de la tabla HTML necesario para volver a unir las imágenes con su disposición original.

El código de tabla HTML permite que los navegadores Web vuelvan a unir las imágenes uniformemente, para que parezcan una sola imagen.

En el siguiente ejercicio aprenderemos a usar las herramientas y opciones de sectores en ImageReady CS2. Podemos dividir las imágenes en sectores usando Photoshop CS2, pero consideramos que es más sencillo hacerlo en ImageReady CS2 porque tiene más funciones para ello. Además, es más sencillo acceder a las

opciones de secciones del cuadro de herramientas, de la paleta **Contenido de Web**, de la paleta **Sector** y de la paleta **Optimizar** de ImageReady CS2, en lugar de usar el cuadro de diálogo **Guardar para Web** de Photoshop CS2. Por eso sólo vamos a usar ImageReady CS2 para los ejercicios de este capítulo.

TIPOS DE SECTORES

Antes de empezar a crear sectores, tenemos que conocer los cuatro tipos diferentes de sectores, que están representados por cuatro iconos diferentes, que aparecerán al dividir en sectores un documento. A continuación mostramos un cuadro que explica su significado:

Tipos de sectores

Sector de usuario	Podemos crear sectores de usuario con la herramienta Sector o a partir de guías o selecciones. Los sectores de usuario son los más flexibles ya que ofrecen las siguientes opciones de edición: mover, duplicar, combinar, dividir, dividir, cambiar de tamaño, eliminar, alinear y distribuir. También podemos aplicar diferentes configuraciones de optimización a los sectores de usuario de una misma imagen.
Sectores basados en capas	Podemos crear sectores basados en capas a partir del contenido de una determinada capa. Si movemos o editamos el contenido de una capa, el sector basado en capas se actualizará automáticamente para mostrar los cambios. Los sectores basados en capas ofrecen pocas opciones de edición. Para conseguir la flexibilidad de los sectores de usuario, podemos convertir los sectores basados en capas en sectores de usuario.
Sectores automáticos	El programa crea automáticamente los sectores automáticos cuando creamos o editamos sectores de usuario o sectores basados en capas. Si definimos un solo sector en una imagen, se crearán automáticamente sectores automáticos para rellenar el resto de la imagen. Si ampliamos o editamos los sectores de usuario o basados en capas, los sectores automáticos se actualizarán automáticamente. Los sectores automáticos no tienen opciones de edición. Para conseguir la flexibilidad de los sectores de usuario, podemos convertir los sectores automáticos en sectores de usuario.

Tipos de sectores

Subsectores

Los subsectores son una forma de sectores automáticos que aparecen automáticamente cuando creamos tres o más sectores que se solapan. Los subsectores se vuelven a generar automáticamente cada vez que creamos, editamos o modificamos los sectores de una imagen. Los subsectores no tienen opciones de edición. Para conseguir la flexibilidad de los sectores de usuario, podemos convertir los subsectores en sectores de usuario.

LÍNEAS DE SECTOR, NÚMEROS DE SECTOR, SÍMBOLOS DE SECTOR Y COLORES DE SECTOR

Además de comprender los tipos de sectores de Photoshop CS2 e ImageReady CS2, conviene comprender los componentes visuales que identifican a los sectores. Cada sector que creemos tendrá cuatro componentes visuales clave: una serie de líneas de sector, un número de sector, un símbolo de sector y un color de sector. A continuación tenemos una tabla que nos ayudará a comprenderlo:

Líneas de sector, colores de sector, números de sector y símbolos de sector

Líneas de sector

Sector de usuario

Sector automático

Cada sector está compuesto por hasta cuatro líneas, que definen el perímetro del sector. Las líneas continuas indican sectores de usuario; las líneas de puntos indican sectores automáticos.

Números de sector

A cada sector se le asigna automáticamente un número de sector. Empezando en la esquina superior izquierda, los sectores están numerados de izquierda a derecha y desde la parte superior a la inferior. Cuando añadimos, eliminamos o modificamos sectores, los números de sector se actualizan automáticamente.

Símbolos de sector

A cada sector se le asigna automáticamente un símbolo de sector para indicar el tipo de sector y su contenido.

⊠ Indica un sector con una imagen.

⊠ Indica un sector sin imágenes.

❋ Indica un sector basado en capas.

⑧ Indica un sector enlazado.

✳ Indica que el sector incluye una imagen de sustitución. Aprenderemos más sobre las imágenes de sustitución en el siguiente capítulo.

Líneas de sector, colores de sector, números de sector y símbolos de sector

---

Colores de sector

Cada número y símbolo de sector están definidos mediante un color. Los sectores de usuario y los basados en capas están definidos por números y símbolos de sector azules (excepto los símbolos de enlace, que son rojos). Los sectores automáticos están definidos por números y símbolos de sector grises.

PALETAS CONTENIDO DE WEB Y SECTOR

Cuando trabajemos con sectores en ImageReady CS2, tendremos que acceder a las paletas Contenido de Web y Sector. Aquí tenemos una vista general de las paletas y sus funciones en el proceso de creación de sectores.

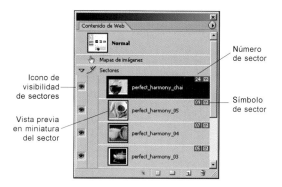

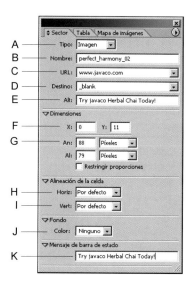

La paleta Contenido de Web nos permite previsualizar los sectores de usuario en una imagen. Al igual que la paleta Capas, la paleta Contenido de Web incluye una vista previa en miniatura del sector y el nombre del sector, y podemos usarla para activar o desactivar la visibilidad del sector.

La paleta Contenido de Web también muestra el número de sector, el símbolo de sector e información sobre las imágenes de sustitución y los mapas de imágenes (que estudiaremos en próximos capítulos).

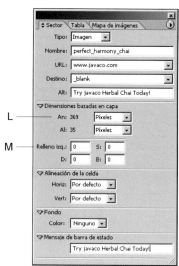

La paleta Sector nos permite especificar las opciones de sector, con las que controlamos

Sectores

cómo aparecen los sectores y sus datos en el navegador Web. La paleta **Sector** detecta el contexto y cambia dependiendo del sector que esté seleccionada en ese momento. La paleta **Sector** está dividida en varias secciones: Sector, Dimensiones (para los sectores de usuario), Dimensiones basadas en capa (para sectores basados en capas), Alineación de la celda, Fondo, Mensaje de barra de estado. A continuación tenemos una tabla que nos ayudará a comprender los controles de la paleta **Sector**:

	Controles de la paleta Sectores	
A	Menú emergente Tipo	Selecciona uno de los siguientes tipos de contenido para el sector seleccionado: Imagen, Sin imagen o Tabla.
B	Campo Nombre	Especifica un nombre para el sector seleccionado.
C	Menú emergente URL	Especifica la URL a la que queremos vincular el sector seleccionado.
D	Menú emergente Destino	Especifica uno de los siguientes tipos de destino cuando especificamos una URL para el sector: _blank, _self, _parent o _top.
E	Campo Alt	Especifica el texto que queremos que aparezca cuando estén desactivadas las imágenes en el navegador.
F	Coordenadas X e Y	Especifica el borde izquierdo (X) y superior (Y) de un sector.
G	Campos An y Al	Especifica la anchura y altura de un sector, en píxeles o en porcentaje.
H	Menú emergente de Alineación de la celda horiz	Define una de las siguientes opciones: Izquierda, Derecha, Centro o Por defecto
I	Menú emergente de Alineación de la celda vert	Define una de las siguientes opciones: Arriba, Línea de base, Medio, Abajo o Por defecto.
J	Menú emergente Color de Fondo	Define un color de fondo para las secciones transparentes del sector.
K	Campo de Mensaje de barra de estado	Especifica el mensaje que queremos que aparezca en la barra de estado del navegador Web cuando colocamos el puntero sobre un sector.
L	Menús emergentes de anchura y altura de capa (sólo disponibles en sectores basados en capas)	Muestra o permite modificar información de tamaño del sector basado en capas seleccionado en ese momento.
M	Campos de relleno de sector (sólo disponibles en sectores basados en capas)	Especifica el tamaño de sector en sectores basados en capas. Por ejemplo, si un sector basado en capas tiene 100 x 100 píxeles y queremos que sea 10 píxeles más grande, podemos especificar 5 píxeles en los campos Izq, D, S y B, y el sector pasará a ser de 110 x 110 píxeles.

1. [IR] CREAR SECTORES DE USUARIO

En este ejercicio aprenderemos a usar la herramienta Sector para crear sectores de usuario, a identificar los sectores automáticos y a convertir sectores automáticos en sectores de usuario.

También aprenderemos a cambiar el tamaño, reducir la visibilidad y eliminar sectores.

1. Abrimos javaco_stores.psd, que se encuentra en la carpeta chap_12 que copiamos en el escritorio.

Debemos asegurarnos de que se vea la paleta Contenido de Web. Si no lo está, seleccionamos Ventana>Contenido de Web.

La paleta Contenido de Web muestra información sobre el sector, mapa de imagen e imágenes de sustitución.

La paleta Contenido de Web es una de las razones por las que es preferible usar ImageReady CS2 en lugar de Photoshop CS2, para dividir las imágenes en sectores (es una forma rápida y sencilla de acceder a la información del sector).

Además, podemos optimizar los sectores de la ventana de documento sin tener que pasar por el cuadro de diálogo Guardar para Web.

2. Seleccionamos la herramienta Sector en el cuadro de herramientas. Arrastramos el rectángulo verde que contiene el logotipo Javaco (comenzando por la esquina superior izquierda, hasta la esquina inferior derecha), como se muestra en la ilustración.

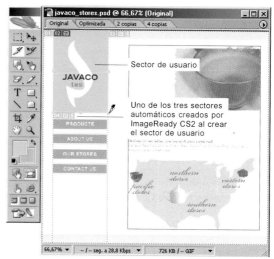

Examinemos la ventana de documento. Observaremos que el sector de usuario que hemos creado tiene un icono azul. Observaremos que se han creado otros tres sectores con iconos grises. El sector que creamos nosotros es un sector de usuario porque lo hemos definido nosotros (el usuario). Los otros sectores se denominan sectores automáticos. ImageReady CS2 crea automáticamente sectores automáticos para las zonas no definidas específicamente, de forma que toda la imagen esté dividida en sectores. En la ventana de documento, notaremos que cada sector tiene un número. Nos preguntaremos que por qué el primer sector que creamos aparece marcado como sector 02.

Sectores

ImageReady CS2 registra todos los sectores, incluyendo los sectores de usuario, los basados en capas, los automáticos y los subsectores, asignando un número a cada sector. Los sectores están numerados de izquierda a derecha y desde la parte superior a la inferior, empezando por la esquina superior izquierda.

Examinemos el contenido de la paleta **Contenido de Web**. Sólo aparecerá un sector en la paleta **Contenido de Web**, aunque haya cuatro sectores visibles en la ventana de documento. La paleta **Contenido de Web** sólo muestra los sectores de usuario y los sectores basados en capas. En este ejemplo, sólo aparece un sector en la paleta **Contenido Web**, el sector de usuario que creamos con la herramienta Sector. La paleta **Contenido de Web** es donde asignamos imágenes de sustitución y opciones de animación a los sectores basados en capas, que estudiaremos en próximos capítulos.

Preferencias de sector

IMAGEREADY CS2 NOS PERMITE AJUSTAR LOS SECTORES A LOS BORDES DE OTROS SECTORES. DESCUBRIREMOS QUE ESTO NOS AYUDA A ALINEAR SECTORES Y A EVITAR QUE SE SOLAPEN. POR DEFECTO ESTE AJUSTE ESTÁ ACTIVADO. SI NO LO ESTÁ, SELECCIONAMOS Vista>Ajustar a>Sectores.

3. Con la herramienta Sector seleccionada en el cuadro de herramientas, arrastramos para crear un sector alrededor del botón ABOUT US, como se muestra en esta ilustración.

Ahora deberíamos tener dos sectores de usuario y cuatro sectores automáticos. A continuación aprenderemos a convertir los sectores automáticos en sectores de usuario. Como los sectores de usuario ofrecen más flexibilidad, a menudo querremos que todos los sectores de una imagen sean sectores de usuario. Convertir sectores

automáticos en sectores de usuario es una forma sencilla y rápida de crear sectores de usuario, ya que no tenemos que seleccionar manualmente las zonas de la imagen con la herramienta Sector.

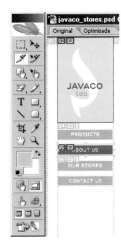

4. Seleccionamos la herramienta Seleccionar sector en el cuadro de herramientas. Hacemos clic en el interior del sector automático 04 para seleccionarlo. Seleccionamos **Sectores>Ascender a sector de usuario**.

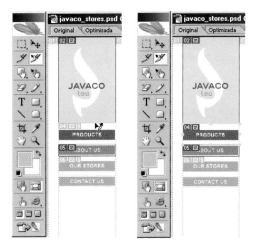

Los símbolos grises de número y de sector ahora serán azules, indicando que el sector 04 ahora es un sector de usuario. El sector automático 04, que convertimos en un sector de usuario, no necesita ser tan grande (debería quedarse en el borde de la parte inferior, igual que el sector que creamos para el botón about us). No debemos preocuparnos, podemos cambiar el tamaño de los sectores fácilmente. Aprenderemos a hacerlo en el siguiente paso.

5. Con el sector 04 seleccionado, colocamos el cursor sobre el nodo superior medio, hasta que aparezca el cursor de cambio de tamaño, como el que se muestra en la ilustración. Arrastramos para cambiar el tamaño del sector, de forma que toque el borde superior del botón products.

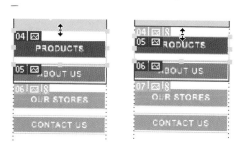

Cuando cambiemos de tamaño el sector, se creará automáticamente otro sector automático, el sector 05.

El sector 04 sigue siendo un sector automático y rellena el espacio que hay entre los sectores de usuario 02 y 05.

6. Colocamos el cursor sobre el nodo medio inferior, hasta que veamos que aparece el cursor de cambiar de tamaño. Arrastramos para cambiar el tamaño del sector, de forma que toque el borde inferior del botón products.

7. Con las técnicas que aprendimos en este ejercicio, creamos sectores de usuario para los dos botones restantes (our stores y contact us).

Deberíamos tener cinco sectores de usuario en la imagen javaco_stores.psd. Examinemos la paleta **Contenido de Web** para ver cómo aparecen los nombres de sector, sus símbolos y vistas en miniatura.

Los nombres de sector se crean automáticamente basándose en el nombre de archivo original (javaco_stores.psd) y el número de sector. Podemos cambiar el nombre de los sectores, como aprenderemos próximamente en un ejercicio.

Nos estaremos preguntando si se pueden desactivar los sectores, de forma que se vea la imagen si las interferencias de los bordes e iconos de los sectores.

Aprenderemos a hacerlo en el siguiente paso.

8. En el cuadro de herramientas, hacemos clic en el botón de conmutar la visibilidad de sectores, o pulsamos el método abreviado del teclado (**Q**).

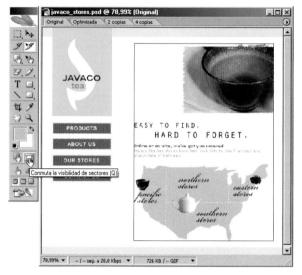

Ahora podremos ver la imagen si las líneas, números y símbolos de sector.

9. En el cuadro de herramientas, hacemos clic en el botón de conmutar la visibilidad de sectores para activar la visibilidad de los sectores. Dejemos abierto javaco_stores.psd para el siguiente ejercicio.

 ### Borrar sectores

CUANDO CREAMOS UN SECTOR DE USUARIO O UN SECTOR BASADO EN CAPAS, PODEMOS BORRARLO FÁCILMENTE.

AQUÍ MOSTRAMOS CÓMO: EN EL CUADRO DE HERRAMIENTAS, SELECCIONAMOS LA HERRAMIENTA SELECCIONAR SECTOR. HACEMOS CLIC EN EL SECTOR QUE QUEREMOS ELIMINAR PARA SELECCIONARLO. PULSAMOS LA TECLA **SUPR** (MAC) O **RETROCESO** (WINDOWS), O SELECCIONAMOS Sectores>Eliminar sectores. EL SECTOR DESAPARECERÁ. A VECES, UN SECTOR AUTOMÁTICO OCUPARÁ SU LUGAR, DEPENDIENDO DE LA DIVISIÓN EN SECTORES DE LA IMAGEN.

---

2. [IR] CREAR SECTORES BASADOS EN CAPAS

En este ejercicio aprenderemos a crear sectores basados en capas. Los sectores basados en capas son una forma estupenda de dividir en sectores imágenes que contienen varias capas, ya que crean sectores del mismo tamaño que la capa. Como resultado, no tendremos que cambiar el tamaño del sector para asegurarnos de que tiene el mismo tamaño que la capa.

Además, si cambiamos el contenido de una capa, o la movemos, el sector se actualizará automáticamente. Esta gran función de los sectores basados en capas nos evitará pasar mucho tiempo volviendo a crear sectores de imágenes, si tenemos que hacer cambios en los gráficos Web.

También podemos mover sectores basados en capas, algo que no podemos hacer con sectores de usuario. Además, si decidimos que queremos convertir un sector basado en capas en un sector de usuario, podemos hacerlo fácilmente.

1. Si realizamos el último ejercicio, javaco_stores.psd debería estar abierto en ImageReady CS2. Si no es así, podemos volver atrás y completar el ejercicio 1. Nos aseguramos de que se vean las paletas **Capas, Contenido de Web** y **Sector**. Si no se ven, seleccionamos **Ventana>Capas, Ventana>Contenido de Web** y **Ventana>Sector**.

Apreciaremos que javaco_stores.psd está compuesto por varias capas. En los siguientes pasos crearemos sectores basados en capas, a partir de las capas de esta imagen.

2. En la paleta **Capas**, hacemos clic en la flecha que se encuentra junto al grupo de capas **our stores** para ampliar el contenido del grupo de capas. Hagamos clic en la capa **cup** para seleccionarla. Seleccionamos **Capa>Sector nuevo basado en capa**.

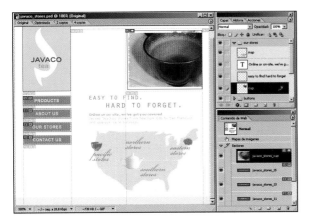

Observaremos que se crea automáticamente un nuevo sector basado en capa, el sector 05, además de otros sectores automáticos. Además, los sectores que creamos en el último ejercicio se actualizarán automáticamente con nuevos números de sector. El símbolo de sector indica que el sector 05 es un sector basado en capa.

3. Con la técnica que aprendimos en el último paso, creamos sectores basados en capas para cada una de las siguientes capas del grupo de capas our stores: easy to find…, type y map.

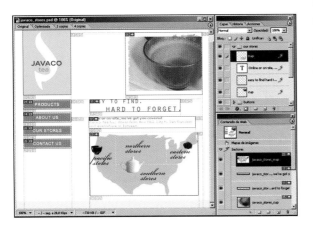

Ahora tendremos un total de 28 sectores en la imagen (4 sectores basados en capas, 5 sectores de usuario y 19 sectores automáticos, que se crearon automáticamente para dividir en sectores el resto de la imagen. No debemos preocuparnos si los números de sector no coinciden exactamente con los que aparecen aquí. Podemos seguir el ejercicio utilizando los números de sector que tenemos en nuestra imagen.

¿Qué por qué emplear sectores basados en capas, en lugar de sectores de usuario? La ventaja de usar sectores basados en capas es que, si movemos o cambiamos de tamaño las capas, los sectores se actualizarán automáticamente; ¡no tendremos que volver a dividir en sectores la imagen!

4. En la paleta **Capas**, hacemos clic en la capa **cup**. Seleccionamos la herramienta Mover en el cuadro de herramientas. Arrastramos para cambiar la posición de la capa **cup**, como se muestra en la ilustración.

Cuando soltemos el botón del ratón, observaremos que los sectores se actualizan automáticamente.

La capa **cup** seguirá siendo un sector basado en capas, pero se crearán automáticamente nuevos sectores para ocupar toda la imagen.

5. Pulsamos **Comando-Z** (Mac) o **Control-Z** (Windows) para deshacer el movimiento que realizamos en el último paso.

Sectores

6. Seleccionamos la herramienta Texto horizontal en el cuadro de herramientas. En la paleta **Capas**, hacemos clic en la capa **type** para seleccionarla. Hacemos clic en la capa **type** para que aparezca el cuadro de introducción de texto alrededor de la capa.

Cuadro de introducción de texto

Como aprendimos en un capítulo anterior, el cuadro de edición indica que el texto basado en vectores es texto de párrafo.

7. Colocamos el cursor sobre el nodo central del lado derecho del cuadro de introducción de texto. Arrastramos para cambiar el tamaño del cuadro de introducción de texto, como se muestra en la ilustración.

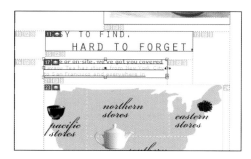

Cuando cambiemos el tamaño del cuadro de introducción de texto, el sector basado en capas se actualizará automáticamente. Además, los sectores automáticos que rodean al sector basado en capas, se actualizarán automáticamente. Los sectores basados en capas ofrecen una gran flexibilidad, ya que se actualizan cada vez que editamos o cambiamos una capa.

Durante el proceso de diseño, a menudo tendremos que realizar cambios en las imágenes. Usando sectores basados en capas, no tendremos que volver a dividir en sectores las imágenes cada vez que las cambiemos.

A veces querremos aumentar el tamaño de un sector basado en capas sin modificar el tamaño de la capa. En este ejemplo, el sector 11 no está alineado con los bordes izquierdos de los sectores 17 y 23, por lo que se crea otro sector, el sector 10. Además, podríamos eliminar los sectores 12, 18 y 24 si los sectores 11, 17 y 23 llegaran hasta el sector 06. Podemos cambiar fácilmente los sectores basados en capas, sin modificar el tamaño de la capa. Aprenderemos a hacerlo en el siguiente paso.

8. Elegimos la herramienta Seleccionar sector en el cuadro de herramientas. Hacemos clic en el sector 11 para seleccionarlo. En la paleta **Capas**, hacemos clic en la flecha que se encuentra junto a **Dimensiones basadas en capas** para ampliar la sección de la paleta **Sector**. Escribimos **3** en el campo **Relleno izq** y pulsamos **Retorno** (Mac) o **Intro** (Windows).

Observaremos que los sectores 10 y 16 se combinan automáticamente para crear un solo sector automático. Aunque cambiamos el tamaño del sector basado en capas, no cambiamos el tamaño de la capa. Podremos ver el tamaño de la capa si tenemos activados los bordes de capa. Para activar esta opción, elegimos **Vista> Mostrar>Bordes de capa**.

9. Con el sector 11 todavía seleccionado, escribimos 72 en el campo **Relleno D**, en la sección **Dimensiones basadas en capa**, y pulsamos **Retorno** (Mac) o **Intro** (Windows).

10. Con la herramienta Seleccionar sector escogida en el cuadro de herramientas, hacemos clic en el sector 15 para escogerlo. En la sección **Dimensiones basadas en capa** de la paleta **Sector**, escribimos **125** en el campo **Relleno D**, y pulsamos **Retorno** (Mac) o **Intro** (Windows).

NOTA: DEPENDIENDO DE CUÁNTO HAYAMOS CAMBIADO EL TAMAÑO DE LA CAPA DE TEXTO EN EL PASO 7, QUIZÁS 125 SEAN DEMASIADOS PÍXELES (O DEMASIADO POCOS). HAGAMOS PRUEBAS HASTA QUE EL BORDE DEL SECTOR TOQUE EL BORDE DEL SECTOR 6, COMO SE MUESTRA EN LA ILUSTRACIÓN.

---

11. Con la herramienta Seleccionar sector elegida en el cuadro de herramientas, hacemos clic en el sector 20 para escogerlo. En la sección **Dimensiones basadas en capa** de la paleta **Sector**, escribimos **13** en el campo **Relleno D**, y pulsamos **Retorno** (Mac) o **Intro** (Windows).

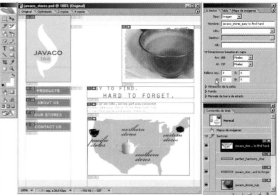

Al aumentar el tamaño de los sectores, eliminamos algunos de los sectores de la imagen javaco_stores.psd. Aunque hemos incrementado el tamaño de los sectores, el tamaño de la capa se mantiene, como podemos ver por los bordes de capa.

12. Dejemos abierto javaco_stores.psd para el siguiente ejercicio.

Convertir sectores basados en capa en sectores de usuario.

LOS SECTORES BASADOS EN CAPAS NO TIENEN LA FLEXIBILIDAD DE LOS SECTORES DE USUARIO. POR TANTO, QUIZÁS QUERAMOS CONVERTIR LOS SECTORES BASADOS EN CAPAS EN SECTORES DE USUARIO. AQUÍ MOSTRAMOS CÓMO:

SELECCIONAMOS EL SECTOR BASADO EN CAPAS QUE QUEREMOS CONVERTIR EN SECTOR DE USUARIO, UTILIZANDO LA HERRAMIENTA SELECCIONAR SECTOR O ELIGIÉNDOLO EN LA PALETA Contenido de Web. OPTAMOS POR Sectores>Ascender a sector de usuario. CUANDO CONVERTIMOS UN SECTOR BASADO EN CAPAS EN UN SECTOR DE USUARIO, EL SÍMBOLO DE SECTOR SE ACTUALIZA AUTOMÁTICAMENTE.

3. [IR] CAMBIAR DE NOMBRE A LOS SECTORES

Cuando dividimos una imagen en sectores, debemos asegurarnos de dar el nombre adecuado a los sectores; el nombre del sector será el nombre de archivo cuando guardemos los sectores. En este ejercicio aprenderemos dos técnicas para cambiar el nombre de los sectores. Posteriormente, en este capítulo, veremos cómo se usan los nombres de archivo al guardar imágenes con sectores.

1. Si realizamos el último ejercicio, javaco_stores.psd debería estar abierto en ImageReady CS2. Si no es así, podemos volver atrás y completar el ejercicio 2. Nos aseguramos de que se vean las paletas **Capas**, **Contenido de Web** y **Sector**. Si no se ven, seleccionamos **Ventana>Capas**, **Ventana>Contenido de Web** y **Ventana>Sector**.

En la paleta **Contenido de Web**, observaremos que los sectores reciben su nombre usando el nombre del archivo y el número de sector o el nombre de la capa, dependiendo de si es un sector de usuario o un sector basado en capas. No debemos preocuparnos si los números de sector no coinciden exactamente con los que aparecen aquí. Podemos seguir el ejercicio usando los números de sector que tenemos en nuestra imagen.

La forma predeterminada de dar nombre a los sectores de usuario es la siguiente: `nombre de archivo + guión bajo+número de sector`. La forma predeterminada de dar nombre a los sectores basados en capas es la siguiente: `nombre de archivo + guión bajo+nombre de la capa`. A veces querremos dar a nuestro sector un nombre diferente del nombre de archivo original.

NOTA: ESTE EJEMPLO SE BASA EN SECTORES DE USUARIO BASADOS EN UNA IMAGEN SENCILLA. SI TRABAJAMOS CON SECTORES BASADOS EN CAPAS, CREADOS A PARTIR DE UNA IMAGEN CON CAPAS, EL NOMBRE SERÁ LIGERAMENTE DIFERENTE: `nombre de archivo + guión bajo+nombre de la capa`.

A continuación aprenderemos a cambiar el nombre de las capas, usando la paleta **Contenido de Web**.

2. Nos desplazamos hasta la parte inferior de la paleta **Contenido de Web**, de forma que podamos ver los sectores de usuario. Hacemos doble clic en el nombre de sector **javaco_stores_09**. Cuando aparezca el cuadro para la introducción de texto, cambiamos el nombre de la capa por el siguiente: **javaco_stores_products**. Cuando terminemos, pulsamos **Retorno** (Mac) o **Intro** (Windows).

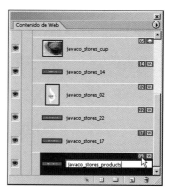

3. Usando la técnica que acabamos de aprender, cambiamos el nombre de los otros tres sectores de los botones por los nombres que se indican a continuación: **javaco_stores_about_us**, **javaco_stores_our_stores** y **javaco_stores_contact_us**.

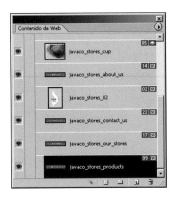

Como estos nombres de sector se convertirán en nombres de archivo cuando guardemos los sectores, no debemos usar espacios en el nombre, ya que los servidores Web suelen tener problemas para leer nombres de archivo con espacios. El guión bajo (_) es un buen sustituto de los espacios.

4. En la paleta **Contenido de Web**, hacemos clic en el sector **javaco_stores_02** para seleccionarlo. Escribimos **javaco_stores_logo** en el campo **Nombre** de la paleta **Sector** y pulsamos **Retorno** (Mac) o **Intro** (Windows).

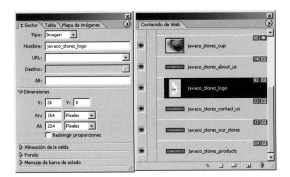

Hasta el momento, hemos cambiado el nombre de sectores de usuario. ¿Y si queremos cambiar el nombre de un sector basado en capa? Como hemos visto, el nombre de capa pasa a ser parte del nombre del sector; el nombre del sector pasa a ser parte del nombre de archivo. Por tanto, cuando damos nombre a una capa, en la paleta **Capas**, tenemos que recordar cómo va a usarse el nombre de la capa. Si asignamos el nombre

adecuado a las capas en la paleta **Capas**, no tendremos que cambiar el nombre de los sectores posteriormente.

5. Nos desplazamos hacia arriba en la paleta **Contenido de Web**, de forma que podamos ver los nombres de los sectores basados en capa.

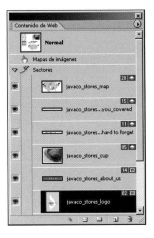

Como podemos ver, dos de los nombres de sectores basados en capas no necesitan ningún cambio (javaco_stores_map y javaco_stores_cup).

Sin embargo, los otros dos nombres de sector contienen espacios y apóstrofes, lo que puede dar problemas cuando guardemos los archivos y queramos verlos en un navegador Web.

6. En la paleta **Capas**, hacemos clic en la capa **easy to find** para seleccionarla. Hacemos doble clic en el nombre de la capa.

Cuando aparezca el cuadro para introducir el nombre, escribimos **type easy_to_find** y pulsamos **Retorno** (Mac) o **Intro** (Windows).

Sectores

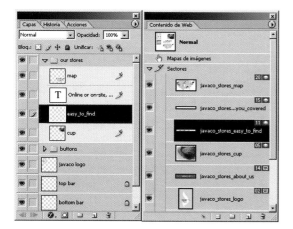

Observaremos que, al cambiar el nombre de la capa, el nombre de sector se actualiza automáticamente en la paleta **Contenido de Web**.

7. En la paleta **Contenido de Web**, hacemos doble clic en el sector **javaco_stores_we've got you** para seleccionarlo. Cuando aparezca el cuadro para introducir el nombre, cambiamos el nombre de la capa por **javco_stores_covered** y pulsamos **Retorno** (Mac) o **Intro** (Windows).

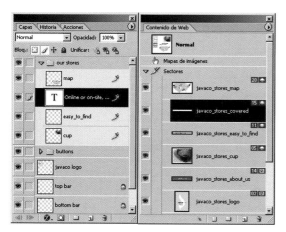

Observaremos que sólo cambia el nombre del sector (el nombre de la capa permanece igual en la paleta **Capas**). Como podemos ver, podemos decidir cambiar simultáneamente el nombre de la capa y de su correspondiente sector basado en la capa, o cambiar solamente el nombre del sector basado en capa.

TRUCO: TAMBIÉN PODEMOS CAMBIAR EL NOMBRE DE SECTORES BASADOS EN CAPAS MEDIANTE LA PALETA Sector, USANDO LA TÉCNICA QUE APRENDIMOS EN EL PASO 4.

8. Dejemos abierto javaco_stores.psd para el siguiente ejercicio.

Modificar la configuración predeterminada que da nombre a los sectores

LA FORMA PREDETERMINADA DE DAR NOMBRE A LOS SECTORES DE USUARIO, EN IMAGEREADY CS2, ES LA SIGUIENTE:

- **SECTORES DE USUARIO:** NOMBRE DE ARCHIVO + GUIÓN BAJO+NÚMERO DE SECTOR.

- **SECTORES BASADOS EN CAPAS:** NOMBRE DE ARCHIVO + GUIÓN BAJO + NOMBRE DE LA CAPA.

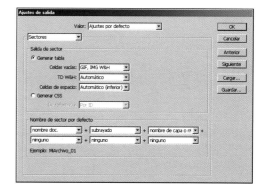

SI QUEREMOS CAMBIAR LA CONFIGURACIÓN PREDETERMINADA PARA DAR NOMBRE A LOS SECTORES, SELECCIONAMOS Archivo>Ajustes de salida>Sectores. EN EL CUADRO DE DIÁLOGO Ajustes de salida, USAMOS LOS MENÚS EMERGENTES DE Nombre de sector por defecto PARA ESCOGER NUESTRA PROPIA FORMA DE DAR NOMBRE A LOS SECTORES.

4. [IR] OPTIMIZAR Y GUARDAR SECTORES

Una de las ventajas de dividir las imágenes en sectores es su capacidad para aplicar diferentes opciones de optimización a cada sector. En estos últimos ejercicios, aprendimos diferentes técnicas para crear sectores. En este ejercicio aprenderemos a aplicar diferentes opciones de optimización a diferentes sectores, para conseguir la mejor calidad con el menor tamaño de archivo. Además, aprenderemos a guardar las imágenes y el código de tabla HTML necesario, de forma que las imágenes divididas en secciones aparezcan correctamente en un navegador Web. No debemos preocuparnos si parece demasiado complicado, ¡ImageReady CS2 consigue que optimizar y guardar imágenes divididas en sectores, incluyendo el código de tabla HTML necesario, sea muy sencillo!

1. Si realizamos el último ejercicio, javaco_stores.psd debería estar abierto en ImageReady CS2. Si no es así, podemos volver atrás y completar el ejercicio 3. Debemos asegurarnos de que se vea la paleta **Optimizar**. Si no lo está, seleccionamos **Ventana>Optimizar**.

Antes de comenzar el proceso de optimización, examinemos los diferentes sectores. ¿Cuáles se optimizan mejor como JPEG? ¿Cuáles se optimizan mejor como GIF? ¿Con cuáles deberemos probar para determinar el mejor formato?

2. En la ventana de documento, hacemos clic en la pestaña **Optimizada**. Seleccionamos la herramienta Seleccionar sector en el cuadro de herramientas. Hacemos clic en el sector 05 para seleccionarlo.

El sector 05 es el único que se optimiza mejor como JPEG. Comenzaremos por él, para que podamos optimizar todos los GIF seguidos.

3. Con las técnicas que aprendimos en capítulos anteriores, especificamos una configuración de optimización para el sector 05. En el cuadro de herramientas, debemos asegurarnos de activar y desactivar la visibilidad de los sectores, usando el botón de conmutar la visibilidad de sectores, para poder previsualizar la configuración de optimización sin los sectores (no podemos ver correctamente los sectores optimizados sin desactivar la visibilidad de sector).

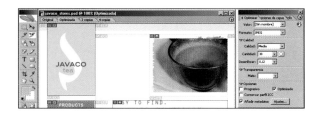

4. Con la herramienta Seleccionar sector escogida en el cuadro de herramientas, hacemos clic en el sector 20 para seleccionarlo. Modificamos la configuración de la paleta **Optimizar** para que concuerde con la de esta ilustración.

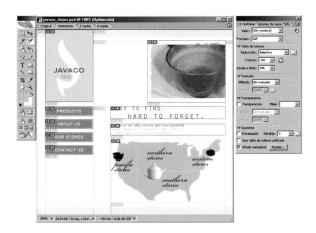

5. Con la herramienta Seleccionar sector escogida en el cuadro de herramientas, hacemos clic en el sector 02 para seleccionarlo. Modificamos la configuración de la paleta **Optimizar** para que concuerde con la de esta ilustración.

Sectores

6. Con la herramienta Seleccionar sector escogida en el cuadro de herramientas, hacemos clic en el sector 09 para seleccionarlo. Mantenemos pulsada la tecla **Mayús** y hacemos clic en los sectores 14, 17 y 22 para seleccionar simultáneamente los cuatro sectores. Elegimos Sectores> Vincular sectores para optimización.

Observaremos que aparece un icono de enlace rojo en la esquina (indica que los sectores están vinculados para optimización). Como estos cuatro botones son casi idénticos, usarán los mismos valores de optimización.

Aunque podríamos especificar la misma configuración para cada sector, no es necesario trabajar de más. Podemos especificar fácilmente las mismas opciones de optimización, para los cuatro sectores, simultáneamente, usando la opción Vincular sectores para optimización.

7. Con los sectores 09, 14 y 22 seleccionados y vinculados, utilizamos las opciones de optimización que aparecen en esta ilustración.

Si miramos a los otros dos sectores que debemos optimizar (los sectores 11 y 15), es posible que tengan las mismas opciones de optimización que las especificadas en el último paso.

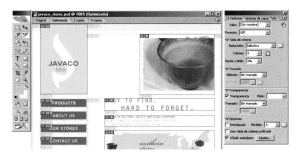

8. Con los sectores 09, 14, 17 y 22 todavía seleccionados, arrastramos el icono de crear *droplet*, en la paleta **Optimizar**, al sector 11.

9. Con la herramienta Seleccionar sector escogida en el cuadro de herramientas, hacemos clic en el sector 11 para seleccionarlo.

Observaremos que los valores de optimización que especificamos para los sectores 09, 14, 17 y 22, se han aplicado automáticamente al sector 11. Como podemos ver, la configuración de optimización que usamos para los botones funciona perfectamente para este sector, y no tenemos que volver a especificar la configuración en la paleta **Optimizar**.

10. Con el sector 11 todavía seleccionado, arrastramos el icono de crear *droplet*, en la paleta **Optimizar**, al sector 15. Como podemos ver, la función *droplet* nos permite compartir los valores de optimización entre varios sectores, para que no tengamos que introducir los mismos valores de sector en varios sectores.

En este punto, todos los sectores de usuario y basados en capa, deberían estar optimizados. Los únicos sectores que no están optimizados son los sectores automáticos. Observaremos que todos los sectores automáticos tienen un icono de vínculo. Sólo podemos especificar un valor de optimización para todos los sectores automáticos de una imagen. Si queremos usar diferentes configuraciones de optimización para diferentes sectores automáticos, debemos convertirlos en sectores de usuario, como aprendimos en el ejercicio 1.

11. Con la herramienta Seleccionar sector escogida en el cuadro de herramientas, hacemos clic en el sector 03 para seleccionarlo. Modificamos la configuración de la paleta **Optimizar** para que concuerde con la de esta ilustración.

12. Ahora que hemos optimizado todos los sectores, desactivamos la visibilidad de todos los sectores, haciendo clic en el botón de conmutar la visibilidad de sectores, en el cuadro de herramientas. Ahora podremos ver la imagen sin los sectores y asegurarnos de que estamos satisfechos con la configuración de la optimización.

13. En el cuadro de herramientas, hacemos clic en el botón de previsualizar en el navegador por defecto, para previsualizar javaco_stores.psd en el navegador Web.

14. Cerramos el navegador Web y volvemos a ImageReady CS2. Seleccionamos **Archivo> Guardar optimizada como**.

15. En el cuadro de diálogo **Guardar optimizada como**, nos dirigimos a la carpeta chap_12 que copiamos en el escritorio. Creamos una nueva carpeta llamada javaco_stores.

Seleccionamos **HTML e imágenes** en el menú emergente **Tipo**. Elegimos **Todos los sectores** en el menú emergente **Sectores**. Hacemos clic en **Guardar**.

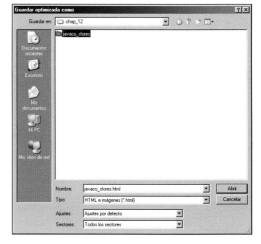

Sectores

NOTA: NO ES NECESARIO GUARDAR EL CÓDIGO HTML CON LAS IMÁGENES. SI LO PREFERIMOS, PODEMOS SELECCIONAR Imágenes EN EL MENÚ EMERGENTE Tipo Y CREAR EL CÓDIGO DE TABLA HTML EN UN EDITOR HTML, COMO ADOBE GOLIVE O MACROMEDIA DREAMWEAVER. LA ELECCIÓN ES NUESTRA, ¡PERO DEJAR QUE IMAGEREADY CS2 CREE EL CÓDIGO ES MÁS SENCILLO!

16. Nos dirigimos hasta la carpeta javaco_stores, en la carpeta chap_12 del escritorio.

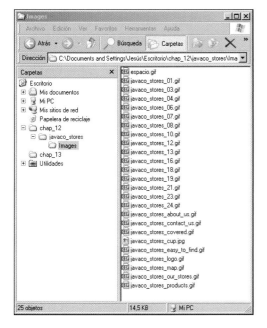

¡Veremos javaco_stores.html y una carpeta llamada images, que contiene las imágenes divididas en sectores, optimizadas y guardadas! ¡Qué bueno!

Observaremos que la mayoría de las imágenes son GIF, pero una de ellas es un archivo JPEG. ImageReady CS2 recordará la configuración que especificamos para cada sector en la paleta **Optimizar**, cuando guardó los sectores.

17. Hacemos doble clic en javaco_stores.html para abrir el archivo en un navegador Web.

Las imágenes divididas en sectores aparecerán exactamente en la misma posición que la imagen original, sin dividir.

18. Cerramos el navegador Web y volvemos a ImageReady CS2. Dejemos abierto javaco_stores.psd para el siguiente ejercicio.

5. [IR] APLICAR TEXTO ALTERNATIVO Y MENSAJES DE BARRA DE ESTADO

Para que las páginas Web sean más accesibles a todos los espectadores, deberíamos aplicar texto alternativo a las imágenes más importantes de la página Web, incluyendo las imágenes divididas en sectores. El texto alternativo permite a los espectadores ver un texto descriptivo de las imágenes de una página Web. También podemos aplicar mensajes de barra de estado a sectores. Cuando un lector coloca el puntero del ratón sobre un sector de una página Web, la barra de estado del navegador cambiará para mostrar el mensaje que hayamos creado. Es otra forma práctica de proporcionar información sobre el contenido de un sector.

1. Si realizamos el último ejercicio, javaco_stores.psd debería estar abierto en ImageReady CS2. Si no es así, podemos volver atrás y completar el ejercicio 4. Debemos asegurarnos de que se vea la paleta **Sector**. Si no lo está, seleccionamos **Ventana>Sector**.

2. Elegimos la herramienta Seleccionar sector en el cuadro de herramientas. Hacemos clic en el sector 20 para seleccionarlo.

3. En la paleta **Sector**, escribimos **Map to Javaco Stores** en el campo **Alt**. Pulsamos **Retorno** (Mac) o **Intro** (Windows) para aplicar el texto alternativo al sector.

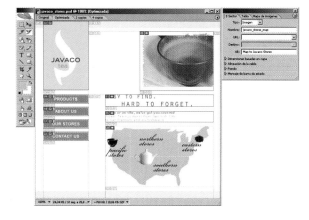

4. Con la herramienta Seleccionar sector seleccionada en el cuadro de herramientas, hacemos clic en el sector 05 para seleccionarlo. Escribimos Picture of Cup en el campo **Alt** de la paleta **Sector**.

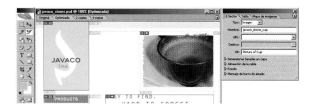

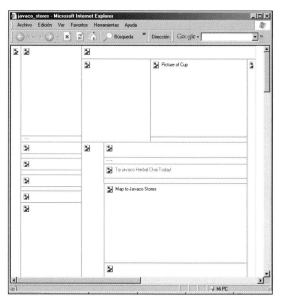

El texto alternativo será visible en un navegador Web, si el usuario desactiva las imágenes en las preferencias de su navegador o si accede a la página Web con un navegador Web sólo de texto. Algunos internautas desactivan las imágenes cuando navegan por Internet para acelerar el proceso de descarga.

Los visitantes con problemas de visión usan programas que leen lo que aparece en pantalla y que leen el texto alternativo. A continuación, aprenderemos a aplicar mensajes de barra de estado a sectores.

5. Con la herramienta Seleccionar sector escogida en el cuadro de herramientas, hacemos clic en el sector 20 para seleccionarlo.

Hacemos clic en la flecha para ampliar la sección **Mensaje de barra de estado**, en la paleta **Sector**.

Sectores

6. En el campo **Mensaje de barra de estado**, escribimos **Find a Javaco Store!** y pulsamos **Retorno** (Mac) o **Intro** (Windows).

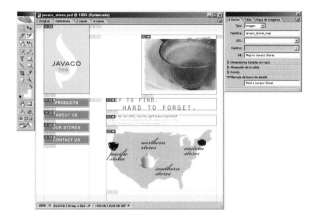

Los mensajes de barra de estado aparecen en la parte inferior de la ventana del navegador Web cuando colocamos el puntero sobre el sector. Los mensajes de barra de estado son una forma estupenda de aportar información adicional a las personas que vean nuestra página Web.

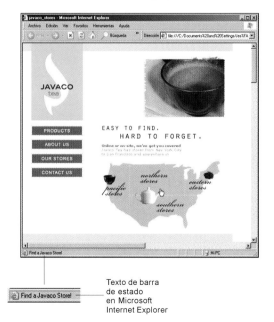

Texto de barra de estado en Microsoft Internet Explorer

7. Dejemos abierto javaco_stores.psd para el siguiente ejercicio.

6. [IR] ASIGNAR URL A SECTORES

Cuando asignamos un URL a un sector, el sector se convierte automáticamente en un punto sensible, en el que podemos hacer clic. Cuando los usuarios hacen clic en un punto sensible, los dirige a un determinado URL. ImageReady CS2 hace que asignar URL a sectores sea muy sencillo. A continuación tenemos un pequeño ejercicio que nos enseñará a hacerlo.

1. Si realizamos el último ejercicio, javaco_stores.psd debería estar abierto en ImageReady CS2. Si no es así, podemos volver atrás y completar el ejercicio 5. Debemos asegurarnos de que se vea la paleta **Sector**. Si no lo está, seleccionamos **Ventana>Sector**.

2. Seleccionamos la herramienta Sector en el cuadro de herramientas. Hacemos clic en el sector 09 para seleccionarlo.

3. En la paleta **Sector**, escribimos **http://www.lynda.com** en el campo **URL**. Pulsamos **Retorno** (Mac) o **Intro** (Windows) para asignar el URL.

Observaremos que el campo URL también es un menú emergente. El menú emergente **URL** recuerda los últimos URL usados y los guarda en el menú emergente, para poder acceder a ellos fácilmente.

4. En el campo **Destino**, seleccionamos **_blank** y pulsamos **Retorno** (Mac) o **Intro** (Windows).

_blank indica que queremos que el URL se abra en una nueva ventana del navegador. Si queremos que el URL se abra en la misma ventana del navegador Web, dejamos el campo **Destino** vacío.

5. En el cuadro de herramientas, hacemos clic en el botón de previsualizar en el navegador por defecto. Hacemos clic en el botón **Products**.

Si tenemos una conexión a Internet funcionando, se abrirá una ventana del navegador con la página Web lynda.com. Es una forma rápida y sencilla de asignar URL a sectores sin usar un editor de HTML.

NOTA: PARA PROBAR LOS VÍNCULOS, DEBEMOS PREVISUALIZAR O ABRIR EL ARCHIVO EN UN NAVEGADOR WEB, PORQUE NO HAY FORMA DE PROBAR LOS VÍNCULOS EN IMAGEREADY CS2.

Como hemos realizado el vínculo con una página Web externa, lynda.com, hemos incluido información http://www. Este tipo de vínculo recibe el nombre de vínculo absoluto. También podemos realizar vínculos a páginas Web, dentro de la misma página Web. Este tipo de vínculos reciben el nombre de vínculos relativos. Cuando usamos vínculos relativos, debemos conocer la estructura del archivo y cómo vincular archivos. Para obtener más información sobre los vínculos absolutos y relativos, podemos leer el cuadro adjunto que hay al final de este ejercicio.

6. Guardamos y cerramos javaco_stores.psd.

Vínculos relativos y absolutos

CUANDO DISEÑEMOS PÁGINAS WEB, USAREMOS DOS TIPOS DE VÍNCULOS: RELATIVOS Y ABSOLUTOS. A CONTINUACIÓN MOSTRAMOS UNA BREVE DESCRIPCIÓN DE CADA UNO DE ELLOS, QUE NOS AYUDARÁN A COMPRENDER CUÁNDO Y CÓMO UTILIZARLOS.

LOS VÍNCULOS RELATIVOS SEÑALAN A UNA PÁGINA QUE SE ENCUENTRA EN NUESTRA PÁGINA WEB. POR EJEMPLO, SI ESTAMOS DISEÑANDO UNA PÁGINA WEB Y QUEREMOS CREAR UN VÍNCULO DESDE LA PÁGINA INICIAL A LA PÁGINA ABOUT US, NO ES NECESARIO INCLUIR TODA LA INFORMACIÓN HTTP://WWW. EN SU LUGAR, INCLUIMOS INFORMACIÓN SOBRE A DÓNDE QUEREMOS VINCULAR, EN RELACIÓN CON DESDE DÓNDE QUEREMOS VINCULAR. POR EJEMPLO: ABOUT_US.HTML (EN LUGAR DE HTTP://WWW.SOMEDOMAIN.COM/ABOUT_US.HTML). COMO LOS VÍNCULOS RELATIVOS PUEDEN SER MUY DIFÍCILES DE PROGRAMAR CUANDO SE ANIDAN LOS ARCHIVOS DENTRO Y FUERA DE LAS CARPETAS DEL SERVIDOR WEB, QUIZÁS NOS RESULTE MÁS SENCILLO CREARLOS Y GESTIONARLOS EN UN EDITOR HTML, COMO ADOBE GOLIVE O MACROMEDIA DREAMWEAVER.

LOS VÍNCULOS ABSOLUTOS SEÑALAN A PÁGINAS WEB EXTERNAS. LOS VÍNCULOS ABSOLUTOS SIEMPRE LLEVAN A LA MISMA UBICACIÓN DEFINIDA. POR ESO DEBEMOS INCLUIR LA INFORMACIÓN HTTP://WWW CUANDO USAMOS VÍNCULOS ABSOLUTOS.

MUCHOS EDITORES HTML, INCLUYENDO ADOBE GOLIVE Y MACROMEDIA DREAMWEAVER, DISPONEN DE FUNCIONES DE GESTIÓN DE PÁGINAS WEB, QUE NOS AYUDARÁN A GESTIONAR LOS VÍNCULOS ABSOLUTOS Y RELATIVOS.

7. [IR] USAR CONJUNTOS DE SECTORES

Un conjunto de sectores es un grupo de sectores almacenados en una carpeta de la paleta **Contenido de Web**. Los grupos de sectores mantienen organizados los sectores si tenemos muchos en una imagen. La ventaja de usar conjuntos de sectores es que podemos crear diferentes configuraciones de sector, para diferentes diseños, en el mismo archivo. En este ejercicio aprenderemos a crear conjuntos de sectores y a añadir sectores a los mismos.

Sectores

1. Abrimos javaco.psd, que se encuentra en la carpeta chap_12 que copiamos en el escritorio. Nos aseguramos de que se vean las paletas Capas y Contenido de Web. Si no se ven, seleccionamos Ventana>Capas y Ventana> Contenido de Web.

Examinemos el contenido de la paleta Capas. Activamos y desactivamos la visibilidad de los diferentes conjuntos de capas, para que podamos ver cómo está formado el archivo. Como podemos ver, los botones se encuentran en un conjunto de capas y el contenido de cada una de las páginas de la página Web Javaco, también se encuentran en conjuntos de capa individuales.

2. Seleccionamos la herramienta Sector en el cuadro de herramientas. Con cualquiera de las técnicas que hemos aprendido en este capítulo, creamos sectores de usuario para cada uno de los siguientes elementos: javaco tea logo, products button, about us button, our stores button y contact us button.

Cuando terminemos, nos aseguramos de que los sectores de la imagen concuerden con los que aparecen en esta ilustración.

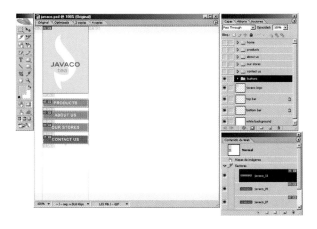

3. En la paleta Contenido de Web, hacemos clic en el sector javaco_11 para seleccionarlo. Mantenemos pulsada la tecla Mayús y hacemos

clic en el sector javaco_05 para seleccionar todos los sectores que se encuentran entre estos dos sectores. En la parte inferior de la paleta Contenido de Web, hacemos clic en el botón Nuevo conjunto de sectores.

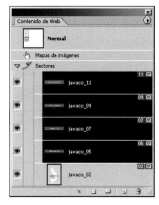

Los cuatro sectores que hemos seleccionado, que son los sectores de los botones de la página Web Javaco tea, ahora se encuentran en un conjunto de sectores, llamado Conjunto de sectores 1.

4. En la paleta Contenido de Web, hacemos doble clic en el nombre Conjunto de sectores 1. Cuando aparezca el cuadro para introducir el nombre, cambiamos el nombre del conjunto de sectores por buttons y pulsamos Retorno (Mac) o Intro (Windows). Hacemos clic en la flecha que se encuentra junto al conjunto de sectores buttons para cerrar el conjunto de sectores.

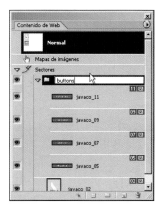

¿Nos resulta familiar este proceso? Los conjuntos de sectores funcionan casi igual que los grupos de capas (Photoshop CS2) y los conjuntos de capa (ImageReady CS2).

5. En la paleta **Capas**, desactivamos la visibilidad del conjunto de capa **home**. Con la herramienta Sector todavía seleccionada en el cuadro de herramientas, usamos las técnicas que aprendimos en este capítulo para convertir en sectores los elementos de la página inicial de Javaco, como se muestra en esta ilustración.

6. En la paleta **Contenido de Web**, hacemos clic en el sector **javaco_05** para seleccionarlo. Mantenemos pulsada la tecla **Mayús** y hacemos clic en el sector **javaco_12** (o el último sector en el orden de pila, antes del conjunto de sectores buttons) para seleccionar todos los sectores que se encuentren entre estos dos sectores.

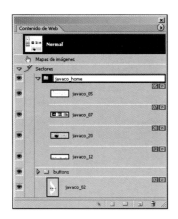

En la parte inferior de la paleta **Contenido de Web**, hacemos clic en el botón Nuevo conjunto de sectores para crear un nuevo conjunto de sectores.

Usando la técnica que aprendimos en el paso 4, cambiamos el nombre del conjunto de sectores por javaco_home. Cuando terminemos, hacemos clic en la flecha que se encuentra junto al conjunto de sectores **javaco_home** para cerrarlo.

Observaremos que la paleta **Contenido de Web** está muy organizada. Imaginemos lo difícil que sería desplazarnos por la paleta **Contenido de Web** si todos los sectores estuvieran al mismo nivel.

Como podemos ver, igual que los grupos de capas (Photoshop CS2) y los conjuntos de capas (ImageReady CS2), los conjuntos de sectores nos permiten tener organizada la paleta **Contenido de Web**.

7. En la paleta **Capas**, desactivamos la visibilidad del conjunto de capas **home** y activamos la visibilidad del conjunto de capas **products**.

Observaremos que los sectores que creamos para el conjunto de capas home, todavía son visibles en el conjunto de capas products.

Por desgracia, los sectores no concuerdan con las capas del conjunto de capas products. No debemos preocuparnos, ¡lo arreglaremos en los siguientes pasos!

Sectores

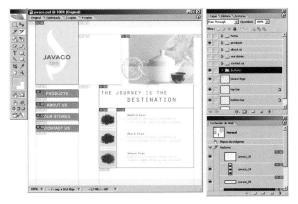

8. En la paleta **Contenido de Web**, desactivamos la visibilidad del conjunto de sectores javaco_home.

Con la herramienta Sector todavía escogida en el cuadro de herramientas, dividimos en sectores la página products, como se muestra en esta ilustración.

9. Usando las técnicas que aprendimos en este capítulo, agrupamos los sectores 05, 09, 14 y 15 en un grupo de sectores.

Llamamos al conjunto de sectores javaco_products. Cuando terminemos, hacemos clic en la flecha que se encuentra junto al conjunto de sectores **javaco_products** para cerrarlo.

10. En la paleta **Capas**, desactivamos la visibilidad del conjunto de capas **products** y activamos la visibilidad del conjunto de capas **our stores**.

Igual que en el paso 7, los sectores no concordarán con la composición.

11. En la paleta **Contenido de Web**, desactivamos la visibilidad del conjunto de sectores **javaco_products**.

Con la herramienta Sector todavía seleccionada en el cuadro de herramientas, dividimos en sectores la página our stores de Javaco, como se muestra en esta ilustración.

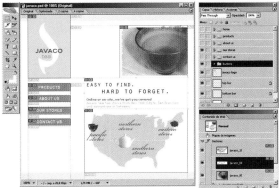

12. Usando las técnicas que aprendimos en este capítulo, agrupamos los sectores 05, 08 y 15 en un grupo de sectores. Llamamos al conjunto de sectores javaco_our_stores.

Cuando terminemos, hacemos clic en la flecha que se encuentra junto al conjunto de sectores **javaco_our_stores** para cerrarlo.

13. En la paleta **Capas**, desactivamos la visibilidad del conjunto de capas **our stores** y activamos la visibilidad del conjunto de capas **contact us**.

En la paleta **Contenido de Web**, desactiva-mos la visibilidad del conjunto de sectores **javaco_our_stores**.

14. Con la herramienta Sector todavía seleccionada en el cuadro de herramientas, dividimos en sectores la página contact us de Javaco, como se muestra en esta ilustración. Usando las técnicas que aprendimos en este capítulo, agrupamos los sectores 05 y 10 en un conjunto de sectores. Llamamos al conjunto de sectores javaco_contact_us. Cuando terminemos, hacemos clic en la flecha que se encuentra junto al conjunto de sectores **javaco_contact_us** para cerrarlo.

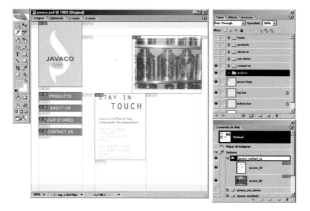

15. Volvamos atrás y activamos y desactivamos la visibilidad de los diferentes conjuntos de sectores de la paleta **Contenido de Web**, junto a su correspondiente conjunto de capas de la paleta **Capas** (por ejemplo, el conjunto de sectores javaco_home y el conjunto de capas home layer).

Observaremos que los conjuntos de sectores recordaban a los sectores que creamos y no cambiaron cuando creamos nuevos conjuntos de sectores.

Como podemos ver, los conjuntos de sectores no solo ofrecen una ventaja para organizar los sectores, sino que también nos permite dividir en sectores diferentes partes de un mismo archivo.

Si tenemos varias páginas Web en el mismo archivo, como en esta ilustración, podemos ahorrar mucho tiempo usando diferentes configuraciones de sector para cada página, todo en el mismo archivo, porque nos evitará tener que crear sectores una y otra vez.

16. Cerramos javaco.psd. No es necesario guardar los cambios.

 CD-ROM: PARA OBTENER MÁS INFORMACIÓN SOBRE LOS CONJUNTOS DE SECTORES, INCLUYENDO TÉCNICAS PARA OPTIMIZAR Y GUARDAR EL CONTENIDO DE LOS CONJUNTOS DE SECTORES, PODEMOS VER SLICES_SETS.MOV, QUE SE ENCUENTRA EN LA CARPETA MOVIES DEL CD-ROM.

¡Hemos terminado otro difícil capítulo! En este capítulo aprendimos los fundamentos del trabajo con sectores en ImageReady CS2.

En el próximo capítulo, llevaremos los sectores al siguiente nivel, usando sectores para crear imágenes de sustitución.

Capítulo 13

Crear imágenes de sustitución

Crear imágenes de sustitución

 En un capítulo anterior aprendimos a crear diferentes botones y barras de navegación.

En este capítulo, llevaremos la navegación un poco más allá y crearemos imágenes de sustitución interactivas. Una imagen de sustitución es un tipo de gráfico Web que cambia cuando un usuario coloca el puntero del ratón sobre ella o cuando se hace clic en ella.

Las imágenes de sustitución son una de las mejores formas de indicar que un gráfico es un vínculo. Para crear una imagen de sustitución, no solo tenemos que crear las imágenes de los diferentes estados de la imagen, sino que también tenemos que crear el código JavaScript y HTML, necesarios para que la imagen de sustitución funcione en una página Web.

Las buenas noticias es que, cuando creamos imágenes de sustitución en ImageReady CS2, ¡se crea automáticamente el código JavaScript y HTML!

En este capítulo aprenderemos a crear sencillas imágenes de sustitución usando estilos predefinidos, a crear imágenes de sustitución desde cero, con estilos de capa y visibilidad de capa, a crear imágenes de sustitución remotas y a crear imágenes de sustitución animadas.

Además, aprenderemos a optimizar y guardar las imágenes y el código JavaScript y HTML necesario para que las imágenes de sustitución funcionen en una página Web.

¡Parece mucho, pero nos sorprenderá lo sencillo que es realizar estas complejas tareas en ImageReady CS2!

SOBRE LAS IMÁGENES DE SUSTITUCIÓN

Una imagen de sustitución es un tipo de gráfico Web que cambia su apariencia cuando un usuario coloca el puntero del ratón sobre ella o cuando se hace clic en ella. Cada apariencia de la imagen de sustitución (o estado, en la jerga del diseño Web) se guarda como una imagen separada.

Cuando creamos imágenes de sustitución, también tenemos que crear el código JavaScript y HTML, necesario para que la imagen de sustitución funcione cuando la coloquemos en una página Web.

¡Por suerte, ImageReady CS2 guarda las imágenes y el código JavaScript y HTML en un solo paso!

En este capítulo aprenderemos diferentes técnicas para crear imágenes de sustitución en ImageReady CS2.

Aunque no podemos crear imágenes de sustitución en Photoshop CS2, podemos abrir con Photoshop CS2 una imagen de sustitución creada en ImageReady CS2 y mantener la información de imagen de sustitución.

La próxima vez que abramos la imagen de sustitución en ImageReady CS2, la información de imagen de sustitución seguirá siendo parte del documento.

ESTADOS DE LA IMAGEN DE SUSTITUCIÓN

Cuando creamos imágenes de sustitución en ImageReady CS2, podemos especificar varios estados diferentes para la imagen. A continuación tenemos una tabla que nos ayudará a comprenderlos:

Estados de la imagen de sustitución en ImageReady CS2

Estado de la imagen de sustitución	Definición
Normal	Cuando un usuario carga una página Web, el aspecto predeterminado de una imagen, antes o después de que un usuario active un estado de la imagen de sustitución.
Sobre	Cuando el usuario coloca el puntero del ratón sobre un sector o una zona de un mapa de imagen, sin hacer clic.
Abajo	Cuando el usuario hace clic en un sector o una zona de un mapa de imagen. El estado Abajo aparecerá hasta que el usuario suelte el botón del ratón.
Clic	Cuando el usuario hace clic con el ratón en un sector o una zona de un mapa de imagen. El estado Clic será visible hasta que el usuario aparte el puntero del ratón del área de la imagen de sustitución.
Fuera	Cuando el usuario aparte el puntero del ratón del sector o de la zona del mapa de imagen. Si no hay un estado Fuera definido, la imagen volverá automáticamente al estado Normal.
Arriba	Cuando el usuario suelta el botón del ratón, dentro del sector o de la zona del mapa de imagen. Si no hay un estado Arriba definido, la imagen volverá automáticamente al estado Normal.
Personalizado	Cuando se produce un suceso programado específicamente. Este estado estará disponible si creamos nuestro propio suceso JavaScript y lo añadimos al código HTML.
Seleccionado	Cuando el usuario hace clic en un sector o en una zona de un mapa de imagen, el estado Seleccionado aparecerá hasta que se elija otro estado de imagen de sustitución. Mientras el estado Seleccionado está activo, podemos usar otros efectos de imagen de sustitución. Por ejemplo, podemos tener simultáneamente un estado Seleccionado para un botón y un estado Sobre para otro botón. Sin embargo, si una capa utiliza dos estados, los atributos de capa para el estado Seleccionado tendrán prioridad sobre los del estado Sobre. Usamos el estado Seleccionado por defecto para activar el estado inicialmente, cuando hacemos una vista previa del documento en ImageReady CS2 o lo cargamos en un navegador Web.
Ninguno	Cuando queremos preservar el estado actual de una imagen para usarlo posteriormente. Las imágenes de sustitución con estado Ninguno no se guardan al guardar las imágenes de sustitución.

Crear imágenes de sustitución

PALETA CONTENIDO DE WEB

Cuando trabajemos con imágenes de sustitución en ImageReady CS2, tendremos que acceder a la paleta **Contenido de Web**. La paleta **Contenido de Web** no sólo almacena información sobre las imágenes de sustitución, también almacena información sobre sectores y mapas de imagen. Por tanto, encontraremos información sobre las imágenes de sustitución, los sectores y los mapas de imagen en una sola ubicación.

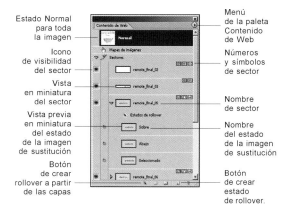

La paleta **Contenido de Web** nos permite previsualizar las imágenes de sustitución de una imagen.

Al igual que la paleta **Capas**, la paleta **Contenido de Web** incluye una vista previa en miniatura de la imagen de sustitución, el estado de la imagen de sustitución, y podemos usarla para activar o desactivar la visibilidad de la imagen de sustitución.

La paleta **Contenido de Web** también incluye varios controles para crear y editar imágenes de sustitución. Muestra números y símbolos de sector, que resultan muy prácticas cuando trabajamos con imágenes de sustitución basadas en sectores.

I. [IR] USAR ESTILOS DE IMAGEN DE SUSTITUCIÓN PREDEFINIDOS

En un capítulo anterior hemos aprendido a aplicar estilos de capa a formas, usando la paleta **Estilos** de Photoshop CS2.

Lo que no aprendimos es que la paleta **Estilos** de ImageReady CS2 contiene "estilos de imagen de sustitución", que aplican un estilo de capa, crean los estados de la imagen de sustitución, dividen la imagen en sectores y escriben el código JavaScript necesario.

Como resultado, podemos crear imágenes de sustitución en un momento. En este ejercicio conoceremos cómo se crean los estilos de imagen de sustitución y aprenderemos a identificar los estilos de imagen de sustitución en la paleta **Estilos** y a aplicar estilos de imagen de sustitución a capas para crear imágenes de sustitución rápida y fácilmente.

1. Abrimos javaco_round.psd, que se encuentra en la carpeta chap_13 que copiamos en el escritorio.

Nos aseguramos de que se vean las paletas **Capas**, **Contenido de Web** y **Estilos**. Si no se ven, seleccionamos **Ventana>Capas**, **Ventana>Contenido de Web** y **Ventana> Estilos**.

2. Seleccionamos **Estilos de rollover de Web** en el menú de la paleta **Estilos**. Cuando aparezca el mensaje de advertencia, hacemos clic en **Reemplazar** para sustituir los estilos actuales de la paleta **Estilos** por los estilos de *rollover* de Web.

Observaremos que todos los estilos tienen un triángulo negro en la esquina superior izquierda, que indica que estos estilos son estilos de imagen de sustitución. Los estilos de imagen de sustitución son diferentes de los estilos normales porque tienen más funciones. No sólo aplican un estilo de capa a la capa, sino que también crean un sector basado en capa, crean estados de imagen de sustitución y escriben el código JavaScript necesario para que la imagen de sustitución funcione en un navegador Web.

3. En la paleta **Capas**, hacemos clic en la flecha que se encuentra junto al conjunto de capas **buttons** para que aparezca todo su contenido. Hacemos clic en la capa **contact_us_btn** para seleccionarla.

4. Con la capa **contact_us_btn** seleccionada en la paleta **Capas**, en la paleta **Estilos**, hacemos clic en el estilo Botón de acción de gel azul con seleccionado.

En la ventana de documento, observemos cómo afecta este estilo al botón contact us. Observaremos que la capa **contact us button** pasa a ser un sector basado en capas y el resto de la imagen se divide en sectores automáticamente.

Examinemos también el contenido de la paleta **Capas**. Como podemos ver, ImageReady CS2 añade automáticamente a la capa una serie de estilos de capa.

Estos estilos de capa son los que dan ese aspecto tridimensional al botón. Todas estas propiedades son parte del estilo de imagen de sustitución, incluyendo el sector basado en capas, el código JavaScript necesario y los elementos visuales que componen el botón.

En próximos ejercicios aprenderemos a crear desde cero nuestros propios estilos de imagen de sustitución. ¡Por ahora, bastará con maravillarnos de la potencia de los estilos de imagen de sustitución predefinidos y con la cantidad de información que podemos almacenar en un estilo de imagen de sustitución!

Crear imágenes de sustitución

5. Examinemos el contenido de la paleta **Contenido de Web**. Ampliamos el conjunto de sectores **Conjunto de sectores 03** para poder ver los diferentes estados de imagen de sustitución que ha creado automáticamente ImageReady CS2. Hacemos clic en los estados **Sobre** y **Seleccionado** para poder ver la apariencia del botón con los diferentes estados.

6. En el cuadro de herramientas, hacemos clic en el botón de previsualizar documento y examinamos el botón contact us en la ventana de documento. Colocamos el puntero del ratón sobre el botón y observamos que cambia al estado Sobre. A continuación, hacemos clic en el botón y observamos que cambia al estado Seleccionado.

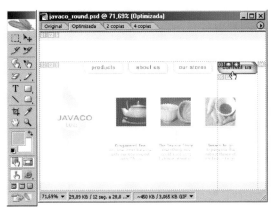

Utilizar la función de previsualizar documento es una forma estupenda de previsualizar los estados de imagen de sustitución desde ImageReady CS2. Al usarla, no tenemos que hacer la vista previa en un navegador Web cada vez que queramos ver los diferentes estados de la imagen de sustitución.

7. En el cuadro de herramientas, hacemos clic en el botón de previsualizar documento para salir del modo de vista previa.

El estilo de imagen de sustitución creó un botón tridimensional con diferentes tonos de azul para los estados Normal, Sobre y Seleccionado. ¡Como podemos ver, usar estilos de imagen de sustitución es una forma sencilla de crear imágenes de sustitución en muy poco tiempo!

Cuando hacemos clic en el botón de previsualizar documento, entramos en modo de vista previa de ImageReady CS2, lo que significa que no podremos hacer cambios en la imagen (debemos salir del modo de vista previa, haciendo clic en el botón de previsualizar documento). Sabremos que hemos conseguido salir del modo de vista previa porque el botón de previsualizar documento volverá a ser blanco, en lugar de gris.

8. En la paleta **Capas**, hacemos clic en la capa **our_stores_btn** para seleccionarla. En la paleta **Estilos**, hacemos clic en el botón estilo Botón de acción de gel azul con seleccionado. Repetimos este proceso para las capas **about_us_btn** y **products_btn layer**, de forma que los cuatro botones tengan el mismo estilo de imagen de sustitución (cuando se diseña la navegación Web, se necesita una cierta consistencia).

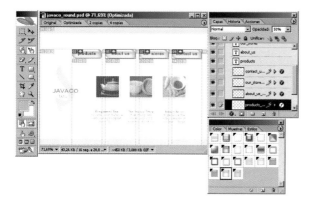

9. En el cuadro de herramientas, hacemos clic en el botón de previsualizar documento y examinamos los cuatros botones de la ventana de documento. Colocamos el puntero del ratón sobre cada botón, para ver el estado Sobre. Hacemos clic en cada botón, para ver el estado Seleccionado.

10. Cuando terminemos, en el cuadro de herramientas, hacemos clic en el botón de previsualizar documento para salir del modo de vista previa.

11. Dejemos abierto javaco_round.psd para el siguiente ejercicio.

A continuación, aprenderemos a optimizar y guardar imágenes de sustitución.

2. [IR] OPTIMIZAR Y GUARDAR IMÁGENES DE SUSTITUCIÓN

En el último ejercicio aprendimos a crear imágenes de sustitución a partir de estilos de imagen de sustitución en ImageReady CS2. En este ejercicio aprenderemos a optimizar y guardar imágenes de sustitución, incluyendo el código JavaScript y HTML necesario para que las imágenes de sustitución funcionen en un navegador Web.

Aunque este ejercicio se explica usando los estilos de imagen de sustitución predeterminados que creamos en el último ejercicio, podemos aplicar lo que aprendamos en este ejercicio a cualquier tipo de imagen de sustitución.

1. Si realizamos el último ejercicio, javaco_round.psd debería estar abierto en ImageReady CS2. Si no es así, podemos volver atrás y completar el ejercicio 1. Nos aseguramos de que se vean las paletas **Contenido de Web** y **Optimizar**. Si no se ven, seleccionamos **Ventana>Contenido de Web** y **Ventana> Optimizar**.

2. En la ventana de documento, hacemos clic en la pestaña **Optimizada**. Elegimos la herramienta Seleccionar sector en el cuadro de herramientas.

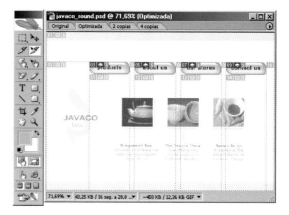

Crear imágenes de sustitución

En la ventana de documento, hacemos clic en el sector 03 para seleccionarlo. Mantenemos pulsada la tecla **Mayús** y hacemos clic en los sectores 05, 07 y 09 para escoger simultáneamente los cuatro sectores. Seleccionamos Sectores>Vincular sectores para optimización.

Observaremos que cada sector tiene ahora un icono rojo de vínculo. El objetivo de vincular los sectores para optimización es especificar una configuración de optimización para los cuatro sectores. El icono de enlace rojo indica que los sectores están vinculados para optimización.

3. En la paleta **Contenido de Web**, hacemos clic en el estado **Normal** de la imagen de sustitución javaco_round_products_btn (sector 03). Con las técnicas que hemos aprendido en un capítulo anterior, especificamos una configuración de optimización en la paleta **Optimizar**. Cuando estemos satisfechos con los valores escogidos, hacemos clic en los estados **Sobre** y **Seleccionado** para asegurarnos de que realmente estamos satisfechos con la configuración de estos estados, además de con el estado **Normal** (ImageReady CS2 usa la misma configuración de optimización en todos los estados de imagen de sustitución, independientemente del contenido de cada estado).

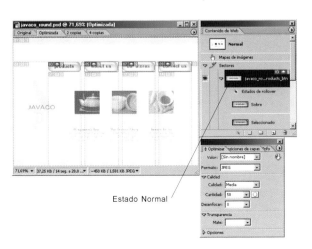

Estado Normal

4. En el cuadro de herramientas, hacemos clic en el botón de previsualizar en el navegador por defecto. Cuando se abra la imagen en el navegador Web predeterminado, colocamos el puntero del ratón sobre cada uno de los botones y observamos cómo cambia cada uno con el estado Sobre. Hacemos clic en la imagen y observamos que cambia al estado Seleccionado. Nos desplazamos hacia abajo y veremos el código JavaScript que ImageReady CS2 ha generado automáticamente para que estas imágenes de sustitución funcionen correctamente en el navegador Web.

Algo que podría no ser evidente a primera vista es que, cuando guardamos imágenes de sustitución con el estado Seleccionado, hay que guardar más de un archivo HTML.

Tenemos que guardar un archivo HTML para el estado Normal, el original cuando abrimos por primera vez la página Web, y tenemos que guardar una página HTML por cada botón con estado Seleccionado. En este caso, tendremos que guardar un total de cinco páginas HTML diferentes y tenemos que asegurarnos de que los botones enlazan con las páginas adecuadas. Tranquilos, ImageReady CS2 tiene una práctica opción que se ocupará de estos detalles.

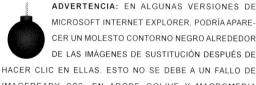 **ADVERTENCIA:** EN ALGUNAS VERSIONES DE MICROSOFT INTERNET EXPLORER, PODRÍA APARECER UN MOLESTO CONTORNO NEGRO ALREDEDOR DE LAS IMÁGENES DE SUSTITUCIÓN DESPUÉS DE HACER CLIC EN ELLAS. ESTO NO SE DEBE A UN FALLO DE IMAGEREADY CS2. EN ADOBE GOLIVE Y MACROMEDIA DREAMWEAVER EXISTEN SERIES DE COMANDOS QUE ELIMINAN ESTE PROBLEMA. POR DESGRACIA, EN IMAGEREADY CS2 NO PODEMOS HACER NADA PARA EVITAR ESTE CONTORNO NEGRO.

5. Cerramos el navegador Web y volvemos a ImageReady CS2.

6. Seleccionamos **Archivo>Ajustes de salida> Guardar HTML**. En el cuadro de diálogo **Ajustes de salida,** activamos la opción **Archivos HTML múltiples de salida** y hacemos clic en **OK**.

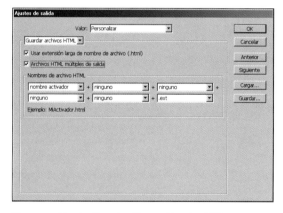

Esta opción indicará a ImageReady CS2 que debe guardar un archivo HTML por cada uno de los estados Seleccionado y se asegurará de que los botones estén correctamente vinculados entre sí.

7. Seleccionamos **Archivo>Guardar optimizada como**. En el cuadro de diálogo **Guardar optimizada como,** nos dirigimos a la carpeta chap_13 que copiamos en el escritorio. Creamos una nueva carpeta y la llamamos Rounded.

Seleccionamos **HTML e imágenes** en el menú emergente **Tipo**. Hacemos clic en **Guardar**.

 NOTA: QUIZÁS APAREZCA UN MENSAJE DE ADVERTENCIA, INDICANDO QUE ALGUNOS NOMBRES DE ARCHIVO SE RECORTARÁN PORQUE TIENEN MÁS DE 31 CARACTERES. HACEMOS CLIC EN **ACEPTAR** PARA INDICAR QUE HEMOS LEÍDO LA ADVERTENCIA. LOS NOMBRES DE ALGUNOS DE NUESTROS ARCHIVOS PODRÍAN RECORTARSE UN POCO SI TIENEN MÁS DE 31 CARACTERES. PARA ESTE EJERCICIO, NO ES NECESARIO PREOCUPARNOS POR ESTA LIMITACIÓN; PODEMOS PERMITIR QUE IMAGEREADY CS2 RECORTE LOS NOMBRES CUANDO SEA NECESARIO. CUANDO DISEÑEMOS NUESTRAS PROPIAS PÁGINAS WEB, DEBEMOS TENER EN CUENTA ESTA LIMITACIÓN Y USAR CON NUESTROS ARCHIVOS, CAPAS Y SECTORES, NOMBRES LO MÁS BREVES POSIBLES, DE FORMA QUE LOS NOMBRES DE ARCHIVO NO SE CORTEN CUANDO LOS GUARDEMOS.

8. Nos dirigimos hasta la carpeta Rounded, en la carpeta chap_13 del escritorio.

Observaremos que ImageReady CS2 ha creado cinco páginas HTML (una para el estado Normal y una por cada uno de los estados Seleccionado) que contienen el código JavaScript y HTML necesario para hacer que las imágenes de sustitución funcionen y una carpeta llamada Images,

Crear imágenes de sustitución

que contiene imágenes para los estados de la imagen de sustitución.

9. Hacemos doble clic en javaco_round.html para ver el archivo en el navegador Web. Colocamos el puntero del ratón sobre la imagen para ver el estado Sobre. Hacemos clic en la imagen para ver el estado Seleccionado.

Observaremos que, cuando hacemos clic en uno de los botones para ver el estado Seleccionado, la barra de dirección del navegador Web cambia para mostrar la página HTML adecuada para el actual estado Seleccionado.

10. Volvamos a ImageReady CS2. Si queremos, podemos guardar los cambios para tener las imágenes de sustitución que hemos creado en este ejercicio como parte del archivo.

¡A continuación, aprenderemos a crear imágenes de sustitución desde cero!

3. [IR] CREAR IMÁGENES DE SUSTITUCIÓN A PARTIR DE ESTILOS DE CAPA

En el último ejercicio aprendimos a crear imágenes de sustitución rápida y fácilmente, usando estilos de imagen de sustitución. En este ejercicio aprenderemos a crear imágenes de sustitución desde cero, utilizando estilos de capas.

1. Abrimos javaco_stores.psd, que se encuentra en la carpeta chap_13 que copiamos en el escritorio. Nos aseguramos de que se vean las paletas Capas, Contenido de Web, Estilos y Optimizar. Si no se ven, seleccionamos Ventana>Capas, Ventana>Contenido de Web, Ventana>Estilos y Ventana>Optimizar.

2. En la paleta Capas, hacemos clic en la flecha que se encuentra junto al conjunto de capas buttons para que aparezcan todas sus capas. Hacemos clic en la capa products para seleccionarla.

3. En la parte inferior de la paleta Contenido de Web, hacemos clic en el botón de crear *rollover* a partir de las capas.

Estado Sobre

Botón de crear rollover a partir de las capas

ImageReady CS2 creará automáticamente dos cosas: un sector basado en capas para la capa products y una imagen de sustitución en la paleta Contenido de Web, con un estado Sobre. En este momento, el estado Sobre es idéntico al estado Normal. No debemos preocuparnos, en el siguiente paso vamos a cambiar el estado Sobre.

4. Nos aseguramos de tener seleccionado el estado Sobre en la paleta **Contenido de Web** y de que la capa **products** siga seleccionada en la paleta **Capas**. Seleccionamos **Sombra interior** en el menú emergente de añadir un estilo de capa.

5. Modificamos la configuración del cuadro de diálogo **Estilo de capa** para que concuerde con la de esta ilustración.

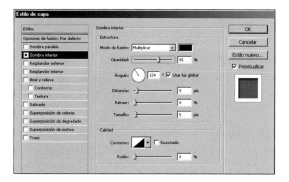

6. En el lado izquierdo del cuadro de diálogo **Estilo de capa**, hacemos clic en la opción **Superposición de colores**. Hacemos clic en la muestra de color para abrir el cuadro de diálogo **Selector de color**.

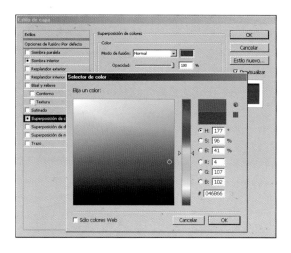

Seleccionamos un color azul medio y hacemos clic en **OK**. En el cuadro de diálogo **Estilo de capa**, hacemos clic en **OK** para aplicar los estilos de capa Sombra interior y Superposición de colores a la capa products.

7. Hacemos clic en la capa Normal. Hacemos clic en la capa Sobre.

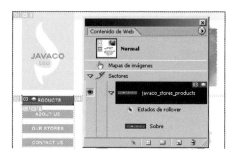

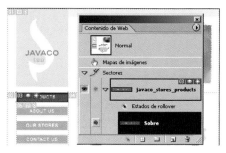

Observaremos que los cambios que aplicamos en los dos últimos pasos sólo afectan al estado Sobre. El estado Normal no cambiará.

8. En la parte inferior de la paleta **Contenido de Web**, hacemos clic en el botón de crear estado de *rollover*.

Crear imágenes de sustitución

Observaremos que ImageReady CS2 creó automáticamente un estado Abajo. Si alternamos entre el estado Sobre y Abajo, observaremos que parecen idénticos.

Cuando creamos un estado de imagen de sustitución, tienen automáticamente las mismas propiedades que el estado anterior en la paleta **Contenido de Web**.

9. Con el estado **Abajo** seleccionado en la paleta **Contenido de Web** y la capa **products** seleccionada en la paleta **Capas**, hacemos doble clic en el estilo de capa **Superposición de colores** para abrir el cuadro de diálogo **Estilo de capa**.

10. Hacemos clic en la muestra de color para abrir el cuadro de diálogo **Selector de color**.

Seleccionamos un color azul un poco más oscuro y hacemos clic en **OK**. En el cuadro de diálogo **Estilo de capa**, hacemos clic en **OK**.

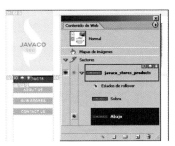

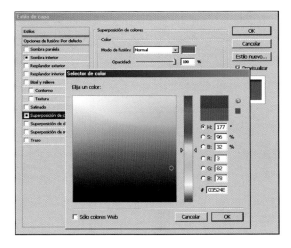

11. En la paleta **Contenido de Web**, alternamos entre los estados Normal, Sobre y Abajo y observamos cómo el cambio realizado en el último paso sólo afecta al estado Abajo.

12. Con el estado **Abajo** seleccionado en la paleta **Contenido de Web**, hacemos clic en el botón de crear estado de *rollover*, en la parte inferior de la paleta.

Observaremos que ImageReady CS2 crea automáticamente un estado Seleccionado.

13. Con el estado Seleccionado elegido en la paleta Contenido de Web y la capa products seleccionada en la paleta Capas, hacemos doble clic en el estilo de capa Superposición de colores para abrir el cuadro de diálogo Estilo de capa.

14. Hacemos clic en la muestra de color para abrir el cuadro de diálogo Selector de color. Seleccionamos un color verde claro y hacemos clic en **OK**.

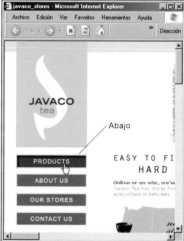

En el cuadro de diálogo Estilo de capa, hacemos clic en **OK**.

15. En la paleta Contenido Web, alternamos entre los estados Normal, Abajo y Seleccionado, para ver las imágenes de sustitución en los cuatro estados.

16. En el cuadro de herramientas, hacemos clic en el botón de previsualizar documento. Colocamos el puntero del ratón sobre el botón **products** para ver el estado Sobre. Mantenemos pulsado el botón products, para que podamos ver el estado Abajo. Cuando soltemos el botón del ratón, veremos el estado Seleccionado.

Crear imágenes de sustitución

En este punto, quizás nos preguntemos cómo vamos a recordar los estilos que aplicamos al botón **products** para crear los estados de la imagen de sustitución. No debemos preocuparnos, ¡ImageReady CS2 proporciona una forma rápida y sencilla de resolver este problema!

17. Hacemos clic en el botón de previsualizar documento para salir del modo de vista previa.

18. Con la capa **products** todavía seleccionada en la paleta **Capas**, en la parte inferior de la paleta **Estilos**, hacemos clic en el botón Crear nuevo estilo.

19. En el cuadro de diálogo **Opciones de estilo**, escribimos **tile Javaco Rollover** en el campo **Nombre** y activamos las opciones Incluir efectos de capa, Incluir opciones de fusión e Incluir estados de rollover. Hacemos clic en **Aceptar**.

Las opciones Incluir efectos de capa e Incluir estados de rollover son muy importantes porque se aseguran de que los estados de imagen de sustitución que creamos en este ejercicio se guarden con el estilo de imagen de sustitución. Hacemos clic en **OK**.

20. Nos desplazamos hasta la parte inferior de la paleta **Estilos**, de forma que podamos ver el estilo que creamos en el último paso.

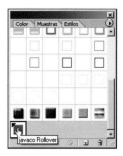

Observamos que el estilo tiene un pequeño triángulo negro en la esquina superior izquierda. Como sabemos por el ejercicio 1, este triángulo indica que el estilo es un estilo de imagen de sustitución, no un estilo normal.

21. En la paleta **Capas**, hacemos clic en la capa **about** para seleccionarla. En la paleta **Estilos**, hacemos clic en el estilo **Javaco Rollover**.

Observaremos que se creó automáticamente un sector basado en capas para la capa about, y que se ha creado automáticamente una nueva imagen de sustitución en la paleta **Contenido de Web**.

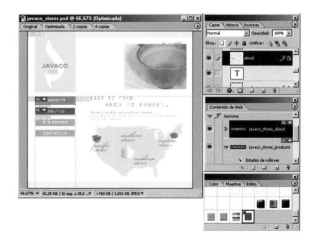

22. Hacemos clic en la flecha que hay junto a la imagen de sustitución javaco_stores_about, para que podamos ver los diferentes estados de imagen de sustitución.

Como podemos ver, los estados de imagen de sustitución son idénticos a los que creamos para el botón **products**.

23. En la paleta **Capas**, hacemos clic en la capa **store** para seleccionarla. En la paleta **Estilos**, hacemos clic en el estilo **Javaco Rollover**.

Al igual que en la capa **about**, ImageReady CS2 creó automáticamente un sector basado en capas y aplicó los estados de imagen de sustitución que creamos para la capa **products** a la capa **about**.

24. En la paleta **Capas**, hacemos clic en la capa **contact** para seleccionarla.

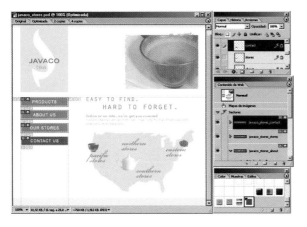

En la paleta **Estilos**, hacemos clic en el estilo **Javaco Rollover**. Ahora deberíamos tener cuatro sectores basados en capas (uno por cada uno de los cuatro botones).

También deberíamos tener cuatro imágenes de sustitución en la paleta **Contenido de Web** (uno por cada botón). Además, cada imagen de sustitución debería tener exactamente el mismo estado, basado en los estados de imagen de sustitución que creamos para el botón **products**, en este mismo ejercicio.

25. En el cuadro de herramientas, hacemos clic en el botón de previsualizar en el navegador por defecto.

26. Experimentemos, colocando el puntero sobre los botones y haciendo clic en los botones, para que podamos ver los diferentes estados de imagen de sustitución.

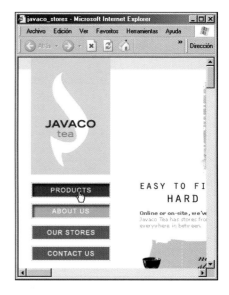

Como podemos ver, crear nuestras propias imágenes de sustitución con ImageReady CS2 es muy sencillo. Además, al guardar nuestros propios estilos de imagen de sustitución personalizados, podemos asegurarnos de que los

Crear imágenes de sustitución

botones tienen una apariencia consistente. Si queremos, podemos usar las técnicas que aprendimos en el ejercicio 2 para optimizar los sectores basados en capas y guardar las imágenes y el código JavaScript y HTML necesario para que las imágenes de sustitución funcionen en un navegador Web.

27. Cerramos javaco_stores.psd. No es necesario guardar los cambios.

 CD-ROM: PARA OBTENER MÁS INFORMACIÓN SOBRE LA CREACIÓN DE IMÁGENES DE SUSTITUCIÓN A PARTIR DE ESTILOS DE CAPA, PODEMOS VER ROLLOVERS_STYLES.MOV, QUE SE ENCUENTRA EN LA CARPETA MOVIES DEL CD-ROM.

4. [IR] CREAR IMÁGENES DE SUSTITUCIÓN USANDO LA VISIBILIDAD DE LA CAPA

Hasta ahora hemos aprendido a crear imágenes de sustitución usando estilos de imagen de sustitución predefinidos y creando imágenes de sustitución a partir de estilos de capa. En este ejercicio aprenderemos a crear imágenes de sustitución usando la visibilidad de diferentes capas.

1. Abrimos javaco.psd, que se encuentra en la carpeta chap_13 que copiamos en el escritorio. Nos aseguramos de que se vean las paletas **Capas** y **Contenido de Web**. Si no se ven, seleccionamos **Ventana>Capas** y **Ventana> Contenido de Web**.

2. Seleccionamos la herramienta Sector en el cuadro de herramientas. Arrastramos para crear un sector de usuario alrededor del botón contact us, como se muestra en la ilustración.

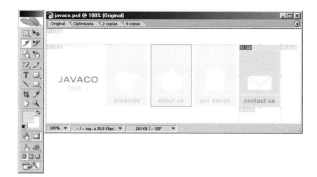

3. En la paleta **Contenido de Web**, hacemos clic en el botón de crear estado de *rollover*, para crear un estado Sobre.

Observaremos que ImageReady CS2 crea automáticamente el estado de imagen de sustitución Sobre y que los iconos de sector para el sector 03 se actualizan con el icono de imagen de sustitución.

4. Con el estado Sobre aún seleccionado en la paleta **Contenido de Web**, ampliamos el contenido del conjunto de capas **contact**, en la paleta **Capas**. Desactivamos la visibilidad de las capas **blue** y **contact blue**. Desactivamos la visibilidad de las capas **grey** y **contact green**.

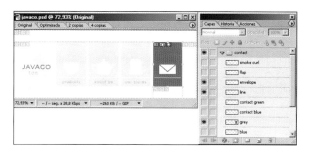

5. En la parte inferior de la paleta **Contenido de Web**, hacemos clic en el botón de crear estado de *rollover*, para crear un estado Abajo.

6. Con el estado **Abajo** seleccionado en la paleta **Capas**, activamos la visibilidad de la capa **flap**.

7. En la parte inferior de la paleta **Contenido de Web**, hacemos clic en el botón de crear estado de *rollover*, para crear un estado Seleccionado.

8. Con el estado Seleccionado aún escogido en la paleta **Contenido de Web**, activamos la visibilidad de la capa **smoke curl**, en la paleta **Capas**.

9. En el cuadro de herramientas, hacemos clic en el botón de previsualizar documento. Colocamos el puntero del ratón sobre el botón contact us para ver el estado Sobre.

Hacemos clic en el botón contact us, para ver el estado Abajo. Cuando soltemos el botón del ratón, veremos el estado Seleccionado.

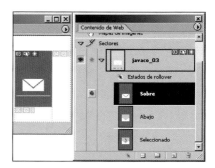

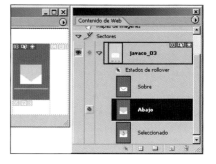

Crear imágenes de sustitución

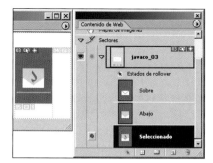

Como podemos ver, es muy sencillo crear diferentes estados de imagen de sustitución usando la visibilidad de las diferentes capas.

10. En el cuadro de herramientas, hacemos clic en el botón de previsualizar documento para salir del modo de vista previa.

11. Con la herramienta Sector seleccionada en el cuadro de herramientas, arrastramos para crear un sector de usuario alrededor del botón our stores, como se muestra en esta ilustración.

12. En la parte inferior de la paleta Contenido de Web, hacemos clic en el botón de crear estado de *rollover*, para crear un estado Sobre.

13. Con el estado Sobre aún seleccionado en la paleta Contenido de Web, cerramos el conjunto de capas contact y abrimos el conjunto de capas stores. Desactivamos la visibilidad de las capas blue y stores blue. Activamos la visibilidad de las capas grey y stores green.

14. En la parte inferior de la paleta Contenido de Web, hacemos clic en el botón de crear estado de *rollover*, para crear un estado Abajo. Con el estado Abajo seleccionado en la paleta Contenido de Web, activamos la visibilidad de la capa label.

15. En la parte inferior de la paleta Contenido de Web, hacemos clic en el botón de crear estado de *rollover*, para crear un estado Seleccionado.

Con el estado Seleccionado elegido en la paleta Contenido de Web, activamos la visibilidad de la capa smoke curl.

16. En el cuadro de herramientas, hacemos clic en el botón de previsualizar documento. Colocamos el puntero del ratón sobre el botón our stores para ver el estado Sobre. Hacemos clic en el botón our stores, para ver el estado Abajo. Cuando soltemos el botón del ratón, veremos el estado Seleccionado.

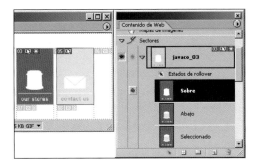

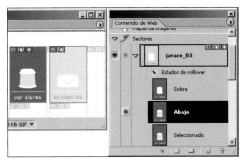

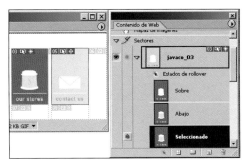

17. Cuando terminemos, hacemos clic en el botón de previsualizar documento para salir del modo de vista previa.

18. Con la herramienta Sector seleccionada en el cuadro de herramientas, arrastramos para crear un sector de usuario alrededor del botón about us, como se muestra en esta ilustración.

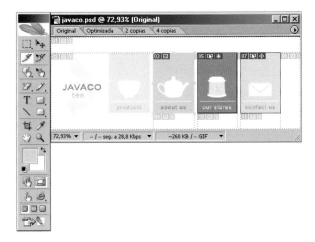

19. En la parte inferior de la paleta **Contenido de Web**, hacemos clic en el botón de crear estado de *rollover*, para crear un estado Sobre.

20. Con el estado Sobre aún seleccionado en la paleta **Contenido de Web**, cerramos el conjunto de capas **stores** y abrimos el conjunto de capas **about**, en la paleta **Capas**. Desactivamos la visibilidad de las capas **blue** y **about blue** y activamos la visibilidad de las capas **grey** y **about grey**, en la paleta **Capas**.

21. En la parte inferior de la paleta **Contenido de Web**, hacemos clic en el botón de crear estado de *rollover*, para crear un estado Abajo. Con el estado

Crear imágenes de sustitución

Abajo seleccionado en la paleta **Contenido de Web**, activamos la visibilidad de la capa **circle**.

22. En la parte inferior de la paleta **Contenido de Web**, hacemos clic en el botón de crear estado de *rollover*, para crear un estado Selecciona-do. Con el estado **Seleccionado** escogido en la paleta **Contenido de Web**, activamos la visibilidad de la capa **smoke curl**, en la paleta **Capas**.

23. En el cuadro de herramientas, hacemos clic en el botón de previsualizar documento. Coloca-mos el puntero del ratón sobre el botón about us para ver el estado Sobre. Hacemos clic en el botón about us, para ver el estado Abajo. Cuan-do soltemos el botón del ratón, veremos el estado Seleccionado.

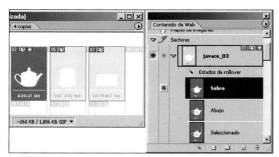

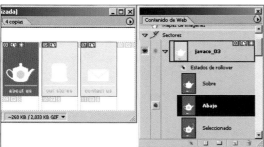

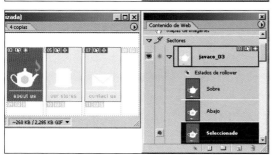

24. En el cuadro de herramientas, hacemos clic en el botón de previsualizar documento para salir del modo de vista previa.

25. Con la herramienta Sector seleccionada en el cuadro de herramientas, arrastramos para crear un sector de usuario alrededor del botón **products**, como se muestra en esta ilustración.

26. En la parte inferior de la paleta **Contenido de Web**, hacemos clic en el botón de crear estado de *rollover*, para crear un estado Sobre.

27. Con el estado Sobre aún seleccionado en la paleta **Contenido de Web**, cerramos el conjun-to de capas **about** y abrimos el conjunto de capas **products**. En la paleta **Capas**, desactivamos la visibilidad de las capas **blue** y **products blue**. En la paleta **Capas**, activamos la visibilidad de las capas **grey** y **products grey**.

28. En la parte inferior de la paleta **Contenido de Web**, hacemos clic en el botón de crear estado de *rollover*, para crear un estado Abajo. Con el estado **Seleccionado** escogido en la paleta **Contenido de Web**, activamos la visibilidad de la capa **tea**, en la paleta **Capas**.

29. En la parte inferior de la paleta **Contenido de Web**, hacemos clic en el botón de crear estado de *rollover*, para crear un estado Seleccionado. Con el estado **Seleccionado** elegido en la paleta **Contenido de Web**, activamos la visibilidad de la capa **smoke curl**, en la paleta **Capas**.

30. En el cuadro de herramientas, hacemos clic en el botón de previsualizar documento. Colocamos el puntero del ratón sobre el botón **products** para ver el estado Sobre.

Hacemos clic en el botón **products**, para ver el estado Abajo. Cuando soltemos el botón del ratón, veremos el estado Seleccionado.

31. En el cuadro de herramientas, hacemos clic en el botón de previsualizar documento para salir del modo de vista previa.

32. En el cuadro de herramientas, hacemos clic en el botón de previsualizar en el navegador por defecto para ver nuestro trabajo en un navegador Web. Colocamos el puntero del ratón sobre cada uno de los botones para ver los estados Sobre y hacemos clic en cada uno de los botones para ver los estados Abajo y Seleccionado.

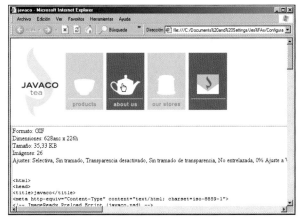

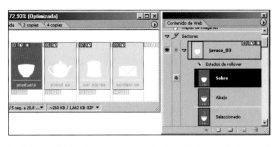

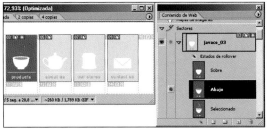

33. Cuando terminemos, cerramos el navegador Web y volvemos a ImageReady CS2. Si queremos, podemos usar las técnicas aprendidas en el ejercicio 2 para optimizar y guardar el código HTML y las imágenes.

34. Cerramos javaco.psd. No es necesario guardar los cambios.

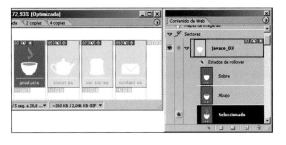

5. [IR] CREAR IMÁGENES DE SUSTITUCIÓN USANDO TEXTO

Una técnica popular para las barras de navegación basadas en texto es cambiar las propiedades del tipo de letra a cursiva o cursiva con negrita, para indicar los estados de la imagen de sustitución.

Quizás pensemos que es tan sencillo como cambiar las propiedades del texto para cada estado de la imagen de sustitución, pero es algo un poco más complicado.

A continuación tenemos un ejercicio que nos enseñará a hacerlo.

1. Abrimos horizontal_nav.psd, que se encuentra en la carpeta chap_13 que copiamos en el escritorio. Nos aseguramos de que se vean las paletas **Capas** y **Contenido de Web**. Si no se ven, seleccionamos **Ventana>Capas** y **Ventana>Contenido de Web**.

2. Seleccionamos la herramienta Sector en el cuadro de herramientas. Creamos cuatro sectores de usuario, como se muestra en esta ilustración.

3. Escogemos la herramienta Seleccionar sector en el cuadro de herramientas. Hacemos clic en el sector 03 para seleccionarlo. En la paleta **Contenido de Web**, hacemos clic en el botón de crear estado de *rollover*, para crear un estado Sobre.

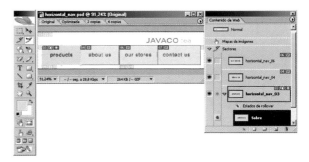

4. Con el estado Sobre seleccionado en **Contenido de Web**, hacemos doble clic en el icono T de la capa de texto **products** para resaltar el texto basado en vectores. Seleccionamos **Italic** en el menú emergente de configurar estilo de fuente.

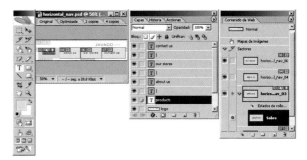

NOTA: CUANDO HACEMOS DOBLE CLIC EN LA CAPA, QUIZÁS APAREZCA UN MENSAJE DE ADVERTENCIA, INDICANDO QUE MODIFICAR LA CAPA DE TEXTO PUEDE HACER QUE CAMBIE SU DISEÑO. HACEMOS CLIC EN **ACEPTAR** PARA INDICAR QUE HEMOS LEÍDO LA ADVERTENCIA.

5. En la paleta **Contenido de Web**, hacemos clic en el estado **Normal** del sector **horizontal_nav_03**. Hacemos clic en la capa **Sobre**.

Observaremos que el cambio realizado en el texto basado en vectores, se actualiza en los estados Normal y Sobre. Cualquier cambio que hagamos al texto basado en vectores afectará a todos los estados de imagen de sustitución, no sólo al que hemos seleccionado en la paleta **Contenido de Web**. No debemos preocuparnos, en este ejercicio aprenderemos a solventar este problema.

6. Pulsamos **Comando-Z** (Mac) o **Control-Z** (Windows) para deshacer los cambios que realizamos en el paso 4. Con la capa products seleccionada en la paleta **Capas**, seleccionamos Duplicar capa en el menú de la paleta **Capas**. Seleccionamos **Duplicar capa** una segunda vez en el menú de la paleta **Capas**.

Observaremos que ImageReady CS2 crea automáticamente dos nuevas capas de texto (products copia y products copia 2) con las mismas propiedades.

7. Hacemos doble clic en el nombre de la capa products copia. Cuando aparezca el cuadro para introducir el nombre, cambiamos el nombre de la capa por products over y pulsamos **Retorno** (Mac) o **Intro** (Windows).

Hacemos doble clic en el nombre de la capa products copia 2. Cuando aparezca el cuadro para introducir el nombre, cambiamos el nombre de la capa por products selected y pulsamos **Retorno** (Mac) o **Intro** (Windows).

8. En la paleta Contenido de Web, hacemos clic en el estado Normal del sector horizontal_nav_03. En la paleta Capas, desactivamos la visibilidad de las capas products over y products selected.

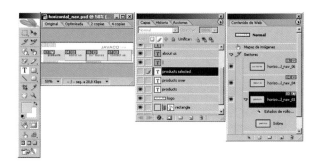

9. Hacemos clic en el estado Sobre, en la paleta Contenido de Web y desactivamos la visibilidad de la capa products, en la paleta Capas. En la paleta Capas, desactivamos la visibilidad de la capa products over. Hacemos doble clic en el icono T de la capa de texto products over para resaltar el texto. Seleccionamos Italic en el menú emergente de configurar estilo de fuente.

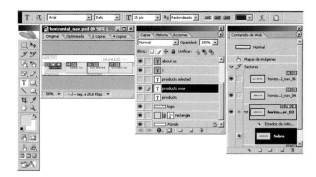

10. En la parte inferior de la paleta Contenido de Web, hacemos clic en el botón de crear estado de *rollover*, para crear un estado Abajo. Hacemos doble clic en el estado Abajo para que se abra el cuadro de diálogo Opciones de estado de rollover. Elegimos Seleccionado y hacemos clic en **OK**.

Crear imágenes de sustitución

Para este ejercicio no vamos a crear un estado Abajo diferente, sólo un estado Sobre y un estado Seleccionado.

11. Con el estado **Seleccionado** elegido en la paleta **Contenido de Web**, desactivamos la visibilidad de la capa **products over**, en la paleta **Capas** y activamos la visibilidad de la capa **products selected**. Hacemos doble clic en el icono T de la capa de texto **products selected** para resaltar el texto. Seleccionamos **Bold** en el menú emergente de configurar estilo de fuente.

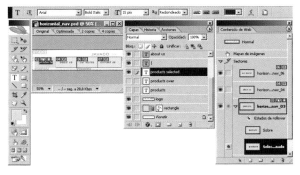

12. En el cuadro de herramientas, hacemos clic en el botón de previsualizar documento. Colocamos el puntero del ratón sobre la palabra products para ver el estado Sobre. Hacemos clic en la palabra products, para ver el estado Seleccionado.

Como podemos ver por este ejercicio, tenemos que usar la visibilidad de capa para cambiar la apariencia del texto en los diferentes estados de imagen de sustitución.

El modo más sencillo de conseguir este resultado es duplicar capas, como hemos hecho en este ejercicio.

13. En el cuadro de herramientas, hacemos clic en el botón de previsualizar documento para salir del modo de vista previa.

14. Escogemos la herramienta Seleccionar sector en el cuadro de herramientas. Hacemos clic en el sector 05 para seleccionarlo.

En la paleta **Capas**, hacemos clic en la capa **about us** para seleccionarla. En la paleta **Capas**, duplicamos dos veces la capa about us, seleccionando dos veces **Duplicar capa** en el menú de la paleta **Capas**.

Ahora deberíamos tener en la paleta **Capas**, las capas **about us**, **about us copia** y **about us copia 2**.

15. Hacemos doble clic en el nombre de la capa **about us copia**. Cuando aparezca el cuadro para la introducción de texto, cambiamos el nombre de la capa por **about us over**.

Hacemos doble clic en el nombre de la capa **about us copia 2**. Cuando aparezca el cuadro para la introducción de texto, cambiamos el nombre de la capa por **about us selected**.

16. Con el sector **horizontal_nav_05** seleccionado en la paleta **Contenido de Web**, desactivamos la visibilidad de las capas **about us over** y **about us selected** en la paleta **Capas**.

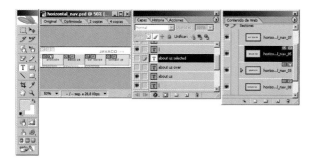

17. En la parte inferior de la paleta **Contenido de Web**, hacemos clic en el botón de crear estado de *rollover*, para crear un estado Sobre.

Con el estado **Sobre** seleccionado en la paleta **Contenido de Web**, desactivamos la visibilidad de la capa **about us** y activamos la visibilidad de la capa **about us over** en la paleta **Capas**.

18. En la paleta **Capas**, hacemos doble clic en el icono T de la capa **about us over** para seleccionar el texto basado en vectores.

Seleccionamos **Italic** en el menú emergente de configurar estilo de fuente.

19. En la parte inferior de la paleta **Contenido de Web**, hacemos clic en el botón de crear estado de *rollover*, para crear un estado Abajo.

Hacemos doble clic en el estado **Abajo** para que se abra el cuadro de diálogo **Opciones de estado de rollover**. Optamos por **Seleccionado** y hacemos clic en **OK**.

20. Con el estado **Seleccionado** escogido en la paleta **Contenido de Web**, desactivamos la visibilidad de la capa **about us over** y activamos la visibilidad de la capa **about us selected** en la paleta **Capas**.

Crear imágenes de sustitución

21. Hacemos doble clic en el icono T de la capa de texto **about us** para resaltar el texto basado en vectores.

Seleccionamos **Bold** en el menú emergente de configurar estilo de fuente.

22. En el cuadro de herramientas, hacemos clic en el botón de previsualizar documento. Colocamos el puntero del ratón sobre las palabras about us para ver el estado Sobre. Hacemos clic en las palabras about us para ver el estado Seleccionado.

23. En el cuadro de herramientas, hacemos clic en el botón de previsualizar documento para salir del modo de vista previa.

24. Con las técnicas que hemos aprendido en este ejercicio, creamos sectores de usuario Sobre y Seleccionado para our stores y contact us. Cuando hayamos terminado, en el cuadro de herramientas, hacemos clic en el botón de previsualizar en el navegador por defecto para ver los resultados de nuestro duro trabajo en un navegador Web.

25. Volvemos a ImageReady CS2. Si queremos, podemos usar las técnicas aprendidas en el ejercicio 2 para optimizar y guardar el código HTML y las imágenes.

26. Cerramos horizontal_nav.psd. No es necesario guardar los cambios.

6. [IR] CREAR IMÁGENES DE SUSTITUCIÓN REMOTAS

Las imágenes de sustitución que hemos creado hasta el momento han sido imágenes de reemplazo (lo que significa que la imagen que representa el estado Normal ha sido reemplazada por una imagen que representa el estado Sobre, Abajo o Seleccionado) o imágenes de añadido (lo que significa que se añade algo a la imagen original en los estados Sobre, Abajo o Seleccionado).

En este ejercicio aprenderemos a combinar imágenes de añadido con imágenes de sustitución remotas.

Cuando creamos imágenes de sustitución remotas, aparece más información visual en otra parte de la página Web. ¿Parece complicado?

A continuación tenemos un ejercicio que nos ayudará a comprenderlo.

1. Abrimos remote_final.psd, que se encuentra en la carpeta chap_13 que copiamos en el escritorio. Antes de comenzar a crear imágenes de sustitución remotas, tomémonos unos segundos para entender en qué consisten las imágenes de sustitución remotas. En el cuadro de herramientas, hacemos clic en el botón de previsualizar en el navegador por defecto. Colocamos el puntero del ratón sobre las palabras products, about us, our stores y contact us.

Cuando colocamos el puntero sobre una de estas palabras, el aspecto de la palabra cambia a cursiva (mediante la técnica que aprendimos en el ejercicio 5). Además, apreciaremos que, cuando colocamos el puntero sobre las palabras, aparecerá un pequeño icono en la esquina superior izquierda de la página Web. Este icono representa una imagen de sustitución remota para el estado Sobre. Hacemos clic en cada una de las palabras products, about us, our stores y contact us. Observaremos que, cuando hacemos clic en cada palabra, aparece otro icono en el lado derecho, debajo de la barra de navegación horizontal. Este icono representa una imagen de sustitución remota para el estado Seleccionado. En este ejercicio aprenderemos a crear imágenes de sustitución remotas para el estado Sobre. En el ejercicio 7 aprenderemos a crear imágenes de sustitución remotas para el estado Seleccionado.

2. Cerramos remote_final.psd, que se encuentra en la carpeta chap_13 que copiamos en el escritorio. Nos aseguramos de que se vean las paletas Capas y Contenido de Web. Si no se ven, seleccionamos Ventana>Capas y Ventana>Contenido de Web. Examinamos el contenido de la paleta Capas. Observaremos que hay los siguientes conjuntos de capas: products, about us, our stores y contact us.

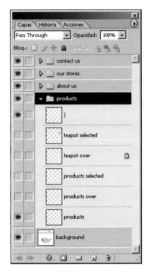

Observaremos que cada conjunto de capas contiene estados Normal, Sobre y Seleccionado para el texto e incluye estados Sobre y Seleccionado para el icono. En este ejercicio sólo usaremos las capas que incluyen over en su nombre. Usaremos este mismo archivo en el siguiente ejercicio y usaremos las capas que incluyen en su nombre selected.

3. En la paleta Capas, ampliamos el contenido de los conjuntos de capas products, about us, our stores y contact us. Activamos la visibilidad de la capa teapot over, en el conjunto de capas products, de la capa teacup over, en el conjunto de capas about us, de la capa tin over, en el conjunto de capas our stores y de la capa envelope over, del conjunto de capas contact us.

Crear imágenes de sustitución

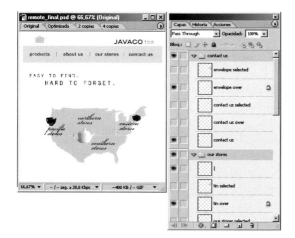

No debemos preocuparnos por el aspecto de la imagen en la ventana de documento (los cuatro iconos estarán apilados unos sobre otros). El objetivo de activar las cuatro capas es que así podemos ver dónde debemos dividir en sectores la imagen.

Tendremos que crear un sector lo bastante grande como para englobar el contenido de estas cuatro capas, ya que se convertirán en las imágenes de sustitución remotas.

4. Seleccionamos la herramienta Sector en el cuadro de herramientas. Usando la herramienta Sector, dividimos la página Web en sectores, como se muestra en la ilustración.

NOTA: LOS NÚMEROS DE SECTOR DEBEN SER IDÉNTICOS A LOS QUE APARECEN EN ESTA ILUSTRACIÓN, YA QUE IMAGEREADY CS2 AUTOMÁTICAMENTE ASIGNA NÚMEROS DE FORMA SECUENCIAL, DE IZQUIERDA A DERECHA Y DESDE LA PARTE SUPERIOR A LA INFERIOR. DICHO ESTO, EL ORDEN DE PILA DE LOS SECTORES, EN LA PALETA Contenido de Web, PODRÍA SER DIFERENTE DEL ORDEN DE PILA QUE SE MUESTRA EN ESTA ILUSTRACIÓN. EL ORDEN DE PILA DE LA PALETA Contenido de Web SE BASA EN EL ORDEN EN EL QUE SE CREARON LOS SECTORES. HEMOS COMENZADO POR LA PARTE INFERIOR Y HEMOS SEGUIDO HACIA LA PARTE SUPERIOR, DE FORMA QUE LOS SECTORES APAREZCAN EN SECUENCIA EN LA PALETA Contenido de Web. SI QUEREMOS CAMBIAR EL ORDEN DE LOS SECTORES, BASTA CON ARRASTRAR LOS SECTORES EN EL INTERIOR DE LA PALETA Contenido de Web (EL PROCESO ES IDÉNTICO A CAMBIAR EL ORDEN DE LAS CAPAS EN LA PALETA Capas.

5. Ahora que hemos dividido en sectores la imagen, podemos desactivar la visibilidad de la capa **teapot over**, en el conjunto de capas **products**, de la capa **teacup over**, en el conjunto de capas **about us**, de la capa **tin over**, en el conjunto de capas **our stores** y de la capa **envelope over**, del conjunto de capas **contact us**. El objetivo de activar la visibilidad de estas capas es asegurarnos de que el sector que creamos para contener estos iconos tiene el tamaño adecuado (queremos estar seguros de que todos los contenidos de la capa se encuentren dentro del sector).

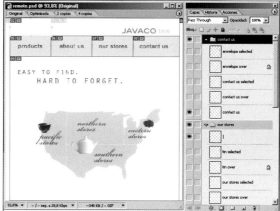

6. En la parte inferior de la paleta **Contenido de Web**, hacemos clic en el sector **remote_05**. Hacemos clic en el botón de crear estado de *rollover*, para crear un estado Sobre. Con el estado **Sobre** seleccionado en la paleta **Contenido de Web**, desactivamos la visibilidad de la capa **products**, en la paleta **Capas**. En la paleta **Capas**, activamos la visibilidad de las capas **products over** y **teapot over**.

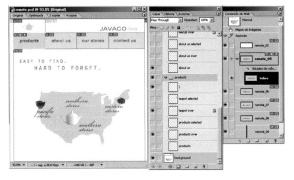

7. En el cuadro de herramientas, hacemos clic en el botón de previsualizar documento. Colocamos el cursor sobre la palabra products.

Observaremos que la palabra products pasa al estado Over, pero no podemos ver el icono de la tetera sobre la palabra.

Las imágenes de sustitución remotas necesitan algo más que activar la visibilidad de la capa

adecuada en la paleta **Capas** para funcionar. Aprenderemos a hacerlo en los siguientes pasos.

8. En el cuadro de herramientas, hacemos clic en el botón de previsualizar documento para salir del modo de vista previa.

9. En la paleta **Contenido de Web**, hacemos clic en el estado **Sobre** del sector **remote_05** para seleccionarlo. Arrastramos el icono de destino, que está junto al estado **Sobre**, al sector 02, como mostramos en la ilustración.

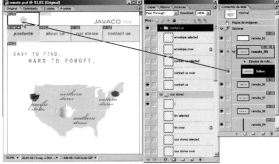

10. En el cuadro de herramientas, hacemos clic en el botón de previsualizar documento. Colocamos el cursor sobre la palabra products.

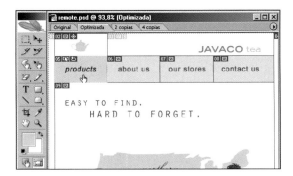

Observaremos que esta vez, el icono de la tetera aparece en la esquina superior izquierda cuando colocamos el puntero del ratón sobre la palabra products. Hemos aprendido a crear una imagen de sustitución remota. Bastante fácil, ¿verdad?

Crear imágenes de sustitución

11. En el cuadro de herramientas, hacemos clic en el botón de previsualizar documento para salir del modo de vista previa.

12. En la paleta **Contenido de Web**, hacemos clic en el estado **Sobre** del sector **remote_05** para seleccionarlo. En la parte inferior de la paleta **Contenido de Web**, hacemos clic en el botón de crear estado de *rollover*, para crear un estado Abajo.

Como aprendimos en los anteriores ejercicios de este capítulo, cuando creamos un nuevo estado en la paleta **Contenido de Web**, adopta automáticamente las propiedades del anterior estado de esa paleta. ¿Ocurrirá lo mismo con los estados de imagen de sustitución remotos?

13. En el cuadro de herramientas, hacemos clic en el botón de previsualizar documento. Colocamos el puntero del ratón sobre la palabra products para ver el estado Sobre. Mantenemos pulsado el botón del ratón para ver el estado Abajo.

Al hacer clic para que aparezca el estado Abajo, observaremos que el icono desaparece, pero el texto permanece igual que en el estado Sobre. Acabamos de aprender una lección importante. Cuando creamos un nuevo estado a partir de un estado de imagen de sustitución existente, no copia ningún estado remoto, como el de este ejemplo. Si queremos que el estado remoto sea parte del nuevo estado de imagen de sustitución, debemos especifi-

carlo usando la técnica que aprendimos en el paso 9. ¿Parece complicado? Realicemos los siguientes pasos y lo entenderemos.

14. En el cuadro de herramientas, hacemos clic en el botón de previsualizar documento para salir del modo de vista previa.

15. En la paleta **Contenido de Web**, hacemos clic en el estado **Abajo** del sector **remote_05** para seleccionarlo. En la paleta **Contenido de Web**, arrastramos el icono de destino, que está junto al estado **Abajo**, al sector 02, como mostramos en la ilustración.

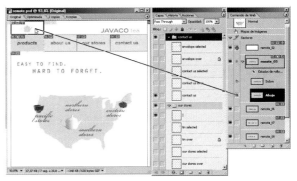

16. En el cuadro de herramientas, hacemos clic en el botón de previsualizar documento. Colocamos el puntero del ratón sobre la palabra products para ver el estado Sobre.

Mantenemos pulsado el botón del ratón sobre la palabra products para ver el estado Abajo.

Como podemos ver, el estado remoto se ha aplicado al estado Abajo.

17. En el cuadro de herramientas, hacemos clic en el botón de previsualizar documento para salir del modo de vista previa.

18. En la paleta **Contenido de Web**, hacemos clic en el sector **remote_06** para seleccionarlo. Hacemos clic en el botón de crear estado de *rollover*, para crear un estado Sobre. Con el estado **Sobre** seleccionado en la paleta **Contenido de Web**, desactivamos la visibilidad de la capa **about us** y activamos la visibilidad de la capa **about us over** y **teacup over** en la paleta **Capas**. En la paleta **Contenido de Web**, arrastramos el icono de destino, que está junto al estado **Sobre**, al sector 02, como mostramos en la ilustración.

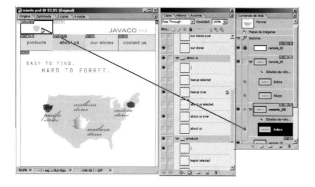

19. En la parte inferior de la paleta **Contenido de Web**, hacemos clic en el botón de crear estado de *rollover*, para crear un estado Abajo.

Con el estado **Abajo** seleccionado en la paleta **Contenido de Web**, arrastramos el icono de destino, que está junto al estado **Abajo**, al sector 02, como mostramos en la ilustración.

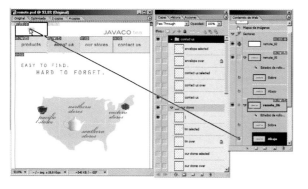

20. En el cuadro de herramientas, hacemos clic en el botón de previsualizar documento.

Colocamos el puntero del ratón sobre las palabras about us para ver el estado Sobre.

Hacemos clic en las palabras about us, para ver el estado Abajo. Cuando terminemos, en el cuadro de herramientas, hacemos clic en el botón de previsualizar documento para salir del modo de vista previa.

21. Repetimos los pasos 18 y 19 para crear estados Sobre y Abajo para los sectores remote_07 y remote_08 en la paleta **Contenido de Web**.

Nos aseguramos de usar las capas adecuadas del conjunto de capas **our stores** (**about us over** y **tin over**) y del conjunto de capas **contact us** (**contact us over** y **envelope over**) para crear los estados Sobre y Abajo.

22. En el cuadro de herramientas, hacemos clic en el botón de previsualizar en el navegador por defecto para ver los resultados en un navegador Web.

Colocamos el puntero del ratón sobre products, about us, our stores y contact us para ver los estados Sobre y mantenemos pulsado el botón del ratón para ver los estados Abajo.

Crear imágenes de sustitución

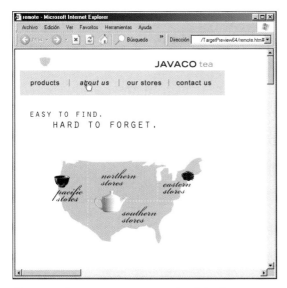

Como podemos ver por este ejercicio, las imágenes de sustitución remotas pueden ser un elemento de diseño muy efectivo en nuestras páginas Web. ¡E ImageReady CS2 hace que crear imágenes de sustitución remotas sea muy sencillo!

23. Cerramos el navegador Web y volvemos a ImageReady CS2. Dejemos abierto remote.psd para el siguiente ejercicio.

En el siguiente ejercicio llevaremos las imágenes de sustitución remotas un poco más allá y crearemos imágenes de sustitución remotas para los estados Seleccionado.

7. [IR] CREAR IMÁGENES DE SUSTITUCIÓN REMOTAS CON ESTADOS SELECCIONADO

En el último ejercicio aprendimos a crear imágenes de sustitución remotas para el estado Sobre. En este ejercicio aprenderemos a crear imágenes de sustitución remotas para el estado Seleccionado. Además, guardaremos el código HTML y las imágenes para las páginas.

1. Si realizamos el último ejercicio, remote.psd debería estar abierto en ImageReady CS2. Si no es así, podemos volver atrás y completar el ejercicio 6. Nos aseguramos de que se vean las paletas Capas y Contenido de Web. Si no se ven, seleccionamos Ventana>Capas y Ventana>Contenido de Web.

2. Activamos la visibilidad de la capa teapot selected, en el conjunto de capas products, de la capa teacup selected, en el conjunto de capas about us, de la capa tin selected, en el conjunto de capas our stores y de la capa envelope selected, del conjunto de capas contact us.

Como sabemos por el último ejercicio, el objetivo de activar las cuatro capas es asegurarnos de crear un sector que contenga las cuatro capas. En este caso, es fácil, porque las cuatro capas tienen las mismas dimensiones.

3. Seleccionamos la herramienta Sector en el cuadro de herramientas. Creamos tres sectores de usuario más, como se muestra en esta ilustración. No debemos preocuparnos si el orden de pila de los sectores, en la paleta Contenido de Web, no es idéntico al que vemos aquí.

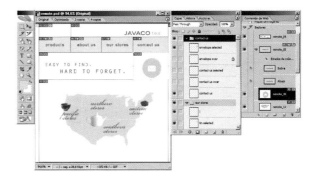

4. Desactivamos la visibilidad de la capa teapot selected, en el conjunto de capas products, de la capa teacup selected, en el conjunto de capas about us, de la capa tin selected, en el conjunto de capas our stores y de la capa

envelope selected, del conjunto de capas contact us.

5. En la paleta **Contenido de Web**, hacemos clic en el estado **Abajo** del sector remote_05 para seleccionarlo.

En la parte inferior de la paleta **Contenido de Web**, hacemos clic en el botón de crear estado de *rollover*, para crear un estado Seleccionado.

6. Con el estado Seleccionado escogido en la paleta **Contenido de Web**, desactivamos la visibilidad de las capas products over y teapot over, en la paleta **Capas**.

En la paleta **Capas**, activamos la visibilidad de las capas products selected y teapot selected, en el conjunto de capas products.

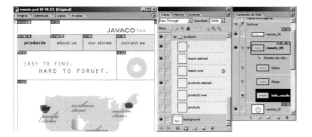

7. Arrastramos el icono de destino, que está junto al estado **Seleccionado** del sector remote_05 al sector 10, como mostramos en la ilustración.

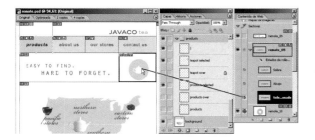

8. En el cuadro de herramientas, hacemos clic en el botón de previsualizar documento. Coloca-

mos el puntero del ratón sobre la palabra products para ver el estado Sobre. Mantenemos pulsado el botón del ratón para ver el estado Abajo. Cuando soltemos el botón del ratón, veremos el estado Seleccionado.

9. En el cuadro de herramientas, hacemos clic en el botón de previsualizar documento para salir del modo de vista previa.

10. En la paleta **Contenido de Web**, hacemos clic en el estado **Abajo** del sector remote_06 para seleccionarlo.

En la parte inferior de la paleta **Contenido de Web**, hacemos clic en el botón de crear estado de *rollover*, para crear un estado Seleccionado.

11. Con el estado Seleccionado elegido en la paleta **Contenido de Web**, desactivamos la visibilidad de las capas about us over y teacup over, en el conjunto de capas about us.

Activamos la visibilidad de las capas about us selected y teacup selected, en el conjunto de capas about us.

Crear imágenes de sustitución

12. Arrastramos el icono de destino, que está junto al estado **Seleccionado** del sector **remote_06** al sector 10, como mostramos en la ilustración.

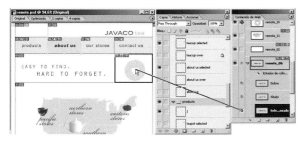

13. Repetimos los pasos 10, 11 y 12 para crear estados Seleccionado para los sectores remote_07 y remote_08 en la paleta **Contenido de Web**. Nos aseguramos de usar las capas adecuadas del conjunto de capas **our stores** (**about us selected** y **tin selected**) y del conjunto de capas **contact us** (**contact us selected** y **envelope selected**) para crear los estados Sobre y Abajo.

14. En el cuadro de herramientas, hacemos clic en el botón de previsualizar en el navegador por defecto.

Colocamos el puntero del ratón sobre las palabras products, about us, our stores, and contact us para ver los estados Sobre. Mantenemos pulsado el botón del ratón para ver el estado Abajo. Cuando soltemos el botón del ratón, veremos el estado Seleccionado.

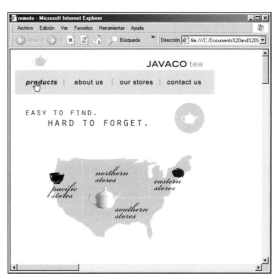

15. Cuando terminemos, cerramos el navegador Web y volvemos a ImageReady CS2.

Siempre que creemos imágenes de sustitución con estados Seleccionado tendremos que generar más de un archivo HTML (debemos crear un archivo HTML para cada estado Seleccionado). Por suerte, ImageReady CS2 ofrece una práctica opción para hacer que este proceso sea rápido y sencillo. Aprenderemos a hacerlo en los siguientes pasos.

16. Seleccionamos **Archivo>Ajustes de salida>Guardar HTML**. En el cuadro de diálogo **Ajustes de salida**, activamos la opción **Archivos HTML múltiples de salida** y hacemos clic en **OK**.

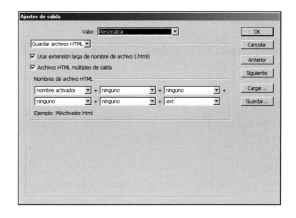

17. Seleccionamos Archivo>Guardar optimizada como. En el cuadro de diálogo Guardar optimizada como, nos dirigimos a la carpeta chap_13, en el escritorio. Creamos una nueva carpeta llamada Remote. Seleccionamos HTML e imágenes en el menú emergente Tipo. Hacemos clic en **Guardar** para guardar los diferentes archivos HTML e imágenes.

18. Nos dirigimos hasta la carpeta Remote, en la carpeta chap_13 del escritorio.

Observaremos que hay varios archivos HTML (uno por cada uno de los sectores con estados Seleccionado que creamos en este ejercicio). Como podemos ver, al usar la opción Archivos HTML múltiples de salida, no tenemos que guardar manualmente cada uno de los archivos, desde ImageReady CS2.

19. Hacemos doble clic en el archivo remote.html. Colocamos el puntero del ratón sobre las palabras products, about us, our stores, and contact us para ver los estados Sobre. Mantenemos pulsado el botón del ratón para ver el estado Abajo. Cuando soltemos el botón del ratón, veremos el estado Seleccionado.

 NOTA: SI MIRAMOS ATENTAMENTE LA BARRA DE DIRECCIÓN, VEREMOS QUE EL ARCHIVO HTML CAMBIA DE REMOTE.HTML A REMOTE_05.HTML, REMOTE_06.HTML, REMOTE_07.HTML O REMOTE_08.HTML, DEPENDIENDO DE QUÉ ESTADO SELECCIONADO ESTÉ ACTIVO EN ESE MOMENTO.

20. Volvamos a ImageReady CS2. Cerramos remote.psd. No es necesario guardar los cambios.

8. [IR] CREAR IMÁGENES DE SUSTITUCIÓN ANIMADAS

En ImageReady CS2 podemos crear imágenes de sustitución animadas. Si nunca hemos creado una imagen de sustitución animada en ImageReady CS2, quizás este proceso nos parezca un poco extraño. No debemos preocuparnos, los pasos de este ejercicio tendrán más sentido cuando hayamos completado el ejercicio. Aunque Photoshop CS2 ahora admite animaciones, debemos usar ImageReady CS2 para crear imágenes de sustitución animadas, ya que Photoshop CS2 no nos permite crear imágenes de sustitución.

1. Abrimos animated.psd, que se encuentra en la carpeta chap_13 que copiamos en el escritorio. Nos aseguramos de que se vean las paletas Capas, Contenido de Web y Animación. Si no se ven, seleccionamos Ventana>Capas, Ventana>Contenido de Web y Ventana>Animación.

Crear imágenes de sustitución

2. Seleccionamos la herramienta Sector en el cuadro de herramientas. Arrastramos para crear cuatro sectores de usuario, como se muestra en la ilustración.

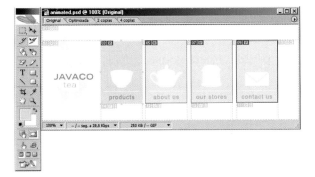

3. En la paleta **Contenido de Web**, hacemos clic en el sector **animated_03** para seleccionarlo. En la parte inferior de la paleta **Contenido de Web**, hacemos clic en el botón de crear estado de *rollover*, para crear un estado Sobre.

4. Con el estado Abajo seleccionado en la paleta **Contenido de Web**, hacemos clic en el botón de duplicar el cuadro actual, en la parte inferior de la paleta **Animación**. Con el cuadro 2 seleccionado en la paleta **Animación**, desactivamos la visibilidad de la capa **products** y activamos la visibilidad de la capa **products rollover**.

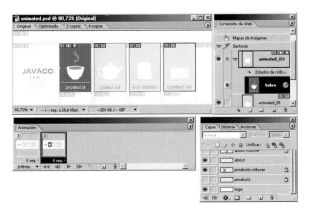

5. En la parte inferior de la paleta **Animación**, hacemos clic en el botón de intercalar cuadros de animación para abrir el cuadro de diálogo **Intercalar**. Modificamos la configuración del cuadro de diálogo **Intercalar** para que concuerde con la de esta ilustración. Hacemos clic en **OK**.

6. Seleccionamos **Una vez** en el menú emergente de opciones de repetición.

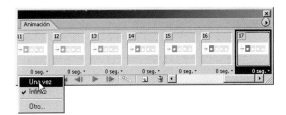

Como esta animación aparecerá como parte de la navegación para una página Web, querremos limitar el número de repeticiones a una; en caso contrario, podría resultar molesto para los internautas.

7. En el cuadro de herramientas, hacemos clic en el botón de previsualizar en el navegador por defecto. Colocamos el puntero del ratón sobre el botón **products** para ver la imagen de sustitución animada. ¡Qué bueno!

8. Cerramos el navegador Web y volvemos a ImageReady CS2.

9. Con el estado **Sobre** todavía seleccionado en la paleta **Contenido de Web**, hacemos clic en el botón de crear estado de *rollover*, para crear un estado Abajo.

Cuando creamos el estado Abajo, observaremos que la animación no se copia desde el estado Sobre al estado Abajo.

Si queremos que la animación se vuelva a reproducir en el estado Abajo, tendremos que volver a crearla. La animación es algo que debemos usar lo menos posible, porque puede distraer fácilmente del mensaje principal.

Por este motivo, dejaremos el estado Abajo tal y como está, sin animación.

10. Con el estado **Abajo** seleccionado en la paleta **Contenido de Web**, desactivamos la visibilidad de la capa **products rollover**, y activamos la visibilidad de la capa **products layer**, en la paleta **Capas**.

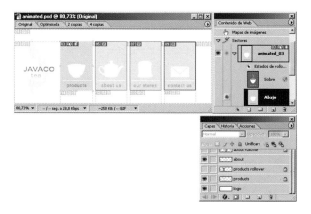

11. Con el estado **Abajo** todavía seleccionado en la paleta **Contenido de Web**, hacemos clic en el botón de crear estado de *rollover*, para crear un estado Seleccionado. En la paleta **Capas**, desactivamos la visibilidad de la capa **products** y activamos la visibilidad de la capa **products rollover**.

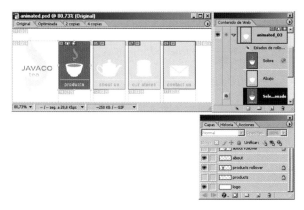

12. En el cuadro de herramientas, hacemos clic en el botón de previsualizar en el navegador por defecto.

13. Colocamos el puntero del ratón sobre el botón products para ver el estado Sobre animado. Mantenemos pulsado el botón del ratón para ver el estado Abajo. Cuando soltemos el botón del ratón, veremos el estado Seleccionado.

14. Cerramos el navegador Web y volvemos a ImageReady CS2.

15. En la paleta **Contenido de Web**, hacemos clic en el sector **animated_05**. En la parte inferior de la paleta **Contenido de Web**, hacemos clic en el botón de crear estado de *rollover*, para crear un estado Sobre.

Con el estado **Abajo** seleccionado en la paleta **Contenido de Web**, hacemos clic en el botón de duplicar el cuadro actual, en la parte inferior de la paleta **Animación**. Con el cuadro 2

Crear imágenes de sustitución

seleccionado en la paleta **Animación**, desactivamos la visibilidad de la capa **about** y activamos la visibilidad de la capa **about rollover**.

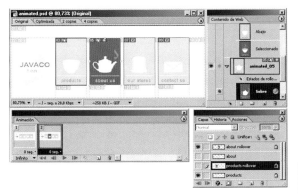

16. En la parte inferior de la paleta **Animación**, hacemos clic en el botón de intercalar cuadros de animación para abrir el cuadro de diálogo **Intercalar**. Usamos la configuración que aparece en esta ilustración. Hacemos clic en **OK**. Seleccionamos **Una vez** en el menú emergente de opciones de repetición, en la parte inferior de la paleta **Animación**.

17. Con el estado **Sobre** seleccionado en la paleta **Contenido de Web**, hacemos clic en el botón de crear estado de *rollover*, en la parte inferior de la paleta.

18. Con el estado **Abajo** seleccionado en la paleta **Contenido de Web**, desactivamos la visibilidad de la capa **about rollover**, y activamos la visibilidad de la capa **about**, en la paleta **Capas**.

19. Con el estado **Abajo** seleccionado en la paleta **Contenido de Web**, hacemos clic en el botón de crear estado de *rollover*, en la parte inferior de la paleta, para crear un estado Seleccionado.

En la paleta **Capas**, desactivamos la visibilidad de la capa **about** y activamos la visibilidad de la capa **about rollover**.

Observaremos que el único estado de imagen de sustitución con animación es el estado Sobre.

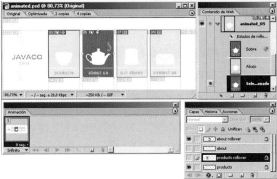

20. Repetimos los pasos del 15 al 19 para crear estados Sobre, Abajo y Seleccionado, para los sectores animated_07 y animated_09. Nos aseguramos de usar las capas adecuadas de la paleta **Capas** (las capas **stores** y **stores rollover** para el sector **animated_07** y las capas **contact** y **contact rollover** para el sector **animated_09**.

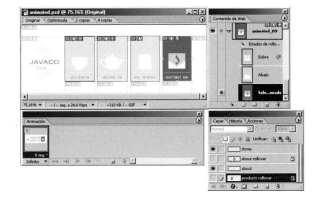

21. Cuando hayamos terminado, en el cuadro de herramientas, hacemos clic en el botón de previsualizar en el navegador por defecto. Colocamos el puntero del ratón sobre cada uno de los botones para ver el estado Sobre.

Mantenemos pulsado el botón del ratón sobre cada uno de los botones para ver los estados Abajo. Cuando soltemos el botón del ratón, veremos los estados Seleccionado.

Como podemos ver por este ejercicio, ImageReady CS2 nos ofrece mucha flexibilidad para crear imágenes de sustitución animadas. Hay que tener en cuenta que, cuando diseñamos páginas Web, la animación se debe usar muy poco y con buen gusto; ¡no conviene dejarse llevar!

22. Cerramos el navegador Web y volvemos a ImageReady CS2. Cerramos animated.psd. No es necesario guardar los cambios.

¡Hemos terminado otro capítulo especialmente complejo! En este capítulo hemos aprendido a crear diferentes tipos de imágenes de sustitución en ImageReady CS2. Usaremos estos conocimientos una y otra vez cuando diseñemos nuestros propios gráficos Web. En el siguiente capítulo, aprenderemos a crear mapas de imágenes en ImageReady CS2.

Capítulo 14

Crear mapas de imágenes

Crear mapas de imágenes

La mayoría de los botones y barras de navegación de las páginas Web están formados por imágenes individuales que están vinculadas a URL individuales. Cuando estemos diseñando gráficos Web, a menudo querremos que una imagen esté vinculada con muchas URL. Por ejemplo, si tenemos un mapa de los Estados Unidos, quizás queramos que cada estado esté vinculado a un URL diferente. Con los mapas de imágenes podemos crear varios vínculos a partir de un solo gráfico.

Antiguamente tendríamos que crear mapas de imágenes en editores HTML o en programas especiales para la edición de mapas de imágenes. Por suerte, ImageReady CS2 hace que sea fácil crear mapas de imágenes sin tener que usar otras aplicaciones. En este capítulo aprenderemos diferentes técnicas para crear imágenes en ImageReady CS2. Aunque no podemos crear imágenes de sustitución en Photoshop CS2, podemos abrir con Photoshop CS2 un mapa de imagen creado en ImageReady CS2 y mantener la información del mapa de imagen. La próxima vez que abramos el mapa de imagen en ImageReady CS2, la información del mapa de imagen de sustitución seguirá siendo parte del documento.

MAPAS DE IMÁGENES DEL LADO CLIENTE Y DEL LADO SERVIDOR

Hay dos tipos de mapas de imágenes (mapas de imágenes del lado servidor y mapas de imágenes del lado cliente). En los primeros días de existencia de Internet, se podían crear mapas de imágenes del lado servidor. Hoy en día, los mapas de imágenes del lado servidor ya no se usan, debido a lo difícil que es crearlos, al ancho de banda adicional necesario para cargarlos y a que los mapas de imágenes del lado servidor no cumplen con las recomendaciones actuales de accesibilidad. Como resultado, este capítulo sólo se concentrará en la creación de mapas de imágenes

del lado cliente. En este capítulo aprenderemos diferentes técnicas para crear mapas de imágenes del lado cliente, incluyendo la creación de mapas de imágenes con la herramienta Mapa de imágenes, a partir de capas, a partir de capas de texto y la creación de imágenes de sustitución a partir de mapas de imágenes.

Crear mapas de imágenes del lado servidor en ImageReady CS2

ESTE CAPÍTULO SE CONCENTRA EN LA CREACIÓN DE MAPAS DE IMÁGENES DEL LADO CLIENTE EN IMAGEREADY CS2. SI TENEMOS QUE CREAR MAPAS DE IMÁGENES DEL LADO SERVIDOR EN IMAGEREADY CS2, PODEMOS HACERLO COMO INDICAMOS A CONTINUACIÓN:

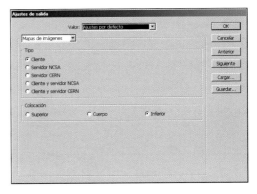

EN IMAGEREADY CS2, SELECCIONAMOS Archivo>Ajustes de salida>Mapas de imágenes. EL CUADRO DE DIÁLOGO Ajustes de salida SE ABRIRÁ AUTOMÁTICAMENTE. EN EL APARTADO Tipo DEL CUADRO DE DIÁLOGO Ajustes de salida, SELECCIONAMOS EL TIPO DE MAPA DE IMAGEN DEL LADO DEL SERVIDOR QUE QUEREMOS CREAR. CUANDO CREAMOS MAPAS DE IMÁGENES DEL LADO DEL SERVIDOR, EN IMAGEREADY CS2, EL PROGRAMA CREARÁ UN ARCHIVO HTML Y UN ARCHIVO DE DEFINICIÓN DE MAPA SEPARADO, QUE ALMACENAREMOS EN EL SERVIDOR WEB.

¿QUÉ ASPECTO TIENE UN MAPA DE IMÁGENES?

El código HTML para los mapas de imágenes del lado cliente contiene etiquetas map y usemap, además de las coordenadas de las regiones del mapa de imágenes. Las coordenadas trazan las dimensiones y ubicación de los puntos sensibles en un mapa de imágenes.

¿Qué es un punto sensible? Un punto sensible es una zona en la que se puede hacer clic, en una página Web, que establece un vínculo con otra página Web. Mover el puntero sobre un punto sensible hará que el puntero se convierta en una mano, lo que indica que podemos hacer clic en él y conectar con otra página Web.

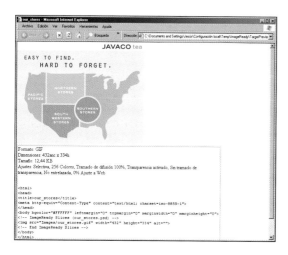

Aquí tenemos un ejemplo de un mapa de imágenes (un sencillo gráfico con más de una zona en la que se puede hacer clic; una por cada región de los Estados Unidos), incluyendo el código HTML, creado en ImageReady CS2.

En el código HTML, podemos ver los dos tipos de elementos de area shape (poly [polígono] y circle), coords (coordenadas) y una serie de números separados por comas. Los números describen las coordenadas de los puntos sensibles de cada forma.

CREAR MAPAS DE IMÁGENES EN IMAGEREADY CS2

¡Crear mapas de imágenes en ImageReady CS2 es muy fácil! Existen dos formas de crear mapas de imágenes en ImageReady CS2. Podemos usar las herramientas de mapa de imágenes o podemos crear mapas de imágenes a partir de capas.

En ImageReady CS2 existen cuatro herramientas de mapa de imágenes. A continuación tenemos una práctica tabla que nos ayudará a comprenderlos:

Herramientas de mapas de imágenes en ImageReady CS2

Herramienta	Descripción
Herramienta Mapa de imágenes de rectángulo	Se usa para crear un mapa de imágenes rectangular.
Herramienta Mapa de imágenes de círculo	Se usa para crear un mapa de imágenes circular.
Herramienta Mapa de imágenes poligonal	Se usa para crear un mapa de imágenes de forma irregular.
Herramienta Seleccionar mapa de imágenes	Se usa para seleccionar un mapa de imágenes.

Crear mapas de imágenes

SOBRE LAS PALETAS CONTENIDO DE WEB Y MAPA DE IMÁGENES

Cuando trabajemos con mapas de imágenes en ImageReady CS2, tendremos que acceder a las paletas Contenido de Web y Mapa de imágenes. Aquí tenemos una vista general de las paletas y sus funciones en el proceso de creación de mapas de imágenes.

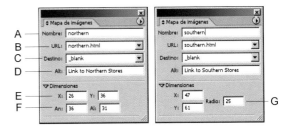

Con la paleta Contenido de Web, podemos previsualizar los mapas de imágenes de una imagen. Al igual que la paleta Capas, la paleta Contenido de Web incluye una vista previa en miniatura del mapa de imágenes y nos permite activar o desactivar la visibilidad de un mapa de imágenes. La paleta Contenido de Web también muestra información de los sectores y las imágenes de sustitución.

En la paleta Mapa de imágenes podemos especificar diferentes opciones para mapas de imágenes. Es capaz de detectar el contexto y cambia dependiendo del mapa de imágenes actual. Si estamos trabajando con un mapa de imágenes basado en herramientas, la paleta mostrará sus dimensiones. Si estamos trabajando con un mapa de imágenes basado en capas, la paleta mostrará información de las capas en las que se basa.

A continuación tenemos una práctica tabla que nos ayudará a comprender los controles de la paleta Mapa de imágenes:

Controles de la paleta Mapa de imágenes	
A Campo Nombre	Especifica un nombre para el mapa de imágenes seleccionado.
B Menú emergente URL	Especifica el URL a la que queremos vincular el mapa de imágenes seleccionado.
C Menú emergente Destino	Especifica uno de los siguientes tipos de destino cuando especificamos un URL para el mapa de imágenes: _blank, _self, _parent o _top.
D Campo Alt	Especifica el texto que queremos que aparezca cuando estén desactivadas las imágenes en el navegador.
E Campos de coordenadas X e Y	Especifica el borde izquierdo (X) y superior (Y) de un mapa de imágenes.

Controles de la paleta Mapa de imágenes

F	**Campos de anchura y altura** (disponibles sólo para mapas de imágenes creados con la herramienta Mapa de imágenes de rectángulo y la herramienta Mapa de imágenes poligonal)	Especifica la anchura y altura de un mapa de imágenes.
G	**Campo Radio** (disponible sólo para mapas de imágenes creados con la herramienta **Mapa de imágenes de círculo**)	Especifica el radio de una zona de mapa de imágenes.
H	**Menú emergente Forma** (sólo disponible en mapas de imágenes basados en capas).	Especifica el radio de una zona de mapa de imágenes (rectángulo, círculo o polígono).
I	**Menú emergente Calidad** (sólo disponible en mapas de imágenes poligonales basados en capas)	Especifica la precisión de los vértices poligonales.

---

1. [IR] CREAR UN MAPA DE IMÁGENES CON LAS HERRAMIENTAS DE MAPA DE IMÁGENES

Utilizar las herramientas de mapa de imágenes es la mejor forma de crear mapas de imágenes cuando trabajamos con imágenes planas o imágenes en una sola capa. En este ejercicio aprenderemos a crear y modificar un mapa de imágenes con las herramientas de mapa de imágenes.

1. Abrimos our_stores.psd, que se encuentra en la carpeta chap_14 que copiamos en el escritorio. Nos aseguramos de que se vean las paletas **Contenido de Web** y **Mapa de imágenes**. Si no se ven, seleccionamos **Ventana>Contenido de Web** y **Ventana>Mapa de imágenes**. Como el mapa de esta imagen está en una sola capa, usaremos las herramientas de mapa de imágenes para crear un mapa de imágenes y sus puntos sensibles asociados. Si la imagen está

dividida en capas, tendremos la opción de crear el mapa de imágenes a partir de las herramientas de mapa de imágenes o a partir de las capas, como aprenderemos en el siguiente ejercicio.

2. Seleccionamos la herramienta Mapa de imágenes de círculo en el cuadro de herramientas.

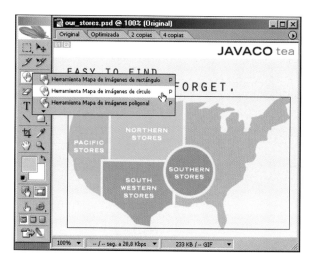

Crear mapas de imágenes

3. Arrastramos sobre el gráfico Southern Stores para crear un mapa de imágenes circular.

 TRUCO: PARA DIBUJAR UN MAPA DE IMÁGENES CIRCULAR, DESDE EL CENTRO HACIA AFUERA, PODEMOS MANTENER PULSADA LA TECLA **OPCIÓN** (MAC) O **ALT** (WINDOWS), MIENTRAS ARRASTRAMOS.

OBSERVAREMOS QUE, CUANDO CREAMOS UN MAPA DE IMÁGENES, APARECE AUTOMÁTICAMENTE EN LA SECCIÓN Mapas de imágenes DE LA PALETA Contenido de Web. ADEMÁS, OBSERVAREMOS QUE EL MAPA DE IMÁGENES RECIBE AUTOMÁTICAMENTE EL NOMBRE MAPA_DE_IMÁGENES_01, QUE APARECE EN LA PALETA Contenido de Web Y EN LA SECCIÓN Nombre DE LA PALETA Mapa de imágenes. APRENDEREMOS A CAMBIAR EL NOMBRE DE LOS MAPAS DE IMÁGENES POSTERIORMENTE, EN ESTE CAPÍTULO.

4. Colocamos el cursor en el interior del círculo que creamos en el último paso. Observaremos que, cuando colocamos el cursor en el interior del círculo, se convierte en la herramienta Seleccionar mapa de imágenes Arrastramos para colocar el mapa de imágenes sobre el círculo del mapa. Alternativamente, podemos usar las flechas de dirección del teclado para encajarlo en su sitio.

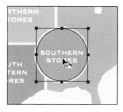

Cambiar el tamaño de los mapas de imágenes

SI CREAMOS UN MAPA DE IMÁGENES CON UNA DE LAS HERRAMIENTAS DE MAPA DE IMÁGENES, PODEMOS CAMBIAR SU TAMAÑO FÁCILMENTE. AQUÍ MOSTRAMOS CÓMO:

CON UNA DE LAS HERRAMIENTAS DE MAPA DE IMÁGENES SELECCIONADA EN EL CUADRO DE HERRAMIENTAS, COLOCAMOS EL PUNTERO DEL RATÓN SOBRE UNO DE LOS NODOS DEL PERÍMETRO DEL MAPA DE IMÁGENES. VEREMOS QUE EL PUNTERO CAMBIA, DE UN CURSOR DE MAPA DE IMÁGENES A UN CURSOR DE CAMBIAR TAMAÑO. CUANDO EL PUNTERO SE CONVIERTA EN UN CURSOR DE CAMBIAR TAMAÑO, ARRASTRAMOS PARA CAMBIAR EL TAMAÑO DEL MAPA DE IMÁGENES.

5. En el cuadro de herramientas, hacemos clic en el botón de previsualizar en el navegador por defecto. En el navegador Web, colocamos el cursor sobre el gráfico Southern Stores.

Observaremos que el puntero se convierte en una mano, indicando que la imagen es un punto sensible. Si examinamos el código HTML, veremos el código que compone el mapa de imágenes. Las coordenadas indican la zona del punto sensible, que creamos en este ejercicio usando la herramienta de Mapa de imágenes de círculo.

6. Volvamos a Image Ready CS2.

A continuación usaremos la herramienta Mapa de imágenes poligonal para crear un mapa de imágenes para las otras regiones del mapa.

7. Seleccionamos la herramienta Zoom en el cuadro de herramientas. Arrastramos alrededor del gráfico Northern Stores, de forma que podamos ver perfectamente los bordes. Ampliar la imagen hará que sea más sencillo trabajar con la herramienta Mapa de imágenes poligonal.

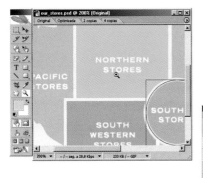

8. Seleccionamos la herramienta Mapa de imágenes poligonal en el cuadro de herramientas. Hacemos clic en la esquina inferior izquierda del gráfico Northern Stores. Arrastramos el cursor alrededor del borde del gráfico, haciendo clic cuando tengamos que crear un contorno. Cuando terminemos de perfilar la forma, colocamos el cursor sobre el punto de la esquina superior izquierda en el que comenzamos. Cuando el puntero se convierta en un pequeño círculo, hacemos clic para cerrar el trazado.

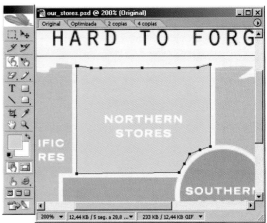

Quizás la herramienta Mapa de imágenes poligonal nos parezca demasiado complicada. No debemos preocuparnos si no dibujamos la forma perfectamente. Aprenderemos a ajustar la forma en el siguiente paso.

9. Con la herramienta Mapa de imágenes poligonal seleccionada en el cuadro de herramientas, colocamos el puntero del ratón sobre uno de los nodos del trazado. Cuando el puntero se convierta en una mano blanca, arrastramos el nodo para cambiar su posición.

Crear mapas de imágenes

Como podremos observar, podemos cambiar fácilmente la posición de los nodos para ajustar la forma.

10. Usando la herramienta Mapa de imágenes poligonal, creamos zonas de mapa de imágenes para los gráficos Pacific Stores y Southwestern Stores, como se muestra en la ilustración.

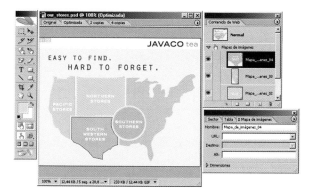

11. En el cuadro de herramientas, hacemos clic en el botón de previsualizar en el navegador por defecto. Colocamos el cursor sobre cada zona del mapa.

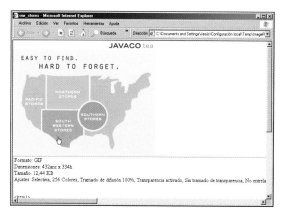

Observaremos que ahora hay cuatro puntos sensibles en la imagen (uno para Southern Stores, uno para Northern Stores, uno para Southwestern Stores y uno para Pacific Stores).

12. Volvamos a ImageReady CS2. Cerramos our_stores.psd. No es necesario guardar los cambios.

A continuación, aprenderemos a crear mapas de imágenes basados en capas. Posteriormente, en este capítulo, aprenderemos a cambiar el nombre, optimizar y guardar mapas de imágenes.

2. [IR] CREAR UN MAPA DE IMÁGENES A PARTIR DE CAPAS

En el último ejercicio aprendimos a crear mapas de imágenes con las herramientas de mapa de imágenes. En este ejercicio aprenderemos a crear mapas de imágenes a partir de capas. Las imágenes basadas en capas son una forma estupenda de crear mapas de imágenes porque crean puntos sensibles del mismo tamaño que la capa. Crear mapas de imágenes a partir de capas suele ser más sencillo que usar herramientas de mapa de imágenes para trazar los bordes de imágenes con forma irregular, ya que los mapas de imágenes basados en capas tienen exactamente el mismo tamaño y forma que la capa. Además, si cambiamos el contenido de una capa, o la movemos, el mapa de imágenes se actualizará automáticamente.

1. Abrimos javaco_stores.psd, que se encuentra en la carpeta chap_14 que copiamos en el escritorio. Nos aseguramos de que se vean las paletas **Capas, Contenido de Web** y **Mapa de imágenes**. Si no se ven, seleccionamos **Ventana**>**Capas, Ventana**>**Contenido de Web** y **Ventana**>**Mapa de imágenes**.

Observaremos que cada región del mapa está en una capa diferente (eastern, southern, northern y pacific).

2. En la paleta **Capas**, hacemos clic en la flecha para ampliar el contenido del grupo de capas **our stores**. Hacemos clic en la capa **eastern** para seleccionarla. Seleccionamos **Capa**>**Nueva área de mapa de imágenes creada a partir de capas**.

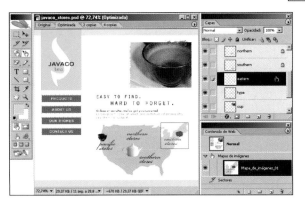

Observaremos que aparece el símbolo de una mano a la derecha del nombre de capa **eastern**, en la paleta **Capas**. El símbolo de la mano indica que la capa **eastern** tiene un mapa de imágenes asociado. Además observaremos que, al igual que cuando creamos un mapa de imágenes con las herramientas de mapa de imágenes del último ejercicio, cuando creamos una zona de mapa de imágenes basado en capas, aparece automáticamente en la sección

Mapas de imágenes de la paleta **Contenido de Web** y recibe automáticamente un nombre (en este caso Mapa_de_imágenes_01). Aprenderemos a cambiar el nombre de los mapas de imágenes en el siguiente ejercicio.

3. En la paleta **Capas**, hacemos clic en la capa **northern** para seleccionarla. Seleccionamos **Capa**>**Nueva área de mapa de imágenes creada a partir de capas**.

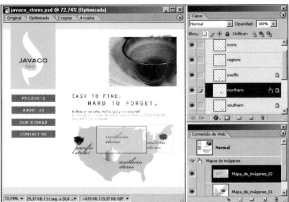

Observaremos que hay un problema con los mapas de imágenes; ¡se superponen! Por defecto, los mapas de imágenes basados en capas son rectangulares. No debemos preocuparnos, podemos solucionar este problema fácilmente.

4. Seleccionamos la herramienta Seleccionar mapa de imágenes en el cuadro de herramientas. Hacemos clic en el mapa de imágenes que hemos creado para la capa **eastern**, para seleccionarlo.

Crear mapas de imágenes

5. Hacemos clic en la flecha para ampliar el contenido de la sección **Ajustes basados en capa**, en la paleta **Mapa de imágenes**. Seleccionamos **Polígono** en el menú emergente **Forma**.

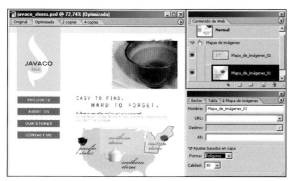

Observaremos que los bordes del mapa de imágenes automáticamente toma la forma de la capa. Aunque cubre casi toda la capa, todavía hay algunas áreas que no forman parte del mapa de imágenes. Lo solucionaremos en el siguiente paso.

6. En la paleta **Mapa de imágenes**, establecemos una calidad de 100 usando el control deslizante **Calidad**.

Observaremos que el mapa de imágenes ahora se ajusta perfectamente a los bordes de la capa. ¡Qué bueno!

7. Con la herramienta **Seleccionar mapa de imágenes** todavía seleccionada en el cuadro de herramientas, hacemos clic en el mapa de imágenes que creamos para la sección northern stores del mapa.

En la sección **Ajustes basados en capa**, de la paleta **Mapa de imágenes**, seleccionamos **Polígono** en el menú emergente **Forma** y asignamos a **Calidad** el valor 100.

8. Usando las técnicas que aprendimos en este ejercicio, creamos zonas de mapas de imágenes basados en capas, para las capas southern y pacific, en la paleta **Capas**. Debemos asegurarnos de cambiar la forma a **Polígono** y de que la **Calidad** sea **100%**, para que el mapa de imágenes se ajuste con precisión a los bordes de la capa.

9. En el cuadro de herramientas, hacemos clic en el botón de previsualizar en el navegador por defecto. Observaremos que el puntero se convierte en la mano cuando lo coloquemos sobre cada zona geográfica del mapa.

10. Volvamos a ImageReady CS2. En la paleta **Capas**, hacemos clic en la capa **pacific** para seleccionarla. Seleccionamos la herramienta Mover en el cuadro de herramientas. Arrastramos para cambiar la posición de la capa, como se muestra en la ilustración.

Observaremos que la zona del mapa de imágenes se mueve junto a la capa.

11. En el cuadro de herramientas, hacemos clic en el botón de previsualizar en el navegador por defecto. Colocamos el cursor sobre la región pacific stores. Observaremos que el cursor se convierte en la mano, lo que indica que es un vínculo.

Igual que los sectores basados es capas, las zonas del mapa de imágenes basado en capas se actualizan automáticamente cuando movemos o cambiamos de tamaño el contenido de una capa.

Como podemos ver, cuando trabajamos con un archivo con capas, como el de este ejercicio, descubriremos que es más conveniente trabajar con mapas de imágenes basados en capas.

12. Volvamos a ImageReady CS2. Pulsamos **Comando-Z** (Mac) o **Control-Z** (Windows) para deshacer el movimiento que realizamos en el paso 10.

13. Dejemos abierto javaco_stores.psd para el siguiente ejercicio.

3. [IR] CAMBIAR DE NOMBRE, OPTIMIZAR Y GUARDAR MAPAS DE IMÁGENES

En los dos últimos ejercicios aprendimos a crear mapas de imágenes con las herramientas de mapa de imágenes y creando zonas de mapas de imágenes basadas en capas. A continuación aprenderemos a cambiar el nombre, optimizar y guardar mapas de imágenes, incluyendo el código HTML necesario para que el mapa de imágenes funcione en un navegador Web.

1. Si realizamos el último ejercicio, javaco_stores.psd debería estar abierto en ImageReady CS2. Si no es así, podemos volver atrás y completar el ejercicio 2. Nos aseguramos de que se vean las paletas Contenido de Web, Mapa de imágenes y Optimizar. Si no se ven, seleccionamos Ventana>Contenido de Web, Ventana>Mapa de imágenes y Ventana> Optimizar.

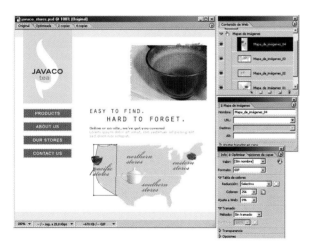

En la paleta Contenido de Web, observemos los nombres de las zonas del mapa de imágenes. Notaremos que todas tienen nombres genéricos (Mapa_de_imágenes_01, Mapa_de_imágenes_02, Mapa_de_imágenes_03 y Mapa_de_imágenes_04). ImageReady CS2 generó

automáticamente estos nombres cuando creamos las zonas de mapa de imágenes. Tanto si creamos mapas de imágenes usando las herramientas de mapa de imágenes, como si creamos zonas de mapa de imágenes basadas en capas, ImageReady CS2 creará estos nombres genéricos. En los siguientes pasos, aprenderemos a cambiar su nombre. Los nombres del mapa de imágenes son importantes porque nos ayudarán a identificarlos en el código HTML.

2. En la paleta Contenido de Web, hacemos doble clic en el nombre de mapa de imágenes Mapa_de_imágenes_04. Cuando aparezca el cuadro para introducir el nombre, escribimos pacific y pulsamos **Retorno** (Mac) o **Intro** (Windows).

Al pulsar **Retorno** (Mac) o **Intro** (Windows), observaremos que el nombre del mapa de imágenes se actualiza en la paleta Contenido de Web y en el campo Nombre de la paleta Mapa de imágenes.

3. En la paleta Contenido de Web, hacemos clic en Mapa_de_imágenes_03 para seleccionarlo. Escribimos southern en el campo Nombre de la paleta Mapa de imágenes y pulsamos **Retorno** (Mac) o **Intro** (Windows).

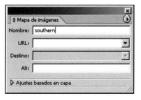

4. Usando las técnicas que aprendimos en los pasos 2 y 3, cambiamos el nombre de Mapa_de_imágenes_02 por northern y de Mapa_de_imágenes_01 por eastern.

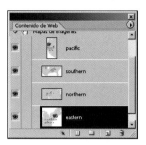

A continuación, optimizaremos y guardaremos el mapa de imágenes.

5. En la ventana de documento, hacemos clic en la pestaña **Optimizada**. Usando las técnicas que hemos aprendido ya en un capítulo anterior, especificamos la configuración de optimización adecuada en la paleta **Optimizar**.

En el cuadro de herramientas, hacemos clic en el botón de conmutar la visibilidad de los mapas de imágenes, para poder ver perfectamente la configuración de la optimización.

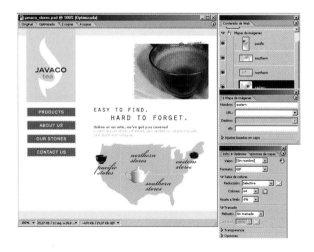

NOTA: SÓLO PODEMOS ESPECIFICAR UNA CONFIGURACIÓN DE OPTIMIZACIÓN PARA TODO EL MAPA DE IMÁGENES, DE MODO QUE TENDREMOS QUE ESTAR SEGUROS DE ESTAR SATISFECHOS CON LAS OPCIONES DE OPTIMIZACIÓN DE TODO EL MAPA, NO DE SÓLO UNA ZONA.

6. Seleccionamos **Archivo>Guardar optimizada como**. En el cuadro de diálogo **Guardar optimizada como**, nos dirigimos a la carpeta chap_14 que copiamos en el escritorio. Creamos una nueva carpeta llamada javaco_stores. Seleccionamos **HTML e imágenes** en el menú emergente **Tipo**. Hacemos clic en **Guardar**.

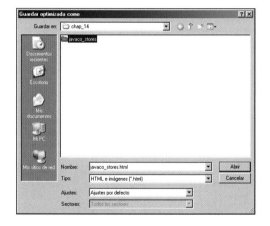

NOTA: NO ES NECESARIO GUARDAR EL CÓDIGO HTML CON EL MAPA DE IMÁGENES. SI LO PREFERIMOS, PODEMOS SELECCIONAR Imágenes EN EL MENÚ EMERGENTE Tipo Y CREAR EL CÓDIGO HTML EN UN EDITOR HTML, COMO ADOBE GOLIVE O MACROMEDIA DREAMWEAVER. LA ELECCIÓN ES NUESTRA, ¡PERO DEJAR QUE IMAGEREADY CS2 CREE EL CÓDIGO ES MÁS SENCILLO!

7. Nos dirigimos hasta la carpeta javaco_stores, en la carpeta chap_14 que copiamos al escritorio. Observaremos que la carpeta incluye el archivo javaco_stores.html, que contiene el código necesario para hacer que el mapa de imágenes funcione en un navegador Web.

Crear mapas de imágenes

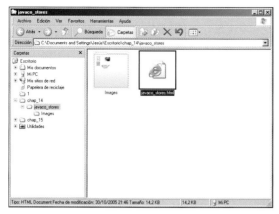

Observaremos que la carpeta Images sólo contiene una imagen. Aunque el mapa de imágenes se divide en cuatro zonas de mapa de imágenes, sólo es necesaria una imagen para que el mapa de imágenes funcione en un navegador Web.

8. Hacemos doble clic en javaco_stores.html para abrir el archivo en un navegador Web. Colocamos el cursor sobre cada zona del mapa.

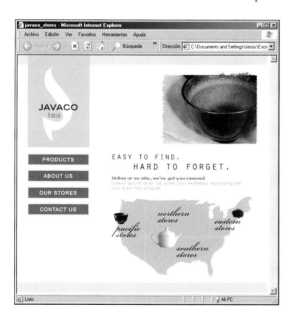

Observaremos que el cursor se convierte en una mano, lo que indica que está sobre un punto sensible o sobre una zona en la que se puede hacer clic.

9. Cerramos el navegador Web y volvemos a ImageReady CS2. Dejemos abierto javaco_stores.psd para el siguiente ejercicio.

4. [IR] ASIGNAR URL Y APLICAR TEXTO ALTERNATIVO A MAPAS DE IMÁGENES

Ahora que sabemos crear, cambiar de nombre, optimizar y guardar mapas de imágenes, es el momento de aprender a asignar URL y a aplicar texto alternativo a zonas de mapa de imágenes.

1. Si realizamos el último ejercicio, javaco_stores.psd debería estar abierto en ImageReady CS2. Si no es así, podemos volver atrás y completar el ejercicio 3. Nos aseguramos de que se vean las paletas Contenido de Web y Mapa de imágenes. Si no se ven, seleccionamos Ventana>Contenido de Web y Ventana>Mapa de imágenes.

2. En la paleta Contenido de Web, hacemos clic en la zona pacific del mapa de imágenes, para seleccionarla.

En la paleta Mapa de imágenes, escribimos **http://www.lynda.com** (o escribimos el URL que queramos) en el campo URL. Seleccionamos _blank en el campo Destino.

Al seleccionar la opción **_blank** se abrirá el vínculo en una nueva ventana del navegador.

3. En la paleta **Mapa de imágenes**, escribimos **Link to Pacific Stores** en el campo Alt.

El texto alternativo aparecerá en un navegador Web si el usuario desactiva las imágenes en las preferencias de su navegador o si accede a la página Web con un navegador Web sólo de texto. Algunos internautas desactivan las imágenes cuando navegan por Internet para acelerar el proceso de descarga. Los visitantes con problemas de visión usan programas que leen lo que aparece en pantalla y que leen el texto alternativo.

4. En la paleta **Contenido de Web**, hacemos clic en la zona **southern** del mapa de imágenes, para seleccionarla.

En la paleta **Mapa de imágenes**, escribimos **http://www.lynda.com/books** (o escribimos el URL que queramos) en el campo URL.

Seleccionamos **_blank** en el campo Destino. Escribimos **Link to Southern Stores** en el campo Alt.

5. En la paleta **Contenido de Web**, hacemos clic en la zona **northern** del mapa de imágenes, para seleccionarla. En la paleta **Mapa de imágenes**, escribimos **http://www.lynda.com** (o escribimos el URL que queramos) en el campo URL. Seleccionamos **_blank** en el campo Destino. Escribimos **Link to Northern Stores** en el campo Alt.

6. En la paleta **Contenido de Web**, hacemos clic en la zona **eastern** del mapa de imágenes, para seleccionarla.

En la paleta **Mapa de imágenes**, escribimos **http://www.lynda.com/books** (o escribimos el URL que queramos) en el campo URL. Seleccionamos **_blank** en el campo Destino. Escribimos **Link to Eastern Stores** en el campo Alt.

7. En el cuadro de herramientas, hacemos clic en el botón de previsualizar en el navegador por defecto.

8. Colocamos el cursor sobre las zonas del mapa de imágenes.

Observaremos que el cursor se convierte en una mano, lo que indica que está sobre un punto sensible o sobre una zona en la que se puede hacer clic.

Si queremos, podemos hacer clic en los puntos sensibles para abrir los URL que especificamos en los pasos del 2 al 6.

9. Volvamos a ImageReady CS2. Cerramos javaco_stores.psd. No es necesario guardar los cambios.

5. [IR] CREAR IMÁGENES DE SUSTITUCIÓN BASADAS EN MAPAS DE IMÁGENES

En el capítulo anterior aprendimos a crear imágenes de sustitución a partir de sectores. También podemos crear imágenes de sustitución a partir de mapas de imágenes. Usamos esta técnica cuando la forma que activa la imagen de sustitución no es un rectángulo ni un cuadrado (las imágenes de sustitución basadas en capas sólo se pueden crear usando rectángulos o cuadrados). A continuación tenemos un ejercicio que nos enseñará a hacerlo.

1. Abrimos stores.psd, que se encuentra en la carpeta chap_14 que copiamos en el escritorio. Nos aseguramos de que se vean las paletas Capas, Contenido de Web y Mapa de imágenes. Si no se ven, seleccionamos Ventana>Capas, Ventana>Contenido de Web y Ventana>Mapa de imágenes.

2. En la paleta Capas, hacemos clic en la flecha para ampliar el contenido del conjunto de capas our stores (si no está ya ampliado).

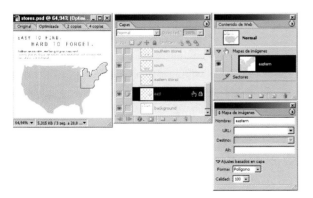

En la paleta Capas, hacemos clic en la capa east para seleccionarla. Elegimos Capa>Nueva área de mapa de imágenes creada a partir de capas. En la paleta Mapa de imágenes, escribimos **eastern** en el campo Nombre,

seleccionamos Polígono en el menú emergente Forma de la sección Ajustes basados en capas y asignamos a Calidad el valor 100.

3. Con la zona de mapa de imágenes eastern seleccionada en la paleta Contenido de Web, hacemos clic en el botón de crear estado de *rollover*, para crear un estado Sobre. Con el estado Sobre seleccionado, activamos la visibilidad de la capa eastern stores en la paleta Capas.

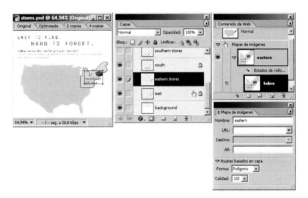

4. Con el estado Sobre seleccionado en la paleta Contenido de Web, hacemos clic en el botón de crear estado de *rollover*, para crear un estado Abajo. Con el estado Abajo todavía seleccionado, hacemos clic en el botón de crear estado de *rollover*, para crear un estado Seleccionado.

5. Con el estado Seleccionado elegido en la paleta Contenido de Web, y la capa eastern stores seleccionada en la paleta Capas, opta-

mos por **Sombra paralela** en el menú emergente de añadir un estilo de capa, en la parte inferior de la paleta **Capas**. Modificamos la configuración del cuadro de diálogo **Estilo de capa** para que concuerde con la de esta ilustración. Hacemos clic en **OK**.

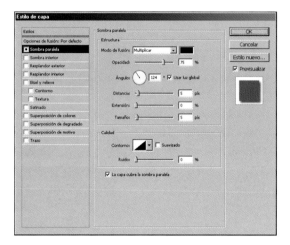

6. Repetimos los pasos del 2 al 5 para crear zonas de mapa de imágenes basadas en capas e imágenes de sustitución con los estados Sobre, Abajo y Seleccionado.

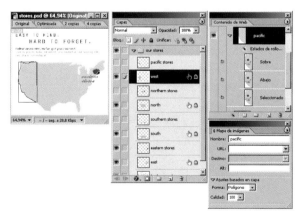

Debemos asegurarnos de dar el nombre adecuado a las zonas de mapa de imágenes (southern, northern, y pacific) y de activar la visibilidad de las capas adecuadas para los estados de las imágenes de sustitución (southern stores para la zona south del mapa de imágenes, northern stores para la zona north del mapa de imágenes y pacific stores para la zona pacific del mapa de imágenes).

7. En el cuadro de herramientas, hacemos clic en el botón de previsualizar en el navegador por defecto. Colocamos el puntero del ratón sobre las zonas del mapa de imágenes para ver el estado Sobre. Hacemos clic para ver los estados Abajo (que son iguales que los estados Sobre). Cuando soltemos el botón del ratón, veremos los estados Seleccionado.

Como podemos ver, estamos combinando los conocimientos adquiridos en el capítulo anterior, con lo que hemos aprendido en este capítulo.

8. Cerramos el navegador Web y volvemos a ImageReady CS2. Si queremos, podemos usar las técnicas aprendidas en los ejercicios 3 y 4 para optimizar y guardar las imágenes y el código HTML, asignar URL y aplicar texto alternativo.

¡Hemos terminado otro capítulo! Crear mapas de imágenes es muy sencillo cuando nos acostumbramos a ello. A continuación, aprenderemos a crear galerías fotográficas Web.

Capítulo 15

Crear galerías fotográficas Web

Crear galerías fotográficas Web

a función de galería fotográfica de Photoshop CS2 nos permitirá tomar una carpeta de imágenes y publicarlas fácilmente como una página Web. Esta función optimiza automáticamente las imágenes y escribe el código HTML, sin que tengamos que escribir una sola línea de código. La función de galería fotográfica Web es una forma rápida y sencilla para que todos podamos mostrar nuestro trabajo; arquitectos que muestran sus dibujos a los clientes, fotógrafos que muestran pruebas o familias que comparten sus fotografías personales en la Web. También podemos usar una de las plantillas de ejemplo, que proporcionan una interfaz para que los clientes y contactos aprueben y comenten las imágenes de la galería fotográfica Web, ¡sin tener que realizar complicada programación! En este capítulo aprenderemos a crear galerías fotográficas Web y aprenderemos a personalizar las galerías fotográficas Web para que se ajusten a nuestras necesidades individuales.

GALERÍAS FOTOGRÁFICAS WEB

Como novedad en Photoshop CS2, ahora podemos crear galerías fotográficas Web directamente en Adobe Bridge. Adobe Bridge es una excelente interfaz para crear galerías fotográficas Web, ya que permite previsualizar y organizar imágenes antes de crear la galería fotográfica Web. Esto nos ahorrará tiempo abriendo y editando imágenes.

Podemos personalizar las galerías fotográficas Web usando varias opciones de aspecto. En este ejemplo hemos creado una galería fotográfica Web usando el estilo Cuadro centrado 1 - Comentarios. Los estilos de comentarios permiten que otras personas aprueben y comenten las imágenes de la galería fotográfica Web, sin tener que realizar más programación. En próximos ejercicios, veremos lo sencillo que es crear,

personalizar y usar los estilos de comentario con la función de galería de fotografías Web de Photoshop CS2.

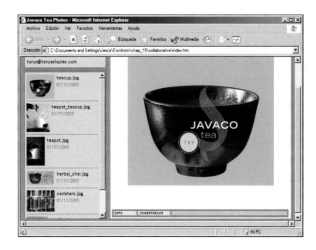

Cuando creemos una galería de fotografías Web, Photoshop CS2 realizará las siguientes tareas automáticamente.

• Copia, cambia de tamaño y optimiza las imágenes.

• Crea vistas en miniatura de las imágenes.

• Escribe el código HTML para la página Web.

• Incluye la información del archivo que especifiquemos, como el nombre del archivo, quién creó la imagen, una descripción del archivo e información de derechos de autor.

• Genera botones Siguiente, Anterior e Inicio que nos ayuden a navegar por la página Web.

Photoshop CS2 proporciona muchas opciones para personalizar la galería fotográfica Web. Estudiaremos estas opciones en los siguientes ejercicios. Si queremos realizar más modificaciones a la galería fotográfica Web, podemos editar los archivo con un editor de HTML, como Adobe GoLive o Macromedia Dreamweaver.

1. [PS] CREAR UNA GALERÍA DE FOTOGRAFÍAS WEB

En este ejercicio aprenderemos a crear una galería de fotografías Web en Photoshop CS2, usando las imágenes del CD-ROM. Cuando terminemos el ejercicio, podemos probar con una carpeta con imágenes propias. ¡Nos sorprenderá lo sencillo que es crear una página Web con un esfuerzo mínimo!

1. En Photoshop CS2, seleccionamos Archivo> Explorar para abrir Adobe Bridge. Nos dirigimos hasta la carpeta javaco, en la carpeta chap_15 que copiamos en el escritorio. En el panel de vista previa de Adobe Bridge, veremos seis imágenes en la carpeta javaco.

2. Seleccionamos Herramientas>Photoshop> Galería de fotografías Web para abrir el cuadro de diálogo Galería de fotografías Web.

TRUCO: TAMBIÉN PODEMOS ABRIR EL CUADRO DE DIÁLOGO Galería de fotografías Web SELECCIONANDO Archivo>Automatizar>Galería de fotografías Web. ALGUNAS PERSONAS PREFIEREN ACCEDER A LA FUNCIÓN DE GALERÍA DE FOTOGRAFÍA WEB DESDE ADOBE BRIDGE, YA QUE ES UNA INTERFAZ MÁS VISUAL Y PERMITE PREVISUALIZAR Y ORGANIZAR LAS IMÁGENES ANTES DE CREAR LA GALERÍA FOTOGRÁFICA WEB.

3. Seleccionamos Simple - Tabla de miniaturas en el menú emergente Estilos. En el campo Correo electrónico, escribimos una dirección de correo electrónico. Seleccionamos Imágenes seleccionadas de Bridge en el menú emergente Usar.

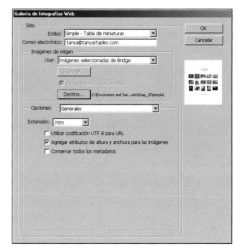

4. Hacemos clic en el botón **Destino**. En el cuadro de diálogo **Buscar carpeta**, nos dirigimos a la carpeta simple, en la carpeta chap_15 que copiamos en el escritorio. Hacemos clic en **Seleccionar** (Mac) u **OK** (Windows).

5. Hacemos clic en **OK** para cerrar el cuadro de diálogo Galería de fotografías Web. Ahora podemos descansar y ver como Photoshop CS2 hace todo el trabajo! Photoshop CS2 cambia el tamaño y optimiza las imágenes, crea el código HTML para la página Web y muestra la galería fotográfica Web en el navegador Web predeterminado.

Crear galerías fotográficas Web

Este proceso puede tardar segundos o minutos, dependiendo de la velocidad del ordenador y del número de imágenes de la carpeta de origen.

6. Hacemos clic en una de las imágenes en miniatura para ver la versión más grande.

Cuando vemos la versión grande de la imagen, ya no podremos ver las imágenes en miniatura. En su lugar, veremos los botones **Anterior**, **Siguiente** e **Inicio**.

7. Probemos con los botones **Anterior** y **Siguiente** para recorrer las imágenes de la galería fotográfica Web. Cuando terminemos, hacemos clic en el botón de **Inicio** para volver a la página inicial.

8. Hacemos clic en la dirección de correo electrónico que hay en la parte inferior de la página inicial.

La aplicación de correo electrónico predeterminada (en este caso, Outlook Express), se abrirá automáticamente y creará un nuevo mensaje con la dirección de correo electrónico en el campo **Para**. Es una forma sencilla de hacer que los clientes, contactos o amigos, se pongan en contacto con nosotros después de ver las imágenes de la galería fotográfica Web. Photoshop CS2 también ofrece funciones que pueden usar nuestros clientes, contactos y amigos para aportar sus opiniones, como aprenderemos posteriormente en este capítulo.

9. Cerramos la aplicación de correo electrónico y el navegador Web. Examinamos el contenido de la carpeta simple, en la carpeta chap_15 que copiamos en el escritorio.

Como podemos ver, la función de galería fotográfica Web se ocupa de guardar y optimizar todas las imágenes necesarias y de escribir y guardar el código HTML, necesario para que funcionen las páginas. ¿Acaso no es estupendo?

La función de galería fotográfica Web es una forma sencilla y rápida de poner las imágenes en una página Web sin tener que diseñar y crear complicados sitios Web. En el siguiente ejercicio, aprenderemos a personalizar una galería fotográfica Web.

10. Volvamos a Adobe Bridge para el siguiente ejercicio.

2. [PS] PERSONALIZAR UNA GALERÍA DE FOTOGRAFÍAS WEB

Si queremos cambiar el contenido o la apariencia de una galería fotográfica Web, podemos usar las funciones de personalización del cuadro de diálogo **Galería de fotografías Web**.

1. Si realizamos el último ejercicio, Adobe Bridge debería seguir abierto, con el contenido de la carpeta javaco en el panel de vista previa. Si no es así, volvamos atrás y completemos el paso 1 del ejercicio 1.

2. Seleccionamos **Herramientas>Photoshop> Galería de fotografías Web** para abrir el cuadro de diálogo **Galería de fotografías Web**.

Observaremos que el cuadro de diálogo **Galería de fotografías Web** tiene los mismos valores que en el último ejercicio. Los valores del cuadro de diálogo **Galería de fotografías Web** se mantienen (Photoshop CS2 recuerda los últimos valores empleados).

3. Seleccionamos **Borde punteado - Negro en blanco** en el menú emergente **Estilos**. Hacemos clic en el botón **Destino**. Nos dirigimos hasta la carpeta custom, en la carpeta chap_15 que copiamos en el escritorio. Hacemos clic en **Seleccionar** (Mac) u **OK** (Windows).

4. Seleccionamos **Titular** en el menú emergente **Opciones**. Escribimos Javaco Tea Photos en el campo **Nombre del sitio**, Domenique Sillet en el campo **Fotógrafo**, y cualquier nombre en el campo **Información de contacto**.

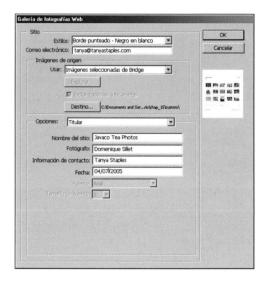

Observaremos que las opciones **Fuente** y **Tamaño de fuente**, no están disponibles. Las opciones de personalización variarán dependiendo del estilo.

En este caso, no podemos personalizar la fuente del titular usando el estilo Borde punteado - Negro en blanco.

5. Seleccionamos **Imágenes grandes** en el menú emergente **Opciones**. Las imágenes grandes nos permiten personalizar cómo aparecen las imágenes en la galería fotográfica Web, incluyendo su tamaño, calidad del JPEG y su título.

Usamos la configuración que aparece en esta ilustración o una configuración propia.

Crear galerías fotográficas Web

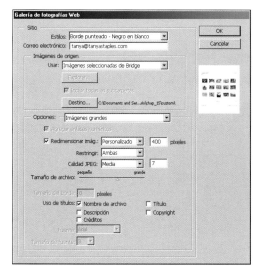

6. Seleccionamos **Miniaturas** en el menú emergente **Opciones**. Usar miniaturas nos permite personalizar cómo aparecen las imágenes en miniatura en la galería fotográfica Web, incluyendo su tamaño. En este caso, como la galería fotográfica Web se basa en una tabla, también podemos especificar el tamaño de la tabla. Usamos la configuración que aparece en esta ilustración o una configuración propia.

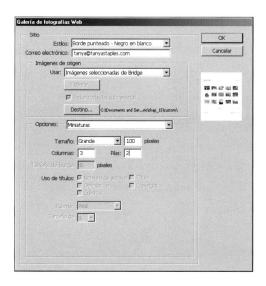

7. Seleccionamos **Colores personalizados** en el menú emergente **Opciones**.

Para este estilo en particular, no podemos personalizar los colores (las opciones no están a nuestra disposición). Para los demás, podemos personalizar el fondo, el titular, el texto, el vínculo activo, el vínculo y el vínculo visitado, haciendo clic en la muestra de color para abrir el cuadro de diálogo **Selector de color**.

8. En el cuadro de diálogo **Galería de fotografías Web**, hacemos clic en **OK** para crear la galería fotográfica Web personalizada, usando el estilo **Borde punteado - Negro en blanco** y para abrirla en el navegador Web predeterminado.

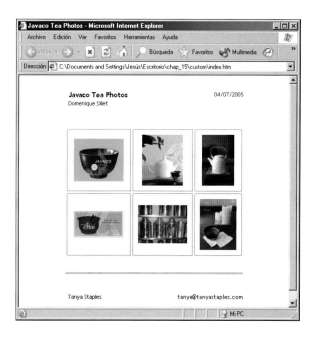

Como podemos ver, la configuración especificada en los últimos pasos aparece reflejada en esta galería fotográfica Web. Probemos haciendo clic en las vistas en miniatura, en la dirección de correo electrónico y en los botones **Anterior**, **Siguiente** e **Inicio**.

9. Cerramos el navegador Web y volvemos a ImageReady CS2.

CONFIGURACIÓN DE LA GALERÍA DE FOTOGRAFÍAS WEB

El cuadro de diálogo galería de fotografías Web, de Photoshop CS2, contiene muchos valores. Aquí tenemos una visión general:

Valores de la galería de fotografías Web

Valor	Descripción
	Valores de la página
Menú emergente Estilos	Selecciona un esquema de página Web predefinida para la galería de fotografías Web.
Campo Correo electrónico	Especifica una dirección de correo electrónico.
	Configuración de Imágenes de origen
Menú emergente Usar	Especifica las imágenes que queremos usar en la galería de fotografías Web. Podemos seleccionar una carpeta de imágenes o seleccionar imágenes en Adobe Bridge.
Botón Explorar	Especifica la carpeta de imágenes que queremos usar en la galería de fotografías Web.
Casilla de verificación Incluir todas las subcarpetas	Incluye subcarpetas en la galería de fotografías Web.
Botón Destino	Especifica en qué parte del ordenador se va a guardar la galería de fotografías Web.
	Opciones generales
Menú emergente Extensión	Especifica la extensión del archivo HTML (HTM o HTML).
	Opciones de Titular
Campo Nombre del sitio	Especifica el nombre de la galería de fotografías Web.
Campo Fotógrafo	Especifica el nombre de la persona que creó las imágenes.
Campo Información de contacto	Especifica la información de contacto, como la dirección de la página Web.
Campo Fecha	Especifica la fecha en la que se crearon o enviaron las imágenes.
Menú emergente Fuente	Especifica una fuente para la galería de fotografías Web.
Menú emergente de tamaño de fuente	Especifica un tamaño de fuente para la galería de fotografías Web.
	Opciones de Imágenes grandes
Menú emergente Redimensionar imágenes	Especifica el tamaño de las imágenes grandes (Pequeño, Medio, Grande o Personalizado).

Crear galerías fotográficas Web

Valor	Descripción
	Opciones de Imágenes grandes
Menú emergente Restringir	Especifica si queremos restringir el ancho y/o altura de las imágenes, cuando cambiamos su tamaño.
Menú emergente Calidad JPEG	Especifica la calidad de la optimización JPEG (Baja, Media, Alta o Máxima).
Control deslizante Tamaño de archivo	Especifica el tamaño del archivo (grande o pequeño).
Campo Tamaño del borde	Especifica un tamaño del borde de las imágenes grandes.
Casillas de verificación Uso de títulos	Especifica si queremos que aparezca información del nombre de archivo, del título, de la descripción, de los derechos de autor o de los créditos junto a las imágenes grandes.
Menú emergente Fuente	Especifica una fuente para la etiqueta de la imagen grande.
Menú emergente de tamaño de fuente	Especifica un tamaño de fuente para la etiqueta de la imagen grande.
	Opciones de miniaturas
Menú emergente Fuente	Especifica el tamaño de las imágenes en miniatura (Pequeño, Medio, Grande o Personalizado).
Campos Columnas y Filas	Especifica cuántas columnas y filas de imágenes en miniatura se incluirán en la galería de fotografías Web.
Campo Tamaño del borde	Especifica un tamaño del borde de las imágenes en miniatura.
Casillas de verificación Uso de títulos	Especifica si queremos que aparezca información del nombre de archivo, del título, de la descripción, de los derechos de autor o de los créditos junto a las imágenes en miniatura.
Menú emergente Fuente	Especifica una fuente para la etiqueta de la vista en miniatura.
Menú emergente de tamaño de fuente	Especifica un tamaño de fuente para la etiqueta de la vista en miniatura.
	Opciones de Colores personalizados
Fondo.	Especifica un color para el fondo de la galería de fotografías Web.
Titular	Especifica un color para el titular de la galería de fotografías Web.
Texto	Especifica un color para el texto de la galería de fotografías Web.
Enlace activo	Especifica un color para los enlaces activos de la galería de fotografías Web.
Enlace	Especifica un color para los enlaces de la galería de fotografías Web.
Enlace visitado	Especifica un color para los enlaces visitados de la galería de fotografías Web.

3. [PS] CREAR UNA GALERÍA DE FOTOGRAFÍAS WEB EN COLABORACIÓN

Photoshop CS2 incluye estilos de galería de fotografías Web, que permiten a los clientes dar el visto bueno o expresar su opinión sobre las imágenes de la galería de fotografías Web. Colaborar mediante la interfaz de la galería de fotografías Web es muy sencillo porque no necesita programación adicional.

1. Si realizamos el último ejercicio, Adobe Bridge debería seguir abierto, con el contenido de la carpeta javaco en el panel de vista previa. Si no es así, volvamos atrás y completemos el paso 1 del ejercicio 1.

2. Seleccionamos Herramientas>Photoshop> Galería de fotografías Web para abrir el cuadro de diálogo Galería de fotografías Web.

3. Seleccionamos Cuadro centra 1 - Comentarios en el menú emergente Estilos.

4. Hacemos clic en el botón **Destino**. Nos dirigimos hasta la carpeta collaborative, en la carpeta chap_15 que copiamos en el escritorio. Hacemos clic en **Seleccionar** (Mac) u **OK** (Windows).

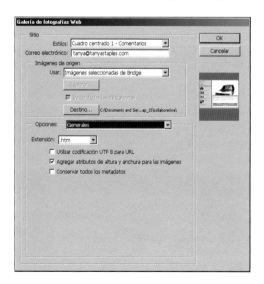

5. Usando las técnicas que aprendimos en el último ejercicio, personalizamos la galería de fotografías Web a nuestro gusto. Cuando hayamos terminado, hacemos clic en **OK** para crear la galería de fotografías Web y abrirla en el navegador Web predeterminado.

 NOTA: SÓLO LOS ESTILOS CON LA PALABRA COMENTARIOS EN SU NOMBRE PROPORCIONARÁN LAS FUNCIONES DE COLABORACIÓN QUE HEMOS APRENDIDO EN ESTE EJERCICIO.

6. Observemos la galería de fotografías Web que ha creado Photoshop CS2. Hacemos clic en las miniaturas para ver las imágenes más grandes.

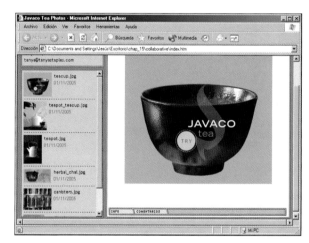

7. Hacemos clic en el botón **Comentarios de imagen** (Mac) o **Comentarios** (Windows).

Activemos la opción Aprobado y escribamos un mensaje en el campo de comentarios. Hacemos clic en el botón Guardar comentarios.

Observaremos que aparece un icono Guardado en la esquina superior derecha de la ventana de comentarios de la imagen.

Crear galerías fotográficas Web

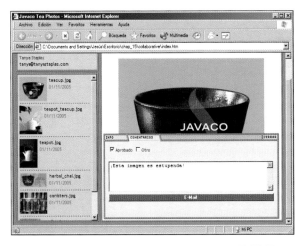

NOTA: SI USAMOS MICROSOFT INTERNET EXPLORER CON WINDOWS XP, APARECERÁ UN MENSAJE DE ADVERTENCIA. HACEMOS CLIC EN LA BARRA DE ADVERTENCIA Y SELECCIONAMOS Permitir contenido bloqueado.

8. Hacemos clic en el botón **E-Mail**. En el cuadro de diálogo JavaScript, escribimos un nombre y hacemos clic en **OK**.

En cuanto hagamos clic en **OK**, aparecerá un nuevo mensaje en nuestra aplicación de correo electrónico predeterminada. La dirección de correo electrónico que especificamos en el cuadro de diálogo Galería de fotografías Web, aparecerá automáticamente en el campo

Para. El título mostrará automáticamente quién ha escrito el comentario y el contenido del mensaje mostrará el nombre de la imagen, si la imagen ha sido aprobada y los comentarios.

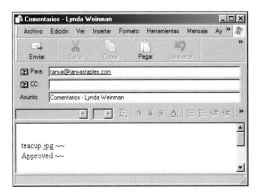

9. Cerramos el correo electrónico que creamos en el último paso. Cerramos la galería de fotografías Web Javaco Tea. Cerramos el navegador Web y volvemos a Adobe Bridge.

¡Hemos terminado otro capítulo! Como podemos ver, crear una galería de fotografías Web es una forma rápida y sencilla de colocar imágenes en Internet.

Además, con los estilos de comentarios, podemos conseguir fácilmente las confirmaciones y comentarios de los clientes, sin tener que diseñar y programas complejos sitios Web.

A continuación, estudiaremos las funciones de automatización de Photoshop CS2 e ImageReady CS2.

Capítulo 16

Automatización

Automatización

Photoshop CS2 e ImageReady CS2 ofrecen muchas herramientas prácticas y creativas para ayudarnos a diseñar gráficos Web. Este capítulo nos enseña a automatizar tareas. Automatizar tareas nos ahorrará mucho tiempo (¿quién quiere repetir las mismas operaciones una y otra vez, cuando Photoshop CS2 o ImageReady CS2 puede hacer el trabajo por nosotros?).

Photoshop CS2 e ImageReady CS2 ofrecen acciones que nos permiten almacenar una serie de operaciones, como grabar y reproducir la grabación sobre una o varias imágenes de la misma carpeta.

Ambos programas también nos permiten guardar acciones como *droplets*. Podemos arrastrar y soltar una imagen o carpeta de imágenes en un *droplet* para realizar una acción. Por ejemplo, si creamos una acción para cambiar de tamaño y optimizar imágenes, podemos guardarla como un *droplet*, arrastrar una carpeta de imágenes al *droplet* ¡y cambiar y optimizar instantáneamente todas las imágenes al mismo tiempo!

En este capítulo aprenderemos a usar las acciones y los *droplets*. Para este tipo de cosas se crearon los ordenadores. ¡Disfrute!

¿QUÉ SON LAS ACCIONES?

Una acción es una serie de comandos que podemos reproducir en una imagen o en una carpeta de imágenes. Por ejemplo, podemos crear una acción que abra, corte, optimice y guarde imágenes.

La mayoría de los comandos y acciones con herramientas de Photoshop CS2 e ImageReady CS2 pueden grabarse como acciones. Photoshop CS2 e ImageReady CS2 permiten realizar

detenciones, con lo que se detienen las acciones para que podamos realizar tareas que no pueden grabarse; también permiten usar controles modales, que nos permiten introducir valores en un cuadro de diálogo mientras reproducimos una acción.

Si queremos aplicar una acción a una sola imagen, hacemos clic en el botón de ejecutar selección, en la parte inferior de la paleta Acciones. Si queremos aplicar la acción a una serie de imágenes, podemos guardar la acción como *droplet*. Aprenderemos a hacerlo en los siguientes ejercicios.

USAR ACCIONES PREDEFINIDAS

Photoshop CS2 e ImageReady CS2 incluyen acciones predefinidas, a las que podemos acceder en la paleta Acciones. Utilizar las acciones predefinidas en Photoshop CS2 o ImageReady CS2 es fácil. Basta con abrir una imagen, en la paleta Acciones, hacer clic para seleccionar la acción que queremos reproducir y hacer clic en el botón de ejecutar selección.

1. [IR] CREAR ACCIONES

Las acciones son una forma estupenda de automatizar tareas repetitivas, como crear y optimizar vistas en miniatura para una página Web, como aprenderemos en este ejercicio. Las acciones sirven para cientos de cosas; este ejemplo ha sido diseñado para enseñar las bases de la grabación de acciones. Crearemos una acción que cambiará el tamaño de la copia de una imagen, hasta el tamaño de una miniatura, y la guardará como un JPEG optimizado. Para este ejercicio, usaremos ImageReady CS2, pero funciona de la misma forma en Photoshop CS2. En el ejercicio 2 aplicaremos la acción a toda una carpeta de imágenes utilizando la función *droplet*.

1. Abrimos candles.psd, que se encuentra en la carpeta chap_16 que copiamos en el escritorio. Nos aseguramos de que se vean las paletas **Acciones** y **Optimizar**. Si no se ven, seleccionamos **Ventana>Acciones** y **Ventana> Optimizar**.

2. En la parte inferior de la paleta **Acciones**, hacemos clic en el botón de crear acción nueva.

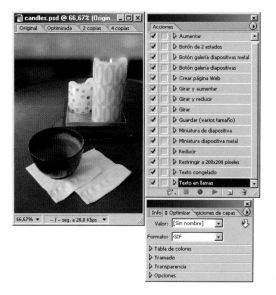

3. En el cuadro de diálogo **Acción nueva**, escribimos **Miniaturas optimizadas**, en el campo **Nombre**. Seleccionamos **F2** en el menú emergente **Tecla de función** y activamos la opción **Mayúsculas**. Hacemos clic en **Grabar**.

Ya podemos comenzar a realizar los pasos que queremos incluir en la acción. En primer lugar, cambiaremos el tamaño de la imagen y luego la optimizaremos y guardaremos.

4. Seleccionamos **Imagen>Tamaño de imagen**. Escribimos **100** en el campo **Altura**. Nos aseguramos de que la opción **Restringir proporciones** esté activada. Activamos la opción **Acciones de opción** y seleccionamos **Altura** en el menú emergente **Encajar imagen por**. Marcamos la opción **No aumentar**. Hacemos clic en **OK**.

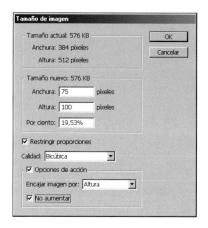

El objetivo de especificar una altura de 100 píxeles y seleccionar **Altura** en el menú emergente **Encajar imagen por** es asegurarnos de que todas las miniaturas tengan la misma altura. También podemos seleccionar **Anchura**, **Anchura y altura** o **Por ciento**.

Al activar la opción **No aumentar**, si realizamos la acción sobre imágenes menores de 100 píxeles de altura, ImageReady CS2 no hará la imagen más grande para llegar a los 100 píxeles especificados en este paso.

5. En la ventana de documento, hacemos clic en la pestaña **Optimizada**. En la paleta **Optimizar**, seleccionamos **JPEG media** en el menú emergente **Valor**, o especificamos una configuración de optimización propia usando las técnicas que ya hemos aprendido en un capítulo anterior.

Automatización

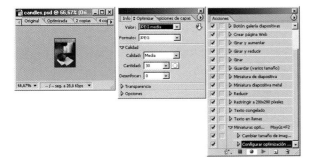

6. Seleccionamos **Archivo>Guardar optimizada como**. Nos dirigimos hasta la carpeta action, en la carpeta chap_16 que copiamos en el escritorio. Llamamos al archivo candles.jpg. Hacemos clic en **Guardar**.

7. En la paleta **Acciones**, hacemos clic en el botón de detener ejecución/grabación para detener la grabación.

8. Abrimos canisters.psd, de la carpeta actions, que se encuentra en la carpeta chap_16 que copiamos en el escritorio.

Pulsamos **Mayús-F2** o hacemos clic en el botón de ejecutar selección para reproducir la acción Miniaturas optimizadas que hemos creado en este ejercicio.

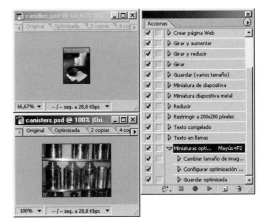

Observaremos que la acción cambia automáticamente el tamaño de la imagen. A continuación, veremos cómo la acción ha optimizado y guardado la imagen.

9. Nos dirigimos hasta la carpeta actions, en la carpeta chap_16 que copiamos en el escritorio.

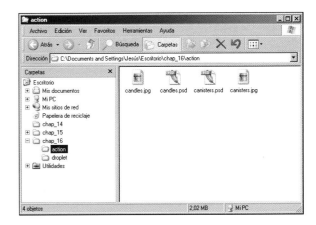

Observaremos que hay dos archivos JPEG: candles.jpg se creó cuando grabamos la acción Miniaturas optimizadas y canisters.jpg se creó cuando reproducimos la acción Miniaturas optimizadas en el paso 8.

10. Hacemos doble clic en candles.jpg y en canisters.jpg para abrir las imágenes.

Observaremos que las imágenes tienen la misma altura (100 píxeles) y que las dos imágenes están optimizadas usando la configuración que especificamos en la paleta **Optimizar**.

Como podemos ver, grabar estos pasos en una acción puede ahorrarnos valioso tiempo repitiendo una y otra vez la misma tarea.

Aunque es un ejemplo muy simple, muestra la potencia de las acciones. La mayoría de las tareas de Photoshop CS2 e ImageReady CS2 pueden grabarse como acciones.

11. Cerramos candles.psd, candles.jpg, canisters.psd y canisters.jpg. No es necesario guardar los cambios.

A continuación, aprenderemos a crear *droplets* para realizar acciones sobre varias imágenes.

 NOTA: AHORA QUE HEMOS APRENDIDO A CREAR UNA ACCIÓN EN IMAGEREADY CS2, QUIZÁS NOS PREGUNTEMOS SI PODEMOS HACER LO MISMO EN PHOTOSHOP CS2. ¡CLARO QUE PODEMOS! PHOTOSHOP CS2 TAMBIÉN INCLUYE UNA PALETA Acciones Y EL PROCESO PARA GRABAR ACCIONES ES IDÉNTICO.

EDITAR ACCIONES

Tras crear una acción en Photoshop CS2 o ImageReady CS2, siempre podemos hacer cambios en ella posteriormente. Aquí tenemos un práctico cuadro que indica cómo añadir, eliminar o mover los pasos de una acción.

Editar acciones

Operación	Método
Añadir	Para añadir un paso a una acción, seleccionamos **Iniciar grabación** en el menú de la paleta **Acciones**. Realizamos las acciones que queremos añadir. En la parte inferior de la paleta **Acciones**, hacemos clic en el botón de detener ejecución/grabación. Los pasos que grabamos se añadirán automáticamente al final de la acción. Si queremos añadir pasos en el medio de una acción, hacemos clic en la acción que queremos modificar y comenzamos el proceso de grabación.
Eliminar	Para eliminar un paso de una acción, hacemos clic en el paso para seleccionarlo, en la paleta **Acciones**. Arrastramos el paso al icono de la papelera, que se encuentra en la parte inferior de la paleta **Acciones** o seleccionamos **Eliminar**, en el menú de la paleta **Acciones**.
Mover	Para mover un paso al interior de una acción, hacemos clic en el paso para seleccionarlo, arrastramos el paso hasta que aparezca una línea negra en el punto al que queremos mover el paso.

Arrastramos para cambiar el orden de los pasos

Automatización

Operación	Método	
Activar/desactivar un paso		Para activar o desactivar un paso, hacemos clic en la casilla de verificación para activar o desactivar el elemento, en la paleta **Acciones**. Cuando reproducimos una acción con un paso desactivado, se omitirá ese paso.
Activar/desactivar un cuadro de diálogo		Para activar o desactivar un cuadro de diálogo, de forma que podamos especificar una determinada configuración para ese paso, hacemos clic en el botón que activa y desactiva el cuadro de diálogo, en la paleta Acciones. Cuando reproduzcamos la acción, se abrirá el cuadro de diálogo adecuado y nos pedirá que especifiquemos valores antes de realizar el resto de los pasos de la acción.

DROPLETS

Un *droplet* es una pequeña aplicación creada por Photoshop CS2 o ImageReady CS2 que aplica una acción a una carpeta de imágenes o a una serie de imágenes seleccionadas.

Cuando creamos un *droplet*, Photoshop CS2 e ImageReady CS2 crea una pequeña aplicación, que contiene los comandos de la acción que usamos para crear el *droplet*. Para aplicar el *droplet*, arrastramos y soltamos una imagen, una serie de imágenes seleccionadas, o carpeta de imágenes en un icono de *droplet*. El proceso para crear *droplets* en Photoshop CS2 y en ImageReady CS2 es idéntico.

Aquí tenemos algunos datos divertidos que hay que tener en cuenta mientras aprendemos a usarlos:

• Podemos crear *droplets* a partir de acciones en la paleta **Acciones** de Photoshop CS2 o Image Ready CS2.

• Podemos guardar *droplets* en el escritorio o en cualquier ubicación del ordenador.

• Podemos usar un *droplet* sin abrir Photoshop CS2 ni ImageReady CS2. La aplicación se iniciará automáticamente cuando arrastremos una carpeta o una serie de archivos al *droplet*.

• Podemos compartir *droplets* entre ordenadores Mac y Windows, ya que son multiplataforma.

 NOTA: SI CREAMOS UN *DROPLET* EN UN ORDENADOR CON MAC, DEBEMOS ASEGURARNOS DE AÑADIR LA EXTENSIÓN DE ARCHIVO .EXE, PARA QUE LOS ORDE- NADORES CON WINDOWS PUEDAN RECONOCERLO.

2. [IR] CREAR DROPLETS

En el último ejercicio aprendimos a crear una acción y a aplicar a una imagen. En este ejercicio aprenderemos a crear un *droplet*, que nos permitirá aplicar una acción a una carpeta o a una serie de imágenes. Para este ejercicio, usaremos ImageReady CS2, pero funciona igual con Photoshop CS2.

1. Si realizamos el último ejercicio, deberíamos tener la acción **Miniaturas optimizadas** en la paleta **Acciones**. Si no es así, podemos volver atrás y completar el ejercicio 1. Debemos asegurarnos de que se vea la paleta **Acciones**. Si no lo está, seleccionamos **Ventana>Acciones**.

2. En la paleta **Acciones**, hacemos clic en la acción **Miniaturas optimizadas** para seleccionarla. Elegimos **Crear droplet** en el menú de la paleta **Acciones**.

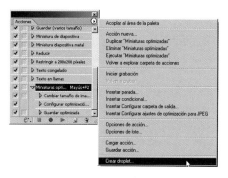

3. En el cuadro de diálogo **Guardar acción como Droplet**, nos dirigimos al escritorio. Escribimos **Min_opt.exe** en el campo **Nombre**. Hacemos clic en **Guardar**.

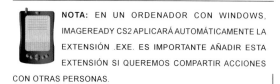

NOTA: EN UN ORDENADOR CON WINDOWS, IMAGEREADY CS2 APLICARÁ AUTOMÁTICAMENTE LA EXTENSIÓN .EXE. ES IMPORTANTE AÑADIR ESTA EXTENSIÓN SI QUEREMOS COMPARTIR ACCIONES CON OTRAS PERSONAS.

4. Nos dirigimos al escritorio y abrimos la carpeta chap_16. Arrastramos la carpeta droplet

al *droplet* Min_opt.exe, como se muestra en la siguiente ilustración.

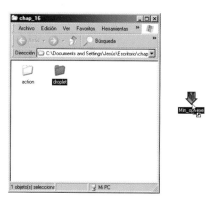

Podremos ver el progreso de la acción en el cuadro de diálogo **Progreso del lote**. Si tenemos que detener o interrumpir la acción, podemos hacer clic en **Pausa** o **Detener**.

5. Abrimos la carpeta droplet, que se encuentra en la carpeta chap_16 del escritorio.

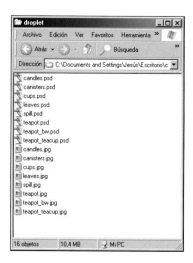

Automatización

¡El *droplet* ha funcionado! Observaremos que cada archivo PSD tiene un archivo JPG asociado. Si queremos ver los resultados, hacemos doble clic en los archivos JPG para abrirlos en Image Ready CS2.

Como podemos ver, crear *droplets* es una función estupenda si queremos realizar la misma acción en más de una imagen, o en toda una carpeta de imágenes.

Aunque ha sido un capítulo corto y sencillo, nos ha presentado algunos conceptos de automatización muy útiles.

Como podemos ver, usando acciones y *droplets* no tendremos que realizar una y otra vez las tareas repetitivas. Podemos automatizar las tareas sencillas (como hicimos en este capítulo) o tareas más complejas.

A continuación aprenderemos otra potente función: los conjuntos de datos.

Cambiar la ubicación en la que se guardan los droplets

POR DEFECTO, LOS *DROPLETS* CREADOS EN IMAGEREADY CS2 GUARDAN LAS IMÁGENES OPTIMIZADAS EN LA CARPETA EN LA QUE SE ENCUENTRAN LAS IMÁGENES ORIGINALES. SI QUEREMOS GUARDAR LAS IMÁGENES OPTIMIZADAS EN OTRA CARPETA, PODEMOS ESPECIFICAR OTRA UBICACIÓN FÁCILMENTE. AQUÍ MOSTRAMOS CÓMO:

SELECCIONAMOS Opciones de lote EN EL MENÚ DE LA PALETA Acciones. SELECCIONAMOS UNA DE LAS SIGUIENTES OPCIONES EN EL MENÚ EMERGENTE En: Misma carpeta que el original (QUE ES EL VALOR PREDETERMINADO), Carpeta específica, Subcarpetas de una carpeta específica O Misma carpeta que el droplet.

Crear droplets en Photoshop CS2

EN EL ÚLTIMO EJERCICIO, APRENDIMOS A CREAR *DROPLETS* EN IMAGEREADY CS2. TAMBIÉN PODEMOS CREAR *DROPLETS* EN PHOTOSHOP CS2. AQUÍ MOSTRAMOS CÓMO:

1. EN LA PALETA ACCIONES, HACEMOS CLIC EN UNA ACCIÓN PARA SELECCIONARLA.

2. SELECCIONAMOS ARCHIVO>AUTOMATIZAR>CREAR DROPLET.

3. EN EL CUADRO DE DIÁLOGO CREAR DROPLET, HACEMOS CLIC EN **SELECCIONAR** PARA ELEGIR LA UBICACIÓN EN LA QUE QUEREMOS GUARDAR EL *DROPLET*. SELECCIONAMOS UN CONJUNTO Y UNA ACCIÓN EN LOS MENÚS EMERGENTES CONJUNTO Y ACCIÓN. ESCOGEMOS EL DESTINO EN LA SECCIÓN DESTINO. ESPECIFICAMOS EL SISTEMA QUE QUEREMOS USAR PARA DAR NOMBRE A LOS ARCHIVOS. CUANDO ESTEMOS SATISFECHOS CON LA CONFIGURACIÓN DEL CUADRO DE DIÁLOGO CREAR DROPLET, HACEMOS CLIC EN **OK**.

4. NOS DIRIGIMOS A LA UBICACIÓN EN LA QUE GUARDAMOS EL *DROPLET*. ARRASTRAMOS UNA IMAGEN, UNA SERIE DE IMÁGENES SELECCIONADAS, O CARPETA DE IMÁGENES AL *DROPLET*.

Capítulo 17

Crear gráficos de datos

Crear gráficos de datos

En los primeros días del diseño Web, los diseñadores y creadores construían los sitios Web página a página y gráfico a gráfico. Hoy en día hay formas alternativas de crear gráficos (usando plantillas de datos y contenido dinámico). Por ejemplo, si tenemos que crear 25 titulares Web del mismo tamaño, con el mismo tipo de letra y con una imagen del mismo tamaño en la misma posición, podemos crear un conjunto de datos con diferentes variables para generar los titulares Web automáticamente. ¡Lo único que tenemos que hacer es crear la plantilla y especificar los datos!

En este capítulo aprenderemos a especificar variables y a crear conjuntos de datos en Photoshop CS2. Además, aprenderemos a introducir los datos de los conjuntos de datos a partir de hojas de cálculo y archivos de texto. Si no sabemos lo que significan estos términos y clichés, no debemos preocuparnos; lo explicaremos a continuación. En un capítulo posterior aprenderemos a modificar conjuntos de datos en Adobe GoLive. Aunque los conjuntos de datos han sido parte de ImageReady en las últimas versiones, son una novedad en Photoshop CS2.

PALABRAS EXTRAÑAS Y DEFINICIONES

Antes de empezar a trabajar con conjuntos de datos, aquí tenemos una explicación general de términos comunes que debemos comprender.

• **De datos:** De datos se refiere al proceso de añadir contenido a una plantilla, de forma que los datos cambian de página a página, sin tener que crear cada página de forma individual. Cuando trabajamos con plantillas de datos, diseñamos un esquema de página general, que acepta datos y les da formato utilizando la plantilla. Por lo general, las plantillas y los datos son texto; sin embargo, podemos crear plantillas basadas en imágenes. En este capítulo aprenderemos a crear específicas plantillas de datos basadas en imágenes usando Photoshop CS2 e ImageReady CS2.

• **Contenido dinámico:** El contenido dinámico se refiere a los datos o el texto del contenido que cambia de una página a otra. El contenido dinámico se genera al vuelo y rellena las plantillas de datos.

• **Gráficos dinámicos:** Los gráficos dinámicos son gráficos o imágenes que cambian de una página a otra. Los gráficos dinámicos se generan al vuelo y rellenan las plantillas de datos. En este capítulo aprenderemos a crear conjuntos de datos que nos permiten crear páginas Web con gráficos dinámicos.

• **Variables:** Las variables determinan qué imágenes de una plantilla son dinámicas. En Photoshop CS2 e ImageReady CS2 hay tres tipos de variables: Variables de sustitución de texto, que sustituyen el texto basado en vectores; variables de visibilidad, que sustituyen imágenes usando visibilidad de capas; y variables de sustitución de píxel, que sustituyen los píxeles de una capa por píxeles de un archivo diferente. Aprenderemos a crear estos tres tipos de variables en este capítulo.

• **Conjuntos de datos:** Los conjuntos de datos almacenan todas las variables de una plantilla. Tras definir los conjuntos de datos, podemos exportar las imágenes como archivos PSD, imágenes optimizadas (JPEG o GIF) o archivos de Macromedia Flash (SWF). Sólo podemos exportar conjuntos de datos como archivos PSD en Photoshop CS2. Si queremos exportar conjuntos de datos como imágenes optimizadas o archivos Macromedia Flash, debemos usar ImageReady CS2.

1. [PS] CONJUNTOS DE DATOS

La mejor forma de comprender los conjuntos de datos y las variables es examinar un archivo que los contenga. Este ejercicio nos presentará el concepto de los conjuntos de datos y las variables, mostrándonos un archivo con variables de visibilidad y de sustitución de texto. También podemos crear variables de sustitución de píxel, como las que estudiaremos posteriormente en este capítulo.

1. Abrimos banner.psd, que se encuentra en la carpeta chap_17 que copiamos en el escritorio.

Observaremos que la imagen contiene una capa de texto basado en vectores y cuatro capas basadas en píxeles. La visibilidad de algunas de las capas basadas en píxeles está desactivada.

2. Seleccionamos Imagen>Variables>Conjuntos de datos. Nos aseguramos de que la opción Previsualización esté activada.

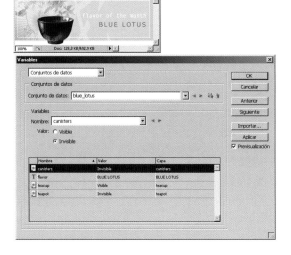

En el cuadro de diálogo Variables, veremos que blue_lotus está seleccionado en el menú emergente Conjunto de datos. Examinemos el contenido del cuadro Variables. Observaremos que la variable canisters es invisible, la variable teacup es visible y la variable teapot es invisible. Son ejemplos de variables de visibilidad, ya que se basan en la visibilidad de sus respectivas capas de la paleta Capas.

3. Seleccionamos hibiscus_ginger en el menú emergente Conjunto de datos.

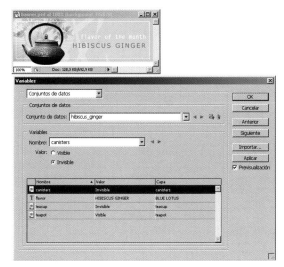

Observaremos la diferencia entre las variables de visibilidad del conjunto de datos hibiscus_ginger y las del conjunto de datos blue_lotus, que examinamos en el último paso.

Como podemos ver, con el conjunto de datos hibiscus_ginger, la variable canisters es invisible, la variable teacup es visible y la variable teapot es invisible. La imagen de este conjunto de datos cambió, de la taza de té a la tetera, porque cambiamos las variables de visibilidad.

Crear gráficos de datos

4. Seleccionamos **flavor** en el menú emergente **Nombre**.

Observaremos que el campo **Valor** contiene las palabras HIBISCUS GINGER, que son las mismas palabras que aparecen en la imagen.

5. Con flavor todavía seleccionado en el menú emergente **Nombre**, seleccionamos **blue_lotus** en el menú emergente **Conjunto de datos**.

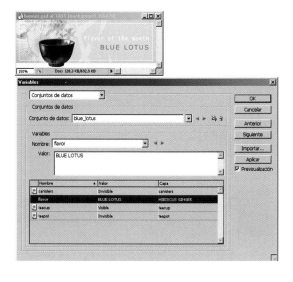

Observaremos que el campo **Valor** contiene las palabras BLUE LOTUS, que son las mismas palabras que aparecen en la imagen. HIBISCUS GINGER y BLUE LOTUS son muestras de una variable de sustitución de texto, ya que el texto ha sido reemplazado usando el valor indicado en la variable.

6. Seleccionamos **lucky_blend** en el menú emergente **Conjunto de datos**.

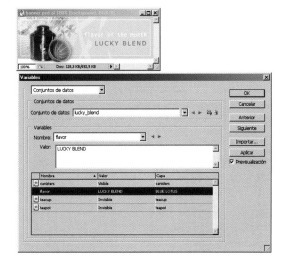

Observaremos que la variable **canisters** es invisible, la variable **teacup** es visible y la variable **teapot** es invisible. Además, observaremos que el texto ha sido sustituido por las palabras LUCKY BLEND. Como podemos apreciar por este ejercicio, usando conjuntos de datos y variables, es fácil crear varias imágenes que usen el mismo formato.

7. Hacemos clic en **Cancelar** para cerrar el cuadro de diálogo **Variables**. Cerramos banner.psd. No es necesario guardar los cambios.

Ahora que hemos podido examinar una imagen con conjuntos de datos y variables, es el momento de aprender a crearlas.

2. [PS] DEFINIR VARIABLES DE VISIBILIDAD Y CREAR CONJUNTOS DE DATOS

A lo largo de los siguientes cuatro ejercicios, aprenderemos a crear conjuntos de datos y variables. En este ejercicio definiremos variables de visibilidad y crearemos conjuntos de datos. En el ejercicio 3 definiremos variables de sustitución de texto. En el ejercicio 4 definiremos variables de sustitución de píxeles. Aunque utilizaremos Photoshop CS2 en este ejercicio, el proceso funciona igual en ImageReady CS2.

1. Abrimos coupon.psd, que se encuentra en la carpeta chap_17 que copiamos en el escritorio. Debemos asegurarnos de que se vea la paleta **Capas**. Si no lo está, seleccionamos **Ventana> Capas**.

Las variables de visibilidad usarán la visibilidad de las capas blue, red y green en este ejercicio

En primer lugar, vamos a tomarnos un minuto para ver cómo está formada la imagen y para hacernos una idea de qué capas se van a convertir en variables. Como podemos ver, la imagen contiene tres capas de aspecto similar (*green*, *red* y *blue*). Si activamos y desactivamos la visibilidad de las capas, veremos cómo cambia el color de fondo de la imagen de la izquierda. En este ejercicio definiremos estas capas como variables de visibilidad. Además, observaremos que hay una capa de texto en la imagen: dragonwell. En el ejercicio 3 definiremos esta capa como una variable de sustitución de texto. Por último, nos fijaremos en la capa **image**. En este momento, esta capa contiene un rectángulo de un solo

color. En el ejercicio 4 definiremos esta capa como una variable de sustitución de píxeles. ¿Parece complicado? No debemos preocuparnos, los siguientes ejercicios nos ayudarán a comprenderlo.

2. Seleccionamos **Imagen>Variables>Definir** para abrir el cuadro de diálogo **Variables**.

3. Seleccionamos **green** en el menú emergente **Capa** para definir la capa como una variable de visibilidad. Activamos la opción **Visibilidad**. Escribimos green_bg en el campo **Nombre**.

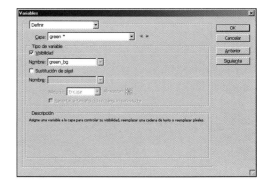

Cuando seleccionamos una capa en el menú emergente **Capa**, debemos definir qué tipo de variable queremos que sea. Como la capa green es una capa basada en píxeles, tenemos dos opciones: **Visibilidad** y **Sustitución de píxel**.

Cuando especifiquemos un nombre en el campo **Nombre**, veremos que aparece un asterisco junto al nombre de la capa en el menú emergente **Capa**. El asterisco indica que hemos conseguido definir la capa como una variable.

NOTA: NO PODEMOS USAR ESPACIOS NI CARACTERES ESPECIALES EN EL CAMPO Nombre.

Crear gráficos de datos

4. Seleccionamos **red** en el menú emergente **Capas**. Activamos la opción **Visibilidad** para definir la capa como una variable de visibilidad. Escribimos **red_bg** en el campo **Nombre**.

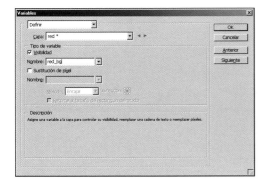

5. Seleccionamos **blue** en el menú emergente **Capas**. Activamos la opción **Visibilidad** para definir la capa como una variable de visibilidad. Escribimos blue_bg en el campo **Nombre**.

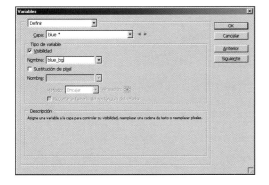

Acabamos de definir las variables de visibilidad. A continuación crearemos los conjuntos de datos que contengan estas variables de visibilidad.

6. Seleccionamos **Conjuntos de datos** en el menú emergente que se encuentra en la parte superior del cuadro de diálogo **Variables**. El contenido del cuadro de diálogo **Variables** cambiará automáticamente, como se muestra en la ilustración.

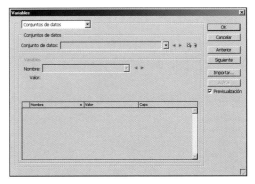

7. Hacemos clic en el botón de crear nuevo conjunto de datos. Escribimos **dragonwell_coupon** en el campo **Conjunto de datos**.

Botón para crear nuevo
conjunto de datos

8. Hacemos clic en el botón de crear nuevo conjunto de datos para crear otro conjunto de datos. Escribimos **lazy_lemon_coupon** en el campo **Conjunto de datos**.

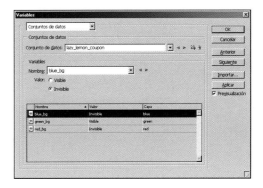

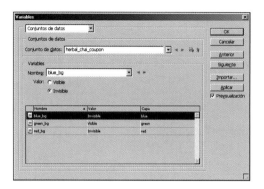

9. Hacemos clic en el botón de crear nuevo conjunto de datos para crear un tercer conjunto de datos. Escribimos **herbal_chai_coupon** en el campo Conjunto de datos.

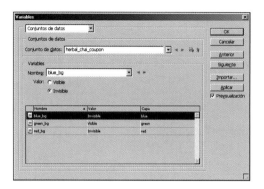

Hemos conseguido crear tres nuevos conjuntos de datos. El número de conjuntos de datos que creemos determinará el número total de imágenes que se crearán a partir de este archivo. A continuación, utilizando las variables de visibilidad que definimos en este ejercicio, especificaremos qué variables queremos que estén activas en cada conjunto de datos.

10. Seleccionamos dragonwell_coupon en el menú emergente Conjunto de datos. Recolocamos el cuadro de diálogo Variables, de forma que podamos ver su contenido y el contenido de la ventana de documento. Nos aseguramos de que la opción Previsualización esté activada en el cuadro de diálogo Variables.

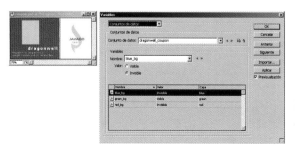

11. Seleccionamos green_bg en el menú emergente Nombre.

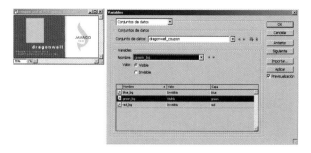

Examinando el estado de visibilidad de las tres variables que definimos anteriormente en este ejercicio, blue_bg es invisible, green_bg es visible y red_bg es invisible.

Como la visibilidad de la capa green está activada en la paleta Capas, la variable green_bg será visible automáticamente. De la misma forma, como la visibilidad de las capas blue y red está desactivada, la paleta Capas y las variables blue_bg y red_bg serán automáticamente invisibles. Para el conjunto de datos dragonwell_coupon, es perfecto. Sin embargo, para los otros dos conjuntos de datos, querremos usar las otras variables de visibilidad para cambiar el color de fondo, como aprenderemos a hacer en los siguientes pasos.

12. Seleccionamos lazy_lemon_coupon en el menú emergente Conjunto de datos. green_bg debería seguir seleccionado en el menú emergente Nombre. Hacemos clic en la opción Invisible.

Crear gráficos de datos

Observaremos que no tenemos fondo, porque las tres variables de visibilidad (**blue_bg**, **green_bg** y **red_bg**) son invisibles. Lo solucionaremos en el siguiente paso.

13. Seleccionamos **red_bg** en el menú emergente **Nombre**. Hacemos clic en la opción **Visible**.

Observaremos que el fondo de la imagen pasa automáticamente a ser de color rojo.

14. Seleccionamos **herbal_chai_coupon** en el menú emergente **Conjunto de datos**. Seleccionamos **green_bg** en el menú emergente **Nombre** y hacemos clic en la opción **Invisible**.

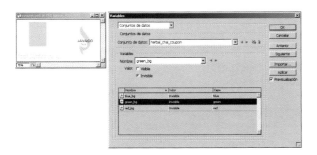

15. Seleccionamos **blue_bg** en el menú emergente **Nombre** y hacemos clic en la opción **Visible**. Nos aseguramos de que **Valor**, de **red_bg**, tenga activada la opción **Invisible**. Si no es así, seleccionamos **red_bg** en el menú emergente **Nombre** y hacemos clic en la opción **Invisible**.

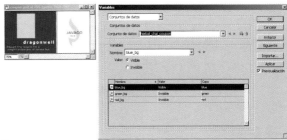

16. Usamos los botones anterior y siguiente, que están junto al menú emergente **Conjunto de datos**, para ver los tres conjuntos de datos que hemos creado, junto a sus respectivas variables de visibilidad.

Observaremos que cada conjunto de datos tiene un fondo con un color diferente, que es el resultado de las variables de visibilidad que hemos definido en este ejercicio.

17. Hacemos clic en **OK** para cerrar el cuadro de diálogo **Variables**.

18. Dejemos abierto coupon.psd para el siguiente ejercicio.

En el siguiente ejercicio aprenderemos a crear variables de sustitución de texto para la capa de texto basada en vectores del archivo coupon.psd.

3. [PS] DEFINIR VARIABLES DE SUSTITUCIÓN DE TEXTO

En el último ejercicio definimos variables de visibilidad para cambiar el color de fondo del archivo coupon.psd. También creamos conjuntos de datos; uno para cada una de las imágenes que queremos generar. En este ejercicio aprenderemos a crear variables de sustitución de texto para capas de texto basadas en capas. Las variables de sustitución de texto nos permiten crear y dar formato a una capa de texto basada en vectores y usar estas propiedades para crear diferentes cadenas de texto con las mismas propiedades. Parece complicado, pero comprenderemos lo fácil que es tras realizar este ejercicio. Aunque utilizaremos Photoshop CS2 en este ejercicio, funciona igual en ImageReady CS2.

1. Si realizamos el último ejercicio, coupon.psd debería estar abierto en Photoshop CS2. Si no es así, podemos volver atrás y completar el ejercicio 2.

2. Seleccionamos Imagen>Variables>Definir para abrir el cuadro de diálogo Variables.

3. Seleccionamos dragonwell en el menú emergente Capa.

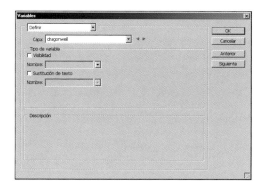

Cuando la capa dragonwell esté seleccionada en el menú emergente Capa, observaremos que tenemos dos opciones en Tipo de variable: Visibilidad y Sustitución de texto. Cuando trabajamos con capas basadas en píxeles, en los últimos ejercicios, teníamos las opciones Visibilidad y Sustitución de píxeles. La sección Tipo de variable, del cuadro de diálogo Variables, puede detectar el tipo de capa que hemos seleccionado en el menú emergente Capa. Photoshop CS2 reconoce automáticamente a la capa dragonwell como una capa de texto basada en vectores y ofrece dos opciones: Visibilidad y Sustitución de texto. No podemos utilizar variables de sustitución de píxeles

con las capas de texto; sólo podemos utilizarlas con capas basadas en píxeles.

4. Activamos la opción Sustitución de texto. Escribimos flavor en el campo Nombre.

La palabra flavor no aparecerá en la imagen (es sólo un nombre para describir el contenido de la variable de sustitución de texto). Posteriormente, en este ejercicio, especificaremos nombres de sabores para rellenar la variable de sustitución de texto.

5. Seleccionamos Conjuntos de datos en el menú emergente que se encuentra en la parte superior del cuadro de diálogo Variables. El contenido del cuadro de diálogo cambiará automáticamente.

6. Seleccionamos dragonwell_coupon en el menú emergente Conjunto de datos. Seleccionamos flavor en el menú emergente Nombre para seleccionar la variable de sustitución de texto que definimos en este ejercicio.

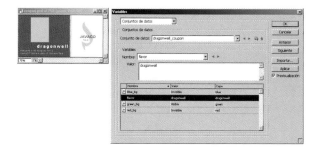

Crear gráficos de datos

Observaremos que el campo **Valor** contiene la palabra dragonwell. El campo **Valor** se rellena automáticamente con la capa de texto basado en vectores, que usamos para definir la variable de sustitución de texto.

No debemos preocuparnos ya que no tendremos que usar dragonwell para los otros dos conjuntos de datos (¡podemos usar el texto que queramos!). Aprenderemos a hacerlo en los siguientes pasos.

7. Seleccionamos lazy_lemon_coupon en el menú emergente **Conjunto de datos**. Con flavor todavía seleccionado en el menú emergente **Nombre**, seleccionamos lazy lemon en el campo **Valor** y hacemos clic en **Aplicar**.

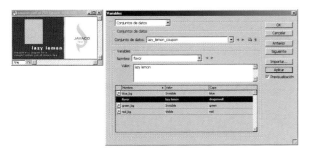

Observaremos que el contenido de la ventana de documento se actualiza automáticamente con las palabras lazy lemon.

Además, observaremos que las opciones de texto, como el tipo de letra, el tamaño de letra, el estilo de letra y aspectos similares, no cambian. ¡Qué bueno!

8. Seleccionamos herbal_chai_coupon en el menú emergente **Conjunto de datos**.

Con flavor todavía seleccionado en el menú emergente **Nombre**, escribimos **herbal chai** en el campo **Valor** y hacemos clic en **Aplicar**.

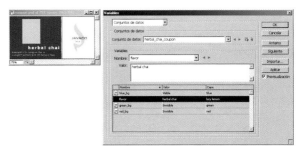

9. Utilizamos los botones **anterior** y **siguiente**, que están junto al menú emergente **Conjunto de datos**, para ver los tres conjuntos de datos que hemos creado con las variables de visibilidad y de sustitución de texto. Cada conjunto de datos debería tener un fondo de un color diferente y un comentario diferente. Estos cambios son el resultado de las variables de visibilidad que definimos en el último ejercicio y de las variables de sustitución de texto que definimos en este ejercicio.

10. Hacemos clic en **OK** para cerrar el cuadro de diálogo **Variables**.

11. Dejemos abierto coupon.psd para el siguiente ejercicio.

A continuación aprenderemos a definir variables de sustitución de píxeles para añadir una fotografía a cada conjunto de datos.

4. [PS/IR] DEFINIR VARIABLES DE SUSTITUCIÓN DE PÍXELES

En los dos últimos ejercicios aprendimos a definir variables de visibilidad y de sustitución de texto. También aprendimos a crear conjuntos de datos. En este ejercicio aprenderemos a crear variables de sustitución de píxeles. Las variables de sustitución de píxeles nos permiten sustituir el contenido de una capa por el contenido de otra imagen. Aunque usaremos Photoshop CS2 en este ejercicio, el proceso funciona igual en ImageReady CS2.

1. Si realizamos el último ejercicio, coupon.psd debería estar abierto en Photoshop CS2. Si no es así, podemos volver atrás y completar el ejercicio 3.

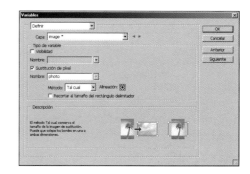

2. Seleccionamos Imagen>Variables>Definir para abrir el cuadro de diálogo Variables.

3. Seleccionamos image en el menú emergente Capas. Activamos la opción Sustitución de píxel y escribamos photo en el campo Nombre.

Opciones de sustitución de píxeles

¿NOS PREGUNTAMOS EN QUÉ CONSISTEN LAS OPCIONES DE SUSTITUCIÓN DE PÍXELES? A CONTINUACIÓN TENEMOS UNA TABLA QUE NOS ENSEÑARÁ A ENTENDERLAS:

Opciones de sustitución de píxeles

Opción	Descripción
Encajar	Reduce la imagen para que se ajuste a la altura (esto podría dejar huecos antiestéticos a los lados de la imagen cuando coloquemos la imagen en una página Web).
Rellenar	Rellena toda la capa con la imagen, manteniendo las proporciones (esto podría hacer que parte de la imagen quede cortada cuando coloquemos la imagen en una página Web).
Tal cual	No modifica la imagen.
Conformar	Cambia el tamaño de la imagen sin mantener sus proporciones.
Alineación	Alinea la imagen en una página Web, usando como referencia el cuadro seleccionado en el diagrama Alineación.
Recortar al tamaño del rectángulo delimitador	Recorta las zonas de la imagen que no se ajustan (esta opción está disponible cuando están seleccionadas las opciones Rellenar o Tal cual en el menú emergente Método).

Crear gráficos de datos

Seleccionamos **Tal cual** en el menú emergente **Método**. Nos aseguramos de que esté elegido el cuadro central del diagrama **Alineamiento**, como se muestra en esta imagen. Si no es así, hacemos clic en él para seleccionarlo.

NOTA: LAS OPCIONES Método Y Alineamiento ESTÁN DISPONIBLES EN LA PARTE INFERIOR DEL CUADRO DE DIÁLOGO Variables DE PHOTOSHOP CS2, COMO SE MUESTRA EN LA ANTERIOR ILUSTRACIÓN. PARA ACCEDER A LAS OPCIONES Método Y Alineamiento EN IMAGEREADY CS2, EN LA PARTE INFERIOR DEL CUADRO DE DIÁLOGO Variables, HACEMOS CLIC EN EL BOTÓN **OPCIONES DE SUSTITUCIÓN DE PÍXELES** PARA ABRIR EL CUADRO DE DIÁLOGO Opciones de sustitución de píxeles. LAS OPCIONES FUNCIONAN IGUAL EN PHOTOSHOP CS2 Y EN IMAGEREADY CS2 (LA ÚNICA DIFERENCIA ES CÓMO ACCEDEMOS A LAS OPCIONES).

4. Seleccionamos **Conjuntos de datos** en el menú emergente que se encuentra en la parte superior del cuadro de diálogo **Variables**. El contenido del cuadro de diálogo **Variables** cambiará automáticamente.

5. Seleccionamos **dragonwell_coupon** en el menú emergente **Conjunto de datos**. Seleccionamos **photo** en el menú emergente **Nombre**.

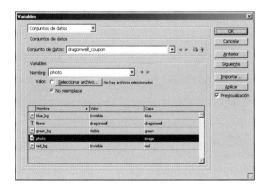

6. Hacemos clic en el botón **Seleccionar archivo** para abrir el cuadro de diálogo **Abrir**. Deberíamos ver automáticamente el contenido de la carpeta coupon, en la carpeta chap_17 que copiamos en el escritorio. Si no es así, nos

dirigimos hasta la carpeta coupon, en la carpeta chap_17 que copiamos en el escritorio. Hacemos clic en teapot.psd para seleccionarlo. Hacemos clic en **Abrir**.

Observaremos que el contenido de la capa image se sustituye automáticamente por el contenido del archivo teapot.psd.

7. Seleccionamos **lazy_lemon_coupon** en el menú emergente **Conjunto de datos**.

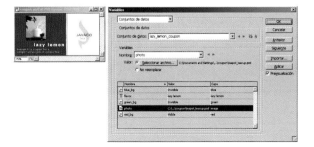

Hacemos clic en el botón **Seleccionar archivo** para abrir el cuadro de diálogo Abrir. En la carpeta coupon, en la carpeta chap_17 que copiamos en el escritorio, hacemos clic en teapot_teacup.psd para seleccionarlo. Hacemos clic en Abrir.

El contenido de la capa image se sustituye automáticamente por el contenido del archivo teapot_teacup.psd.

8. Seleccionamos herbal_chai_coupon en el menú emergente Conjunto de datos. Hacemos clic en el botón **Seleccionar archivo** para abrir el cuadro de diálogo Abrir. En la carpeta coupon, en la carpeta chap_17 que copiamos en el escritorio, hacemos clic en candles.psd para seleccionarlo. Hacemos clic en Abrir.

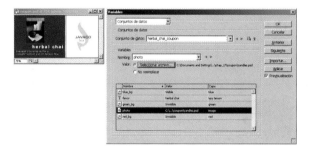

El contenido de la capa image se sustituye automáticamente por el contenido del archivo candles.psd.

9. Empleamos los botones **anterior** y **siguiente**, que están junto al menú emergente Conjunto de datos, para ver los tres conjuntos de datos que hemos creado con las variables de visibilidad, sustitución de texto y sustitución de píxeles.

Como podemos ver, si estamos diseñando varias imágenes basadas en el mismo diseño o plantillas, los conjuntos de datos son una forma rápida y sencilla de crear series de imágenes.

10. Hacemos clic en **OK** para cerrar el cuadro de diálogo Variables.

11. Dejamos abierto coupon.psd en Photoshop CS2.

A continuación aprenderemos a previsualizar y exportar las imágenes que creamos a partir de conjuntos de datos y variables.

5. [IR] PREVISUALIZAR Y EXPORTAR CONJUNTOS DE DATOS

En los tres últimos ejercicios creamos un conjunto de datos y definimos variables de visibilidad, de sustitución de texto y de sustitución de píxeles. En este ejercicio aprenderemos a previsualizar y exportar las imágenes que generamos. Aunque usamos Photoshop CS2 en los últimos tres ejercicios, vamos a usar ImageReady CS2 para este ejercicio. ImageReady CS2 hace que sea más sencillo previsualizar las imágenes y nos permite exportar versiones optimizadas de las imágenes. En Photoshop CS2 sólo podemos exportar archivos PSD.

1. Si realizamos el último ejercicio, coupon.psd debería estar abierto en Photoshop CS2. Si no es así, podemos volver atrás y completar el ejercicio 3. Hacemos clic en el botón de editar en ImageReady, en la parte inferior del cuadro de herramientas de Photoshop CS2, para abrir coupon.psd en ImageReady CS2. En ImageReady CS2, nos aseguramos de que se vea la paleta Optimizar. Si no lo está, seleccionamos Ventana>Optimizar.

En primer lugar, previsualizamos las imágenes que creamos a partir de los conjuntos de datos y las variables que creamos en los últimos tres ejercicios.

Crear gráficos de datos

2. En el cuadro de herramientas, hacemos clic en el botón de previsualizar documento.

Observaremos que el contenido de la barra de opciones se actualiza automáticamente para mostrar un menú emergente de **Conjunto de datos** y botones **siguiente** y **anterior**.

3. En la barra de opciones, seleccionamos un conjunto de datos en el menú emergente **Conjunto de datos** o hacemos clic en los botones siguiente y anterior para ver las tres imágenes que hemos generado.

Cuando terminemos, hacemos clic en el botón de previsualizar documento para salir del modo de vista previa.

4. En la ventana de documento, hacemos clic en la pestaña **Optimizada**. Utilizando las técnicas que hemos aprendido en un capítulo anterior, especificamos una configuración de optimización en la paleta **Optimizar**. Éste es un ejemplo ingenioso porque contiene gráficos planos y contenido fotográfico.

Experimentemos con diferentes configuraciones de GIF y JPEG hasta que encontremos la mejor calidad de imagen con el menor tamaño de archivo.

5. Cuando estemos satisfechos con la configuración de optimización, en el cuadro de herramientas hacemos clic en el botón de previsualizar documento y usamos los botones siguiente y anterior.

Cuando terminemos, en el cuadro de herramientas, hacemos clic en el botón de previsualizar documento para salir del modo de vista previa.

Sólo podemos especificar una configuración de optimización para todas las imágenes generadas a partir del conjunto de datos. Por tanto, debemos asegurarnos de estar satisfechos con las opciones de optimización de cada imagen.

6. Seleccionamos **Archivo>Exportar>Conjuntos de datos como archivos**.

7. En el cuadro de diálogo **Exportar conjuntos de datos como archivos**, dejamos en blanco el campo **Nombre base**.

8. Hacemos clic en el botón **Definir** para abrir el cuadro de diálogo Nombres de archivos de conjunto de datos. Usamos la configuración que aparece en esta ilustración. Hacemos clic en **OK**.

9. En el cuadro de diálogo Exportar conjuntos de datos como archivos, hacemos clic en el botón **Elegir**. Nos dirigimos hasta la carpeta coupon, en la carpeta chap_17 que copiamos en el escritorio. Hacemos clic en **Seleccionar** (Mac) o **Aceptar** (Windows).

10. Seleccionamos Todos los conjuntos de datos en el menú emergente Conjunto de datos.

11. Seleccionamos Optimizado en el menú emergente Guardar como.

Observaremos que aparecen más opciones cuando seleccionamos Optimizado en el menú emergente Guardar como.

12. Seleccionamos Sólo imágenes en el menú emergente Exportar y seleccionamos Ajustes por defecto en el cuadro de diálogo Ajustes de salida. Hacemos clic en **OK**.

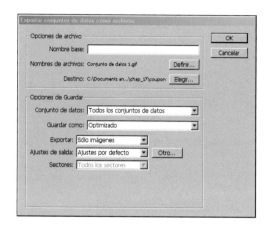

13. Nos dirigimos hasta la carpeta coupon, en la carpeta chap_17 que copiamos en el escritorio.

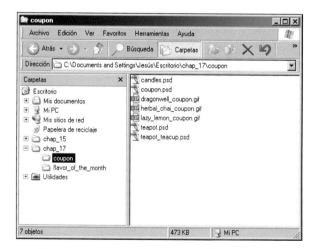

Observaremos que hay tres archivos GIF: dragonwell_coupon.gif, lazy_lemon_coupon.gif y herbal_chai_coupon.gif. Si queremos, podemos hacer doble clic en las imágenes que hemos generado para abrirlas.

Crear gráficos de datos

Como podemos ver por los ejercicios de este capítulo, los conjuntos de datos proporcionan una forma sencilla de crear varias imágenes a partir de un esquema o plantilla.

Aunque en estos ejercicios sólo hemos creado tres imágenes finales, podemos apreciar la potencia de la función de conjuntos de datos.

14. Volvamos a ImageReady CS2. Cerramos coupon.psd. No es necesario guardar los cambios.

6. [PS] IMPORTAR CONJUNTOS DE DATOS DE ARCHIVOS DE TEXTO

En los últimos ejercicios, hemos aprendido a definir variables y a crear conjuntos de datos manualmente. Definir variables y conjuntos de datos manualmente es suficiente si trabajamos con pocas imágenes. ¿Y si tenemos que generar decenas o cientos de imágenes basadas en el mismo diseño o plantilla? Con Photoshop CS2 e ImageReady CS2, podemos importar conjuntos de datos de archivos de texto y hojas de cálculo. A continuación tenemos un ejercicio que nos enseñará a hacerlo. Aunque emplearemos Photoshop CS2 en este ejercicio, el proceso funciona igual en ImageReady CS2.

1. Abrimos flavor_of_the_month.psd, que está en la carpeta flavor_of_the_month, que se encuentra en la carpeta chap_17 que copiamos en el escritorio. Nos aseguramos de que se vea la paleta **Capas**; si no lo está, seleccionamos Ventana>Capas.

Examinemos el contenido de este archivo. Observaremos que hay una capa de texto, con la palabra LEMONGRASS y una capa basada en píxeles, con una imagen de dos manos sosteniendo una taza de té. En este ejercicio definiremos la capa de texto como una variable de sustitución de texto y la capa basada en píxeles como una variable de sustitución de píxeles. En lugar de introducir todos los conjuntos de datos manualmente, vamos a importar los conjuntos de datos desde un archivo de texto.

Antes de importar el archivo de texto, tendremos que aprender a construir un archivo que Photoshop CS2 e ImageReady CS2 puedan reconocer.

2. En Microsoft Excel, abrimos flavor_of_the_month.xls, que está en la carpeta flavor_of_the_month, que se encuentra en la carpeta chap_17 que copiamos en el escritorio.

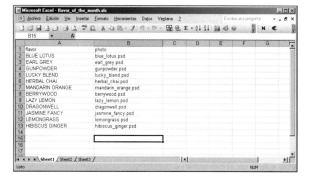

Si no disponemos de Microsoft Excel, abrimos el archivo flavor_of_the_month.txt en un editor de texto, como el Bloc de notas o TextEdit. También podemos crear un archivo con el formato adecuado en un editor de texto.

Observemos cómo se ha creado este archivo. Veremos que hay dos encabezados: **flavor** y **photo**.

Estos encabezados se convertirán en variables de sustitución de texto y de sustitución de píxeles. Además, comprobaremos que bajo cada encabezado hay una serie de palabras. Las palabras que hay bajo el encabezado **flavor** serán los valores de la variable de sustitución de texto.

Las palabras que hay bajo el encabezado **photo** son las imágenes que se usarán para la variable de sustitución de píxeles.

 NOTA: SI ALMACENAMOS LAS IMÁGENES EN LA MISMA CARPETA QUE EL ARCHIVO DE TEXTO, PODEMOS USAR UNA RUTA RELATIVA (SÓLO EL NOMBRE DEL ARCHIVO). SI ALMACENAMOS LAS IMÁGENES EN OTRA CARPETA QUE EL ARCHIVO DE TEXTO, DEBEMOS ESPECIFICAR LA RUTA COMPLETA HACIA EL ARCHIVO.

3. Seleccionamos **Archivo>Guardar como**. En el cuadro de diálogo **Guardar como**, escogemos **Texto (delimitado por tabulaciones)** o **CSV (delimitado por comas)** en el menú emergente **Guardar como tipo**. Llamamos al archivo flavor.txt o flavor.csv y hacemos clic en **Guardar**.

Para que Photoshop CS2 e ImageReady CS2 consigan importar conjuntos de datos, debemos guardar un archivo de texto delimitado por tabulaciones o un archivo de variables separado por comas.

Si no disponemos de Microsoft Excel, no debemos preocuparnos, en el resto del ejercicio podemos usar el archivo flavor_of_the_month.txt de la carpeta flavor_of_the_month, en la carpeta chap_17 que copiamos en el escritorio.

4. Volvamos a Photoshop CS2. Seleccionamos **Imagen>Variables>Definir** para abrir el cuadro de diálogo **Variables**.

Antes de poder importar el archivo de texto, debemos configurar en Photoshop CS2 variables con los mismos nombres que las variables

Crear gráficos de datos

especificadas en el archivo de texto (en este caso flavor y photo).

5. Seleccionamos flavor en el menú emergente Capas. Activamos la opción Sustitución de texto. Escribimos **flavor** en el campo Nombre.

Quizás nos parezca extraño crear variables con los mismos nombres que las variables de la hoja de cálculo. El objetivo de este paso y los siguientes, es indicar a Photoshop CS2 qué capas debe sustituir por el contenido de la hoja de cálculo. Al definir las variables, debemos utilizar los mismos nombres que en la hoja de cálculo (en este caso, flavor y photo).

6. Seleccionamos photo en el menú emergente Capa. Activamos la opción Sustitución de píxeles. Escribimos **photo** en el campo Nombre. Seleccionamos Tal cual en el menú emergente Método.

7. Seleccionamos Conjuntos de datos en el menú emergente que se encuentra en la parte superior del cuadro de diálogo Variables.

8. Hacemos clic en el botón **Importar** para abrir el cuadro de diálogo Importar conjunto de datos. Hacemos clic en el botón **Seleccionar archivo** para abrir el cuadro de diálogo Cargar.

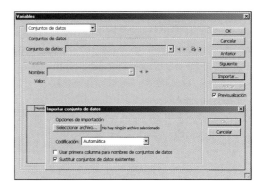

9. Nos dirigimos hasta la carpeta flavor_of_the_month, en la carpeta chap_17 que copiamos en el escritorio. Seleccionamos el archivo flavor.txt que guardamos en el paso 3, o seleccionamos el archivo flavor_of_the_month.txt que proporcionamos. Hacemos clic en **Cargar** (Mac y Windows).

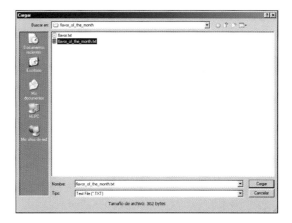

10. Seleccionamos **Automática** en el menú emergente **Codificación**. Activamos las opciones **Usar primera columna para nombres de conjuntos de datos** y **Sustituir conjuntos de datos existentes**. Hacemos clic en **OK**.

Usar primera columna para nombres de conjuntos de datos dará nombre a los conjuntos de datos, utilizando los nombres de la primera columna de la hoja de cálculo. Esta opción es muy útil porque no tenemos que cambiar el nombre de los datos tras importarlos. Si no activamos esta opción, Photoshop CS2 usará nombres genéricos (Conjunto de datos 1, Conjunto de datos 2, etc.) con los que puede resultar difícil trabajar cuando tenemos muchos conjuntos de datos, ya que no son muy descriptivos.

11. Utilizamos los botones **anterior** y **siguiente**, que están junto al menú emergente **Conjunto de datos**, para ver los diferentes conjuntos de datos o seleccionamos un conjunto de datos en el menú emergente **Conjunto de datos**. Debemos asegurarnos de que la opción **Vista previa** esté activada en el cuadro de diálogo **Variables** y de colocar el cuadro de diálogo de forma que podamos ver el resultado en la ventana de documento.

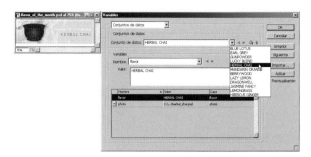

Como podemos ver, ha sido muy sencillo crear doce conjuntos de datos (uno para cada mes del año) importándolos de un archivo de texto. Aunque podríamos crear manualmente estos conjuntos de datos, como hicimos en ejercicios anteriores, podemos apreciar el enorme ahorro de tiempo que supone importar conjuntos de datos desde un archivo de texto (especialmente si tenemos que crear muchas imágenes).

12. En el cuadro de diálogo **Variables**, hacemos clic en **OK**. Si queremos, podemos utilizar las técnicas aprendidas en el ejercicio 5 para previsualizar y exportar los conjuntos de datos.

13. Cerramos flavor_of_the_month.psd. No es necesario guardar los cambios.

¡Muy bien! No usaremos estos conocimientos inmediatamente, pero son el modo de trabajo del futuro. A continuación: aprenderemos a integrar Photoshop CS2 e ImageReady CS2 con Adobe Illustrator y Adobe Acrobat.

Capítulo 18

enjoy javaco tea!

Integración con Illustrator
y Acrobat

Integración con Illustrator y Acrobat

uando estemos diseñando gráficos Web, a menudo tendremos que usar más de un programa. Los ejercicios de este capítulo proporcionan información sobre la integración con Illustrator CS2 y Adobe Acrobat. Aprenderemos a exportar archivos Illustrator CS2 como archivos de Photoshop, manteniendo la posibilidad de editar capas. También aprenderemos a usar la nueva función de objetos inteligentes, en Photoshop CS2, para insertar contenido basado en sectores, creado con Illustrator CS2, en un archivo con capas de Photoshop. La ventaja de este método de trabajo es que podemos editar el objeto inteligente, basado en vectores, con Illustrator CS2 y hace que se actualice automáticamente en Photoshop CS2. Parece muy complicado, pero pronto veremos las ventajas de esta nueva función.

En este capítulo aprenderemos a crear PDF directamente en Photoshop CS2. Photoshop CS2 tiene un nuevo motor PDF, con muchas opciones nuevas para crear archivos PDF, como explicaremos detalladamente. También aprenderemos a crear archivos PDF con varias páginas y presentaciones PDF, directamente en Photoshop CS2.

1. [PS] EXPORTAR ARCHIVOS PHOTOSHOP DESDE ILLUSTRATOR CS2

A veces diseñaremos con Illustrator CS2 un gráfico basado en vectores, y querremos utilizarlo en Photoshop CS2. Podemos usar muchas técnicas para llevar el contenido creado en Illustrator CS2 a Photoshop CS2. Por ejemplo, si no queremos editar en Illustrator CS2 el contenido con capas, podemos simplemente copiarlo y pegarlo en Photoshop CS2. Si queremos editar el contenido en Photoshop CS2, querremos

exportar el contenido de Illustrator CS2 como un archivo de Photoshop. A continuación tenemos un ejercicio que nos enseñará a hacerlo.

1. En Illustrator CS2, abrimos logo.ai, que se encuentra en la carpeta chap_18 que copiamos en el escritorio. Debemos asegurarnos de que se vea la paleta **Capas**. Si no se ve, seleccionamos **Ventana>Capas**.

Observaremos que el archivo contiene cuatro capas: **text**, **smoke**, **cup** y **circles**. Podríamos copiar y pegar el contenido de esta imagen en Photoshop CS2, pero no podríamos mantener la información de las capas.

En este ejercicio aprenderemos a exportar archivos Illustrator CS2 como archivos Photoshop, con lo que mantendremos la estructura de las capas del archivo original.

2. Seleccionamos **Archivo>Exportar** para abrir el cuadro de diálogo **Exportar**.

Nos dirigimos hasta la carpeta chap_18 que copiamos en el escritorio. Seleccionamos **Photoshop (psd)** en el menú emergente **Tipo**. Hacemos clic en **Exportar** (Mac) o **Guardar** (Windows).

Observaremos que la extensión de archivo pasa automáticamente a ser .psd, indicando que el archivo se exportará como un archivo de Photoshop.

3. En cuanto hagamos clic en **Exportar**, se abrirá el cuadro de diálogo Opciones de exportación de Photoshop y proporcionará una serie de opciones. Empleamos la configuración que aparece en esta ilustración. Hacemos clic en **Aceptar**.

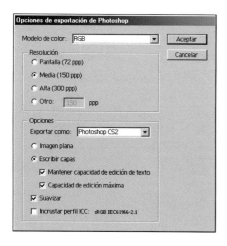

Nos aseguramos de seleccionar Escribir capas y de activar las opciones Mantener capacidad de edición de texto y Capacidad de edición máxima. Estas opciones son lo que creará un archivo con capas, que podremos abrir y editar en Photoshop CS2.

4. En Photoshop CS2, abrimos logo.psd, que se encuentra en la carpeta chap_18 que copiamos en el escritorio. Debemos asegurarnos de que se vea la paleta Capas. Si no lo está, seleccionamos Ventana>Capas.

Observaremos que la estructura de las capas en la paleta Capas es idéntica a la estructura original en Illustrator CS2. Además, si ampliamos el contenido del grupo de capas text, veremos que el texto de Illustrator CS2 se ha convertido automáticamente en una capa de texto basada en vectores en Photoshop CS2. Si queremos, podemos editar la capa de texto basado en vectores. Exportar archivos PSD desde Illustrator CS2, manteniendo las capas intactas, hace que nos resulte muy sencillo crear gráficos Web que usen muchas capas, como imágenes de sustitución, animaciones e imágenes similares.

5. Cerramos logo.psd y logo.ai. No es necesario guardar los cambios.

 NOTA: EL OBJETIVO DEL ÚLTIMO EJERCICIO ERA ENSEÑARNOS A LLEVAR EL CONTENIDO DE ILLUSTRATOR CS2 A PHOTOSHOP CS2. SI ESTAMOS INTERESADOS EN APRENDER MÁS SOBRE LA UTILIZACIÓN DE ILLUSTRATOR CS2, PODEMOS EXAMINAR EL VÍDEO DE APRENDIZAJE ADOBE ILLUSTRATOR CS2 ESSENTIAL TRAINING, CON JEFF VAN WEST, DISPONIBLE EN HTTP://WWW.LYNDA.COM.

Integración con Illustrator y Acrobat

2. [PS] INSERTAR ARCHIVOS ILLUSTRATOR CS2 COMO OBJETOS INTELIGENTES

En un capítulo anterior hemos conocido las ventajas de usar objetos inteligentes. Además de definir capas como objetos inteligentes en Photoshop CS2, podemos pegar o colocar contenido de Illustrator CS2 como un objeto inteligente. Cuando queramos editar el contenido, podremos hacerlo en Illustrator CS2. Parece complicado, pero comprenderemos lo útil que es la función de objetos inteligentes a medida que realizamos este ejercicio.

1. En Illustrator CS2, abrimos javaco_tea_logo.ai, que se encuentra en la carpeta chap_18 que copiamos en el escritorio.

2. Elegimos la herramienta Selección en el cuadro de herramientas. Arrastramos para crear un cuadro de selección alrededor del logotipo de javaco tea, como se muestra en la ilustración.

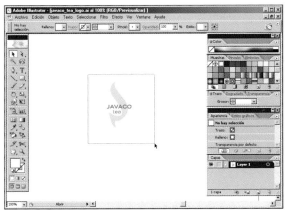

Cuando soltemos el botón del ratón, todo el contenido del logotipo de javaco tea debería estar seleccionado, como se muestra en la ilustración.

3. Seleccionamos Edición>Copiar. Cuando terminemos, cerramos javaco_tea_logo.ai, dejando abierto Illustrator CS2.

4. En Photoshop CS2, abrimos javaco_tea.psd, que se encuentra en la carpeta chap_18 que copiamos en el escritorio. Debemos asegurarnos de que se vea la paleta Capas. Si no lo está, seleccionamos Ventana>Capas.

5. En la paleta Capas, hacemos clic en la capa image para seleccionarla. Seleccionamos Edición>Pegar.

6. Cuando aparezca el cuadro de diálogo Pegar, seleccionamos Objeto inteligente y hacemos clic en OK.

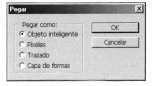

Observaremos que el contenido que copiamos en Illustrator CS2 se ha pegado en el centro del documento javaco_tea. Si examinamos la paleta **Capas**, veremos una nueva entrada llamada **Objeto inteligente vectorial**. En este momento, el logotipo javaco tea, que pegamos desde Illustrator CS2, está atravesado por una X. Como el contenido que creamos en Illustrator CS2 está basado en vectores, tendremos que rasterizarlo cuando lo llevemos a Photoshop CS2 pegándolo como un objeto inteligente. Afortunadamente, podemos cambiar el tamaño del contenido antes de rasterizarlo, lo que nos permitirá mantener unos bordes definidos.

7. Mantenemos pulsada la tecla **Mayús** y arrastramos uno de los controladores de tamaño para cambiar el tamaño del logotipo javaco tea, que pegamos desde Illustrator CS2.

Arrastramos para cambiar
el tamaño del logotipo javaco tea

Al mantener pulsada la tecla **Mayús** restringimos el cuadro de edición y se mantienen las proporciones cuando cambiamos el tamaño.

8. Cuando terminemos de cambiar el tamaño, colocamos el cursor en el interior del cuadro de edición y hacemos doble clic.

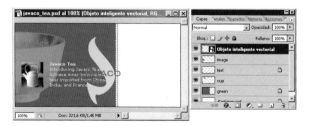

En cuanto hagamos doble clic, desaparecerá el cuadro de edición y el icono de objeto inteligente vectorial cambiará en la paleta **Capas** por el de objeto inteligente.

9. Con la capa **Objeto inteligente vectorial** seleccionada en la paleta **Capas**, elegimos la herramienta Mover en el cuadro de herramientas. Arrastramos para cambiar la posición del logotipo javaco tea, como se muestra en la ilustración.

10. En la paleta **Capas**, hacemos doble clic en el icono de objeto inteligente vectorial. Aparecerá un cuadro de diálogo indicando que debemos seleccionar **Archivo>Guardar** para confirmar los cambios. Hacemos clic en **OK** para indicar que hemos leído la advertencia.

En cuanto hagamos clic en **OK**, el objeto inteligente vectorial se abrirá automáticamente en Illustrator CS2.

Integración con Illustrator y Acrobat

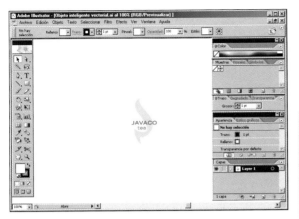

11. En Illustrator CS2, seleccionamos la herramienta de selección directa (la flecha blanca) en el cuadro de herramientas. Hacemos clic en el borde del vapor para seleccionar el trazado.

12. Arrastramos los nodos del trazado para cambiar la forma del vapor, como se muestra en la ilustración. No debemos preocuparnos si no es exacta a la que aparece aquí.

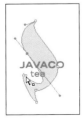

13. Con el trazado todavía seleccionado, en el cuadro de herramientas hacemos clic en la muestra de color frontal, para abrir el cuadro de diálogo **Selector de color**. Seleccionamos un color azul claro y hacemos clic en **OK**.

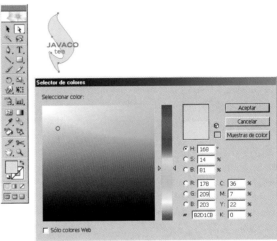

Observaremos que, cuando hacemos clic en **OK**, la nube de vapor toma el color que escogimos en el cuadro de diálogo **Selector de color**.

14. En Illustrator CS2, seleccionamos **Archivo> Guardar**. Cerramos Objeto inteligente vectorial y volvemos a Photoshop CS2.

Cuando volvamos a Photoshop CS2, veremos que el archivo javaco_tea.psd se ha actualizado automáticamente con los cambios realizados en Illustrator CS2 al objeto inteligente vectorial.

¡Qué bueno! Como Photoshop CS2 reconoce el contenido que pegamos como objeto inteligente vectorial, podemos editar el objeto inteligente en Illustrator CS2, manteniendo las propiedades vectoriales. Además, si tenemos que hacer cambios en el archivo, no tenemos que copiar y pegar el contenido modificado en Photoshop CS2 (el objeto inteligente vectorial actualizará el contenido automáticamente).

15. Cerramos javaco_tea.psd. No es necesario guardar los cambios.

3. [PS] CREAR PDF DESDE PHOTOSHOP CS2

PDF (Formato de documento portable) se utiliza para intercambiar documentos cuando el formato del documento es muy importante, pero el receptor podría no tener la aplicación con la que se creó el documento (en este caso, Photoshop CS2 o ImageReady CS2).

Claro, podríamos enviar un archivo GIF o JPEG, pero los archivos PDF incluyen funciones de seguridad que podrían resultarnos útiles.

En las últimas versiones, podemos guardar archivos PDF directamente desde Photoshop CS2, sin tener que usar Adobe Acrobat. Photoshop CS2 presume de un nuevo motor PDF, que proporciona muchas más opciones para guardar archivos PDF, incluyendo compre-

sión y opciones de formato y de seguridad avanzadas.

En este capítulo, aprenderemos los conocimientos básicos para guardar archivos de Photoshop como PDF.

En el siguiente ejercicio aprenderemos a guardar archivos PDF protegidos por contraseña.

Posteriormente, en este capítulo, también aprenderemos a guardar archivos PDF con varias páginas y presentaciones PDF, directamente en Photoshop CS2.

1. Abrimos javaco_tea_coupon.psd, que se encuentra en la carpeta chap_18 que copiamos en el escritorio.

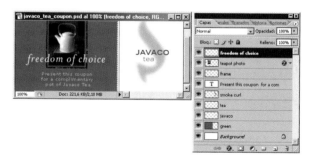

2. Seleccionamos Archivo>Guardar como. En el cuadro de diálogo Guardar como, nos dirigimos a la carpeta chap_18 que copiamos en el escritorio.

Seleccionamos Photoshop PDF en el menú emergente Tipo.

Activamos la opción Como copia. En el campo Nombre, llamamos al archivo javaco_tea_coupon.pdf. Hacemos clic en **Guardar**.

Integración con Illustrator y Acrobat

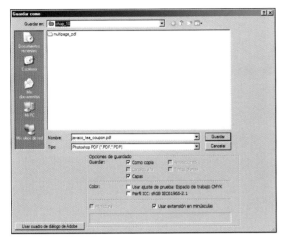

Descubriremos que la opción Como copia resulta práctica, porque no sobrescribirá el archivo que tengamos abierto en Photoshop CS2.

3. Aparecerá un cuadro de diálogo indicando que la configuración que elijamos en el cuadro de diálogo Guardar Adobe PDF, puede sobrescribir la configuración actual del cuadro de diálogo Guardar como. Hacemos clic en OK para indicar que hemos leído la advertencia y para abrir el cuadro de diálogo Guardar Adobe PDF.

El cuadro de diálogo Guardar Adobe PDF contiene varias opciones avanzadas.

Si hemos usado versiones anteriores de Photoshop, este cuadro de diálogo nos parecerá nuevo. Photoshop CS2 incluye varias opciones nuevas para guardar archivos PDF.

4. Seleccionamos Tamaño de archivo más pequeño en el menú emergente Ajuste preestablecido de Adobe PDF y dejamos el resto de opciones del cuadro de diálogo sin modificar.

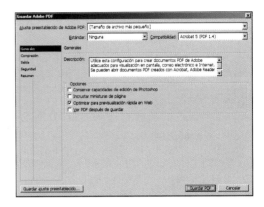

Observaremos que el campo Descripción se actualiza automáticamente para reflejar la configuración que hemos especificado. Tamaño de archivo más pequeño es la mejor configuración cuando tenemos que colocar contenido en Internet, ya que optimiza la imagen para una vista previa rápida en Internet.

5. En el lado izquierdo del cuadro de diálogo Guardar Adobe PDF, hacemos clic en Compresión.

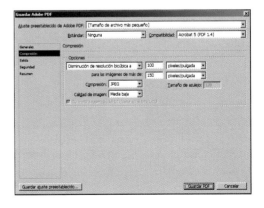

Observaremos que el contenido del cuadro de diálogo Guardar Adobe PDF cambia para reflejar las opciones de compresión. Las opciones de compresión están diseñadas para ayudarnos a crear las imágenes con la mejor calidad y el menor tamaño de archivo, cuando queremos usar para Internet el archivo PDF guardado o cuando queremos compartirlo electrónicamente con otro usuario. Si queremos imprimir el archivo PDF guardado, podemos omitir las opciones de compresión y pasar directamente a las opciones de salida. Como este libro se concentra exclusivamente en la creación de imágenes para la Web, aprenderemos a crear los mejores archivos PDF para la Web utilizando las opciones de compresión. Si tenemos que crear un archivo PDF para imprimirlo, podemos leer la sección Guardar archivos PDF, de la ayuda en línea de Photoshop CS2.

6. Usamos la configuración de esta ilustración como referente para la sección **Compresión** del cuadro de diálogo **Guardar Adobe PDF**.

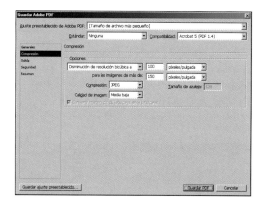

Para obtener más información sobre estas opciones de compresión, podemos leer el cuadro adjunto que hay al final de este ejercicio.

7. En el lado izquierdo del cuadro de diálogo **Guardar Adobe PDF**, hacemos clic en **Resumen**.

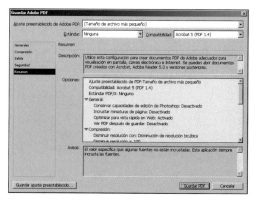

Aparecerá una vista general de las opciones especificadas en el cuadro de diálogo **Guardar Adobe PDF**.

8. Hacemos clic en **Guardar PDF**.

9. Nos dirigimos hasta la carpeta chap_18 que copiamos en el escritorio. Hacemos doble clic en el archivo javaco_tea_coupon.pdf que guardamos en el último paso.

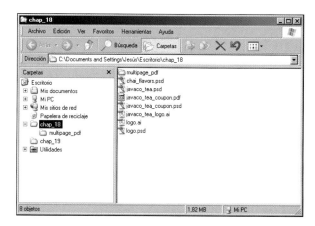

Dependiendo de los programas que tengamos instalados en el ordenador, javaco_tea_coupon.pdf se abrirá en Adobe Acrobat o en Adobe Reader. Si no disponemos de ningún programa que abra archivos PDF, podemos descargar gratuitamente Adobe Reader de la página Web de Adobe, en http://www.adobe.es.

Integración con Illustrator y Acrobat

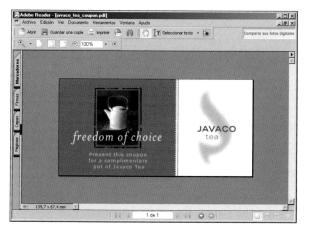

10. Cerramos javaco_tea_coupon.pdf y volvemos a Photoshop CS2. Cerramos javaco_tea_coupon.psd.

OPCIONES DE COMPRESIÓN DE ADOBE PDF

Cuando guardemos imágenes como archivos PDF, para compartirlas electrónicamente o en Internet, como imágenes únicas, documentos de varias páginas o presentaciones PDF, querremos comprimirlas y disminuir su resolución.

El motor PDF de Photoshop CS2 proporciona muchas opciones de compresión.

A continuación tenemos una tabla que nos ayudará a entenderlas.

Opciones de compresión de Guardar como PDF

Término	Descripción
Reducir la resolución	Cuando guardamos archivos PDF para la Web, reducir la resolución nos permitirá conseguir una mejor configuración de compresión, lo que hará que las imágenes ocupen menos espacio. Reducir la resolución reducirá el número de píxeles de la imagen. Por ejemplo, si tenemos una imagen con 300 ppp (píxeles por pulgada), quizás queramos reducir su resolución a 72 ppp, que suele ser la resolución usada para gráficos Web. Cuando reducimos la resolución de una imagen, reducimos el número de píxeles, lo que reduce el tamaño del archivo. Para reducir el número de píxeles, Photoshop CS2 debe calcular qué píxeles debe mantener y cuáles debe eliminar, basándose en el rango de colores de la imagen. Este proceso se llama interpolación. Photoshop CS2 proporciona cuatro opciones de interpolación en el menú emergente de reducción de resolución. A continuación mostramos una vista general de cada opción: No disminuir resolución: Desactiva la reducción de la resolución. Usaremos esta opción si estamos creando archivos PDF para imprimirlos y no queremos reducir el número de píxeles de la imagen. Disminución de resolución media a: Analiza los colores de los píxeles de una zona y sustituye los píxeles con el color de píxel medio. Submuestreo a: Selecciona el color de un píxel en el centro de una zona y utiliza ese color para toda la zona. Descubriremos que el submuestreo suele producir resultados no deseados, porque genera malas transiciones entre los colores.

Término	Descripción
Reducir la resolución	**Disminución de resolución bicúbica a:** Reduce los píxeles a su valor medio, teniendo en cuenta el número y el color de los píxeles. Descubriremos que la disminución de resolución bicúbica es el método de interpolación más lento, pero también el más preciso, porque produce las transiciones entre colores más fluidas.
Compresión	Podemos seleccionar uno de los siguientes métodos de compresión para comprimir archivos PDF:
	Ninguna: Usaremos esta opción si no queremos comprimir el archivo PDF.
	JPEG: JPEG es un método de compresión, lo que significa que eliminará datos de los píxeles durante el proceso de compresión. Para la mayoría de las imágenes, la compresión JPEG produce archivos de menor tamaño que la compresión ZIP.
	ZIP: La compresión ZIP funciona mejor con imágenes de un solo color o con motivos que se repiten. La compresión ZIP puede tener pérdida o no, dependiendo de la configuración que escojamos en el menú emergente **Calidad de imagen**. Por ejemplo, si tenemos una imagen de 8 bits y seleccionamos una calidad de imagen de 8 bits, aplicaremos compresión sin pérdida. Si tenemos una imagen de 8 bits y aplicamos una calidad de imagen de 4 bits, aplicaremos compresión con pérdida.
	JPEG2000: JPEG2000 es un estándar de compresión internacional, más moderno que JPEG, y proporciona compresión sin pérdida, lo que puede producir una imagen de mejor calidad, ya que no descarta píxeles durante el proceso de compresión.
Calidad de imagen	Las opciones de **Calidad de la imagen** cambiarán, dependiendo del método de compresión que escojamos. Aquí tenemos una visión general:
	• Para la compresión JPEG y JPEG2000, podemos seleccionar entre **Baja**, **Media baja**, **Media**, **Media alta** y **Alta**. **Baja** produce la peor calidad y el archivo más pequeño. **Alta** produce la mejor calidad y el archivo más grande.
	• Para la compresión ZIP, podemos seleccionar entre **4 bits** y **8 bits**. La profundidad de bit de la imagen original determinará la calidad de la imagen. Por ejemplo, si tenemos una imagen de 8 bits y seleccionamos una calidad de imagen de 8 bits, produciremos la imagen de mejor calidad. Si tenemos una imagen de 8 bits y aplicamos una calidad de imagen de 4 bits, produciremos una imagen con la peor calidad.
Tamaño de azulejo	Si seleccionamos la compresión JPEG2000, podremos especificar el número de azulejos usados para comprimir el archivo. Cuanto menor sea el tamaño del azulejo, menor será la calidad. Cuanto mayor sea el tamaño del azulejo, mejor será la calidad.
Convertir imagen de 16 bits/canal en imagen de 8 bits/canal	Convierte las imágenes de 16 bits/canal en imágenes de 8 bits/canal. Esta opción sólo estará disponible si la imagen original es de 16 bits, si seleccionamos **ZIP** en el menú emergente **Compresión** y si seleccionamos **Acrobat 5**, **Acrobat 6** o **Acrobat 7** en el menú emergente **Compatibilidad**.

Integración con Illustrator y Acrobat

4. [PS] GUARDAR PDF PROTEGIDOS CON CONTRASEÑA

Una de las ventajas del formato de archivo PDF es la posibilidad de usar comandos específicos protegidos mediante contraseña, como abrir, editar o imprimir.

En este ejercicio aprenderemos a crear una protección mediante contraseña cuando guardemos archivos PDF en Photoshop CS2.

1. Abrimos chai_flavors.psd, que se encuentra en la carpeta chap_18 que copiamos en el escritorio.

2. Seleccionamos Archivo>Guardar como. En el cuadro de diálogo Guardar como, nos dirigimos a la carpeta chap_18 que copiamos en el escritorio. Seleccionamos Photoshop PDF en el menú emergente Tipo.

Activamos la opción Como copia. En el campo Nombre, llamamos al archivo chai_flavors.pdf. Hacemos clic en Guardar.

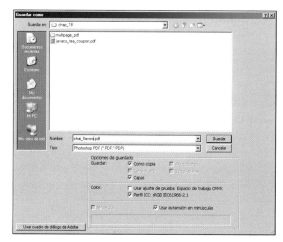

3. Aparecerá un cuadro de diálogo indicando que la configuración que hemos seleccionado en el cuadro de diálogo Guardar Adobe PDF, puede sobrescribir la configuración actual del cuadro de diálogo Guardar como. Hacemos clic en OK para indicar que hemos leído la advertencia y para abrir el cuadro de diálogo Guardar Adobe PDF.

4. Seleccionamos Tamaño de archivo más pequeño en el menú emergente Ajuste preestablecido de Adobe PDF.

5. En el lado izquierdo del cuadro de diálogo Guardar Adobe PDF, hacemos clic en Seguridad.

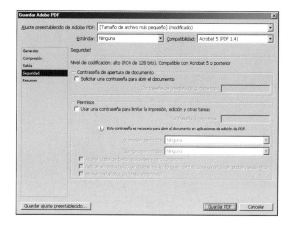

Observaremos que el contenido del cuadro de diálogo Guardar Adobe PDF muestra automáticamente las opciones de seguridad.

6. Activamos la opción Solicitar una contraseña para abrir el documento. Escribimos **javaco** en el campo Contraseña de apertura de documento.

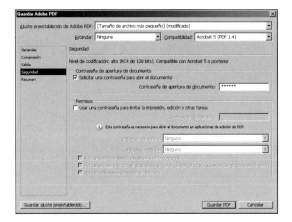

Descubriremos que esta opción es útil si queremos que sólo algunas personas puedan acceder al documento. La única forma de que un usuario pueda abrir el documento es utilizando la contraseña para abrir el documento que especificamos en este paso. La contraseña para abrir el documento se pedirá en cualquier aplicación que intente abrir el archivo PDF, incluyendo Adobe Reader y Adobe Acrobat.

7. Activamos la opción Usar una contraseña para limitar la impresión, edición y otras tareas. Escribimos **chai** en el campo Contraseña de permisos.

A los usuarios sólo se les pedirá esta contraseña si intentan editar el archivo usando una aplicación de edición de archivos PDF, como Adobe Acrobat.

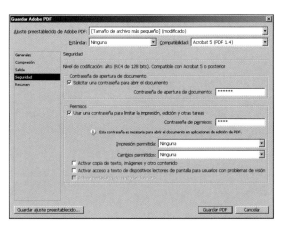

8. Examinamos las opciones del menú emergente Impresión permitida. Como podemos ver, podemos especificar Ninguna (que no permite la impresión), Baja resolución y Alta resolución. Seleccionamos Ninguna.

Seleccionar Ninguna es una forma excelente de evitar que los usuarios impriman un documento.

9. Examinamos las opciones del menú emergente Cambios permitidos. Como podemos ver, tenemos un gran control sobre el tipo de edición que pueden realizar los usuarios cuando abren el PDF. Seleccionamos Ninguna.

Observaremos que hay otras dos opciones en la parte inferior del cuadro de diálogo Guardar Adobe PDF (Activar copia de texto, imágenes y otro contenido y Activar acceso a texto de dispositivos lectores de pantalla

Integración con Illustrator y Acrobat

para usuarios con problemas de visión).
Dependiendo del nivel de acceso al documento
que queremos que tengan sus usuarios, podemos
dejar estas opciones desactivadas o podemos
activarlas.

10. Hacemos clic en **Guardar PDF**.

11. En el cuadro de diálogo Confirmar contraseña, escribimos **javaco** para confirmar la
contraseña para abrir el documento. Hacemos
clic en **OK**.

12. En el cuadro de diálogo Confirmar contraseña, escribimos **chai** para confirmar la contraseña de permisos. Hacemos clic en **OK**.

13. Nos dirigimos hasta la carpeta chap_18 que
copiamos en el escritorio. Hacemos doble clic en
chai_flavors.pdf para abrir el archivo.

Cuando abramos el archivo, se nos pedirá una
contraseña para abrir el documento. Escribimos
javaco y hacemos clic en **OK**.

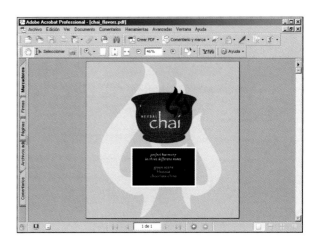

Cuando escribamos la contraseña correcta, el
archivo se abrirá automáticamente. No podremos
imprimir el archivo porque hemos deshabilitado
la impresión.

14. Si tenemos el archivo abierto en Adobe
Acrobat, seleccionamos Archivo>Propiedades
de documento para abrir el cuadro de diálogo
Propiedades de documento. Hacemos clic en
Seguridad. Hacemos clic en el botón **Cambiar
configuración**.

Observaremos que Seguridad mediante
contraseña está seleccionado automáticamente
en el menú emergente Sistema de seguridad.

15. En el cuadro de diálogo Contraseña, escribimos **chai**, en el campo Escribir contraseña y hacemos clic en **Aceptar**.

El cuadro de diálogo **Seguridad mediante contraseña: configuración**, se abrirá automáticamente, lo que nos permitirá cambiar las opciones de seguridad que especificamos en Photoshop CS2.

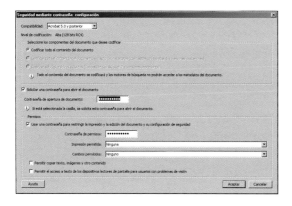

16. Cerramos chai_flavors.pdf y volvemos a Photoshop CS2. Cerramos chai_flavors.psd.

NOTA: PARA ABRIR EL ARCHIVO CHAI_FLAVORS.PDF EN PHOTOSHOP CS2 NECESITAREMOS LAS CONTRASEÑAS DE ABRIR DOCUMENTO Y DE PERMISOS.

Estudiar Adobe Acrobat 7

EL OBJETIVO DE LOS DOS ÚLTIMOS EJERCICIOS ERA ENSEÑARNOS A CREAR ARCHIVOS PDF EN PHOTOSHOP CS2. SI ESTAMOS INTERESADOS EN APRENDER MÁS SOBRE LA UTILIZACIÓN DE GOLIVE CS2, PODEMOS EXAMINAR EL VÍDEO DE APRENDIZAJE ADOBE GOLIVE CS2 ESSENTIAL TRAINING, CON GARRICK CHOW, DISPONIBLE EN HTTP://WWW.LYNDA.COM (DISPONIBLE EN INGLÉS).

5. [PS] CREAR ARCHIVOS PDF CON VARIAS PÁGINAS

En el último ejercicio aprendimos a crear archivos PDF en Photoshop CS2 a partir de una sola imagen. También podemos crear archivo PDF con varias páginas, a partir de una serie de imágenes. A continuación tenemos un ejercicio que nos enseñará a hacerlo.

1. En Photoshop CS2, seleccionamos Archivo> Automatizar>Presentación en PDF, para abrir el cuadro de diálogo **Presentación en PDF**. Hacemos clic en el botón **Explorar** para seleccionar los archivos que queremos usar en el archivo PDF con varias páginas.

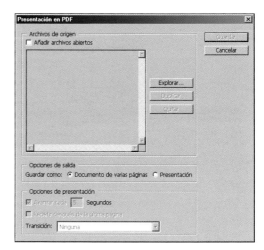

2. En el cuadro de diálogo **Abrir**, nos dirigimos a la carpeta multipage_pdf, que se encuentra en la carpeta chap_18 que copiamos en el escritorio. Hacemos clic en candles.psd para seleccionarlo.

Manteniendo pulsada la tecla **Mayús**, seleccionamos todo el contenido de la carpeta multipage_pdf, como se muestra en la ilustración. Hacemos clic en **Abrir**.

Integración con Illustrator y Acrobat

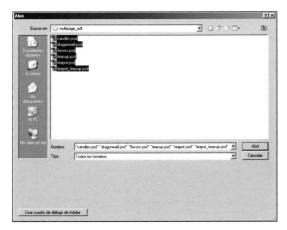

Observaremos que el cuadro Archivos de origen ahora contiene las seis imágenes que hemos especificado.

3. Seleccionamos Documento de varias páginas en la sección Guardar como, si no está ya seleccionado. Hacemos clic en **Guardar**.

¿Nos preguntamos por las opciones de presentación? Aprenderemos a crear una presentación en PDF en el siguiente ejercicio.

4. En el cuadro de diálogo Guardar, nos dirigimos a la carpeta chap_18 que copiamos en el escritorio. En el campo Nombre, escribimos **javaco_multipage.pdf**. Hacemos clic en **Guardar**.

5. En el cuadro de diálogo Guardar Adobe PDF, seleccionamos Tamaño de archivo más pequeño en el menú emergente Ajuste preestablecido de Adobe PDF. Activamos la opción Ver PDF después de guardar (si queremos, podemos usar las técnicas aprendidas en los ejercicios 3 y 4 para personalizar las opciones de Compresión y Seguridad). Hacemos clic en **Guardar PDF**.

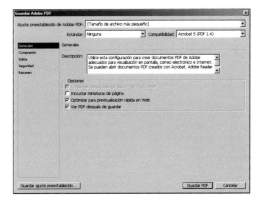

Esta opción abrirá automáticamente el archivo en Adobe Acrobat o Adobe Reader cuando guardemos el archivo.

6. En cuanto Photoshop CS2 termine de generar el archivo, javaco_multipage.pdf se abrirá automáticamente en Adobe Acrobat o Adobe Reader. Usamos la barra de desplazamiento para recorrer las páginas.

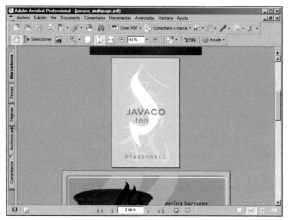

Observaremos que cada imagen está en su propia página. ¿Nos preguntamos por qué las imágenes tienen diferentes tamaños? Cuando creamos un PDF con varias páginas, las páginas individuales se crean automáticamente con las mismas dimensiones de píxeles que las imágenes originales. Como algunas imágenes eran más pequeñas que otras, algunas de las páginas del PDF son más pequeñas que las otras.

7. Cerramos javaco_multipage.pdf y volvemos a Photoshop CS2.

¡A continuación, aprenderemos a crear una presentación PDF.

6. [PS] CREAR PRESENTACIONES PDF

¡En este capítulo, aprenderemos a crear presentaciones PDF con transiciones!

1. En Photoshop CS2, seleccionamos **Archivo> Explorar** para abrir Adobe Bridge.

2. En **Adobe Bridge**, nos dirigimos hasta la carpeta multipage_pdf, que se encuentra en la carpeta chap_18 que copiamos en el escritorio. Usando la tecla **Mayús** o **Comando** (Mac) o **Control** (Windows), seleccionamos simultáneamente todas las imágenes de la carpeta multipage_pdf.

3. Seleccionamos **Herramientas>Photoshop> Presentación en PDF**.

 NOTA: TAMBIÉN PODEMOS CREAR UNA PRESENTA-CIÓN EN PDF DIRECTAMENTE DESDE PHOTOSHOP CS2, SELECCIONANDO Archivo>Automatizar> Presen-tación en PDF. SIN EMBARGO, ACCEDER A ESTE CON-TROL DESDE ADOBE BRIDGE RESULTA PRÁCTICO PORQUE PROPORCIONA UNA INTERFAZ VISUAL PARA ORGANIZAR Y SE-LECCIONAR LAS IMÁGENES QUE QUEREMOS USAR EN LA PRE-SENTACIÓN.

4. En el cuadro de diálogo **Presentación en PDF**, observaremos que las imágenes que seleccionamos en Adobe Bridge aparecen automáticamente en el cuadro **Archivos de origen**.

Integración con Illustrator y Acrobat

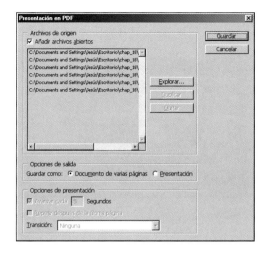

 NOTA: SI QUEREMOS AÑADIR ALGÚN ARCHIVO MÁS, HACEMOS CLIC EN EL BOTÓN **EXAMINAR** PARA LO-CALIZARLOS. SI QUEREMOS ELIMINAR ALGÚN ARCHI-VO DEL CUADRO Archivos de origen, SELECCIONAMOS LOS ARCHIVOS QUE NO DESEAMOS Y HACEMOS CLIC EN **QUITAR**.

5. Hacemos clic en la opción **Presentación**. Activamos la opción **Avanzar cada** y escribimos **3** en el campo **Segundos**. Esta opción controla la velocidad con la que una página pasa a la siguiente. Dejamos desactivada la opción **Repetir después de la última página**.

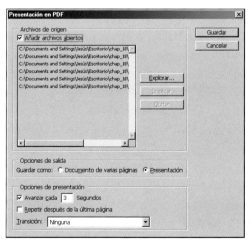

Si queremos que la presentación esté continuamente reproduciéndose, activamos la opción

Repetir después de la última página. Si queremos que la presentación sólo se reproduzca una vez, dejamos esta opción desactivada.

6. Seleccionamos **Barrido hacia la derecha** en el menú emergente **Transición**. Hacemos clic en **Guardar**.

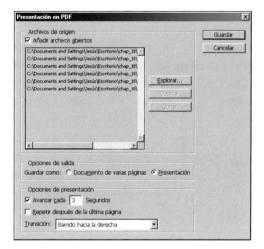

Como podemos observar, podemos escoger entre varias transiciones diferentes. A mí me gusta el barrido hacia la derecha porque pasa suavemente de una imagen a la siguiente.

7. En el cuadro de diálogo **Guardar**, nos dirigimos a la carpeta chap_18 que copiamos en el escritorio. Llamamos al archivo javaco_presentation.pdf y hacemos clic en **Guardar**.

8. En el cuadro de diálogo Guardar Adobe
PDF, seleccionamos Tamaño de archivo más
pequeño. Activamos la opción Ver PDF
después de guardar, si no está activada
automáticamente desde el anterior ejercicio (si
queremos, podemos usar las técnicas aprendidas
en los ejercicios 3 y 4 para personalizar las
opciones de Compresión y Seguridad).
Cuando hayamos terminado, hacemos clic en
Guardar PDF.

9. En cuanto Photoshop CS2 termine de generar
el archivo, javaco_presentation.pdf se abrirá
automáticamente en Adobe Acrobat o Adobe
Reader y comenzará a reproducirse.

Si queremos desplazarnos por la presentación
más rápidamente, podemos usar la tecla **Av Pág**
para avanzar y la tecla **Re Pág** para retroceder.

Como podemos ver, tomar una serie de imágenes y convertirlas en una presentación de PDF
es muy sencillo.

No necesitamos más programas de presentación
para crear una presentación simple y efectiva.

10. Pulsamos la tecla **Esc** para salir de la
presentación y volver a Adobe Acrobat o Adobe
Reader.

11. Cerramos javaco_presentation.psd.

12. Volvemos a Adobe Bridge. Salimos de
Adobe Bridge y volvemos a Photoshop CS2.

Hemos terminado otro capítulo. A continuación,
aprenderemos técnicas de integración con
Macromedia Flash.

Capítulo 19

Integración
con Macromedia Flash

Integración con Macromedia Flash

Cuando diseñamos gráficos Web en Photoshop CS2 o ImageReady CS2, quizás queramos tomar el contenido que hemos creado y llevarlo a Macromedia Flash. Por desgracia, aunque podemos importar un archivo Photoshop a Macromedia Flash, éste no reconocerá las capas, lo que hace que editar el contenido del archivo en Macromedia Flash sea casi imposible. Afortunadamente, ImageReady CS2 incluye una función para exportar archivos a Macromedia Flash, que nos permite trasladar un archivo con capas a Macromedia Flash.

El objetivo de este capítulo es mostrarnos diferentes técnicas para exportar contenido de Photoshop CS2 e ImageReady CS2, para mantener lo más perfectamente posible la correcta apariencia y estructura, y las máximas posibilidades de edición, de los archivos Photoshop. En este capítulo también aprenderemos a exportar archivos como archivos Macromedia Flash, de forma que podamos usarlos directamente en Internet, sin tener que usar Macromedia Flash.

IMPORTAR ARCHIVOS DE PHOTOSHOP A MACROMEDIA FLASH

Cuando tenemos que tomar contenido creado en Photoshop CS2 o en ImageReady CS2 a Macromedia Flash, nuestro primer impulso será importar el archivo Photoshop directamente a Flash. Después de todo, los dos programas admiten capas, de modo que ¿por qué no iba a reconocer Flash las capas de un archivo de Photoshop? Si tenemos QuickTime instalado en el ordenador, podemos importar fácilmente el contenido de un archivo Photoshop a un archivo Macromedia Flash. Por desgracia, el contenido aparecerá como un solo mapa de bits, y el contenido con capas, que tanto nos ha costado

crear en Photoshop CS2 e ImageReady CS2, se perderá. Aquí tenemos un ejemplo:

Esta ilustración muestra un archivo con capas en Photoshop CS2. Como podemos ver, el archivo se creó usando una serie de capas, incluyendo capas basadas en píxeles, estilos de capas, capas de formas basadas en vectores y capas de texto basadas en vectores.

Esta ilustración muestra el mismo archivo importado a Macromedia Flash MX 2004 Professional, usando el comando **Archivo>Importar>Importar a escenario**. Como podemos ver, aunque el contenido parece idéntico a lo que vimos en Photoshop CS2, tras la importación, no se ha mantenido ninguna de las capas del archivo con capas de Photoshop.

Si sólo queremos importar un mapa de bits plano a Flash, esta técnica puede ser válida. Si queremos manipular el contenido del archivo con capas Photoshop en Macromedia Flash (algo que ocurrirá inevitablemente en algún momento), podemos exportar el archivo como un archivo Macromedia Flash (SWF) desde ImageReady CS2.

A primera vista, esto puede parecer la solución perfecta. Sin embargo, deberemos solucionar algunos problemas, especialmente cuando el archivo contiene capas de texto basadas en vectores, capas de forma basadas en vectores y estilos de capa. No debemos preocuparnos; este capítulo nos enseñará técnicas que solucionarán estos problemas.

1. [IR] EXPORTAR IMÁGENES A MACROMEDIA FLASH (SWF)

Una forma de conseguir importar contenido creado en Photoshop CS2 o ImageReady CS2 a Macromedia Flash es usar la función de exportar a Macromedia Flash (SWF) de ImageReady CS2. A continuación tenemos un ejercicio que nos mostrará su funcionamiento.

1. Abrimos javaco_raster.psd, que se encuentra en la carpeta chap_19 que copiamos en el escritorio.

Examinemos la paleta Capas. Observaremos que cada elemento se encuentra en una capa basada en píxeles diferente.

A continuación exportaremos el archivo como un archivo de Macromedia Flash.

2. Seleccionamos Archivo>Exportar> Macromedia Flash (SWF) para abrir el cuadro de diálogo Exportar Macromedia Flash (SWF).

En el cuadro de diálogo Macromedia Flash (SWF) veremos varias opciones. Como el objetivo es llevar directamente un archivo a Macromedia Flash, tendremos que preocuparnos sólo de dos opciones: Conservar apariencia y Formato.

Posteriormente, en este capítulo, aprenderemos a exportar archivos de Macromedia Flash para usarlos directamente en Internet, y estudiaremos las otras opciones de este cuadro de diálogo.

3. Seleccionamos Sin pérdida-32 en el menú emergente Formato.

Sin pérdida-32 es el mejor formato si vamos a importar contenido a Macromedia Flash, ya que es el único formato que mantiene la transparencia de capas original y no comprime el archivo.

Como resultado, mantendremos el mismo nivel de transparencia que teníamos en el archivo de Photoshop CS2 original y no perderemos los datos de ningún píxel durante el proceso de exportación.

4. Activamos la opción Conservar apariencia. Hacemos clic en OK.

Integración con Macromedia Flash

Al activar la opción **Conservar apariencia,** estamos indicando a ImageReady CS2 que mantenga la apariencia exacta del archivo.

5. En el cuadro de diálogo **Exportar como Macromedia SWF,** nos dirigimos a la carpeta chap_19 que copiamos en el escritorio. Llamamos al archivo javaco_raster_preserve.swf y hacemos clic en **Guardar**.

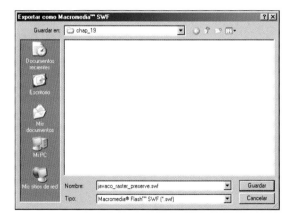

6. Al hacer clic en **Guardar**, aparecerá un mensaje de advertencia, indicando que se han acoplado capas de texto o de forma por haber seleccionado la opción **Conservar apariencia.** Hacemos clic en **OK** para indicar que hemos leído la advertencia.

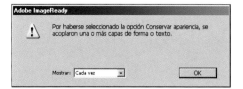

Sin embargo, hay que tener en cuenta este mensaje, porque afectará a cómo aparecen las capas en Macromedia Flash, como pronto podremos ver por nosotros mismos.

7. Seleccionamos **Imagen>Tamaño de imagen**, y apuntamos las dimensiones del archivo. Como podemos ver, el archivo tiene 625 píxeles de ancho y 349 de alto.

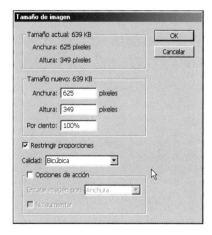

Antes de pasar a Macromedia Flash, tenemos que determinar el tamaño de imagen del archivo javaco_raster.psd, para que podamos crear un archivo vacío con las mismas dimensiones en Macromedia Flash.

Crear un documento con las mismas dimensiones en Macromedia Flash hará que sea más fácil importar el contenido del archivo javaco_raster_preserve.swf.

8. Iniciamos Macromedia Flash y seleccionamos **Documento de Flash** en la sección **Crear nuevo** de la pantalla de bienvenida.

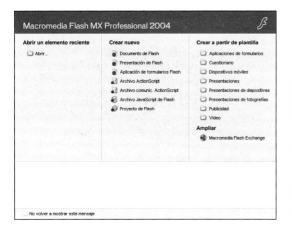

Se abrirá automáticamente un nuevo archivo. Antes de importar el contenido el contenido del archivo javaco_raster_preserve.swf, tenemos que asegurarnos de que el documento Macromedia Flash tiene las mismas dimensiones que el archivo javaco_raster.psd.

9. En Macromedia Flash, hacemos clic en el botón de **Tamaño**, en la paleta **Propiedades**.

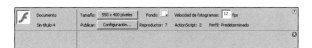

10. En el cuadro de diálogo **Propiedades del documento**, escribimos **625 píxeles** en el campo **anchura** y **349** en el campo **altura**. Hacemos clic en **Aceptar**.

El documento de Macromedia Flash ahora debería tener el mismo tamaño que el archivo javaco_raster.psd original. A continuación guardaremos este archivo Macromedia Flash vacío (lo usaremos muchas veces a medida que realizamos los ejercicios de este capítulo).

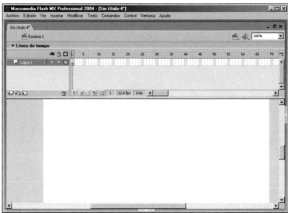

11. Seleccionamos **Archivo>Guardar como**. En el cuadro de diálogo **Guardar como**, nos dirigimos a la carpeta chap_19 que copiamos en el escritorio.

Llamamos al archivo javaco.fla y hacemos clic en **Guardar**.

.fla es la extensión nativa de Macromedia Flash.

12. Seleccionamos **Archivo>Importar> Importar a biblioteca**. En el cuadro de diálogo **Importar a biblioteca**, nos dirigimos a la carpeta chap_19 que copiamos en el escritorio.

Hacemos clic en javaco_raster_preserve.swf para seleccionarlo y hacemos clic en **Importar** (Mac) o **Abrir** (Windows).

13. Pulsamos **Comando-A** (Mac) o **Control-A** (Windows) para seleccionar toda la imagen.

Integración con Macromedia Flash

Observaremos que aparecen contornos azules alrededor de algunas (pero no de todas) de las capas originales. Aunque la imagen importada parece la misma, se han mantenido algunas de las capas (pero no todas). ¿Recordamos el cuadro de diálogo de advertencia que vimos cuando guardamos el archivo de Macromedia Flash? Cuando usamos la opción Conservar apariencia, nos arriesgamos a agrupar algunas capas para mantener la misma apariencia, independientemente de si son de texto o de forma. A continuación exportaremos el mismo archivo, pero con la opción Conservar apariencia desactivada.

14. Seleccionamos Archivo>Descartar cambios. Hacemos clic en **Aceptar** (Mac) o en **Descartar cambios** (Windows) para que el archivo javaco.fla vuelva a quedar en blanco.

15. En ImageReady CS2, seleccionamos Archivo>Importar>Macromedia Flash. En el cuadro de diálogo Exportar Macromedia Flash (SWF), desactivamos Conservar apariencia y hacemos clic en **OK**.

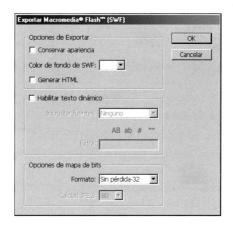

16. En el cuadro de diálogo Exportar como Macromedia SWF, nos dirigimos a la carpeta chap_19 que copiamos en el escritorio. Llamamos al archivo javaco_raster_no_preserve.swf y hacemos clic en **Guardar**.

17. En Macromedia Flash, seleccionamos Archivo>Importar>Importar a escenario.

Nos dirigimos hasta la carpeta chap_19 que copiamos en el escritorio. Hacemos clic en javaco_raster_no_preserve.swf y hacemos clic en **Importar** (Mac) o **Abrir** (Windows).

18. Pulsamos **Comando-A** (Mac) o **Control-A** (Windows) para seleccionarlo todo.

Observaremos que esta vez, aparecen líneas azules alrededor de todas las capas originales, indicando que se han mantenido las capas al importarlas.

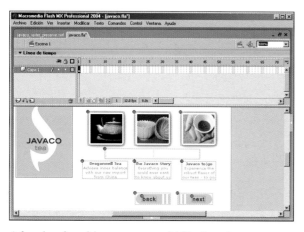

Además, el archivo parece casi idéntico al archivo Photoshop original en ImageReady CS2.

19. Seleccionamos Modificar>Línea de tiempo>Distribuir en capas.

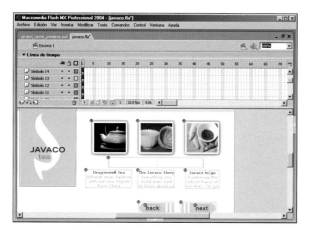

Todas las capas del archivo Photoshop original se han convertido en capas. Por desgracia, los nombres de las capas no se han mantenido (las capas ahora se llaman Símbolo1, Símbolo 2 y así sucesivamente). Si queremos cambiar el nombre de las capas, el proceso es idéntico a cambiar de nombre las capas en Photoshop CS2. Hacemos doble clic en el nombre de la capa. Cuando aparezca el cuadro para introducir el nombre, cambiamos el nuevo nombre de la capa y pulsamos **Retorno** (Mac) o **Intro** (Windows).

Aunque desactivar Conservar apariencia puede parecer la solución perfecta, ya que mantiene todas las capas, tendremos problemas cuando trabajemos con texto, formas y estilos de capa basados en vectores. Los dos siguientes ejercicios nos proporcionarán una visión general de los posibles problemas y nos ayudarán a solventar esos casos.

20. Seleccionamos Archivo>Descartar cambios. Hacemos clic en **Aceptar** (Mac) o en **Descartar cambios** (Windows) para que el archivo javaco.fla vuelva a quedar en blanco. Dejemos abierto javaco.fla para el siguiente ejercicio.

21. Volvamos a ImageReady CS2. Cerramos javaco_raster.psd. No es necesario guardar los cambios.

Conservar la apariencia

EN ESTE EJERCICIO EXPORTAMOS ARCHIVOS CON CAPAS DE PHOTOSHOP COMO ARCHIVOS MACROMEDIA FLASH (SWF). EN PRIMER LUGAR, EXPORTAMOS EL ARCHIVO CON Conservar apariencia ACTIVADO, LO DIO LUGAR A PÉRDIDA DE CAPAS. A CONTINUACIÓN, EXPORTAMOS EL ARCHIVO CON Conservar apariencia DESACTIVADO, LO QUE MANTUVO LA ESTRUCTURA DE CAPAS DEL ARCHIVO PHOTOSHOP ORIGINAL. ESTO HACE QUE SURJA LA SIGUIENTE PREGUNTA: ¿QUÉ ES CONSERVAR LA APARIENCIA?

Conservar apariencia RASTERIZA TODO EL CONTENIDO DE UN ARCHIVO PHOTOSHOP PARA QUE PAREZCA EXACTAMENTE IGUAL CUANDO ABRAMOS EL ARCHIVO SWF EXPORTADO EN MACROMEDIA FLASH. COMO RESULTADO, MANTENEMOS LA MISMA APARIENCIA DEL ARCHIVO, INCLUYENDO LOS ESTILOS DE CAPA, QUE MACROMEDIA FLASH NO PUEDE PROCESAR. AUNQUE EL ARCHIVO PAREZCA IDÉNTICO, PONEMOS EN PELIGRO SUS POSIBILIDADES DE EDICIÓN, YA QUE ELIMINARÁ ALGUNAS CAPAS BASADAS EN PÍXELES, AGRUPARÁ LOS ESTILOS DE CAPA Y RASTERIZARÁ LAS CAPAS DE TEXTO Y DE FORMA BASADAS EN VECTORES. SI DEJAMOS DESACTIVADO Conservar apariencia, MANTENDREMOS LA ESTRUCTURA DE CAPAS ORIGINAL Y EL CONTENIDO BASADO EN VECTORES, PERO PERDEREMOS LOS ESTILOS DE CAPA, PORQUE MACROMEDIA FLASH NO PUEDE PROCESARLOS. AFORTUNADAMENTE EXISTEN SOLUCIONES A ESTOS PROBLEMAS, COMO APRENDEREMOS EN LOS PRÓXIMOS DOS EJERCICIOS.

Integración con Macromedia Flash

TRUCO: EN ESTE EJERCICIO APRENDIMOS A EXPOR-
TAR ARCHIVOS CON CAPAS DE IMAGEREADY CS2 AL
FORMATO DE MACROMEDIA FLASH. SI HEMOS CREA-
DO UNA ANIMACIÓN EN PHOTOSHOP CS2 O
IMAGEREADY CS2 Y QUEREMOS LLEVARLA A MACROMEDIA
FLASH, PODEMOS USAR LAS TÉCNICAS QUE HEMOS APRENDI-
DO EN ESTE CAPÍTULO.

IGUAL QUE AL EXPORTAR IMÁGENES, LAS DOS ÚNICAS OPCIO-
NES DEL CUADRO DE DIÁLOGO Exportar a Macromedia Flash DE
LAS QUE DEBEMOS PREOCUPARNOS SON Formato Y Conservar
apariencia. USAREMOS EL FORMATO Sin pérdida-32 PORQUE MAN-
TENDRÁ LA TRANSPARENCIA ORIGINAL Y NO COMPRIMIRÁ EL
ARCHIVO, LO QUE SIGNIFICA QUE NO PERDEREMOS LOS DATOS
DE NINGÚN PÍXEL DURANTE EL PROCESO. SI QUEREMOS MAN-
TENER LAS CAPAS, DEJEMOS DESACTIVADA LA OPCIÓN Conser-
var apariencia.

Estudiar Macromedia Flash

EL OBJETIVO DE ESTE CAPÍTULO ES ENSEÑARNOS
A LLEVAR EFICIENTEMENTE EL CONTENIDO DE
PHOTOSHOP CS2 O IMAGEREADY CS2 A MACRO-
MEDIA FLASH. SI ESTAMOS INTERESADOS EN APRENDER MÁS
DE LA UTILIZACIÓN DE MACROMEDIA FLASH, PODEMOS EXAMI-
NAR LOS SIGUIENTES RECURSOS, DISPONIBLES EN
HTTP://WWW.LYNDA.COM:

- MACROMEDIA FLASH MX 2004 HOT. POR ROSANNA YEUNG, DE-
  SARROLLADO POR LYNDA WEINMAN.
  LYNDA.COM/BOOKS Y PEACHPIT PRESS
  ISBN: 0321202988

- MACROMEDIA FLASH MX 2004 BEYOND THE BASICS HOT. POR
  SHANE REBENSCHIED, DESARROLLADO POR LYNDA
  WEINMAN.
  LYNDA.COM/BOOKS Y PEACHPIT PRESS
  ISBN: 0321228537

- VÍDEO FORMATIVO LEARNING FLASH MX 2004. CON SHANE
  REBENSCHIED

- VÍDEO FORMATIVO INTERMEDIATE FLASH MX 2004. CON SHANE
  REBENSCHIED

- VÍDEO FORMATIVO AUDIO AND VIDEO INTEGRATION IN
  MACROMEDIA FLASH MX 2004. CON SHANE REBENSCHIED

2. [IR] EXPORTAR IMÁGENES CON CAPAS DE TEXTO Y DE FORMA

Macromedia Flash es una aplicación que se basa en vectores. Aunque Photoshop CS2 es una aplicación que se basa en mapas de bits, ofrece algunas funciones basadas en vectores, concretamente texto y formas basados en vectores, como hemos visto en anteriores capítulos. En este ejercicio aprenderemos a exportar archivos de Photoshop, para que podamos editar en Macromedia Flash el contenido vectorial creado en Photoshop CS2 e ImageReady CS2.

1. En ImageReady CS2, abrimos javaco_vector_styles.psd, en la carpeta chap_19 que copiamos en el escritorio. Nos aseguramos de que se vean la paleta **Capas** y **Carácter**. Si no se ven, seleccionamos **Ventana>Capas** y **Ventana>Carácter**.

En la paleta capas, veremos una serie de capas basadas en píxeles, dos capas de forma basadas en vectores, que forman los botones adelante y atrás, y tres capas de texto basadas en vectores. Como Macromedia Flash es una aplicación que se basa en vectores, a menudo querremos llevar a Macromedia Flash el contenido basado en vectores, creado en Photoshop CS2 o en ImageReady CS2, para poder seguir editándolo. En este ejercicio aprenderemos a exportar este archivo, de forma que podamos mantener el contenido basado en vectores y editarlo en Macromedia Flash.

2. En la paleta **Capas**, hacemos clic en la capa de texto enjoy para seleccionarla. En la paleta **Carácter**, observamos la configuración del *tracking* para la capa de texto.

Observaremos que el *tracking* tiene asignado el valor 50.

3. En la paleta **Capas**, hacemos clic en la capa de texto next para seleccionarla. En la paleta **Carácter**, observamos la configuración del *tracking* para la capa de texto next. Hacemos clic en la capa de texto back para seleccionarla. Observamos la configuración del *tracking* para la capa de texto back.

Observaremos que el *tracking* es 0 para las capas de texto next y back, lo que significa que no se les ha aplicado *tracking*. Aunque el valor del

tracking para las capas de texto pueda parecer irrelevante en este momento, será más importante posteriormente. Por ahora, bastará con recordar la configuración de cada una de las tres capas de texto de la imagen.

4. En ImageReady CS2, seleccionamos **Archivo>Exportar>Macromedia Flash (SWF)** para abrir el cuadro de diálogo **Exportar Macromedia Flash (SWF)**.

Como sabemos por el último ejercicio, como estamos exportando el contenido de ImageReady CS2 directamente a Macromedia Flash (en lugar de usarlo directamente en Internet), sólo debemos preocuparnos de dos opciones (**Formato** y **Conservar apariencia**).

5. Desactivamos la opción **Conservar apariencia**. Nos aseguramos de que seleccionamos **Sin pérdida-32** en el menú emergente **Formato**. Hacemos clic en **OK**.

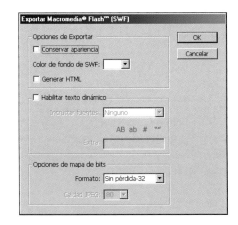

En el último ejercicio, cuando activamos **Conservar apariencia**, el archivo tenía exactamente el mismo aspecto que en ImageReady CS2, pero no se conservaban todas las capas. Cuando desactivamos **Conservar apariencia**, las capas permanecían intactas. Como el objetivo es mantener la capas, para poder editar su contenido basado en vectores, en Macromedia Flash,

Integración con Macromedia Flash

dejaremos desactivada la opción Conservar
apariencia para este ejercicio. Si no nos preocu-
pa la posibilidad de editarlo, pero queremos que
el contenido tenga el mismo aspecto que en
ImageReady CS2, debemos activar la opción
Conservar apariencia.

Como sabemos por el último ejercicio, cada vez
que exportemos un archivo a formato SWF para
usar su contenido en Macromedia Flash, el
mejor formato será Sin pérdida-32, ya que
mantiene la transparencia de las capas y no
comprime el archivo, lo que significa que no
perderemos los datos de ningún píxel durante el
proceso de exportación.

6. En el cuadro de diálogo Exportar como
Macromedia SWF, nos dirigimos a la carpeta
chap_19 que copiamos en el escritorio. Llamamos al archivo javaco_vector_styles.swf y
hacemos clic en **Guardar**.

7. En Macromedia Flash, deberíamos tener
abierto el archivo teapot.psd desde el último
ejercicio.

Si no es así, abrimos javaco_625_ 349.fla, que se
encuentra en la carpeta chap_19 que copiamos en
el escritorio. Los archivos javaco.fla y javaco_
625_349.fla tienen las mismas dimensiones que el
archivo de Photoshop.

8. Seleccionamos Archivo>Importar>Importar
a escenario. Nos dirigimos hasta la carpeta
chap_19 que copiamos en el escritorio. Hacemos
clic en el archivo javaco_vector_styles.swf para
seleccionarlo.

Hacemos clic en **Importar** (Mac) o **Abrir**
(Windows). Pulsamos **Comando-A** (Mac) o
Control-A (Windows) para seleccionarlo todo.

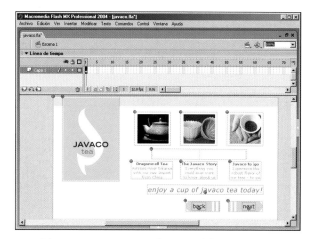

Observaremos que cada capa del archivo
Photoshop ahora tiene su propio objeto independiente en Macromedia Flash, aunque está en
la misma capa. Esto se indica mediante un
cuadro azul de selección alrededor de cada
objeto.

9. Seleccionamos Modificar>Línea de tiem-
po> Distribuir en capas. Pulsamos **Esc** para
deseleccionar las capas.

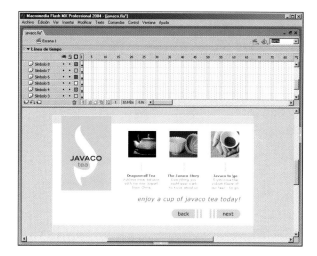

Ahora tenemos un archivo Macromedia Flash
con capas, con la misma estructura que el
archivo con capas de Photoshop. Aunque cada
capa tiene un nombre de capa genérico (Símbolo

1, Símbolo 2 y así sucesivamente), podemos cambiar el nombre de la capa fácilmente, haciendo doble clic en el nombre de la capa. Cuando aparezca el cuadro para introducir el nombre, escribimos el nuevo nombre de la capa y pulsamos **Retorno** (Mac) o **Intro** (Windows).

A continuación veremos cómo se han mantenido el texto y la forma vectoriales.

10. Hacemos clic en **Símbolo 11** (el botón **Next**) para seleccionarlo.

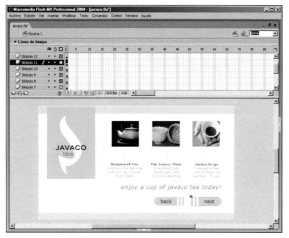

11. Seleccionamos **Modificar>Separar**.

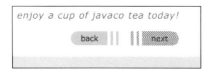

El botón **Next** ahora tiene una gran cantidad de puntos sobre él. No debemos preocuparnos, no pasarán a ser parte del botón (sólo es una ayuda visual que Macromedia Flash utiliza para indicarnos que un vector se puede editar).

12. Colocamos el cursor fuera del botón **Next**, hacemos clic y veremos que desaparecen los puntos.

13. Colocamos el cursor en el borde del botón Next. Cuando el puntero cambie, como se muestra en la ilustración, arrastramos para cambiar la forma del botón.

No debemos preocuparnos si la forma del documento no es exactamente igual que la de la ilustración.

Podemos cambiar la forma del botón Next porque Macromedia Flash reconoce el contenido de la capa como un contenido basado en vectores (igual que ocurría en ImageReady CS2).

14. Hacemos clic en **Símbolo 10** (el texto enjoy a cup of javaco tea today!) para seleccionarlo. Colocamos el cursor dentro de la capa y hacemos doble clic para pasar a modo de edición.

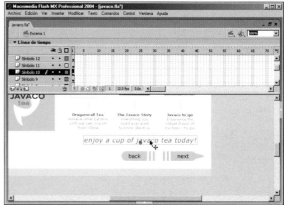

15. Hacemos clic en los caracteres del texto enjoy a cup of javaco tea today!

Integración con Macromedia Flash

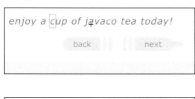

Observaremos que cada carácter tiene un bloque de texto independiente.

Aunque sigue siendo texto basado en vectores, que podemos editar, tener un carácter separado en su propio bloque hace que sea más difícil de editar.

16. En la parte superior de la ventana del documento, hacemos clic en la flecha para salir del modo de edición.

17. Hacemos clic en **Símbolo 14** (la etiqueta del botón **Back**) para seleccionarlo.

Colocamos el cursor dentro de la capa y hacemos doble clic para pasar a modo de edición.

18. Hacemos clic en los caracteres de la capa back. Cuando terminemos, en la parte superior de la ventana del documento, hacemos clic en la flecha para salir del modo de edición.

Observaremos que todos los caracteres se encuentran dentro del mismo bloque de texto, con lo que será más fácil editarlos que si cada uno tuviera su propio bloque de texto. Nos preguntaremos por qué los caracteres del botón con la etiqueta back se encuentran en un solo cuadro de texto y los caracteres del eslogan enjoy a cup of javaco tea today! están divididos en cuadros de texto individuales. ¿Recuerda que examinamos la configuración de *tracking*, en la paleta **Carácter**, para las capas de texto, al principio del ejercicio? La capa de texto enjoy... usaba un valor de *tracking* de 50; las capas de texto back y next tenían un valor de *tracking* de 0. Como Photoshop CS2 e ImageReady CS2 usaban un motor de dibujado de texto diferente del de Macromedia Flash, algunas de las funciones avanzadas de formato de texto, como *tracking*, hacen que los caracteres se separen en cuadros de texto individuales para mantener el formato y la apariencia adecuados.

En este punto, tenemos que tomar algunas decisiones sobre lo que es más importante para nosotros (¿queremos que el texto tenga el mismo aspecto que en ImageReady CS2 o queremos editar el texto fácilmente en Macromedia Flash?). Si queremos hacer modificaciones básicas en Macromedia Flash, como cambiar el color, podemos dejar perfectamente el texto en cuadros separados. Si queremos editar el texto en Macromedia Flash, descubriremos que es más sencillo tener el texto en un solo cuadro de texto. Para poder hacerlo, deberíamos usar el menor número de opciones de formato posibles cuando creemos el texto en ImageReady CS2 y aplicar el formato avanzado usando las funciones de texto de Macromedia Flash. Realicemos los siguientes pasos y lo entenderemos.

19. Seleccionamos **Archivo>Descartar cambios**. Hacemos clic en **Aceptar** (Mac) o en **Descartar cambios** (Windows) para que el archivo javaco.fla vuelva a quedar en blanco.

20. Volvamos a ImageReady CS2. En la paleta **Capas,** hacemos clic en la capa de texto **enjoy** para seleccionarla. En la paleta Carácter, seleccionamos 0 en el menú emergente de *tracking*.

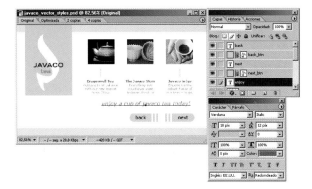

21. Seleccionamos **Archivo>Exportar> Macromedia Flash SWF**. En el cuadro de diálogo **Macromedia Flash (SWF)**, nos aseguramos de que **Conservar apariencia** esté desactivado y de que **Sin pérdida-32** esté seleccionado en el menú emergente **Formato**. Hacemos clic en **OK**.

22. En el cuadro de diálogo **Exportar como Macromedia SWF**, nos dirigimos a la carpeta chap_19 que copiamos en el escritorio. Llamamos al archivo javaco_vector_styles_ no_track.swf y hacemos clic en **Guardar**.

23. En Macromedia Flash, seleccionamos **Archivo>Importar>Importar a escenario**. En el cuadro de diálogo **Importar a biblioteca**, nos dirigimos a la carpeta chap_19 que copiamos en el escritorio. Hacemos clic en javaco_vector_ styles_no_track.swf para seleccionarlo y hacemos clic en **Importar** (Mac) o **Abrir** (Windows).

24. Pulsamos **Comando-A** (Mac) o **Control-A** (Windows) para seleccionarlo todo. Seleccionamos **Modificar>Línea de tiempo>Distribuir en capas**.

25. Hacemos clic en **Símbolo 10** para seleccionarlo. Colocamos el cursor dentro de la capa y hacemos doble clic en su interior para pasar a modo de edición.

26. En la parte superior de la ventana del documento, hacemos clic en la flecha para salir del modo de edición.

Observaremos que el texto ahora se encuentra en un solo cuadro de texto, por lo que será mucho más sencillo de editar.

27. Si queremos ajustar el *tracking* en Macromedia Flash, podemos escribir un valor en el campo de separación de caracteres de la paleta de texto

Hay que tener en cuenta que, como Macromedia Flash usa un motor de dibujado de texto diferente del de Photoshop CS2 o ImageReady CS2, tendremos que experimentar con los valores de *tracking*. En este ejemplo, hemos escrito **1.5** en el campo de separación de caracteres, que es muy parecido al texto que obtenemos en ImageReady CS2 con un valor de *tracking* de 50.

28. Si queremos, podemos probar con las otras opciones de la paleta de texto. Cuando terminemos, en la parte superior de la ventana del documento, hacemos clic en la flecha para salir del modo de edición.

Integración con Macromedia Flash

29. Seleccionamos Archivo>Descartar cambios. Hacemos clic en **Aceptar** (Mac) o en **Descartar cambios** (Windows) para que el archivo javaco.fla vuelva a quedar en blanco. Dejemos abierto javaco.fla para el siguiente ejercicio.

30. Volvamos a ImageReady CS2. Dejemos abierto javaco_vector_styles.psd para el siguiente ejercicio.

Problemas de compatibilidad con las capas de texto

SI EXPORTAMOS UN ARCHIVO DE PHOTOSHOP, CON TEXTO BASADO EN VECTORES QUE HEMOS CREADO EN UNA VERSIÓN ANTIGUA DE PHOTOSHOP O IMAGEREADY (CUALQUIER VERSIÓN ANTERIOR A CS2), QUIZÁS APAREZCA UN MENSAJE DE ERROR DURANTE EL PROCESO DE EXPORTACIÓN A MACROMEDIA FLASH. COMO IMAGEREADY CS2 NO NOS PIDE AUTOMÁTICAMENTE QUE ACTUALICEMOS LAS CAPAS DE TEXTO AL ABRIR ARCHIVOS DE PHOTOSHOP, TENDREMOS QUE ACTUALIZAR LAS CAPAS MANUALMENTE. SI OBTENEMOS ESTE MENSAJE DE ADVERTENCIA, PODEMOS HACER LO SIGUIENTE CON CADA CAPA DE TEXTO DEL ARCHIVO:

1. HACEMOS DOBLE CLIC EN EL ICONO T DE LA CAPA DE TEXTO PARA RESALTAR EL TEXTO.

2. SIN HACER CAMBIOS EN EL TEXTO, HACEMOS CLIC EN EL BOTÓN DE ACEPTAR LAS MODIFICACIONES ACTUALES, EN LA BARRA DE OPCIONES.

LA CAPA DE TEXTO SE ACTUALIZARÁ AUTOMÁTICAMENTE Y PODREMOS EXPORTAR EL ARCHIVO A MACROMEDIA FLASH.

3. [IR] CREAR IMÁGENES CON ESTILOS DE CAPA

En el último ejercicio aprendimos a exportar a Macromedia Flash archivos de capas con texto y formas basados en vectores, manteniendo el contenido basado en vectores. ¿Y qué ocurre si trabajamos con estilos de capa? Los estilos de capa introducen un nuevo problema a la hora de exportar a Macromedia Flash archivos con capas de Photoshop CS2 y de ImageReady CS2. Este ejercicio identificará los problemas y proporcionará soluciones que nos ayuden a mantener el efecto de los estilos de capa cuando exportemos archivos al formato de Macromedia Flash.

1. Si realizamos el último ejercicio, javaco_vector_styles.psd debería estar abierto en ImageReady CS2. Si no es así, podemos volver atrás y completar el ejercicio 2. Debemos asegurarnos de que se vea la paleta Capas. Si no lo está, seleccionamos Ventana>Capas.

En el último ejercicio, exportamos este archivo al formato de Macromedia Flash desactivando Conservar apariencia, lo que nos permitía mantener las opciones de edición de las capas de texto y de forma, basadas en vectores. En este ejercicio, presentaremos un nuevo desafío: los estilos de capa.

2. En la paleta Capas, hacemos clic en la capa teapot para seleccionarla. Seleccionamos Sombra paralela en el menú emergente de añadir un estilo de capa. Modificamos la configuración del cuadro de diálogo Estilo de capa para que concuerde con la de esta ilustración. Hacemos clic en **OK**.

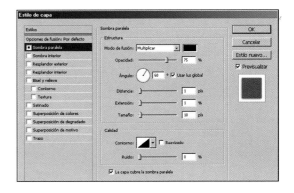

3. Mantenemos pulsada la tecla **Opción** (Mac) o **Alt** (Windows) y arrastramos el estilo de capa Sombra paralela hasta la capa cups. Repetimos este paso para la capa hands. Ahora tenemos el mismo estilo de sombra paralela en las capas teapot, cups y hands.

4. En la paleta **Capas**, hacemos clic en la capa de texto enjoy para seleccionarla. Seleccionamos Sombra paralela en el menú emergente de añadir un estilo de capa. Modificamos la configuración del cuadro de diálogo Estilo de capa para que concuerde con la de esta ilustración. Hacemos clic en **OK**.

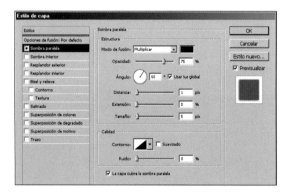

5. En la paleta **Capas**, hacemos clic en la capa de forma next_btn para seleccionarla. Seleccionamos Sombra paralela en el menú emergente de añadir un estilo de capa. Modificamos la configuración del cuadro de diálogo Estilo de capa para que concuerde con la de esta ilustración.

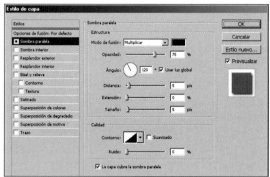

6. En la paleta **Capas**, hacemos clic en la capa de forma back_btn para seleccionarla. Escogemos Sombra paralela en el menú emergente de añadir un estilo de capa. Modificamos la configuración del cuadro de diálogo Estilo de capa para que concuerde con la de esta ilustración.

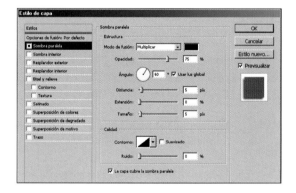

Ahora que tenemos una serie de estilos de capa asignados a diferentes tipos de capas (capas basadas en píxeles y capas de texto y de forma basado en vectores), es el momento de ver qué sucede cuando exportamos un archivo con estilos de capa al formato de Macromedia Flash.

7. Seleccionamos Archivo>Exportar>Macromedia Flash SWF. En el cuadro de diálogo Macromedia Flash (SWF), dejamos desactivada la opción Conservar apariencia y nos aseguramos de que Sin pérdida-32 esté seleccionado en el menú emergente Formato. Hacemos clic en **OK**.

Integración con Macromedia Flash

Según lo aprendido en los últimos dos ejercicios, sabemos que, para que las capas sigan siendo objetos individuales, tenemos que exportar los archivos de Photoshop con la opción Conservar apariencia desactivada.

8. En el cuadro de diálogo Exportar como Macromedia SWF, nos dirigimos a la carpeta chap_19 que copiamos en el escritorio. Llamamos al archivo javaco_vector_styles_press.swf y hacemos clic en **Guardar**.

9. En Macromedia Flash, deberíamos tener abierto el archivo javaco.fla desde el último ejercicio. Si no es así, abrimos javaco_625_349.fla, que se encuentra en la carpeta chap_19 que copiamos en el escritorio.

10. Seleccionamos Archivo>Importar>Importar a escenario. En el cuadro de diálogo Importar a escenario, nos dirigimos a la carpeta chap_19 que copiamos en el escritorio. Hacemos clic en javaco_vector_styles_pres.swf y hacemos clic en **Importar** (Mac) o **Abrir** (Windows). Cuando hayamos importado el archivo, pulsamos **Comando-A** (Mac) o **Control-A** (Windows) para seleccionarlo todo.

Como podemos ver, las capas se han mantenido. Por desgracia, los estilos de capa se perdieron durante el proceso de importación.

11. Seleccionamos Archivo>Descartar cambios. Hacemos clic en **Aceptar** (Mac) o en **Descartar cambios** (Windows) para que el archivo javaco.fla vuelva a quedar en blanco.

12. Volvamos a ImageReady CS2. Seleccionamos Archivo>Exportar>Macromedia Flash SWF. En el cuadro de diálogo Exportar Macromedia Flash (SWF), activamos la opción Conservar apariencia y nos aseguramos de que Sin pérdida-32 esté seleccionado en el menú emergente Formato. Hacemos clic en OK. En el cuadro de diálogo Exportar como Macromedia SWF, nos dirigimos a la carpeta chap_19 que copiamos en el escritorio. Llamamos al archivo javaco_vector_styles_no_pres.swf y hacemos clic en **Guardar**. Aparecerá un mensaje de advertencia, indicando que se han acoplado capas de texto o de forma por haber seleccionado la opción Conservar apariencia. Hacemos clic en **OK** para indicar que hemos leído la advertencia.

13. En Macromedia Flash, seleccionamos Archivo>Importar>Importar a escenario. En el cuadro de diálogo Importar a escenario, nos dirigimos a la carpeta chap_19 que copiamos en el escritorio. Hacemos clic en javaco_vector_styles_no_pres.swf para seleccionarlo y hacemos clic en **Importar** (Mac) o **Abrir** (Windows).

Cuando hayamos importado el archivo, pulsamos **Comando-A** (Mac) o **Control-A** (Windows) para seleccionarlo todo.

Con la opción Conservar apariencia activada, perdemos las capas, pero mantenemos los estilos de capa.

Por desgracia, la única forma de mantener los estilos de capa cuando exportamos archivos de Photoshop a Macromedia Flash es activar la opción Conservar apariencia. ¿Y si queremos mantener la capas, incluyendo el contenido vectorial, y mantener también los estilos de capa?

Hay dos formas de enfrentarnos a este problema: podemos unir el estilo de capa con la capa a la que está conectado; o podemos poner el contenido del estilo de capa en su propia capa. Al final, tenemos que decidir cuántas opciones de edición queremos tener en Macromedia Flash.

Si queremos trabajar con la capa y el estilo de capa al mismo tiempo, deberemos usar la primera opción. Si queremos trabajar con el estilo de capa, independientemente de la capa a la que está unido, deberemos usar la segunda opción. En los siguientes pasos estudiaremos las dos técnicas.

14. Seleccionamos Archivo>Descartar cambios. Hacemos clic en **Aceptar** (Mac) o en **Descartar cambios** (Windows) para que el archivo javaco.fla vuelva a quedar en blanco.

15. Volvamos a ImageReady CS2. En la paleta Capas, hacemos clic en la capa logo para seleccionarla.

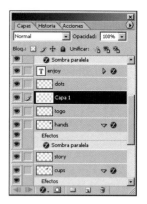

En la parte inferior de la paleta **Capas**, hacemos clic en el botón Crear una capa nueva para crear una nueva capa sobre la capa logo.

16. En la paleta **Capas**, hacemos clic en la capa teapot para seleccionarla. Seleccionamos Capa>Combinar hacia abajo, o usamos la combinación de teclas **Comando-E** (Mac) o **Control-E** (Windows).

El contenido de la capa teapot, incluyendo el estilo de capa, se fundirá automáticamente a la capa 1. Hacemos doble clic en el nombre de capa Capa 1.

Cuando aparezca el cuadro para introducir el nombre, cambiamos el nombre de la capa por teapot y pulsamos **Retorno** (Mac) o **Intro** (Windows).

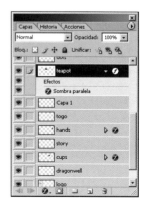

Integración con Macromedia Flash

17. En la paleta **Capas**, activamos la visibilidad de la capa **teapot**.

Como podemos ver, la sombra es ahora parte permanente de la capa. Si comparamos la sombra de la capa teapot con la sombra de las capa **cups** o **hands**, observaremos que parecen idénticas, pero ya no es un estilo de capa. Se ha fusionado con la capa.

18. En la paleta **Capas**, hacemos clic en la capa **dragonwell** para seleccionarla. En la parte inferior de la paleta **Capas**, hacemos clic en el botón Crear una capa nueva para crear una nueva capa, **Capa 1**, sobre la capa **dragonwell**. Hagamos clic en la capa **cups** para seleccionarla. Pulsamos **Comando-E** (Mac) o **Control-E** (Windows) para fusionar el contenido de la capa cups, incluyendo la capa de estilo, en la Capa 1. Hacemos doble clic en el nombre de capa **Capa 1**. Cuando aparezca el cuadro para introducir el nombre, cambiamos el nombre por cups y pulsamos **Retorno** (Mac) o **Intro** (Windows).

19. En la paleta **Capas**, hacemos clic en la capa **story** para seleccionarla. En la parte inferior de la paleta **Capas**, hacemos clic en el botón Crear una capa nueva para crear una nueva capa, **Capa 1**, sobre la capa **story**. Hagamos clic en la capa **hands** para seleccionarla. Pulsamos **Comando-E** (Mac) o **Control-E** (Windows) para fusionar el contenido de la capa cups, incluyendo la capa de estilo, en la Capa 1. Hacemos doble clic en el nombre de capa **Capa 1**. Cuando aparezca el cuadro para introducir el nombre, cambiamos el nombre por hands y pulsamos **Retorno** (Mac) o **Intro** (Windows).

20. En la paleta **Capas**, hacemos clic en la capa **dots** para seleccionarla. En la parte inferior de la paleta **Capas**, hacemos clic en el botón Crear una capa nueva para crear una nueva capa, **Capa 1**, sobre la capa **dots**. Hacemos clic en la capa **enjoy** para seleccionarla. Pulsamos **Comando-E** (Mac) o **Control-E** (Windows) para fusionar el contenido de la capa enjoy, incluyendo la capa de estilo, en la Capa 1.

¿Nos hemos dado cuenta del problema de esta técnica? Hemos perdido la capa de texto basada en vectores cuando fusionamos las capas. Cada vez que fusionamos una capa basada en vectores y un estilo de capa, convertimos automáticamente el contenido de la capa en una capa basada en píxeles. Si queremos editar el texto basado en vectores en Macromedia Flash, combinar capas no es la respuesta. Afortunadamente, hay otra solución. Podemos poner el contenido del estilo de capa en su propia capa, que será independiente de la capa de texto basada en vectores. Realicemos los siguientes pasos y lo entenderemos.

21. Pulsamos **Comando-Z** (Mac) o **Control-Z** (Windows) dos veces (una vez para deshacer los cambios del comando **Combinar capas** y otra vez para deshacer el comando **Crear una capa nueva**).

22. En la parte inferior del cuadro de herramientas de ImageReady CS2, hacemos clic en el botón Editar en Photoshop.

Para colocar el contenido de un estilo de capa en su propia capa, debemos usar Photoshop CS2.

23. Hacemos clic mientras pulsamos **Control** (Mac) o hacemos clic con el botón derecho del ratón (Windows) en el icono de efectos de capa, que se encuentra junto al nombre de la capa **enjoy**.

Seleccionamos **Crear capa** en el menú contextual. Aparecerá un mensaje de advertencia, indicando que algunos aspectos no pueden reproducirse con capas. Hacemos clic en **OK** para indicar que hemos leído la advertencia.

Icono de estilo de capa

Para algunos de los estilos de capa más complejos, no podremos colocar su contenido en una capa separada. Afortunadamente, las sombras paralelas funcionan perfectamente si las colocamos en sus propias capas.

Integración con Macromedia Flash

24. Hacemos clic en la capa **Sombra paralela de enjoy** para seleccionarla. Activamos la visibilidad de **Sombra paralela de enjoy**. Con la visibilidad activada, seleccionamos la herramienta Mover en el cuadro de herramientas. Arrastramos.

Como podemos ver, la sombra es ahora una parte independiente de la capa **enjoy**.

Por defecto, cuando creamos la nueva capa, Photoshop CS2 llama automáticamente a la capa **Sombra paralela de enjoy**. Si queremos, podemos cambiar este largo nombre de capa usando las técnicas que hemos aprendido en un capítulo anterior.

25. Pulsamos **Comando-Z** (Mac) o **Control-Z** (Windows) para deshacer el movimiento que realizamos con la herramienta Mover, de forma que la sombra quede correctamente colocada debajo del botón next.

A continuación, pasaremos a las capas de forma vectoriales next_btn y back_btn. Al igual que con las capas de texto basadas en vectores, si utilizamos la técnica de fusionar los estilos de capa, que aprendimos anteriormente en este ejercicio, perderemos la capa de forma basada en vectores y no podremos editar la forma en Macromedia Flash.

Para mantener las propiedades vectoriales, tenemos que colocar la sombra en su propia capa.

26. Hacemos clic mientras pulsamos **Control** (Mac) o hacemos clic con el botón derecho del ratón (Windows) en el icono de efectos de capa, que se encuentra junto al nombre de la capa **next_btn**.

Seleccionamos **Crear capa** en el menú contextual. Aparecerá un mensaje de advertencia, indicando que algunos aspectos no pueden reproducirse con capas. Hacemos clic en **OK** para indicar que hemos leído la advertencia.

En la paleta **Capas**, ahora deberíamos de tener una capa **Sombra paralela de next_btn**, que almacena el contenido del estilo de capa de sombra paralela.

27. Hacemos clic mientras pulsamos **Control** (Mac) o hacemos clic con el botón derecho del ratón (Windows) en el icono de efectos de capa, que se encuentra junto al nombre de la capa back_btn. Seleccionamos Crear capa en el menú contextual. Aparecerá un mensaje de advertencia, indicando que algunos aspectos no pueden reproducirse con capas. Hacemos clic en **OK** para indicar que hemos leído la advertencia.

En la paleta Capas, ahora deberíamos de tener una capa Sombra paralela de back_btn, que almacena el contenido del estilo de capa de sombra paralela.

28. En la parte inferior del cuadro de herramientas de Photoshop CS2, hacemos clic en el botón Editar en ImageReady CS2, para abrir javaco_vector_styles.psd en ImageReady CS2.

A continuación exportaremos el archivo a Macromedia Flash y veremos el resultado de nuestro duro trabajo.

29. Seleccionamos Archivo>Exportar> Macromedia Flash SWF. En el cuadro de diálogo Exportar Macromedia Flash (SWF), dejamos desactivada la opción Conservar apariencia y nos aseguramos de que Sin pérdida-32 esté seleccionado en el menú emergente Formato.

Hacemos clic en **OK**. En el cuadro de diálogo Exportar como Macromedia SWF, nos dirigimos a la carpeta chap_19 que copiamos en el escritorio. Llamamos al archivo javaco_ vector_styles_ shadows.swf. Hacemos clic en **Guardar**.

30. En Macromedia Flash, seleccionamos Archivo>Importar>Importar a escenario.

En el cuadro de diálogo Importar a escenario, nos dirigimos a la carpeta chap_19 que copiamos en el escritorio. Hacemos clic en el archivo javaco_vector_styles_shadows.swf para seleccionarlo.

Hacemos clic en **Importar** (Mac) o **Abrir** (Windows). Cuando hayamos importado el archivo, pulsamos **Comando-A** (Mac) o **Control-A** (Windows) para seleccionarlo todo. Seleccionamos Modificar>Línea de tiempo> Distribuir en capas.

Como podemos ver, hemos mantenido la estructura de capas original y las sombras. ¡Uf!

31. Cerramos javaco.fla. No es necesario guardar los cambios.

32. Volvamos a ImageReady CS2. Cerramos javaco_vector_styles.psd. No es necesario guardar los cambios.

Integración con Macromedia Flash

El complemento PSD2FLA de Media Lab

HASTA AHORA, EN ESTE CAPÍTULO, HEMOS APRENDIDO A EXPORTAR CONTENIDO CON CAPAS DE PHOTOSHOP CS2 A MACROMEDIA FLASH, UTILIZANDO LA FUNCIÓN EXPORTAR A MACROMEDIA FLASH SWF DE IMAGEREADY CS2. COMO HEMOS VISTO EN LOS EJERCICIOS, A MENUDO TENDREMOS QUE HACER ALGUNAS CONCESIONES PARA MANTENER LA ESTRUCTURA DE CAPAS DEL ARCHIVO PHOTOSHOP ORIGINAL.

HAY UN PROGRAMA COMERCIAL QUE CONVIERTE LOS ARCHIVOS DE PHOTOSHOP AL FORMATO DE MACROMEDIA FLASH: EL COMPLEMENTO PSD2FLA, QUE PODEMOS DESCARGAR DE HTTP://WWW.MEDIALAB.COM. A DIFERENCIA DE LA FUNCIÓN EXPORTAR A MACROMEDIA FLASH SWF DE IMAGEREADY CS2, EL COMPLEMENTO PSD2FLA EXPORTA LOS ARCHIVOS COMO ARCHIVOS FLA, EL FORMATO NATIVO DE MACROMEDIA FLASH. COMO RESULTADO, PODEMOS ABRIR EL ARCHIVO EXPORTADO EN MACROMEDIA FLASH, MANTENIENDO LA ESTRUCTURA DE CAPAS ORIGINAL, EN LUGAR DE IMPORTAR UN ARCHIVO SWF.

NOTA: PODEMOS DESCARGAR UNA VERSIÓN DE PRUEBA DEL COMPLEMENTO PSD2FLA, DESDE LA PÁGINA HTTP://WWW.MEDIALAB.COM. CUANDO ABRIMOS EL ARCHIVO EXPORTADO EN MACROMEDIA FLASH, APARECERÁ UNA SERIE DE LÍNEAS AZULES RECORRIENDO LA IMAGEN. PARA ELIMINAR ESAS LÍNEAS AZULES, PODEMOS COMPRAR UNA CLAVE DE DESBLOQUEO EN HTTP://WWW.MEDIALAB.COM.

AQUÍ MOSTRAMOS CÓMO FUNCIONA:

TRAS INSTALAR EL COMPLEMENTO PSD2FLA, ABRIMOS EL ARCHIVO EN PHOTOSHOP CS2 Y SELECCIONAMOS Archivo>Exportar>PSD2FLA. EL CUADRO DE DIÁLOGO PSD2FLA SE ABRIRÁ AUTOMÁTICAMENTE.

ACTIVAMOS LA OPCIÓN Open in Flash After Export PARA QUE EL ARCHIVO SE ABRA AUTOMÁTICAMENTE MACROMEDIA FLASH.

ACTIVAMOS LA OPCIÓN Export Hidden Layers SI QUEREMOS EXPORTAR TODAS LAS CAPAS, INCLUYENDO AQUELLAS CON LA VISIBILIDAD DESACTIVADA. SI NO QUEREMOS EXPORTAR LAS CAPAS QUE TENGAN LA VISIBILIDAD DESACTIVADA, DESACTIVAMOS LA OPCIÓN Export Hidden Layers.

HACEMOS CLIC EN **OK**. CUANDO HAGAMOS CLIC EN **OK**, EL ARCHIVO SE ABRIRÁ AUTOMÁTICAMENTE EN MACROMEDIA FLASH, CON TODAS LAS CAPAS INTACTAS. AÚN MEJOR, SE MANTENDRÁN LOS NOMBRES DE CAPA QUE HAYAMOS ESPECIFICADO EN LA PALETA Capas. SI EXAMINAMOS EL NOMBRE DEL ARCHIVO, VEREMOS QUE SE HA AÑADIDO LA EXTENSIÓN .FLA, INDICANDO QUE ES UN ARCHIVO MACROMEDIA FLASH, EN LUGAR DE UN ARCHIVO SWF.

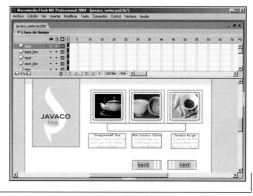

NOTA: CUANDO EXPORTAMOS ARCHIVOS CON CAPAS DE FORMA Y DE TEXTO BASADAS EN VECTORES, SE CONVERTIRÁN AUTOMÁTICAMENTE EN CAPAS BASADAS EN PÍXELES. CUANDO EXPORTAMOS ARCHIVOS CON ESTILOS DE CAPA, AL EXPORTARLOS SE FUNDIRÁN CON LA CAPA.

Más sobre Photoshop y su integración con Flash

SI ESTAMOS INTERESADOS EN APRENDER MÁS TÉCNICAS AVANZADAS PARA EXPORTAR EL CONTENIDO DE PHOTOSHOP CS2 E IMAGEREADY CS2 A MACROMEDIA FLASH, PODEMOS EXAMINAR EL VÍDEO FORMATIVO PHOTOSHOP AND FLASH INTEGRATION, CON MICHAEL NINNESS, DISPONIBLE EN HTTP://WWW.LYNDA.COM.

4. EXPORTAR ARCHIVOS MACROMEDIA FLASH (SWF) PARA LA WEB

Hasta ahora, en este capítulo, hemos aprendido técnicas para exportar a Macromedia Flash el contenido con capas creado en Photoshop CS2 e ImageReady CS2. En ocasiones, querremos exportar un archivo SWF de ImageReady CS2 para usarlo directamente en Internet, sin exportarlo a Macromedia Flash. Cuando queramos guardar directamente para la Web, hay algunas opciones del cuadro de diálogo Exportar como Macromedia SWF que debemos tener en cuenta, incluyendo Generar HTML, Color de fondo y Formato.

1. Abrimos javaco_tea.psd, que se encuentra en la carpeta chap_19 que copiamos en el escritorio. Debemos asegurarnos de que se vea la paleta Capas. Si no lo está, seleccionamos Ventana> Capas.

Examinamos el contenido de la paleta Capas. Observaremos que el archivo está formado por capas basadas en píxeles (una con un estilo de capa) y una capa de forma basada en vectores.

Además, observaremos que el área que rodea al logotipo de javaco tea es transparente. Las buenas noticias son que, como estamos exportando directamente para la Web, no es necesario mantener las capas en el archivo Macromedia Flash exportado.

Por tanto, no tenemos que preocuparnos por las complejas soluciones que hemos aprendido en este capítulo.

2. Seleccionamos Archivo>Exportar>Macromedia Flash SWF.

3. En el cuadro de diálogo Exportar Macromedia Flash (SWF), activamos Conservar apariencia.

Como el objetivo de este ejercicio es exportar contenido de ImageReady CS2 al formato Macromedia Flash, para usarlo directamente en Internet, nuestra primera prioridad será asegurarnos de que el archivo tenga exactamente el mismo aspecto que en ImageReady CS2.

Como sabemos por los anteriores ejercicios, la mejor forma de asegurarnos de que el archivo tiene exactamente el mismo aspecto que en Image Ready CS2 es activar la opción Conservar apariencia.

4. Seleccionamos Otro en el menú emergente Color de fondo de SWF para abrir el cuadro de diálogo Selector de color. En el cuadro de diálogo Selector de color, especificamos los siguientes valores: R: 209, G: 235 y B: 209. Hacemos clic en OK.

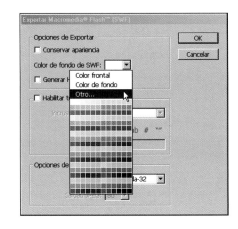

Integración con Macromedia Flash

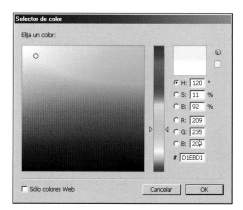

5. Activamos la opción **Generar HTML**. Cuando utilizamos el archivo Macromedia Flash en la Web, para ver los archivos, los internautas necesitarán el complemento Macromedia Flash para el navegador. Si activamos la opción **Generar HTML**, ImageReady CS2 generará automáticamente el código HTML necesario para que el archivo funcione en un navegador Web, incluyendo el código de detección del complemento en el navegador, que se asegura de que los espectadores tengan el complemento Macromedia Flash instalado en sus ordenadores. Si no lo tienen, se les dirigirá automáticamente a la página Web de Macromedia, donde podrán descargar el complemento de forma gratuita. Como podemos imaginar, si no conocemos el código HTML, escribir este fragmento de código es algo bastante complejo, porque podríamos perfectamente dejar que ImageReady CS2 haga ese trabajo.

6. Elegimos **Selección automática** en el menú emergente de formato de archivo. Escribimos **70** en el campo **Calidad JPEG**.

Cuando exportamos archivos Macromedia Flash para la Web, podemos seleccionar uno de estos tres formatos: **JPEG**, que es más adecuado para imágenes con un tono continuo o fotografías, ya que, como su nombre sugiere, se basa en el formato de archivo JPEG; **Sin pérdida-8**, que es más adecuado para contenido gráfico con pocos colores, ya que se basa en el formato de archivo GIF; y **Selección automática**, que

determina automáticamente el mejor formato, basándose en el contenido del archivo.

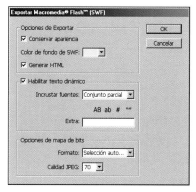

Si seleccionamos **JPEG** o **Selección automática**, podremos acceder a la opción **Calidad JPEG**.

Al igual que al optimizar archivo JPEG, cuanto mejor sea la calidad, mejor calidad tendrá la imagen y mayor será el tamaño del archivo; cuanto menor sea la calidad, peor será la calidad de la imagen y menor será el tamaño del archivo. Como hemos aprendido en un capítulo anterior, tendremos que experimentar para obtener la imagen de mejor calidad, con el menor tamaño de archivo posible. Por desgracia, el cuadro de diálogo **Exportar Macromedia Flash (SWF)** no incluye una opción de previsualización, por lo que tendremos que exportar el archivo, examinar el archivo exportado y determinar si nos satisface la calidad y el tamaño de la imagen. Si no nos satisface, tendremos que volver al cuadro de diálogo **Exportar Macromedia Flash (SWF)**, especificar otro valor en **Calidad** y volver a exportar el archivo.

7. En el cuadro de diálogo **Exportar Macromedia Flash (SWF)** hacemos clic en **OK**. En el cuadro de diálogo **Exportar como Macromedia SWF**, nos dirigimos a la carpeta chap_19 que copiamos en el escritorio. Creamos una nueva carpeta y la llamamos javaco_tea. Dejamos el nombre de archivo por defecto, javaco_tea.swf y hacemos clic en **Guardar**.

8. Al hacer clic en **Guardar**, aparecerá un mensaje de advertencia, indicando que se han acoplado capas de texto o de forma por haber seleccionado la opción Conservar apariencia. De nuevo, como el objetivo es usar el archivo directamente en la Web, sin exportarlo a Macromedia Flash, no debemos preocuparnos por la pérdida de capas o de opciones de edición de la capa de forma basada en vectores. Hacemos clic en **OK** para indicar que hemos leído la advertencia.

9. Nos dirigimos hasta la carpeta javaco_tea, en la carpeta chap_19 que copiamos al escritorio. Hacemos doble clic en javaco_tea.html.

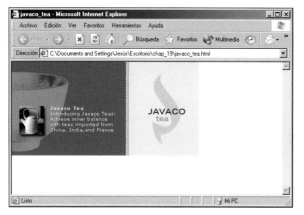

javaco_tea.html se abrirá automáticamente en el navegador Web predeterminado. Quizás nos parezca extraño que el color que especificamos como color de fondo SWF sólo cubra las zonas en las que la imagen de ImageReady CS2 original era transparente, en lugar de todo el fondo de la página Web. Aunque en el cuadro de diálogo Exportar Macromedia Flash (SWF) es color de fondo con etiquetas, es más parecido a la función de color mate cuando optimizamos archivos JPEG en Photoshop CS2 e ImageReady CS2, ya que rellena los píxeles transparentes con el color especificado en el menú emergente de color mate. Si queremos especificar un color de fondo, podemos hacerlo usando la configuración de ajustes de salida.

10. Cerramos el navegador Web y volvemos a ImageReady CS2. Cerramos javaco_tea.psd. No es necesario guardar los cambios.

Exportar animaciones SWF para la Web

AUNQUE PODEMOS EXPORTAR ANIMACIONES DESDE IMAGEREADY CS2 A FORMATO MACROMEDIA FLASH, DEBEREMOS TENER CUIDADO CUANDO EXPORTEMOS ARCHIVOS MACROMEDIA FLASH PARA USARLOS EN LA WEB. COMO SABEMOS, TENEMOS QUE MANTENER LA MEJOR CALIDAD DE IMAGEN CON EL MENOR TAMAÑO DE ARCHIVO POSIBLE.

SI ESTAMOS OPTIMIZANDO UNA SIMPLE ANIMACIÓN, CREADA CON VISIBILIDAD DE CAPAS, Y SELECCIONAMOS Selección automática, JPEG O Sin pérdida-8 EN EL MENÚ EMERGENTE Formato, PODREMOS CREAR UNA ANIMACIÓN CON BUEN ASPECTO Y UN TAMAÑO DE ARCHIVO RELATIVAMENTE PEQUEÑO.

SIN EMBARGO, SI ESTAMOS TRABAJANDO CON UNA ANIMACIÓN MÁS COMPLEJA, QUE INCLUYA INTERCALADO, TENDREMOS PROBLEMAS PARA EXPORTAR LA ANIMACIÓN. SI SELECCIONAMOS Selección automática, JPEG O Sin pérdida-8, VEREMOS UNOS ANTIESTÉTICOS BORDES NEGROS CUANDO REPRODUZCAMOS LA ANIMACIÓN, PORQUE ESOS FORMATOS NO PUEDEN GESTIONAR LAS TRANSPARENCIAS Y TRANSICIONES DEL ARCHIVO. PARA EXPORTAR UNA ANIMACIÓN DE CALIDAD, CON INTERCALADOS, COMO UN ARCHIVO SWF, DEBEMOS USAR EL FORMATO Sin pérdida-32. POR DESGRACIA, TAMBIÉN AUMENTA CONSIDERABLEMENTE EL TAMAÑO DEL ARCHIVO Y LO HACE DEMASIADO GRANDE PARA USARLO EN INTERNET.

SI HEMOS CREADO UNA ANIMACIÓN EN PHOTOSHOP CS2 O IMAGEREADY CS2 Y QUEREMOS EXPORTARLA COMO UN ARCHIVO DE MACROMEDIA FLASH PARA UTILIZARLA EN LA WEB, PODEMOS EXPORTAR EL ARCHIVO USANDO LAS TÉCNICAS QUE APRENDIMOS EN EL EJERCICIO 1. A CONTINUACIÓN, ABRIMOS EL ARCHIVO EN MACROMEDIA FLASH Y PUBLICAMOS EL ARCHIVO FINAL DESDE ALLÍ. EL RESULTADO SERÁ UNA ANIMACIÓN DE MUCHA MEJOR CALIDAD, CON UN TAMAÑO DE ARCHIVO BASTANTE MENOR.

¡Hemos terminado este capítulo! Aunque este capítulo sólo tenía cuatro ejercicios, estaban llenos de ideas y soluciones complejas. A continuación: integración con GoLive y Dreamweaver.

Capítulo 20

Integración con GoLive
y Dreamweaver

Integración con GoLive y Dreamweaver

Cuando diseñamos páginas Web, podemos decidir diseñar los elementos gráficos, como gráficos estáticos, mapas de imágenes e imágenes de sustitución, en Photoshop CS2 o en ImageReady CS2, y luego diseñar la página en un editor de HTML, como GoLive o Dreamweaver. En este capítulo aprenderemos a tomar los gráficos creados en Photoshop CS2 e ImageReady CS2 y llevarlos a GoLive CS2 y Dreamweaver MX 2004.

Quizás no dispongamos de los programas descritos en este capítulo y quizás no sepamos usarlos. Algunas secciones de este capítulo están destinadas a usuarios avanzados, que saben realizar tareas en otras aplicaciones sin demasiada ayuda. La mayoría de los libros sólo estudian un programa, pero como el diseño y desarrollo de páginas Web casi siempre requieren más de un programa, creemos que este capítulo podría ser útil para muchos lectores. ¡Disfrute! ;-)

UTILIZAR CONTENIDO DE PHOTOSHOP CS2 E IMAGEREADY CS2 EN GOLIVE CS2 O DREAMWEAVER MX 2004

A lo largo de este libro no habremos preguntado, "¿Cómo llevo esto a un editor de HTML?". Podemos insertar cualquier imagen optimizada, generada con Photoshop CS2 o ImageReady CS2, en un editor HTML y funcionará perfectamente. De la misma forma, si abrimos un archivo HTML generado con Photoshop CS2 o ImageReady CS2, en cualquier archivo HTML, mantendremos los sectores, imágenes de sustitución, mapas de imágenes, animaciones y demás contenido que hayamos creado.

Lo complicado llega cuando tenemos que llevar el contenido interactivo, como una imagen de

sustitución, creado en ImageReady CS2, e insertarlo en un archivo creado en GoLive CS2 o Dreamweaver MX 2004. En este capítulo aprenderemos a importar imágenes de sustitución a GoLive CS2 y Dreamweaver MX 2004.

También aprenderemos a trabajar con la función de objetos inteligentes de objeto GoLive CS2, que nos permite insertar el contenido creado en Photoshop CS2 y nos proporciona una forma sencilla de actualizar el contenido. También aprenderemos a integrar con GoLive CS2 los conjuntos de datos y las variables que creamos en Photoshop CS2 o en ImageReady CS2.

1. [IR] UTILIZAR OBJETOS INTELIGENTES EN GOLIVE CS2

En capítulos anteriores hemos aprendido a usar la nueva función de objetos inteligentes de Photoshop CS2. GoLive también incluye la función de objetos inteligentes y ya ha estado incluida en varias versiones.

Con los objetos inteligentes de GoLive CS2, podemos insertar contenido, actualizar el archivo original y hacer que el contenido insertado se actualice automáticamente, igual que en Photoshop CS2. En este ejercicio aprenderemos a insertar imágenes de sustitución y gráficos estáticos, creados en Photoshop CS2 e ImageReady CS2, como objetos inteligentes en GoLive CS2.

En el siguiente ejercicio aprenderemos a editar el contenido de los objetos inteligentes en Photoshop CS2 e ImageReady CS y, a su vez, a actualizar automáticamente los objetos inteligentes en GoLive CS2. Parece mucho más complicado de lo que es, de modo que ¡sigamos los siguientes dos ejercicios y veremos la potencia de los objetos inteligentes en GoLive CS2!

1. En ImageReady CS2, abrimos nav.psd, que se encuentra en la carpeta chap_20 que copiamos en el escritorio. En el cuadro de herramientas, hacemos clic en el botón de previsualizar en el navegador por defecto. Colocamos el puntero del ratón sobre los botones para ver el estado Sobre.

Observaremos que el botón cambia de color cuando vemos el estado Sobre.

2. Cuando terminemos, volvemos a ImageReady CS2 y cerramos nav.psd.

Abrimos y previsualizamos el archivo en un navegador Web para familiarizarnos con el contenido del archivo. Posteriormente, en este ejercicio, insertaremos este archivo en GoLive CS2, como un objeto inteligente, por lo que necesitaremos conocer el aspecto de los botones y sus estados Sobre asociados.

3. Abrimos content.psd, que se encuentra en la carpeta chap_20 que copiamos en el escritorio.

Examinamos el contenido de este archivo. De nuevo, este paso sirve para familiarizarnos con el contenido del archivo.

Como en nav.psd, insertaremos el contenido de este archivo en GoLive CS2, como un objeto inteligente, por lo que necesitaremos conocer su aspecto.

4. Cerramos content.psd e ImageReady CS2.

5. En GoLive CS2, abrimos javaco.site, que se encuentra en la carpeta chap_20 que copiamos en el escritorio. La ventana del sitio GoLive CS2 se abrirá automáticamente. En la ventana **Sitio**, hacemos doble clic en el archivo **index.html** para abrirlo.

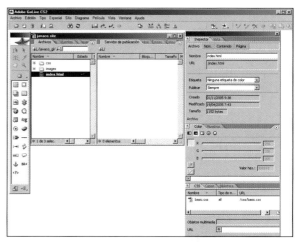

6. Examinamos el contenido del archivo index.html.

Hay una barra azul en la parte superior y en la inferior, un logotipo de javaco a la izquierda y tres celdas de tabla vacías.

Integración con GoLive y Dreamweaver

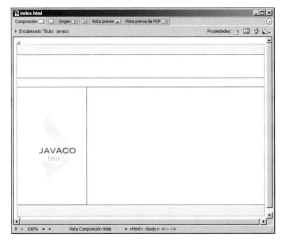

En este ejercicio vamos a rellenar una de las celdas de la tabla con el contenido de nav.psd y otra de las celdas con el contenido de content.psd.

7. En el cuadro de herramientas, seleccionamos **Smart** del menú desplegable que parte del botón de objetos básicos. El contenido del cuadro de herramientas cambiará automáticamente.

8. Arrastramos para colocar el objeto inteligente de Photoshop en la segunda celda de tabla, que está vacía, como se muestra en la ilustración.

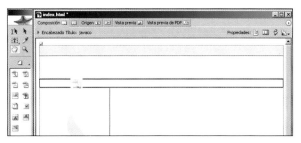

Cuando soltemos el botón del ratón, veremos que aparece un icono de objeto inteligente de Photoshop en la celda vacía de la tabla, como se muestra en la ilustración.

A continuación, vincularemos un archivo de Photoshop al objeto inteligente de Photoshop que acabamos de crear.

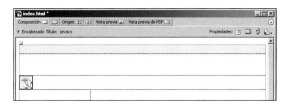

9. El objeto inteligente de Photoshop debería estar automáticamente seleccionado. Si no es así, hacemos clic en su icono para seleccionarlo.

Debemos asegurarnos de que se vea la paleta **Inspector**. Si no lo está, seleccionamos **Ventana>Inspector**. Hacemos clic en el botón de examinar para abrir el cuadro de diálogo **Abrir**.

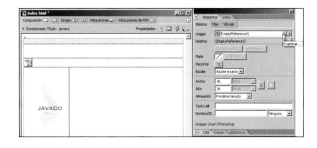

10. En el cuadro de diálogo **Abrir**, nos dirigimos a la carpeta chap_20 que copiamos en el escritorio. Hacemos clic en el archivo nav.psd para seleccionarlo y hacemos clic en **Abrir**. El cuadro de diálogo **Configuración variable** se abrirá automáticamente.

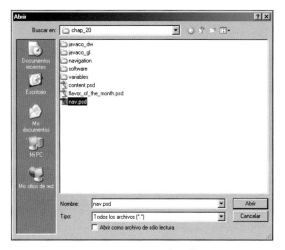

11. En el cuadro de diálogo **Configuración variable**, hacemos clic en **Aceptar**. El cuadro de diálogo **Guardar para Web** se abrirá automáticamente.

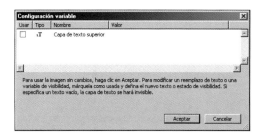

 NOTA: COMO NAV.PSD NO CONTIENE CONJUNTOS DE DATOS NI VARIABLES, NO ES NECESARIO HACER CAMBIOS EN EL CUADRO DE DIÁLOGO Configuración variable. EN EL EJERCICIO 4 APRENDEREMOS A IMPORTAR VARIABLES DE PHOTOSHOP CS2 A IMAGEREADY CS2.

12. En la ventana **Guardar para Web**, usamos las técnicas que ya hemos aprendido en un capítulo anterior para optimizar el contenido del archivo nav.psd. El cuadro de diálogo **Guardar para Web** funciona de la misma forma en GoLive CS2 y en Photoshop CS2, por lo que no deberíamos tener problemas para optimizar el archivo. Cuando hayamos terminado, hacemos clic en **Guardar**. El cuadro de diálogo para guardar se abrirá automáticamente.

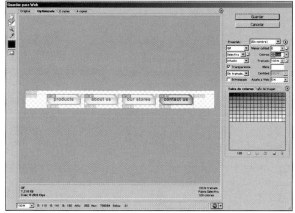

Optimizar imágenes en este punto podría parecernos extraño.

Como estamos insertando un archivo Photoshop como parte de un objeto inteligente, debemos optimizar el archivo como un archivo JPEG o GIF, para que GoLive CS2 pueda mostrar las imágenes correctamente en un navegador Web.

13. En el cuadro de diálogo **Guardar**, nos dirigimos a la carpeta web-content, que se encuentra en la carpeta javaco_gl, en la carpeta chap_20 que copiamos en el escritorio. Hacemos clic en **Guardar**.

Integración con GoLive y Dreamweaver

Tras unos segundos, GoLive CS2 insertará el archivo en un archivo index.html. Cuando hayamos terminado, el contenido del archivo index.html debería ser como el de la ilustración.

Como podemos ver, los botones parecen iguales que en ImageReady CS2. A continuación, previsualizamos la imagen para ver los estados Sobre.

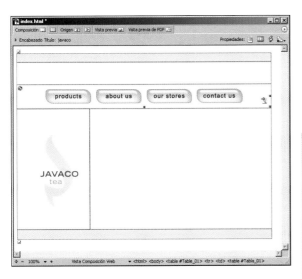

14. Pulsamos **Comando-T** (Mac) o **Control-T** (Windows) para previsualizar la página Web. Colocamos el puntero del ratón sobre los botones para ver el estado Sobre.

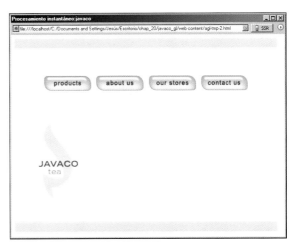

¡Las imágenes de sustitución funcionan perfectamente! A continuación, insertaremos el contenido del archivo content.psd en el archivo index.html.

15. Cuando terminemos de ver el archivo, cerramos el navegador de vista previa y volvemos al archivo index.html.

16. Arrastramos el icono del objeto inteligente de Photoshop a la celda grande de la tabla, que está vacía, como se muestra en la ilustración.

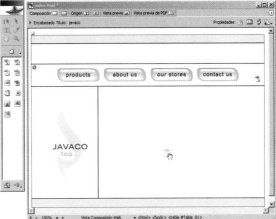

Cuando soltemos el botón del ratón, veremos un icono de objeto inteligente de Photoshop en el interior de la celda de la tabla.

17. En la paleta Inspector, hacemos clic en el botón de examinar para abrir el cuadro de diálogo Abrir. Nos dirigimos hasta la carpeta chap_20 que copiamos en el escritorio. Hacemos clic en el archivo content.psd para seleccionarlo y hacemos clic en **Abrir**.

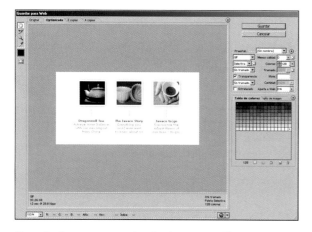

18. En el cuadro de diálogo Configuración variable, hacemos clic en **Aceptar**. En el cuadro de diálogo Guardar para Web, usamos las técnicas que ya hemos aprendido en un capítulo anterior para optimizar la imagen.

Cuando hayamos terminado, hacemos clic en **Guardar**. En el cuadro de diálogo Guardar, nos

dirigimos a la carpeta web-content, que se encuentra en la carpeta javaco_gl, en la carpeta chap_20 que copiamos en el escritorio. Hacemos clic en **Guardar**.

El contenido del archivo content.psd debería aparecer en la celda de la tabla. Observaremos que el contenido del objeto inteligente de Photoshop sobrepasa las barras azules horizontales que hay en la parte superior e inferior de la página index.html, lo que indica que es demasiado grande para la celda de la tabla.

Podríamos volver a Photoshop CS2 o Image Ready CS2 para ajustar el tamaño, pero hay una forma aún más sencilla de hacerlo sin salir de GoLive CS2.

19. El objeto inteligente de Photoshop debería estar automáticamente seleccionado. Si no es así, hacemos clic en la celda de la tabla para seleccionarlo.

Integración con GoLive y Dreamweaver

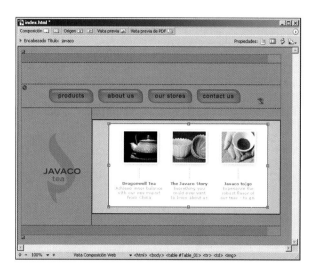

En la paleta **Inspector**, hacemos clic en el botón de recortar para pasar al modo de recorte.

20. Arrastramos para crear una ventana de recorte, como se muestra en la ilustración.

21. Cuando estemos satisfechos con el tamaño y forma de la ventana de recorte, colocamos el cursor en el interior de la ventana de recorte y hacemos doble clic en ella para aplicar los cambios.

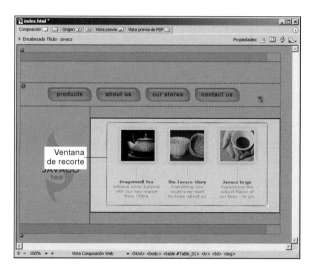

Cuando soltemos el botón del ratón, veremos nodos de edición en las esquinas de la imagen.

Si queremos, podemos colocar el cursor sobre los nodos y cambiar el tamaño de la ventana de recorte.

Ahora podemos ver como la imagen se ajusta perfectamente al interior de la celda de la tabla.

22. Pulsamos **Comando-T** (Mac) o **Control-T** (Windows) para previsualizar la página Web. Cuando terminemos, cerramos la ventana de previsualización.

23. Dejemos abierto index.html para el siguiente ejercicio.

En el siguiente ejercicio aprenderemos a editar el contenido de los objetos inteligentes en Photoshop CS2 e ImageReady CS y a actualizar automáticamente los objetos inteligentes en GoLive CS2.

NOTA: EL OBJETIVO DEL ÚLTIMO EJERCICIO ERA EN-SEÑARNOS A IMPORTAR IMÁGENES DE SUSTITUCIÓN DE IMAGEREADY CS2 A GOLIVE CS2. SI ESTAMOS IN-TERESADOS EN APRENDER MÁS SOBRE LA UTILIZA-CIÓN DE GOLIVE CS2, PODEMOS EXAMINAR EL VÍDEO DE APRENDIZAJE ADOBE GOLIVE CS2 ESSENTIAL TRAINING, CON GARRICK CHOW, DISPONIBLE EN HTTP://WWW.LYNDA.COM.

2. [IR] EDITAR Y ACTUALIZAR OBJETOS INTELIGENTES EN GOLIVE CS2

En el último ejercicio aprendimos a crear objetos inteligentes en GoLive CS2, usando el contenido creado en Photoshop CS2 e Image Ready CS2.

En este ejercicio aprovecharemos toda la potencia de trabajar con objetos inteligentes, editando el contenido en Photoshop CS2 e ImageReady CS y actualizando automáticamente los objetos inteligentes en GoLive CS2.

1. Si realizamos el último ejercicio, index.html debería seguir abierto en GoLive CS2, con los dos objetos inteligentes de Photoshop que creamos en el último ejercicio.

Si no es así, podemos volver atrás y completar el ejercicio 1.

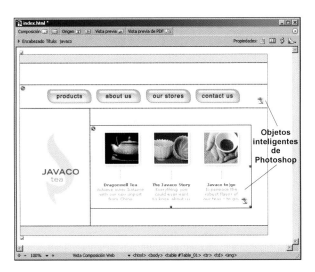

2. Colocamos el cursor en el borde de la celda de la tabla que incluye el contenido de nav.psd y hacemos clic para seleccionar el contenido de la celda de la tabla.

Integración con GoLive y Dreamweaver

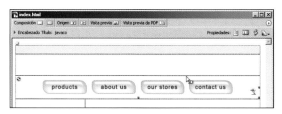

3. Hacemos clic mientras pulsamos **Control** (Mac) o hacemos clic con el botón derecho del ratón (Windows) y seleccionamos Vínculo de origen>Editar original en el menú emergente.

En unos segundos, se abrirá automáticamente en ImageReady CS2 el archivo nav.psd. Como esta imagen se editó y guardó por última vez en ImageReady CS2, se abrirá automáticamente en ImageReady CS2.

Si la imagen se editó y guardó por última vez en Photoshop CS2, se abrirá automáticamente en Photoshop CS2.

4. En ImageReady CS2, nos aseguramos de que se vean las paletas Capas y Contenido de Web. Si no se ven, seleccionamos Ventana> Capas y Ventana>Contenido de Web.

5. En la paleta Capas, ampliamos el contenido del conjunto de capas buttons. En la paleta Contenido de Web, ampliamos el contenido de la imagen de sustitución nav_contact.

Hacemos clic en el estado Sobre para seleccionarlo. En la paleta Capas, desactivamos la visibilidad de la capa contact_us y activamos la visibilidad de la capa contact_us_over.

Observaremos que el texto cambia de normal a cursiva.

6. Repetimos el paso 5 para cambiar el texto del estado Sobre de los botones nav_stores, nav_about y nav_products.

Cuando hayamos terminado, en el cuadro de herramientas, hacemos clic en el botón de previsualizar en el navegador por defecto, para previsualizar los cambios que hemos realizado. Cuando coloquemos el cursor sobre los botones, deberemos ver que el color cambia y el estilo de letra cambia de normal a cursiva.

7. Cerramos el navegador Web y volvemos a ImageReady CS2.

8. Seleccionamos Archivo>Guardar y volvemos a GoLive CS2, dejando abierto ImageReady CS2.

El objeto inteligente se actualizará automáticamente. El objeto inteligente de Photoshop tardará unos segundos en actualizarse.

9. Pulsamos **Comando-T** (Mac) o **Control-T** (Windows) para previsualizar los cambios. Colocamos el puntero del ratón sobre cada botón, para ver su estado Sobre revisado. Cuando terminemos, cerramos la ventana de previsualización.

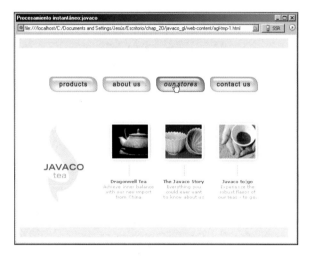

Observaremos que los cambios realizados en ImageReady CS2 tienen efecto automáticamente y que no hemos tenido que hacer nada para indicar a GoLive CS2 los cambios que hemos realizado. Aunque es un ejemplo muy simple, muestra la potencia de la función de objetos inteligentes. Imaginemos tener estos botones en varias páginas basadas en el archivo nav.psd. Definir los botones como objetos inteligentes nos asegurará que todos los botones se actualiza-rán si realizamos cambios en el archivo en Photoshop CS2 o ImageReady CS2.

10. Cerremos index.html y javaco.site. No es necesario guardar los cambios.

Como podemos ver, insertar el contenido creado en Photoshop CS2 e ImageReady CS2 como objetos inteligentes en GoLive CS2 es una función muy potente. Aunque usamos una imagen de sustitución como ejemplo, podemos aplicar las mismas técnicas a mapas de imágenes,

animaciones o cualquier otro contenido creado en Photoshop CS2 o ImageReady CS2.

3. [PS] TRABAJAR CON VARIABLES EN GOLIVE CS2

En un capítulo anterior hemos aprendido a definir variables y a crear conjuntos de datos en Photoshop CS2 e ImageReady CS2.

Los conjuntos de datos se vuelven mucho más potentes cuando trabajamos con ellos en GoLive CS2 (especialmente si los insertamos como objetos inteligentes, como haremos en este ejercicio). ¡Agarrémonos a los sombreros, es una función increíble!

1. En Photoshop CS2, abrimos flavor_of_the_month.psd, que se encuentra en la carpeta chap_20 que copiamos en el escritorio.

Debemos asegurarnos de que se vea la paleta **Capas**. Si no lo está, seleccionamos **Ventana> Capas**.

En primer lugar, definimos las variables en Photoshop CS2. Definiremos la capa de texto basado en vectores como una variable de sustitu-ción de texto y definiremos las capas teapot, red_cup y hands como variables de visibilidad.

Cuando llevemos los archivos a GoLive CS2, podremos crear diferentes configuraciones del anuncio usando estas variables.

Integración con GoLive y Dreamweaver

2. Seleccionamos Imagen>Variables>Definir para abrir el cuadro de diálogo Variables.

3. En el cuadro de diálogo Variables, seleccionamos flavor name en el menú emergente Capa. Activamos la opción Sustitución de texto y escribimos **flavor** en el campo Nombre.

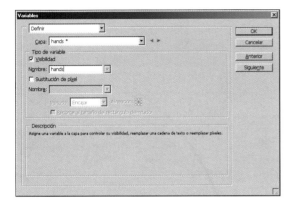

4. Seleccionamos hands en el menú emergente Capas. Activamos la opción Visibilidad y escribimos **hands** en el campo Nombre.

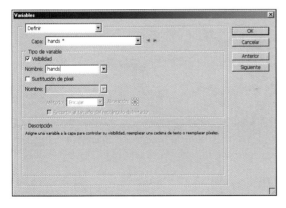

5. Seleccionamos red_cup en el menú emergente Capa. Activamos la opción Visibilidad y escribimos red_cup en el campo Nombre. Seleccionamos teapot en el menú emergente Capa, activamos la opción Visibilidad y escribimos **teapot** en el campo Nombre.

Ahora que hemos definido las variables, tendremos que crear un conjunto de datos para almacenar las variables.

6. Seleccionamos Conjuntos de datos en el menú emergente que se encuentra en la parte superior del cuadro de diálogo Variables. A la derecha del menú emergente Conjunto de datos, hacemos clic en el botón de crear un conjunto de datos nuevo basado en el conjunto de datos actual. En el campo Conjunto de datos, escribimos **banner**. Hacemos clic en **OK** para cerrar el cuadro de diálogo Variables.

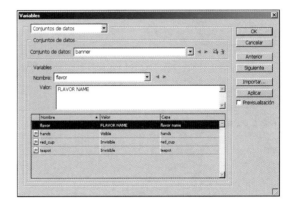

7. Seleccionamos Archivo>Guardar como. En el cuadro de diálogo Guardar como, nos dirigimos a la carpeta chap_20 que copiamos en el escritorio. Llamamos al archivo flavor_of_the_month_variables.psd. Hacemos clic en **Guardar**.

Cerramos flavor_of_the_month_variables.psd.

A continuación, insertaremos el contenido del archivo flavor_of_the_month.psd en GoLive CS2, para que podamos ver la auténtica potencia de esta función.

8. En GoLive CS2, abrimos variables.site, que se encuentra en la carpeta variables de la carpeta chap_20 que copiamos en el escritorio.

El archivo variables.site se abrirá automáticamente en la ventana del sitio.

Examinamos el contenido de la ventana del sitio. Observaremos que hay cuatro archivos HTML: **index.html**, **january.html**, **july.html** y **october.html**.

En los siguientes pasos insertaremos una iteración diferente del anuncio Web flavor of the month en cada página, como objetos inteligentes de Photoshop.

Además, cambiaremos el aspecto de cada una usando las variables que definimos anteriormente en este ejercicio.

9. Hacemos clic en january.html para abrir el archivo.

10. Si no está ya seleccionado, en el cuadro de herramientas, seleccionamos **Smart** en el menú desplegable que parte del botón de objetos básicos.

El contenido del cuadro de herramientas cambiará automáticamente.

11. Arrastramos el icono del objeto inteligente de Photoshop, desde el cuadro de herramientas a la celda vacía de la tabla, como se muestra en la ilustración.

12. Debemos asegurarnos de que se vea la paleta **Inspector**. Si no lo está, seleccionamos **Ventana>Inspector**.

Si el objeto inteligente de Photoshop no está ya seleccionado, hacemos clic en el icono del objeto inteligente de Photoshop para seleccionarlo. En la paleta **Inspector**, hacemos clic en el botón de examinar. El cuadro de diálogo **Abrir** se abrirá automáticamente.

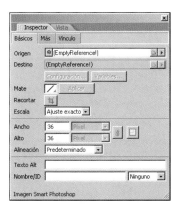

13. En el cuadro de diálogo **Abrir**, nos dirigimos a la carpeta chap_20 que copiamos en el escritorio. Seleccionamos el archivo flavor_of_the_month_variables.psd y hacemos clic en **Abrir**.

14. En el cuadro de diálogo **Configuración variable**, seleccionamos la variable flavor y escribimos **LEMONGRASS** en el campo de texto, como se muestra en la ilustración.

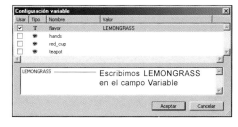

15. Seleccionamos la variable hands. visible debería seleccionarse automáticamente en el menú emergente de visibilidad. Si no es así, seleccionamos **Visible**, como se muestra en esta ilustración.

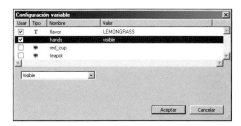

16. Seleccionamos la variable red_cup y seleccionamos **Invisible** en el menú emergente de visibilidad. Seleccionamos la variable red_cup y seleccionamos **Invisible** en el menú emergente de visibilidad. Hacemos clic en **Aceptar**.

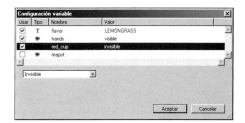

17. En el cuadro de diálogo **Guardar para Web**, usamos las técnicas que hemos aprendido en un capítulo anterior para optimizar la imagen. Cuando hayamos terminado, hacemos clic en **Guardar**.

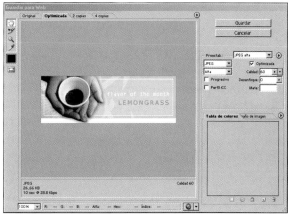

18. En el cuadro de diálogo Guardar, nos dirigimos a la carpeta web-content, que se encuentra en la carpeta variables, en la carpeta chap_20 que copiamos en el escritorio. Hacemos clic en **Guardar**.

En unos segundos veremos que el contenido del archivo flavor_of_the_month_variables.psd aparece en el archivo january.html. Como podemos ver, el nombre del sabor, LEMONGRASS, usa las propiedades del texto basado en vectores del archivo Photoshop CS2 original, pero usa el nombre del sabor que especificamos en el cuadro de diálogo Configuración variable. Además observaremos que la visibilidad de la capa hands está activada, debido a la configuración de visibilidad que especificamos en el cuadro de diálogo Configuración variable. ¿Acaso no es estupendo?

19. Seleccionamos Archivo>Guardar para guardar los cambios en january.html.

Cerramos january.html y volvemos a la ventana variables.site.

20. En la ventana variables.site, hacemos doble clic en el archivo july.html para abrirlo. Arrastramos el icono del objeto inteligente de Photoshop, desde el cuadro de herramientas a la celda vacía de la tabla, que está en el archivo july.html.

Cuando terminemos, en la paleta Inspector, hacemos clic en el botón de examinar para abrir el cuadro de diálogo Abrir. Nos dirigimos hasta la carpeta chap_20 que copiamos en el escritorio. Seleccionamos flavor_of_the_month_variables.psd y hacemos clic en Abrir.

21. En el cuadro de diálogo Configuración variable, seleccionamos la variable flavor y escribimos **HERBAL CHAI** en el campo de texto. Activamos la opción hands y seleccionamos Invisible en el menú emergente de visibilidad. Activamos la variable red_cup y seleccionamos Visible en el menú emergente de visibilidad. Activamos la variable teapot y seleccionamos Invisible en el menú emergente de visibilidad. Hacemos clic en **Aceptar**.

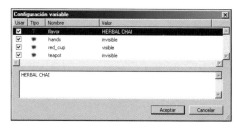

22. En el cuadro de diálogo Guardar para Web, usamos las técnicas que ya hemos aprendido en capítulos anteriores para optimizar la imagen. Cuando hayamos terminado, hacemos clic en **Guardar**.

Integración con GoLive y Dreamweaver

23. En el cuadro de diálogo **Guardar**, nos dirigimos a la carpeta web-content, que se encuentra en la carpeta variables, en la carpeta chap_20 que copiamos en el escritorio. Hacemos clic en **Guardar**.

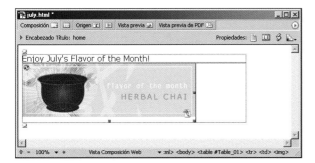

En unos segundos veremos que el contenido del archivo flavor_of_the_month_variables.psd aparece en el archivo july.html.

Como podemos ver, el nombre del sabor, HERBAL CHAI, utiliza las propiedades del texto basado en vectores del archivo Photoshop CS2 original, pero usa el nombre del sabor que especificamos en el cuadro de diálogo **Configuración variable**. Además observaremos que la visibilidad de la capa red_cup está activada, debido a la configuración de visibilidad que especificamos en el cuadro de diálogo **Configuración variable**.

24. Seleccionamos **Archivo>Guardar** para guardar los cambios realizados en july.html. Cerramos july.html y volvemos a la ventana **variables.site**.

25. En la ventana **variables.site**, hacemos doble clic en el archivo **october.html** para abrirlo. Arrastramos el icono del objeto inteligente de Photoshop, desde el cuadro de herramientas a la celda vacía de la tabla, que está en el archivo october.html. Cuando terminemos, en la paleta **Inspector**, hacemos clic en el botón de examinar para abrir el cuadro de diálogo **Abrir**.

Nos dirigimos hasta la carpeta chap_20 que copiamos en el escritorio. Seleccionamos flavor_of_the_month_variables.psd y hacemos clic en **Abrir**.

26. En el cuadro de diálogo **Configuración variable**, seleccionamos la variable **flavor** y escribimos **HIBISCUS GINGER** en el campo de texto. Seleccionamos la variable **hands** y elegimos **Invisible** en el menú emergente de visibilidad. Seleccionamos la variable **red_cup** y escogemos **Invisible** en el menú emergente de visibilidad. Activamos la variable **teapot** y optamos por **Visible** en el menú emergente de visibilidad. Hacemos clic en **Aceptar**.

27. En el cuadro de diálogo **Guardar para Web**, empleamos las técnicas que hemos aprendido anteriormente para optimizar la imagen. Cuando hayamos terminado, hacemos clic en **Guardar**.

28. En el cuadro de diálogo **Guardar**, nos dirigimos a la carpeta web-content, que se encuentra en la carpeta variables, en la carpeta chap_20 que copiamos en el escritorio. Hacemos clic en **Guardar**.

En unos segundos veremos que el contenido del archivo flavor_of_the_month_variables.psd aparece en el archivo october.html. Como podemos ver, el nombre del sabor, HIBISCUS GINGER, usa las propiedades del texto basado en vectores del archivo Photoshop CS2 original, pero utiliza el nombre del sabor que especificamos en el cuadro de diálogo **Configuración variable**.

Además observaremos que la visibilidad de la capa teapot está activada, debido a la configuración de visibilidad que especificamos en el cuadro de diálogo **Configuración variable**.

29. Seleccionamos **Archivo>Guardar** para guardar los cambios realizados en october.html y lo dejamos abierto en GoLive CS2.

Como podemos ver, usando los conjuntos de datos y las variables que creamos anteriormente en Photoshop CS2, en este ejercicio, hemos conseguido crear tres anuncios Web diferentes en tres páginas Web diferentes, sin tener que realizar más tareas de edición en Photoshop CS2 (¡la función de variables en GoLive CS2 se ocupará de ello!).

¿Y si creamos una serie de carteles Web, pero luego decidimos que no nos gusta el estilo de letra o el color del cartel Web?

Como insertamos el cartel como un objeto inteligente de Photoshop, lo que tenemos que hacer es realizar los cambios en el archivo de Photoshop CS2 original y todos los carteles Web se actualizarán simultáneamente. Realicemos los siguientes pasos y lo entenderemos mejor.

30. Hacemos clic mientras pulsamos **Control** (Mac) o hacemos clic con el botón derecho del ratón (Windows) en el objeto inteligente de Photoshop, en el archivo october.html, y seleccionamos **Vínculo de origen>Editar original** en el menú contextual.

flavor_of_the_month_variables.psd se abrirá automáticamente en Photoshop CS2.

31. En Photoshop CS2, en la paleta **Capas**, hacemos doble clic en el icono T de la capa de texto **flavor name** para resaltar el contenido de la capa de texto.

En la barra de opciones, seleccionamos **Bold Italic** en el menú emergente de configurar estilo de fuente. Hacemos clic en la muestra de color para abrir el cuadro de diálogo **Selector de color**. Seleccionamos un color azul oscuro y hacemos clic en **OK**.

Integración con GoLive y Dreamweaver

32. En la paleta **Capas**, hacemos clic en la capa **background** para seleccionarla. Elegimos **Superposición de colores** en el menú emergente de añadir un estilo de capa. Hacemos clic en la muestra de color para abrir el cuadro de diálogo **Selector de color**, optamos por un color azul grisáceo y hacemos clic en **OK**. Reducimos la opacidad al 35 por ciento. Hacemos clic en **OK**.

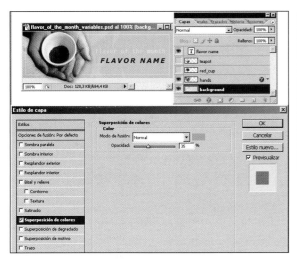

33. Seleccionamos **Archivo>Guardar** para guardar los cambios realizados en los dos últimos pasos y volvemos a GoLive CS2.

En unos segundos, veremos que el texto muestra los cambios realizados en el paso 31 y el fondo muestra los cambios realizados en el paso 32.

¿Y qué ocurre con los otros carteles Web de los archivos january.html y july.html? ¡Sigamos los próximos pasos y pronto lo descubriremos!

34. Seleccionamos **Archivo>Guardar** para guardar los cambios realizados a october.html. Cerramos october.html y volvemos a la ventana **variables.site**. Hacemos doble clic en **january.html** para abrir el archivo.

Tardará unos segundos en abrir y actualizar el archivo, pero cuando lo haga, veremos que el texto muestra los cambios realizados en el paso 31 y el fondo muestra los cambios realizados en el paso 32.

Si abrimos july.html, veremos el mismo resultado.

Como usamos el mismo archivo Photoshop para el objeto inteligente de Photoshop de los archivos january.html, july.html y october.html, sólo tendremos que hacer los cambios una vez en el archivo Photoshop original. Se actualizará automáticamente cada archivo de la página Web, sin afectar a las variables que configuramos anteriormente. ¿Acaso no es estupendo?

Como podemos ver, ¡combinar los objetos inteligentes y las funciones de variables en GoLive CS2, con el contenido creado en Photoshop CS2 e ImageReady CS2, conseguimos unos resultados impactantes! ¡En esto consiste el contenido dinámico!

35. Guardamos y cerramos january.html y/o july.html para volver a la ventana **variables.site**. Guardamos los cambios y cerramos GoLive CS2.

4. [IR] IMPORTAR IMÁGENES DE SUSTITUCIÓN A DREAMWEAVER MX 2004

En este capítulo aprenderemos a importar imágenes de sustitución de ImageReady CS2 a Dreamweaver MX 2004. Si lo único que queremos hacer es usar el código HTML y las imágenes de ImageReady CS2 en su forma original, podemos simplemente abrir en Dreamweaver MX 2004 el archivo HTML generado en Image Ready CS2. Sin embargo, si queremos importar imágenes de sustitución de ImageReady CS2 a un archivo existente, será un poco más complicado. A continuación tenemos un ejercicio que nos enseñará a hacerlo.

1. Antes de comenzar con el ejercicio, tendremos que instalar una extensión llamada Image ReadyHTML.mxp, que se encuentra en la carpeta software, en la carpeta chap_20 que copiamos en el escritorio. Esta extensión es un archivo Macromedia Extension Manager, creado por Massimo Foti para lynda.com.

Esa extensión convierte el código de ImageReady CS2 a código nativo Dreamweaver MX 2004.

Antes de instalar la extensión, debemos tener Macromedia Extension Manager instalado en el ordenador. Podemos instalar Macromedia Extension Manager desde el CD-ROM de Dreamweaver MX 2004.

Para instalar la extensión, copiamos el archivo ImageReadyHTML.mxp desde la carpeta software, que se encuentra en la carpeta chap_20 que copiamos en el escritorio. Hacemos doble clic en el archivo y seguimos las instrucciones que aparecen en la pantalla.

Si queremos asegurarnos de que está correctamente instalada, podemos abrir Dreamweaver MX 2004 y observar la barra de inserción. Nos aseguramos de que en el menú emergente esté seleccionado **Común**. Si el archivo ImageReady HTML.mxp está correctamente instalado, veremos un icono ImageReady HTML en la barra de inserción.

 ¿Qué es un archivo ImageReadyHTML.mxp?

LYNDA.COM ENCARGÓ AL FAMOSO AUTOR DE EXTENSIONES DE DREAMWEAVER, MASSIMO FOTI, LA CREACIÓN DE UNA EXTENSIÓN PARA QUE DREAMWEAVER CONVIRTIESE EL CÓDIGO DE IMAGEN DE SUSTITUCIÓN EN CÓDIGO NATIVO DE DREAMWEAVER. LOS CHICOS DE LYNDA.COM VIERON ESTO COMO UNA OPORTUNIDAD DE AYUDAR A LOS USUARIOS QUE PUDIERAN ESTAR USANDO ESTOS DOS PRODUCTOS A LA VEZ. LYNDA.COM OFRECE GRATUITAMENTE LA EXTENSIÓN IMAGEREADY HTML EN SU PÁGINA WEB. PODREMOS ENCONTRARLA (JUNTO A OTROS PRÁCTICOS ARCHIVOS) EN: HTTP://WWW.LYNDA.COM/FILES/.

Integración con GoLive y Dreamweaver

Tras instalar la extensión ImageReady HTML, tendremos que definir las propiedades de nuestro sitio antes de importar las imágenes de sustitución desde Dreamweaver.

2. En Dreamweaver MX 2004, seleccionamos Sitio>Administrar sitios. En el cuadro de diálogo Administrar sitios, hacemos clic en el botón Nuevo y elegimos Sitio en el menú emergente.

En los próximos pasos, Dreamweaver MX 2004 nos guiará a lo largo del proceso de definir un sitio.

3. En el cuadro de diálogo Definición del sitio: Editando archivos, escribimos **javaco** en el campo ¿Qué nombre desea asignar al sitio? Hacemos clic en **Siguiente**.

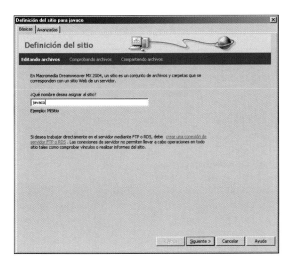

4. En Definición del sitio: Editando archivos, parte 2, seleccionamos No, no deseo utilizar una tecnología de servidor. Hacemos clic en **Siguiente**.

5. En el cuadro de diálogo Definición del sitio: Editando archivos, parte 3, elegimos la opción Editar copias locales en mi equipo y luego cargarlas al servidor cuando este listas, si no está ya seleccionada.

Hacemos clic en el icono de la carpeta que hay junto al campo ¿En qué lugar del equipo desea almacenar los archivos? En el cuadro de diálogo Elegir la carpeta raíz local para el sitio, nos dirigimos a la carpeta chap_20 que copiamos en el escritorio. Hacemos clic en la carpeta javaco_dw y en **Seleccionar** (Mac o Windows). Hacemos clic en **Siguiente**.

6. En el cuadro de diálogo Definición del sitio: Compartiendo archivos, seleccionamos Ninguno en el menú emergente ¿Cómo conecta con su servidor remoto? Hacemos clic en **Siguiente**.

7. En el cuadro de diálogo Definición del sitio: Resumen, revisamos la configuración. Cuando hayamos terminado, hacemos clic en **Completado**.

8. En el cuadro de diálogo **Administrar sitios**, observaremos que ahora hay una entrada llamada javaco. Nos aseguramos de seleccionar **javaco** y hacemos clic en **Listo**.

9. Debemos asegurarnos de que se vea la paleta **Archivos**. Si no lo está, seleccionamos **Ventana>Archivos**. La paleta **Archivos** contiene el sitio javaco que definimos en este ejercicio. Hacemos doble clic en el archivo **index.html** para abrirlo.

El archivo index.html ya está creado para que podamos simular el sistema de trabajo para importar a Dreamweaver MX 2004 las imágenes de sustitución creadas en ImageReady CS2.

Si realizamos el ejercicio 1, observaremos que este archivo es muy parecido al archivo con el que trabajamos en GoLive CS2.

A continuación crearemos un archivo vacío para que podamos importar las imágenes de sustitución desde ImageReady CS2.

¿Nos preguntamos por qué no podemos importarlos directamente al archivo index.html?

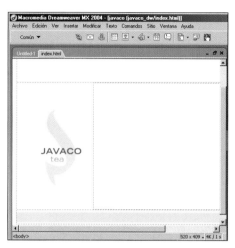

Cuando importamos imágenes de sustitución desde ImageReady CS2 usando la extensión ImageReady HTML, no podemos controlar dónde se coloca el contenido en el archivo HTML. Si lo importamos en un archivo HTML, podemos copiarlo y pegarlo en la ubicación exacta del archivo index.html.

10. Seleccionamos **Archivo>Nuevo**. En el cuadro de diálogo **Nuevo documento**, elegimos **Página básica** en el apartado **Categoría** y **HTML** en el apartado de **Página Básica**. Hacemos clic en **Crear**.

11. Seleccionamos **Archivo>Guardar como**. Nos dirigimos hasta la carpeta javaco_dw, en la carpeta chap_20 que copiamos en el escritorio. Llamamos al archivo rollover_import.html. Hacemos clic en **Guardar**.

Integración con GoLive y Dreamweaver

12. Nos aseguramos de que esté seleccionado **Común** en la barra de inserción. Hacemos clic en el botón de ImageReady HTML para abrir el cuadro de diálogo **ImageReady HTML**.

13. En el cuadro de diálogo **ImageReady HTML**, nos aseguramos de activar la opción **Convert Rollovers to DW**. Hacemos clic en **Browse**.

14. En el cuadro de diálogo **Select Image Ready 2 File**, nos dirigimos a la carpeta chap_20 que copiamos en el escritorio.

Seleccionamos nav.html y hacemos clic en **Seleccionar** (Mac) o **Aceptar** (Windows).

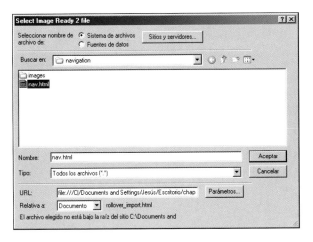

15. En el cuadro de diálogo **ImageReady HTML**, hacemos clic en **Insert**. Aparecerá un mensaje de advertencia, indicando que el proceso puede tardar unos minutos. Hacemos clic en **Aceptar** para continuar con el proceso.

El contenido del archivo nav.html ahora debería verse en el interior del archivo rollover_import.html file, como se muestra en la ilustración.

16. Seleccionamos **Edición>Copiar**.

17. Seleccionamos **Ventana>index.html**.

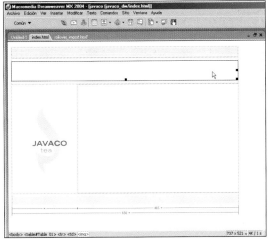

En el archivo index.html, hacemos clic en la celda vacía, que se encuentra debajo de la barra azul de la tabla, para seleccionarla. Escogemos **Edición>Pegar HTML**.

Dreamweaver MX 2004 tardará unos segundos en procesar el comando **Pegar HTML**. Cuando hayamos terminado, las imágenes de sustitución deberían estar pegadas en la celda de la tabla, como se muestra en la ilustración.

18. Pulsamos **F12** para previsualizar el archivo en un navegador Web. Se nos preguntará si queremos guardar los cambios.

Hacemos clic en **Sí**. Colocamos el puntero del ratón sobre los botones para ver los estados Sobre.

¡Funcionó! Las imágenes de sustitución se comportan igual que hacían originalmente en ImageReady CS2.

Como podemos ver, la extensión ImageReady HTML hace que sea muy sencillo llevar a Dreamweaver MX 2004 las imágenes de sustitución creadas en ImageReady CS2.

Estudiar Dreamweaver MX 2004

EL OBJETIVO DEL ÚLTIMO EJERCICIO ERA ENSEÑARNOS A IMPORTAR IMÁGENES DE SUSTITUCIÓN DE IMAGEREADY CS2 A DREAMWEAVER MX 2004. SI ESTAMOS INTERESADOS EN APRENDER MÁS DE LA UTILIZACIÓN DE DREAMWEAVER MX 2004, PODEMOS EXAMINAR LOS SIGUIENTES RECURSOS, DISPONIBLES EN: HTTP://WWW.LYNDA.COM:

MACROMEDIA DREAMWEAVER MX 2004 HOT, POR GARO GREEN DESARROLLADO POR LYNDA WEINMAN.
LYNDA.COM/BOOKS Y PEACHPIT PRESS ISBN: 032120297X

VÍDEO FORMATIVO LEARNING MACROMEDIA DREAMWEAVER MX 2004
CON GARO GREEN

VÍDEO FORMATIVO INTERMEDIATE MACROMEDIA DREAMWEAVER MX 2004
CON GARO GREEN Y DANIEL SHORT

¡Enhorabuena! Hemos terminado el último capítulo ¡y uno muy complejo! Es el momento de empezar a diseñar nuestros propios gráficos Web. ¡Disfrute! ;-)

Apéndice A

Solución de problemas, preguntas frecuentes y servicio técnico

Solución de problemas, preguntas frecuentes y servicio técnico

Si tenemos problemas para realizar los ejercicios de este libro, estas preguntas frecuentes deberían sernos de ayuda. Este documento se puede encontrar actualizado, en inglés y ampliado en la página Web del libro: http://www.lynda.com/info/books/pscs2web/. Si no encontramos lo que estamos buscando aquí, ni en la página Web del libro, podemos enviar un correo electrónico a pscs2webhot@lynda.com. Si tenemos una pregunta relacionada con Photoshop CS2 o ImageReady CS2, que no esté relacionada con un ejercicio específico de este libro, podemos visitar la página Web de Adobe Photoshop en castellano. http://www.adobe.es/products/photoshop/main.html

P: Estoy usando un ordenador con Windows y todos los archivos del CD-ROM están protegidos contra escritura, aunque los he copiado en el disco duro. ¿Qué debo hacer?

R: Por desgracia, algunas versiones del sistema operativo Windows tratan a los archivos copiados desde un CD-ROM como archivos de solo lectura, lo que significa que no podemos realizar cambios en los archivos hasta que eliminemos esa propiedad. Para obtener unas instrucciones específicas para hacerlo, podemos leer la introducción de este libro.

P: Cuando abro algunos de los archivos de ejercicios, aparece un mensaje de advertencia preguntándome si quiero actualizar las capas de texto. ¿Qué debo hacer?

R: El texto creado o guardado con versiones anteriores de Photoshop exige que actualicemos las capas de texto. Cuando aparezca el mensaje de advertencia, hacemos clic en **Actualizar** para actualizar las capas de texto del archivo y continuar con el ejercicio.

P: Si creo una imagen CMYK para imprimirla, ¿puedo usarla en Internet?

R: No podemos usar imágenes CMYK para la Web. Antes tendremos que convertir las imágenes CMYK en imágenes RGB. Para convertir imágenes CMYK en imágenes RGB, en Photoshop CS2, seleccionamos **Imagen>Modo>Color RGB**. Durante este proceso quizás apreciemos algunos cambios en el color, porque CMYK y RGB son espacios de color diferentes y no se puede conseguir una conversión exacta al convertir los archivos.

P: A veces, cuando estoy en el cuadro de diálogo **Guardar para Web**, aparece un triángulo de advertencia. ¿Qué debo hacer?

R: Seleccionar **Repoblar vistas** en el menú de **Guardar para Web** para actualizar todas las vistas. El icono de advertencia desaparecerá.

P: Cuando trabajo con imágenes con capas en ImageReady CS2, a menudo aparece un contorno alrededor de los bordes de las capas seleccionadas. A veces es útil, pero otras veces es molesto. ¿Qué son esas líneas y cómo las desactivo?

R: ImageReady CS2 dispone de una función llamada bordes de capa, que nos permite ver dónde comienzan y terminan los bordes de una capa. Los bordes de una capa son útiles cuando tenemos que ver el tamaño de una capa. Para deshabilitar los bordes de capa, seleccionamos **Vista>Mostrar>Bordes de capa**.

P: Cuando hago clic en la pestaña **Optimizada** de la ventana de documento de ImageReady CS2, veo un motivo ajedrezado, en lugar de la imagen de fondo. ¿Qué es esto?

R: Si tenemos problemas para ver una imagen cuando hacemos clic en la pestaña **Optimizada**, debemos asegurarnos de que **Autorregenerar** esté activado en el menú de la paleta **Optimizar**. Debemos recordar que el motivo ajedrezado indica que un archivo es un GIF transparente.

P: Cuando optimizo un archivo GIF en Image Ready CS2, a veces no aparece ninguna muestra de color en la paleta **Tabla de colores**. ¿Por qué?

R: En la parte inferior de la tabla de colores, hacemos clic en el triángulo amarillo para volver a generar la tabla de colores.

P: Cada vez que guardo un archivo, aparece un molesto cuadro preguntándome dónde quiero actualizarlo.

R: ¡Está de suerte! Hay una forma sencilla de solucionar esto en ambos programas. Seleccionamos **Photoshop>Preferencias>Generales** (Mac) o **Edición>Preferencias>Generales** (Windows). Marcamos la opción **Actualizar autom. doc. abiertos**. ¡Hacemos clic en **OK** y nunca más tendremos que volver a ver ese molesto cuadro! Estos pasos sirven para Photoshop CS2 y para ImageReady CS2.

P: No quiero quejarme, pero estoy harto de ampliar y reducir la visión de las imágenes. ¿Hay alguna forma de conseguir una vista grande de una imagen o de devolver su tamaño al 100 por cien?

R: En el cuadro de herramientas, si hacemos doble clic en la herramienta Mano, la imagen se ampliará hasta llenar la pantalla. Si hacemos doble clic en la herramienta Zoom, en el cuadro de herramientas, la imagen recuperará su tamaño al 100 por cien. El truco es hacer doble clic en la herramienta, no en la imagen.

P: Cuando estoy trabajando en ImageReady CS2, el programa tarda años en aceptar mis cambios, y me está volviendo loco. ¿Qué hago?

R: Parece que estamos trabajando en la pestaña **Optimizada**, que indica a ImageReady CS2 que debe optimizar constantemente el gráfico mientras lo editamos. Pasamos a la pestaña **Original**. Será más rápido; lo prometo.

P: ¿Hay alguna forma rápida, con un paso, de ocultar todas las paletas? A veces me parece abrumador verlas todas en la pantalla.

R: Photoshop CS2 e ImageReady CS2 tienen un práctico atajo de teclado para activar y desactivar la visibilidad de las paletas. ¡Basta con pulsar la tecla **Tab**! ¡Es algo maravilloso!

Apéndice B

Recursos en Internet

Recursos en Internet

Internet está lleno de grandes recursos para los usuarios de Photoshop CS2. Hay una gran variedad de grupos de noticias, listas de correo y páginas Web independientes, que pueden ayudarnos a obtener el máximo rendimiento de los conocimientos que acabamos de adquirir realizando los ejercicios de este libro.

Este apéndice enumera algunos de los mejores recursos para aprender y ampliar conocimientos de Photoshop CS2 e ImageReady CS2.

FOROS DE USUARIOS DE ADOBE

Adobe ha creado varios foros de discusión (grupos de noticias) para Photoshop CS2 e ImageReady CS2.

Es un lugar estupendo para hacer preguntas y obtener ayudas de miles de usuarios de Photoshop CS2 e ImageReady CS2. El grupo de noticias está formado por usuarios principiantes y avanzadas, por lo que no deberíamos tener problemas para encontrar el tipo de ayuda que necesitamos.

Podemos acceder a todos los foros de Adobe en http://www.adobeforums.com/cgi-bin/webx?14@@.2cce8642. Tendremos que registrarnos para iniciar una sesión y leer y publicar mensajes. Aquí tenemos algunos de los foros que podrían interesarnos:

• Adobe Photoshop y Adobe Image Ready para Mac.

• Adobe Photoshop y Adobe Image Ready para Windows.

FOROS DE DISEÑO DE ADOBE

Adobe también ofrece varios foros de diseño que nos ayudarán a encontrar información sobre el diseño.

Podemos acceder a todos los foros de diseño en http://www.adobeforums.com/cgi-bin/webx?14@@.2cce8642. Aquí tenemos algunos de los foros de diseño que podrían interesarnos:

• Animación.

• Tipografía.

• Web de impresión/Flujo de trabajo de impresión de Web.

• Discusión de diseño.

ADOBE STUDIO

Adobe también ofrece una página Web con programas de diseño, que proporciona recursos para los profesionales gráficos.

Encontraremos la página Web de Adobe Studio en http://studio.adobe.com. Disponible en inglés.

ASOCIACIÓN NACIONAL DE PROFESIONALES DE PHOTOSHOP (NAPP)

La Asociación nacional de profesionales de Photoshop (*National Association of Photoshop Professionals*, NAPP) es una organización dedicada a proporcionar a los usuarios de Photoshop CS2 y de ImageReady CS2, las últimas noticias, formación y consejos. Los miembros de NAPP nos permiten el acceso al Centro de recursos, que proporciona prácticos tutoriales, trucos y noticias sobre Photoshop CS2 e ImageReady CS2. Los miembros también reciben una suscripción a la revista Photoshop User, ayuda con preguntas técnicas y ofertas especiales sobre formación, vídeos y seminarios. NAPP también organiza una práctica conferencia dos veces al año, llamada Photoshop World.

Para obtener más información sobre la NAPP, podemos visitar su página Web, en inglés, en http://www.photoshopuser.com.

PLANET PHOTOSHOP

Planet Photoshop también ofrece tutoriales, foros de usuario, material educativo, libros, seminarios y mucho más, para ayudarnos a aprender a manejar Photoshop CS2 e ImageReady CS2.

Para obtener más información sobre Planet Photoshop, podemos visitar su página Web, en inglés, en http://www.planetphotoshop.com.

Apéndice C

¿Qué hay en el CD-ROM?

ARCHIVOS DE EJERCICIOS

Los archivos necesarios para realizar los ejercicios se encuentran en una carpeta llamada exercise_files, en el CD-ROM. Estos archivos están divididos en carpetas llamadas según el capítulo al que corresponden, y deberemos copiar la carpeta de cada capítulo en el escritorio antes de comenzar a realizar los ejercicios del capítulo. Por desgracia, cuando los archivos proceden de un CD-ROM, con algunos sistemas operativos de Windows, por defecto aparecen protegidos contra escritura, lo que significa que no podremos modificarlos. Necesitaremos modificarlos para realizar los ejercicios, de modo que tendrá que leer la sección en la que se explica cómo hacerlo.

ARCHIVOS QUICKTIME

En el CD-ROM hay una carpeta llamada movies, que contiene varias películas explicativas, en formato QuickTime, para algunos de los ejercicios de este libro. Estas películas están diseñadas para ayudarnos a comprender algunos de los ejercicios más complicados del libro, viendo cómo los realizo.

Si le gustan estas películas, debería ver el CD-ROM "Photoshop CS2 for the Web Training Essentials", en http://www.lynda.com, que contiene varias horas de películas QuickTime sobre la creación de gráficos Web en Photoshop CS2 e ImageReady CS2.

EDITAR LOS ARCHIVOS DE EJERCICIOS EN EQUIPOS CON WINDOWS

Por defecto, cuando copiamos los archivos de un CD-ROM a un ordenador con Windows 2000, los archivos quedan como de solo lectura (protegidos contra escritura). Esto puede producir un problema con los archivos de ejercicios, porque tendremos que editar y guardar algunos de ellos. Para eliminar su propiedad de solo lectura podemos seguir estos pasos:

 NOTA: NO SERÁ NECESARIO SEGUIR ESTOS PASOS SI ESTAMOS USANDO WINDOWS XP.

1. Abrimos la carpeta exercises_files del CD-ROM y copiamos una de las subcarpetas (como chap_02) en el escritorio.

2. Abrimos la carpeta chap_02 que copiamos en el escritorio y elegimos Edición>Seleccionar todo.

3. Hacemos clic con el botón derecho del ratón en uno de los archivos seleccionados y escogemos Propiedades en el menú emergente.

4. En el cuadro de diálogo Propiedades, hacemos clic en la pestaña General.

Quitamos la marca del atributo Solo lectura para desactivar la propiedad de solo lectura de los archivos que se encuentran en la carpeta chap_02.

VER LAS EXTENSIONES DE LOS ARCHIVOS EN EQUIPOS CON WINDOWS

Por defecto, no podremos ver extensiones de archivos como .gif, .jpg o .psd, en ordenadores con Windows. ¡Por suerte, podemos cambiar este parámetro!

1. Hacemos doble clic en el icono Mi PC, en el escritorio.

 NOTA: SI SE HA CAMBIADO EL NOMBRE, QUIZÁS NO APAREZCA COMO Mi PC.

2. Seleccionamos Herramientas>Opciones de carpeta.

Aparecerá automáticamente el cuadro de diálogo Opciones de carpeta.

3. Hacemos clic en la pestaña Ver.

4. Quitamos la marca de Ocultar las extensiones de archivo para tipos de archivo conocidos.

Esto hará que aparezcan todas las extensiones de archivo.

Índice alfabético

H